近代日本外交と「死活的利益」

―第二次幣原外交と太平洋戦争への序曲―

種稲秀司　著

芙蓉書房出版

まえがき

本書は、「死活的利益」の概念を用いて、転換期日本の外交の衝にあった第二次幣原外交の分析を行ない、同時に、日本外交の政策潮流のなかに幣原外交を位置づけることにより、思想史の立場から論じられることが多かった近代日本外交の指導原則について、政治、外交史の観点から論じたものでもある。

一九四一（昭和一六）年一二月八日、日本は米英による経済断交に加え、東アジア秩序構想の相違を理由に太平洋戦争に突入した。「十五年戦争史論」の立場にたてば、太平洋戦争の発端は満洲事変である。満洲事変を境に日本は積年の国際協調外交から、アジアモンロー主義的な外交政策に急転換する。ここで問題となるのは、何故日本が短期間の内に国際協調外交を脱し、独自の地域秩序である「大東亜共栄圏」の建設を大義名分とした「大東亜戦争」につながるアジアモンロー主義へと急激に舵を切ることになったのかという命題である。これらの急激な変化の背景には、国際協調時代からの何等かの連続性があったと考えるべきであろう。

ここで注目したいのは、幣原外交である。幣原外交は第一次、第二次とも旧外交的な性格が強く、国際協調の一方で独自の「国益」を追求し、中国に対する死活的関係を根拠に東アジア国際政治をリードしようとしたものであったことが明らかにされている。独善的ともいわれる「国益」追求や東アジア外交の姿勢はアジアモンロー主義に発展する要素を含んだものといえるが、こうした発想の淵源はどこにあるのであろうか。幣原喜重郎個人や外務省内部の人脈、機構の研究を行なうことも有意義であるが、幣原が多年にわたって外務省の要職を歴任し、日露戦後の主要な外交方針の決定のほとんどに関わり続けた外交官であったことを鑑みれば、外交政策の継続性を重んじるその性格と相まって、日本外交の政策潮流のなかで幣原外交を捉え直す必要があるだろう。

では、日本外交とその潮流にある幣原外交にみられる「国益」追求と、国際協調外交の境目はどこにあったのか。この問題に答えるべく本書が分析視角としたのは、政策立案、遂行の基準となる「国益（national interest）」の一指標である「死活的利益（vital interest）」の概念である。戦間期の国際社会では国際連盟や戦争抛棄に関する条約（不戦条約）に代表される新外交、あるいは戦争違法化を目指す新しい潮流が生まれる一方で、国際協調よりも「死活的利益」の擁護を優先する「二重基準」が存在していたが、日本では「死活的利益」の概念と言葉がどのように生成され、変遷し、戦間期国際社会に立ち向かうことになったのか。そのなかで幣原はいかなる方法で国際協調と「死活的利益」の擁護とのバランスをとろうとしたのか。この点を明らかにするためにも、幣原の「国益」追求と新外交の潮流が正面衝突した一九二九年中ソ紛争と満洲事変が発生した第二次幣原外交期の東アジア国際紛争への対応を分析する。これによって、新たな近代日本外交と幣原外交像を提示する。

もう一つ、本書が注目したのは、一七～一九世紀にかけて発達してきた主権国家体系に修正を迫る新外交の枠組との関係である。日本は国際連盟脱退にあたって、二〇世紀初頭の欧米で発達してきた新外交の枠組は東アジアには適用できないとしたが、こうした見解はアジアモンロー主義的外交の中心人物である重光葵の外交意見や近衛文麿の東亜新秩序声明（ラジオ演説）、あるいは太平洋戦争を米英による旧秩序に対する闘争戦と位置づけた東郷茂徳の議会演説などで度々表明された。この洋の東西における国際秩序と環境の相違が日本にとって大きな問題となったのも第二次幣原外交期である。これまでの研究では抽象的な新外交の枠組論と具体的な外交交渉は別々に論じられることが多かったが、本書では両者を対応させることで、各国間の利害相違と、東アジアの政治的混乱を背景に新外交の枠組は実際政治のなかで機能し得たのかという問題を提起する。その上で、第二次幣原外交期に表面化した東西における秩序と環境の相違が「死活的利益」の問題と相まって、その後の日本外交にどのような影響をもたらしたのかという幣原外交の歴史的連続性について論じていきたい。

近代日本外交と「死活的利益」●目次

凡　例

一、年号は西暦を使用し、各章本文の初出に限って（　）内に和年号を補った。ただし、旧暦については和暦を使用し、年のみ西暦を補った。

一、史料の引用にあたっては、適宜読点を補い、中略箇所は「……」で表記した。

一、「満洲」など、今日的見地からすれば不適切な用語であっても、原文尊重の趣旨からそのまま用いた。

一、「満洲」の表記は文献名を除いて「満洲」で統一した。

一、戦争呼称については、象徴的な意味での使用を除いて、学界で最も一般的な「満洲事変」「日中戦争」「太平洋戦争」を用いた。

一、本書で頻繁に引用する文献については、註を簡略化するために、以下の略称を用いた。

『日本外交文書』→『日外』
『日本外交文書　満州事変』→『日満』
Papers Relating to the Foreign Relations of the United States → ***FRUS***
Documents on British Foreign Policy, 1919-1939, second series → ***DBFP***

序　章

一九四一（昭和一六）年一二月八日、日本は英米との戦争に突入した。この日、渙発された開戦の詔書のなかには次の一節があった。

> 抑々東亜ノ安定ヲ確保シ、以テ世界ノ平和ニ寄与スルハ丕顕ナル皇祖考丕承ナル皇考ノ作述セル遠猷ニシテ……今ヤ不幸ニシテ米英両国ト釁端ヲ開クニ至ル……米英両国ハ残存政権ヲ支援シテ東亜ノ禍乱ヲ助長シ平和ノ美名ニ匿レテ東洋制覇ノ非望ヲ逞ウセムトス、剰ヘ与国ヲ誘ヒ帝国ノ周辺ニ於テ武備ヲ増強シテ我ニ挑戦シ、更ニ帝国ノ平和的通商ニ有ラユル妨害ヲ与ヘ遂ニ経済断交ヲ敢テシ、帝国ノ生存ニ重大ナル脅威ヲ加フ……帝国ハ今ヤ自存自衛ノ為蹶然起ツテ一切ノ障碍ヲ破砕スルノ外ナキナリ＊1〔傍線部、筆者、以下同〕

著者が敢えて冒頭に開戦の詔書を引用したのは、大日本帝国憲法下における最高度の国家意思表示である天皇詔書を通じて、当時の日本政府が開戦の理由を経済断交だけでなく、「東亜」「東洋」の秩序をめぐる問題と位置づけていたことを強調したいがためである＊2。無論、日米開戦の原因を単純に両国の東アジア秩序構想の相違だけに帰することはできない＊3。しかし、日本は日満中を根幹とする東亜新秩序の建設（後に南方を含む「大東亜」に拡大）を「帝国ノ存立ニ欠クヘカラサル」ものと位置づけ＊4、外交手段を通じて英米に新秩序を承認させるべく様々な努力を行ない＊5、豊田貞治郎外相も中国との間には「ヴァイタリー」（＝死活的）な関係があると述べて日米交渉のネックとなっていた中国駐兵問題への理解を求めた＊6。開戦はこれらの試みを一擲するものであったともいえよう。日米開戦同様、東アジア秩序と日本の死活問題を国際社会に強く訴えたのが、日本人が「大東亜戦争」と呼んだ太平洋戦争の発端ともされる満洲事変である＊7。

満洲事変は日露戦争、第一次世界大戦を経て五大国の一員となり、東アジアにおける大国の地位を占めていた日本が、自らの意思で国際連盟（以下、連盟）を脱退して戦間期国際体制の挑戦者となって太平洋戦争に至る道を開く端緒となるもので、それは同時に国際協調を基調とする積年の外交方針＊8から「大東亜戦争」につながるアジアモンロー主義的な外交政策に転換していくターニングポイントであった＊9。

連盟脱退にあたって日本は、これまで中国を単一の統一国家として復活させるという列国の「要望」「擬制」に基づいて行動してきたが、問題になっているのは満洲における「日本ノ死活的必要（vital necessities）」である以上、「擬制」に一定の限界を設けて「現実ニ即シテ其ノ進路ヲ定ムル」必要があるとして満洲国の承認を正当なものと主張した＊10。そして連盟脱退の通告文では、「支那カ完全ナル統一国家ニ非スシテ、其ノ国内事情及国際関係ハ複雑難渋ヲ極メ変則、例外ノ特異性ニ富メル」という現状から、「一般国際関係ノ規準タル国際法ノ諸原則及慣例ハ支那ニ付テハ之カ適用ニ関シ著シキ変更ヲ加ヘラレ」ているという中国の「特殊且異常」な状態を喚起した。そして脱退の理由を、連盟が「東洋ニ於ケル現実ノ事態ヲ把握セサル」ため、満洲事変に関する討議を通じて「連盟規約其ノ他ノ諸条約及国際法ノ諸原則ノ適用、殊ニ其ノ解釈ニ付帝国ト此等連盟国トノ間ニ屡重大ナル意見ノ相違アル」ことが明らかになったことで、「帝国政府ハ平和維持ノ方策、殊ニ東洋平和確立ノ根本方針ニ付連盟ト全然其ノ所信ヲ異ニスルコトヲ確認」したことに求めた＊11。

冨塚一彦氏は脱退通告文で強調した中国問題には国際法の諸原則を直線的に適用することはできないという論理が日本の「連盟脱退ノ根本義」であるとし、これこそ「東亜ニ於ケル平和秩序ノ維持」は日本が単独で責任を持って遂行する、「支那ニ関スル国際問題」の処理にあたっては「日本ヲ主トスヘキ」という天羽声明に代表される「東亜」

概念の起源であったと指摘している*12。

このように考えてくると、東アジア国際環境の変化と日本の死活問題を理由に、国際社会に対して独自の東アジア構想への理解を強く求めた満洲事変は、東アジア秩序をめぐる「大東亜戦争」と、その大義名分となった日本を指導国とする「大東亜共栄圏」に発展する要素を多分に含んだものであったと解釈できる*13。しかし、満洲事変直前まで国際協調外交を国是としてきた日本が、何故、協調外交から離脱していったのか。また、その理由となった「東洋ニ於ケル現実ノ事態」をめぐる解釈の相違、あるいは中国、満洲に対する日本の死活問題とは何を意味するのか。おそらくこれらには満洲事変直前からの何等かの連続性があると考えるのが自然であろう。そうした意味でも、本書がこの問題を解く鍵として注目するのが、日本が国際協調外交を基軸としていた戦間前期と、アジアモンロー主義（もしくはアジア主義）が強い影響力を持った戦間後期をつなぐ転換期に位置する第二次幣原外交の時代である。

本書では第二次幣原外交を規定したであろう縦軸（明治以来の満蒙特殊権益に代表される日本外交における死活的利益の意味づけ）と横軸（戦争違法化や集団安全保障体制の構築を目指す国際社会一般の動向、ならびに日本を取り巻く国際環境）の特徴と問題点を分析し、この両者が交錯するなかで国際社会の「擬制」「要望」（＝横軸）に基づく対中政策を推進してきた日本が、自らの死活的必要のため（＝縦軸）に国際協調の枠組から脱するに至った転換要因を検討する。

一　幣原外交とワシントン体制の諸相

第二次幣原外交を分析するにあたっては、第一次も含む幣原外交の特徴を理解する必要がある。幣原喜重郎の外交理念を表したものとしてよく取り上げられるのが、議会演説と「外交管見」である。これらのなかで幣原は、第一次世界大戦後の国際社会は兵力の濫用や侵略主義を否認し、国際問題は関係国間の了解と協力を通じて処理する「国際的協力ノ時代」に向かっている、理想の実現は前途遼遠だが、こうした時勢に逆行しては「有益なる目的」を達成することはできないとし＊14、新時代の国際社会の潮流に適応しつつ日本の利益を増進するためにも、東アジア政策を推進するにあたってはワシントン体制を基礎に据えた。幣原外交についてはワシントン体制とともに、その研究は枚挙に遑がない＊15。だが連盟脱退につながる東アジアにおける国際協調の崩壊という問題を考える場合、ワシントン体制の撹乱要因と東アジア秩序をめぐって生じた日英米の軋轢の存在に注目しなければならない。まずこの点を中心に先行研究を整理する。

ワシントン体制研究の先駆といえるのが入江昭、細谷千博両氏の業績である。入江氏はワシントン体制を「アメリカのイニシアティヴ」のもとで、従来の勢力圏外交を排した「機会均衡主義」に基づく「経済外交」を基盤とする新しい秩序を東アジアにもたらそうとした「多国的協定」であるとした。ワシントン会議参加国は、当時の中国が北京・広東両政府に分裂し、近代国家として不可欠な特性を欠いていたことから、一度は中国を独立国として認めることを躊躇し、中国が求める関税自主権回復や治外法権撤廃に対しても漸進論ですすむことで合意するにとどまった。その後、内乱が長期化する中国に対して、日英米は借款供与やワシントン会議で決定していた関税引き上げを通じた中央政府の強化を模索したが、関係国間の利害相違が足枷となって建設的な対応策が示せないでいる間、体制外国家のソ連は北京政府との間で中ソ協定（一九二四年五月）を、広東政府との間でも第一次国共合作（同年一月）を成立させた。特に広東政府が加熱させた中国ナショナリズムへの対応をめぐって日英米は政策不一致を深め、三国の利害相違が表面化した北京関税特別会議の無期延期をもってワシントン体制が崩壊したと論じた。

このような状況下にあって幣原は満蒙における権益は日本の「生存権」であると位置づけてこれを特別視するとともに、第一次外相期には日本の中国に対する「特殊関係」を通じて日中の「共存共栄」を軸にした東アジア国際秩序を形成すべく試みたが、田中外交期の満蒙分離政策が日中関係を悪化させた。再度外相の任についた幣原は南京政府と東北政権の関係が不明瞭であったことから満蒙問題の解決を延期する一方で、英米と歩調を合わせて中国に対する治外法権撤廃交渉を行なうことで日本の対中政策に関する英米の支持を獲得しつつ、日中関係を改善しようとした。

だが、協調すべき列国の東アジアに対する関心が相対的に低かったこともあって、東アジアは欧米の外交システムと異なる「国際政治上孤立」した地域と化し、直面する中国のナショナリズムや革命外交に対して列国は有効な対応ができなかった。この間、日本国内では陸軍が共産主義への懸念と満洲の治安維持をリンクさせ、さらには国防資源の獲得という観点からも満蒙問題の解決を求め、遂には一部将校の謀略によって満洲事変が起こされたとする*16。

細谷氏は、北京関税特別会議後も日英米三国には協調の精神が生きていたとして、同会議でワシントン体制が崩壊したとする入江氏の所論を批判する一方で、入江氏の議論を発展させてワシントン体制を中国に対する日英米三国提携の支配・従属システムと定義するとともに、体制攪乱要因として「ソヴィエトの革命外交」「中国のナショナリズム運動」に加えて、海軍軍縮条約に対する不満を始めとする「日本の反ワシントン体制派」が存在していたとする。また、日英米三国が「ソヴィエトからの攪乱作用」によって勢いを増した「中国ナショナリズムの挑戦」の表れでもある五・三〇事件や北京関税特別会議、南京事件への対応にまとまりを欠いたという、軍事的機能を内蔵せず、対中貿易や関税に関する事前合意を持たないまま成立したワシントン体制の脆弱性も指摘した。その後、アメリカは亀裂が生じていた日英米協調関係を修復するためにも、支配・従属システムの打破を求める中国を取り込んで体制を四国提携システムに改編しようし、イギリスもこれに同調したが、日本は満蒙特殊権益に対する中国の明白な保障を得ないままではこれに同調することができなかった。ワシントン体制では九ヵ国条約第一条第四項の「安寧条項」という曖昧な形での合意しかなされていなかった満蒙特殊権益が国際協調の重大な障害になったことで日本の「外交的孤立」のパターンが表れるようになり、やがて日本単独の武力行使である満洲事変を招き、日本の連盟脱退、ワシントン海軍軍縮条約からの離脱、これに対するアメリカのソ連承認によってワシントン体制は完全に崩壊したと論じた*17。

入江、細谷両氏の所論はワシントン体制という多国間国際協調の枠組の脆弱性に注目するとともに、日本が英米中と協調するにあたっては中国、特に幣原が「生存権」と位置づけていた満蒙問題がネックになっていたことを明らかにしたものである。その後、一九九〇年代以降、両氏の研究成果を踏まえつつ、新たな視点を提示した服部龍二、西田敏宏両氏はどのようにこの問題を論じたのであろうか。

服部氏は、入江、細谷両氏がワシントン体制を第一次世界大戦前の旧外交に代わる新秩序と位置づけたのに対して、同体制を中国をめぐる日英米の現状維持、即ち勢力圏外交の継続を前提としたものと論じた。そして、体制の不安定要因としてソ連と中国の存在を改めてクローズアップすることで、列国に対する中国外交（北京政府の修約外交、南京政府の革命外交）こそが日英米の摩擦を表面化させ、体制を不安定化させた原動力であるとし、次いでソ連もまた、中国ナショナリズムを刺激したという撹乱要因としてだけではなく、日本の満蒙特殊権益に対する現実的な脅威でもあったことを指摘した。前者についてはワシントン体制の脆弱性という論点を発展させ、北京関税特別会議が始まった一九二五（大正一四）年以降、中国外交への対応を通じて日英米の政策が乖離してワシントン体制が「分化」していったとする。また、後者に関しては、第一次国共合作と、ソ連が東支鉄道に対する主導権を獲得した頃から陸軍出先を中心に「対ソ脅威論」が広まり、一九二四（大正一三）年五月三〇日の閣議で決定した「対支政策綱領」において対応策としての北満進出とそのための張作霖援助、指導、ならびに満蒙鉄道政策の強化が打ち出されたが、張作霖への援助のあり方をめぐって外務省と陸軍、および双方の内部で路線対立が生じたと指摘した。

そして幣原外交についても、第一次外相期は日本の経済的利益の追求を優先して対英米協調を犠牲にする側面があったのに対して、第二次外相期にはロンドン海軍軍縮会議や中国外債整理交渉を通じて、かつての日本中心の経済主義を克服し、より成熟した対英米協調外交を展開していたとする。しかし、北満で戦われた一九二九年中ソ紛争に際しては欧米諸国による介入を忌避し、満洲事変では陸軍の傀儡政権構想に接近して対英米協調下での解決を事実上放棄するという幣原外交の変質と崩壊によってワシントン体制は終幕を迎えたと論じた＊18。

服部氏の研究はマルチアーカイヴの手法を徹底することで東アジア国際環境の実態、さらには列国の対中政策の分裂を明らかにしたものであり、第二次幣原外交期の中国本部と満蒙に対する政策に異質性があったことを窺わせるものでもあった。一方、ワシントン体制が「分化」していくなかで、東アジア国際環境とグローバルな国際秩序の形成がどのような関係にあったのかに注目して、東アジアにおける日本の地位について論じたのが西田氏である。

　西田氏は、以下の点から検討を行なった。第一に、中国に対する日本の経済的利益を増進するには政情が混乱を極めている中国に統一と安定をもたらす必要があったとした上で、同国の安定化促進という側面から幣原外交とワシントン体制へのアプローチを試みたこと、第二には、国際社会が規範面を中心としたグローバルな国際平和体制の構築を目指すなかで、ワシントン体制の中心的構成国である日英米がどのような対応を示したのかという点である*19。

　前者について、中国外交を前に列国の対応に乱れが生じるなか、幣原は中国に対する不平等条約の改正と国家としての漸進的発展の方向性を示したワシントン体制のプログラムを実行するにあたり、中国に経済的死活関係を有する日本こそが「中心的な役割」を果たすべきと考えたが、却ってそれが日本の政策に独善性をもたらして協調行動に対する英米の意欲を減退させたとする。また、これまで列国との協調関係を回復したとされてきた第二次幣原外交期についても、実際には治外法権撤廃問題を始め列国の対中政策との乖離が深まっており、ワシントン体制は列国との共同政策を志向するものから相互連絡を確保するものに「変容」していったと論じた。

　後者に関して、戦間期の国際社会では連盟の創立や戦争抛棄に関する条約（以下、不戦条約）に代表されるグローバルな国際平和体制を構築すべく規範面を中心とした試みがなされていたが、そもそもワシントン体制は他の地域と結びつきを持たず、連盟がすすめていた集団安全保障体制の構築とも無縁の東アジアにおける自律的地域秩序として出発したものであり、体制の中心をなす日英米三国ともグローバルな対外政策を実施するにあたっては、自国の死活的利益に関わると見なしている地域に対しては連盟や第三国による干渉を排除する「二重基準」を適用していた。一方で連盟は東アジアにも活動の範囲を広げようとし、アメリカも大多数の諸国が参加した不戦条約を外交の指導原理と位置づけて東アジアの国際紛争への介入を試みた。こうした動きは中国に対する死活的関係を根拠に東アジアにおける「特別な立場」を意識している日本と、国際平和体制構築への歩みを強めていた英米との認識差異を生じさせ、満洲事変で両者の相違が顕在化し、遂には日本の国際的孤立、ひいては太平洋戦争に発展していったとする。

また、満蒙問題では、郭松齢事件以降の満洲政情の動揺を機に張作霖支持を前提とした対満蒙政策を見直し、北伐をすすめている国民党と東三省有力者とを妥協させることで国民政府による中国統一に対応しつつ、満蒙問題を日中間の深刻な対立点にすることを回避しようとしたが、田中外交による満蒙分離政策の結果、満蒙問題が日中両国間に解決不可能な対立点として浮上していったと指摘した。

西田氏の東アジアにおける日本の「中心的な役割」に近い問題を論じているのは宮田昌明氏である。宮田氏は幣原外交には満洲事変後の「東亜の安定勢力」としての日本という意識につながる要素として、「日本独自の東アジアにおける責任意識」と「一等国としての自覚」があったことを指摘するとともに、ワシントン体制を軸とした中国再建を通じて中国の自立意識と国際条約を尊重する責任意識を促すべく、日本の対中政策をそれまでの特定軍閥に対する援助を中心とした情実的なものから、国際条約に基づく法理的なものに再編しようと試みたと論じた＊20。宮田氏のいう「東アジア国際秩序における日本の役割意識」は、西田氏が指摘する東アジアにおける日本の「中心的な役割」に共通するものといえるが、「役割意識」の出所を宮田氏は第一次世界大戦後に大国となった日本の国際的地位に求めたのに対して、西田氏は国際的地位に加えて、日本が中国において他国と異なる特別に重大な利害関係を有するという第一次世界大戦以来の国際認識に求めたことに違いがある。

このように、入江、細谷、服部各氏はワシントン体制の崩壊要因を、西田氏は日本外交にとってのワシントン体制の運用のあり方と意義、そしてグローバルな国際秩序との関連性を論じた。また、ワシントン体制の崩壊時期についてはそれぞれ異論があるものの、先鋭化する満蒙問題と満洲事変を一画期としていることでは共通している。このように考えた時、満洲事変直前期にあたる第二次幣原外交期の満蒙問題の分析が重要なポイントになる筈であるが、入江、細谷、服部各氏とも全体を通じての叙述は質、量ともに第一次外相期に重心を置いており、第二次外相期の対中政策を英米の政策と関連させて体系的記述を試みた西田氏の研究も、中国本部よりも重要な地域と考えられていた筈の満蒙問題に関する記述が薄いために、第一次外相時代の末期に外務省が試みた国民党と東三省有力者との妥協という方針が、その後の日中関係の悪化や中国本部における政情混乱の影響を受けてどう変化していったのか、それがどのように国際協調外交の崩壊に発展していったかについては十分な検討を加えていない。

以上は幣原が逆行することはできないとした国際環境、特にワシントン体制と幣原外交の関係であったが、幣原外交を論じるにあたっては国際環境という横軸に加えて、日本外交の伝統というべき縦軸にも留意しなければならないのではないか。

幣原は一九二四（大正一三）年七月一日の議会演説において、四囲の環境に応じて外交方針を随時変更する必要があるとする一方、「公然外国ニ与ヘタ約束ハ条約ニ依ルト否トヲ問ハス……変更シ得ヘキモノテハアリマセヌ」とし、「列国ニ於テモ亦同様ノ精神ヲ以テ我国ヲ迎フルコトヲ期待スル」という、国際平和の鍵を握るものとしての「外交政策継続主義」を訴えた＊21。

諸先行研究が指摘するように、ワシントン体制は勢力圏外交の継続を前提としたものであり、その中心国である日英米はグローバルな国際平和体制の構築にあたって死活的利益の擁護を適用の対象外にすることを前提としていた。そして幣原が「生存権」、即ち死活的なものと位置づけていた満蒙特殊権益も曖昧さが残るとはいえ、一定の国際理解を得ていた。つまり、変化し続ける国際社会の動向（＝横軸）に注意を払い、これとのバランスをとりつつ、明治期から存在していた死活的な満蒙特殊権益、あるいは日中間の経済関係の拡大といった日本外交の基本方針（＝縦軸）に基づいた利益を擁護、増進するということは幣原外相といえども絶対的な課題であり＊22、「幣原外交」という言葉に象徴される時期の日本外交は明治以来の縦軸に強く規定されていたのである＊23。しばしば幣原は日本の利益追求を優先するがあまり対英米協調を犠牲にする側面があったと指摘されるが、これは時代の潮流（＝横軸）に適合しつつも、あくまでも外交政策の基本ラインは「生存権」を含む縦軸を維持することにあったからであろう。

本書ではこうした問題意識の上に立って、諸先行研究が十分に論じ切れなかった問題、即ち日本外交の分岐点であり、縦軸と横軸が交錯するなかで発生した満洲事変の直接の引き金となった第二次幣原外交期の満蒙問題を中心に論じる。ただし、満鉄や商租権などの直接の懸案交渉は対象外とし、近年活発化してきた東アジア地域史、あるいはグローバルな国際関係の研究動向を視野に入れつつ、連盟脱退や日米開戦の理由となった日本の死活問題とは何を意味するのか、日本はこの問題を国際社会に対してどのように訴えてきたのかを日本外交史、特にその中軸となる外務省の政策潮流のなかに位置づけた上で、具体的に検証していく。そしてこの縦軸と横軸の交錯という問題を論じるにあたって本書が分析視角としたのが、「国益(national interest)」のなかでも最も重要な利益の一つとされる「死活的利益(vital interest)」である。本論に入る前に、「死活的利益」の概念について確認する。

二 「死活的利益(vital interest)」からみた日本外交史研究の試み

西欧国際体系と「死活的利益(vital interest)」

幣原は「外交管見」のなかで、「政治は空想ではない」「政治家として最重要なる資質の一は実行可能の政策と不可能の政策とを識別する判断力」であると述べ、「時勢の潮流」といった外的要因に対応しつつ、「冷静なる利害の判断」に基づく実際的な外交の必要性を訴えた*24。こうした現実重視の外交姿勢は、様々な外的要因に対して現実的、あるいは機会主義的に対応してきた日本外交を通貫している特徴の一つでもあった*25。

実際的な外交という意味で留意すべきことは、リアリズムの観点から国際政治の検討を試みたモーゲンソー(H. J. Morgenthau)の指摘である。彼は対外政策の主要動機を個々の政治家が持つ個性、願望よりも「力《パワー》」によって定義される「利益《インタレスト》」に求めるべきとし、政治の本質である「利益」に外交政策の動機を求めることによって政策の連続性が保たれると論じた。ここでいう「利益」とは「公的義務」、即ち国家が政策を決定するための基準である「国益(national interest)」のことで、外交とは"national interest"を推進するための利害調整でもある*26。"national interest”は実利や伝統、文化といった様々な要素から構成されるが、国家の安危に関わるもの、なかでも緊急性の高いものから優先順位がつけられる＊27。近年では最も優先すべきそれを”survival interest”とし、これを本土に対する外国からの攻撃の切迫などの国家の生存に関わる”interest”として位置づけている。”vital interest”はこれに次ぐものであるが、”survival interest”との違いは切迫性だけで政治的、経済的にも国家の生存上、最も重要な”interest”とされ、その概念は地理的、経済的条件や国際関係、国民感情などの様々な要素から個々の主体によって認定される＊28。

ここで問題となるのは、西田氏が指摘した”vital interest”を擁護するためにも連盟や第三国による干渉を排除し、領域外にも武力行使を行なうという性格であるが、その背景には主権国家を中心に構成されてきた西欧国際体系からの潮流があった。ウェストファリア体制を基盤として整備されていった西欧国際体系は近代国際法を発達させる一方で、安全保障問題に関連して勢力均衡（balance of power）と権力政治（power politics）という「力」の裏付けをともなうシステムを作り出した＊29。一九世紀前半から中葉にかけて、超国家的存在を否定し、主権国家を最上のものとする国際体系のなかでは「自己保存権（self preservation）」は国家の絶対的な権利、義務とされ、国家の生存、独立、安全に対する危険を排除するためには、緊急の場合は戦争を含む他国主権を侵害する行為をも正当化できた。その後、一九世紀末期から二〇世紀初頭にかけて「自己保存権」を制限する動きが現れ、緊急時の領域外行動は免責事項に格下げされたが依然として容認されるべき権利として残り、「自己保存権」から「自衛権（self defense）」が分化していく際にも「自衛権」の一部として引き継がれた。その「自衛権」も不戦条約が締結された当時の国際法学界では、他国による権利、利益の侵害を行使の前提条件とするか否かでは一致した学説が存在していなかった＊30。こうした国家の安全、生存への脅威を排除するためであれば領域外行動をも許容されるという論理は、”vital interest”を擁護するために各国がとった様々な行動に直結する＊31。

戦間期には連盟の創立や不戦条約の締結に代表される戦争違法化の潮流が表れたが、よく知られるように、イギリスは不戦条約の締結に際して、自国の平和と安全にとって「特別で死活的な利益（the special and vital interest）」に対する攻撃への防衛は英帝国の自衛措置であるとの留保をなし＊32、ケロッグ（F. B. Kellogg）米国国務長官も「自衛権」行使の対象は自国の領域内にとどまらない、アメリカ外交の基本政理念であったモンロー主義も「自衛のためのドクトリン」であり、「いかなる国家でも世界の至るところにある"interest"を守る権利がある」との見解を示した＊33。

このように、「死活的利益」の防衛とこれに対する干渉排除は国家主権のなかでも最も重要な「自己保存権」から出発したものであるが故に、国家主権の一部を制限することで多国間による国際協力、協調の枠組構築を目指す第一次世界大戦後の潮流とは相容れない部分があったのであり、その後も「二重基準」は国際政治の大きなテーマの一つとなる＊34。事実、"vital interest"は「事件連鎖理論（theory of a chain of events）」と並んで国際連合安全保障理事会における常任理事国の拒否権の設定、行使の根拠となった＊35。また、第二次世界大戦後にえいてもスエズ戦争（一九五六年）でのイギリスの対応、あるいはキューバ危機（一九六二年）に際して「我が国と西半球の伝統」というかつてのモンロー主義を示唆する表現を交えることで「隔離」（＝海上封鎖）の正当性をアピールする一助にしたケネディ（J. F. Kennedy）米国大統領の演説など＊36、様々な場面で"vital interest"の言葉や概念に基づく政策が行なわれた。

確かに、"vital interest"という言葉は日本外務省においても「相当伸縮自在ナル妙味ヲ有」するものと評されたように＊37定義の曖昧な政治用語でもあったが、国際社会に対して"vital interest"、あるいはそれを示唆する概念を直接、間接に提示しておくことは対外政策上の理論的根拠を担保することになり、国家の安全、生存に関わる緊急時の領域外行動に正当性を付与することができる有効な外交カードとなるものでもあった＊38。

「死活的利益（vital interest）」と「特殊利益（special interest）」

主権国家の絶対的権利である「自己保存権」から派生してきた"vital interest"の用語と概念は西欧国際社会一般では頻繁に用いられてきたが、一九世紀中葉に遅れて西欧国際体系に参加した日本では"vital interest"は「特殊利益」、もしくは「特殊権益」＝"special interest"として表現された。国際法学者の信夫淳平氏は、「特殊権益」を元来有形の施設と無形の特別な関係の両方を指す言葉であるとした上で、これを無形の「特殊利害関係」と有形の「特殊利益」に分けて論じた。氏によると「特殊利害関係」とは"vital interest"に近いもので、条約などの法的根拠の有無に関わりなく、国際情勢と地理的、経済的、軍事的環境から発生する国際関係上の事実に基づく相手国に対する「特別に緊密なる関係」を指し、その例をイギリスの対オランダ、ベルギー、エジプト関係、アメリカの対カナダ、カリブ海関係、そして日本の対満蒙関係に求めている。これに対して「特殊利益」は「特殊利害関係」に基づいて条約（まれに既成事実）によって設定されるもので、「特殊権益」から発生する施設、経営などの実体をともなう利益であると定義している*39。また、幣原の先任外交官で公私ともに昵懇な関係を持ち、後に幣原を外務次官、外相に推薦することになる石井菊次郎は*40、幕末・明治初年以降、中国や朝鮮半島との地理的近接性からその安定が日本自身の安全保障の鍵を握るという意味でしばしば使われてきた「唇歯輔車」の論理が*41 第一次日英同盟の締結にあたって、日本は清韓両国に対して「特ニ利益関係ヲ有スル（specially interested）」とともに、両国に「特別ナル利益（special interests）」があると表現されたものと述べている*42。

その後、石井・ランシング協定で日本の中国における「特殊ノ利益（special interests）」とは、満蒙を始めとする日本との接壌地方とされ、日本と中国本部との間には地理的近接性に基づく「特殊ノ関係（special relation）」があることが確認されたように*43、日本にとって"special"の対象は満蒙のみならず中国本部をも含むものとなった。

外交政策の継続性（縦軸）を重視していた幣原外交は、その出発前から"special"な満蒙と中国本部との関係と、国際協調（横軸）のバランスをいかに保つのかという課題を宿命的に背負っていた。事実、幣原も外相就任以降は公の席では中国の領土である満蒙を「我特殊地域」と表現することは避けていたものの*44、日本の国家的生存に影響する重大な権利、利益が存在する地域であるとの認識は持ち続けており*45、中国に対してもその返還を行なうのではなく、権益の合法性を容認させようとした*46。また、服部、西田両氏も指摘している一九二九年中ソ紛争や満洲事変の処理に際して日本が連盟や第三国の関与を排除しようとしたことは、"vital interest"に対する「二重基準」をそのまま適用したものといえるだろう。こうした"special"な関係を根拠に満蒙や中国本部との関係を特別視する考え方は、東アジアにおいて日本が「中心的役割」を果たすべきとした西田氏の指摘につながるばかりか、満洲事変後のアジアモンロー主義的な外交政策に発展していく要素ではないのか。

特に本書が論証の対象とする第二次幣原外交期の国際社会は、欧米諸国が中心となって作り上げようとしていた国際平和体制が不戦条約の成立等を受けて新しい段階にすすもうとしていた矢先であったが、その一方で日本を含む主要国は国際平和体制が未成熟なものであることを認識し、これと自らの"vital interest"の擁護をいかに両立させるかを課題の一つとしていた＊47。

ワシントン体制という横軸が「分化」（服部）「変容」（西田）するなかで、縦軸のラインに強く規定されていた幣原外交は、日本の「生存権」を含む「特殊ノ利益」が存在する満蒙と、満蒙問題にしばしば影響を与えると同時に「特殊ノ関係」を持つ中国という"special"、あるいは"vital"な東アジアの地域問題を抱えつつ、自らが求める東アジアの「中心的な役割」と国際協調という一見相反する問題に対してどのように立ち向かっていったのか＊48。その過程において横軸からの脅威、即ち、中国の政治的混乱が終息せず、満蒙問題も先鋭化していくなかで、欧米とは異なる国際環境と秩序が存在する東アジアに対して横軸の一つである第一次世界大戦後の多国間国際協調の枠組（特にその中核となるべく期待された国際平和体制）は有効に機能し得たのか、これに対して自律的地域秩序の枠内で国際協調の枠組を自己にとって有利に運用しようとしていた東アジアにおける唯一の列強国（great power）であった日本が、いかなる反応をみせたのかに留意して分析する。これによって日本外交における縦軸と、横軸の一つで発展途上にあった多国間国際協調の枠組がどのように交錯し、ひずみが現れるに至ったのか、それがいかなる形でアジアモンロー主義的な外交政策に転化していったのかを論じる。

これらを検討するにあたって、まず第一章で第一次を含む幣原外交を強く規定した縦軸、即ち日本外交史における”vital interest”の概念はどのように生成、発展し、外交上のカードとして国際社会に発信されたのかを明らかにし、その上で、第二次幣原外交期に縦軸との不適合を起こした横軸――多国間国際協調の枠組や中国の政治的混乱――が持っていた問題点を指摘する。そして第一章で提起する個々の問題点に基づき第二次幣原外交期の満蒙問題への対応を論じる。最後に結論として、第一に、”vital　interest”の擁護という縦軸＝日本外交の伝統を引き継ぐ第二次幣原外交が何故頓挫したのかを、横軸としての国際環境と照らし合わせて明らかにする、第二に、第二次幣原外交期に表面化した縦軸と横軸の交錯がもたらした歴史的影響として、幣原に象徴される国際協調外交から広田弘毅や重光葵に代表されるアジアモンロー主義的外交へとつながる連続性を論証し、さらにそれが東アジアをめぐる日米開戦理由にどのように発展していったかを論じる。

なお、本書では構築が試みられていた新外交時代の多国間安全保障体制である国際平和体制を含む、第一次世界大戦後の多国間国際協調の枠組を国際協調システムと表記する。また、中国政情に言及する都合上、蒋介石が率いる政府を南京政府、張学良の政権を東北政権といったように、各政権には各々の名称を用いるが、中国全般を指す場合には中国と表記する。

＊1　「詔書」一九四一年一二月八日（『日外』太平洋戦争第一冊、三～四頁）。

＊2　日米両国の東アジア秩序構想の相違が開戦につながったとする研究としては、北岡伸一「太平洋戦争の『争点』と『目的』」（細谷千博ほか編『太平洋戦争』東京大学出版会、一九九三年）、永井和『日中戦争から世界戦争へ』思文閣出版、二〇〇七年、二一～二九頁、アントニー・ベスト「戦間期東アジアにおける国際連盟――国際協調主義・地域主義・ナショナリズム――」（緒方貞子ほか編著『グローバル・ガヴァナンスの歴史的変容――国連と国際政治史――』ミネルヴァ書房、二〇〇七年）、波多野澄雄「対米開戦と中国問題」（『東アジア近代史』第一二号、二〇〇九年）がある。また、篠原初枝氏は、第二次世界大戦を第一次世界大戦後の新しい国際法概念によって侵略国と認定された日独伊に対する「集団的安全保障」としての戦争と定義している（篠原初枝『戦争の法から平和の法へ――戦間期のアメリカ国際法学者――』東京大学出版会、二〇〇三年、二七六～二八一頁）。

なお、東条英機首相は、ハル四原則は九ヵ国条約を集約したものであるとして批判、東郷茂徳外相もアメリカの態度は九ヵ国条約の復活を求めるものとし（参謀本部編『杉山メモ』上巻、原書房、一九八九年、三七六、四〇七～四〇八頁）、対米開戦を決定した御前会議では、日米対立の原因はアメリカが「東亜ノ実情ヲ顧ミス」「支那ノ現実ヲ無視シ」「原則的理念ヲ強硬ニ固執」したことにあると説明、その後、太平洋戦争を「国際体制ニ於ケル旧秩序維持ト新秩序建設ノ闘争戦」と位置づけた〔「十二月一日御前会議ニ於ケル外務大臣説明」一九四一年一二月一日（『日外』日米交渉下巻、二一五～二二〇頁）、「臨時議会ニ於ケル東郷外相演説」同月一六日（『日外』太平洋戦争第一冊、三一～三五頁）〕。

＊3 例えば、中国は日中戦争を国際化することで対日戦争での勝利を獲得すべく「国際的解決」を模索し〔鹿錫俊「世界化する戦争と中国の『国際的解決』戦略――日中戦争、ヨーロッパ戦争と第二次世界大戦――」（石田憲編『膨脹する帝国 拡散する帝国――第二次大戦に向かう日英とアジア――』東京大学出版会、二〇〇七年）、同「日独伊三国同盟をめぐる蒋介石の多角外交――中国指導者の内面から見た太平洋戦争への転換点――」（『年報日本現代史』第一六号、二〇一一年）、家近亮子「蒋介石と日米開戦――『持久戦』論の終焉――」（『東アジア近代史』第一二号、二〇〇九年）、同『蒋介石の外交戦略と日中戦争』岩波書店、二〇一二年〕、日米交渉の最終段階でアメリカが用意していた暫定協定案に反対したことはよく知られている（臼井勝美『日中外交史研究――昭和前期――』吉川弘文館、一九九八年、第一三章）。また、対独戦争に勝利するためにもアメリカを引き込もうとしていたイギリスの態度は暫定協定案を廃棄させるのに大きな影響を与えたとされる〔深瀬正富「一九四一年におけるチャーチル首相の軍事・外交戦略」（『軍事史学』第四〇巻第一号、二〇〇四年）、同「1941年におけるアメリカの対日軍事・外交基本戦略――その対日戦回避と参戦決定の過程――1940年11月～1941年12月」（『国際安全保障』第三三巻第一号、二〇〇五年）〕。

開戦原因のなかでも大きなウェイトを占める日本の南部仏印進駐とこれに対するアメリカの資産凍結令についても、日本は進駐が極端な報復措置を招くとは予想しておらず〔塚原光良「情報と認識の視角からみた日米開戦――抑止論再考」（『政治経済史学』第三五〇号、一九九五年）、森山優『日米開戦の政治過程』吉川弘文館、一九九八年、一四六～一四七頁〕、アメリカも凍結令＝全面禁輸を意図したものではなかったが、凍結令自体が煩雑な手続をともなうものであったために運用、実施段階で財務省を中心とする対日強硬派の介入を招き、その結果、意図せざる全面禁輸が実施された（Irvine H. Anderson, Jr., *The Standard Vacuum Oil Company and United State East Asian Policy, 1933-1941*, New Jersey, Princeton University Press, 1975, pp. 158. ジョナサン・G・アトリー『GOING TO WAR WITH JAPAN――アメリカの対日戦略』五味俊樹訳、朝日出版社、一九八九年、二三五～二四一頁、三輪宗弘『太平洋戦争と石油――戦略物資の軍事と経済――』日本経済評論社、二〇〇四年、第二、三章）。このほかにも、日米間のコミュケーション・ギャップとパーセプション・ギャップ（須藤真志『日米開戦外交の研究――日米交渉の発端からハル・ノートまで――』慶應通信、一九八六年）など複数の要因が重なりあって開戦に至った。

＊4 有田八郎外相発グルー駐日大使宛「昭和十三年十一月十八日ノ十月六日附米国側申入ニ対スル旧来ノ観念乃至原則ヲ以テ新事態ヲ律シ得ストノ回答」一九三八年一一月一八日（『日外』日中戦争第三冊、二二二九〜二二三二頁）。

＊5 例えば、野村吉三郎、有田八郎両外相は東アジア秩序に関する原則論を闘わせることで英米との関係を悪化させるよりも、揚子江開放や天津租界などの具体案件の交渉を通じて「東亜新秩序」の事実上の承認を求め（佐道明広「欧州大戦勃発直後における対外政策の模索――阿部内閣期の外交政策立案過程を中心に――」（『東京都立大学法学会雑誌』第二九巻第一号、一九八八年）、永井『日中戦争から世界戦争へ』第二章、服部聡「有田八郎外相と『東亜新秩序』」（服部龍二ほか編著『戦間期の東アジア』中央大学出版部、二〇〇七年））、松岡洋右外相も対日輸出を激減させている英米に代わる戦略物資供給源として死活的なものと位置づけられるようになった南方地域の確保を目指し、「大東亜共栄圏」の実現と列国からの承認獲得を試みた（服部聡『松岡外交――日米開戦をめぐる国内要因と国際関係』千倉書房、二〇一二年、森茂樹「松岡外交における対米および対英策――日独伊三国同盟締結前後の構想と展開――」（『日本史研究』第四二一号、一九九七年）、同「第二次日蘭会商をめぐる松岡外相と外務省――『好機便乗的南進』説の再検討――」（『歴史学研究』第七六六号、二〇〇二年）、同「松岡外交と日ソ国交調整――勢力均衡戦略の陥穽――」（同上、第八〇一号、二〇〇五年））。その松岡はローズヴェルト米国大統領とハル米国国務長官への伝言のなかで、戦後、南方における自由貿易と、中国の一部地域を除くアメリカ資本による開発を容認するとした上で、征服、抑圧、搾取を否定する「大東亜新秩序の観念を知らなければならない」と述べている（Steinhardt to Hull 722, April 9, 1941, *FRUS, 1941*, vol. IV, pp. 934-935）。

＊6 豊田貞次郎外相発野村吉三郎駐米大使宛第五九一号一九四一年九月二三日（『日外』日米交渉上巻、三六四〜三六五頁）。

＊7 満洲事変を太平洋戦争の発端と位置づける「十五年戦争史論」の代表的な研究としては、江口圭一『日本帝国主義史論――満州事変前後――』青木書店、一九七五年、藤原彰編『十五年戦争史』全四巻、青木書店、一九七九年がある。

＊8 内山正熊氏は明治以来の脱亜入欧、西洋先進諸国に対する親善協調を日本外交の主流と位置づけ、これを「親英米外交」を特徴とする「霞ヶ関正統外交」と定義した（内山正熊「霞ヶ関正統外交の成立」（『国際政治』第二八号、一九六五年））。これに対して満洲事変後の外務省では、「非英米派」というべき「革新派」の影響力が増大したことが知られている。戸部良一氏によると、「革新派」は「曖昧模糊」とした存在で、その主張もほとんどが外務省の政策としては採用されなかったが、陸軍との協力関係や白鳥敏夫に代表される言論活動を通じて省内の有力な「プレッシャー・グループ」として一定の影響力を有していた（戸部良一『外務省革新派　世界新秩序の幻影』中央公論新社、二〇一〇年）。

このほかの外務省「革新派」に関する主要な研究としては、臼井「外務省――人と機構」（細谷千博ほか編『日米関係史　開戦に至る十年　1　政府首脳と外交機関』東京大学出版会、一九七一年）、戸部「白鳥敏夫と満州事変」（『防衛大学校紀要』第三九輯、一九七九年）、同「白鳥敏夫と『皇道外交』」（同上、第四〇輯、一九八〇年）、同「外交における『思想的理拠』の探究」（『国際政治』第七一号、一九八二年）、同「外務省革新派と新秩序」（三輪公忠、戸部共編『日本外交の岐路と松岡外交――1940—41年』南窓社、一九九三年）、田浦雅徳「昭和十年代外務省革新派の情勢認識と政策」（『日本歴史』第四九三号、一九八九年）、酒井哲哉『「英米協調」と「日中提携」』（『年報近代日本研究』第一一号、一九八九年）、塩崎弘明『国内新体制を求めて――両大戦後にわたる革新運動・思想の軌跡――』九州大学出版会、一九九八年、高橋勝浩「外務省革新派の思想と行動――栗原正を中心に――」（『書陵部紀要』第五五号、二〇〇三年）、佐藤元英「革新派外務官僚の対米開戦指導――条約局および南洋局が企図した宣戦布告のシナリオ――」（『中央大学文学部紀要』第二一六号、二〇〇七年）、同「日米開戦手続き文書と中国・南方への視点」（『東アジア近代史』第一二号、二〇〇九年）がある。また、外務省における「非英米派」のルーツを「日露同盟論」に求めた、渡邉公太「第四回日露協約と英米協調路線の再考――石井菊次郎を中心に――」（『神戸法学雑誌』第六〇巻第一号、二〇一〇年）、連盟派外交官であった芦田均を中心に論じた、矢嶋光「芦田均の国際政治観――満州事変前後における連続性を中心に――」（『阪大法学』第六〇巻第二、三号、二〇一〇年）がある。

＊9 三谷太一郎氏は、満洲事変と連盟脱退によって日本は一九二〇年代の連盟に体現される普遍的国際主義が東アジアでは限界に達したと判断し、新しい枠組として独自の「国際的地域主義」を追求し始めたとしている〔三谷太一郎「日本における『地域主義』の概念――ナショナリズム及び帝国主義との関連についての歴史的分析――」（同『近代日本の戦争と政治』岩波書店、二〇〇七年）〕。

＊10「連盟規約第十五条第五項ニ依ル日本政府陳述書」一九三三年二月二五日（『日満』第三巻、五四九～五八二頁）。

＊11 内田康哉外相発沢田節蔵連盟事務局長宛第四七号一九三三年三月二七日（同右、六一四～六一八頁）。

内田康哉外相は訪日したリットンに対して連盟の重要性は認識しているが、発達途上の組織であるがために総ての国際問題を規律できない、加えて「満洲問題ハ日本ノ『ヴァイタル、インテレスト』及自衛権ニ関係スル」ものであるので「関係国ト相談セサルコトアルヘシ」と述べ、満洲国の成立といった「現実ノ必要」を考慮すべきと述べている〔内田発沢田ほか宛合第一五四九号「連盟調査委員ト会談ノ件」一九三二年七月一六日（「満州事変・善後措置関係・国際連盟支那調査員関係」A.1.1.0.21-12-2 外務省外交史料館蔵）〕。

＊12 冨塚一彦「『連盟脱退ノ根本義』と日本外務省における『東亜』概念の生成――国際会議における『東亜』問題討議への拒否方針を中心に――」（『國學院大學日本文化研究所紀要』第九二輯、二〇〇三年）。冨塚氏が指摘する「東亜」問題に対する外務省の指針は、広田弘毅外相発斎藤博駐米大使ほか宛合第三〇二号「対支国際合作ニ関スル件」一九三四年三月一九日（「帝国ノ対支外交政策関係一件」A.1.1.0.10 外務省外交史料館蔵）。天羽声明は、「対支国際援助問題ニ関スル情報部長ノ非公式談話」同年四

月一七日（『日外』昭和期Ⅱ第一部第三巻、五六〇～五六一頁）を参照。

ただし、この時点での「東亜」概念はアジアモンロー主義的色彩を有しつつも、国際協調を重視する「協和外交」の志向と並存しており（冨塚、同上、一六四～一六六頁）、広田弘毅は極東における急速なソ連の軍事力増強に対して、ワシントン体制に潜在していた「排ソ」を強調することで英米中との関係修復をはかろうとしていた（酒井哲哉『大正デモクラシー体制の崩壊――内政と外交』東京大学出版会、一九九二年、第二部第三章）。こうした方針には、「革新派」「欧米派」などの外務省内の各勢力も同意していた（武田知己「日本外務省の対外戦略の競合とその帰結　一九三三～一九三八」〔『年報日本現代史』第一六号、二〇一一年〕）。このほか、当該期の防共外交に言及したものとしては、井上寿一『危機のなかの協調外交――日中戦争に至る対外政策の形成と展開――』山川出版社、一九九四年、第五～七章がある。

＊13「大東亜共栄圏」に関する研究は、ヨーロッパ戦争による英仏蘭等の植民地体制崩壊の危機と日本の南進、資源獲得や独立供与を通じた日本の指導、さらには「大東亜国際法」など多岐にわたるために細かく参照しないが（それぞれの代表的なものとして、河西晃祐『帝国日本の拡張と崩壊――「大東亜共栄圏」への歴史的展開』法政大学出版局、二〇一二年、第五章、小林英夫『「大東亜共栄圏」の形成と崩壊』御茶の水書房、一九七五年（二〇〇六年に増補発行）、波多野澄雄『太平洋戦争とアジア外交』東京大学出版会、一九九六年、明石欽次『「大東亜国際法」理論――日本における近代国際法受容の帰結――』〔『法学研究』第八二巻第一号、二〇〇九年〕）、これを満洲事変以来の「普遍主義」に対する「地域主義」に基づく批判として位置づけた研究としては、松井芳郎「グローバル化する世界における『普遍』と『地域』――『大東亜共栄圏』論における普遍主義批判の批判的検討――」（『国際法外交雑誌』第一〇二巻第四号、二〇〇四年）がある。また、イデオロギー・ネットワークの観点から論じた松浦正孝『「大東亜戦争」はなぜ起きたのか――汎アジア主義の政治経済史――』名古屋大学出版会、二〇一〇年も注目される。

＊14 幣原喜重郎外相議会演説、一九二五年一月二二日（「帝国議会ニ於ケル外務大臣演説集」1.5.2.2-5-2 外務省外交史料館蔵）、同「外交管見」一九二八年一〇月一九日、慶應大学における講演（「幣原平和文庫」R七、国立国会図書館憲政資料室蔵）。

＊15 ワシントン体制や幣原外交に関する詳細な研究史や捉え方については、小池聖一『満州事変と対中国政策』吉川弘文館、二〇〇三年、第三章、熊本史雄「戦間期日本外交史研究の現状と課題――『転換期』の新しい外交史像をめぐって――」（『駒沢史学』第六八号、二〇〇七年）を参照。

＊16 入江昭『極東新秩序の模索』原書房、一九六八年。

＊17 細谷『両大戦期の日本外交――1914～1945――』岩波書店、一九八八年、第三章。なお、細谷千博氏が「日本の反ワシントン体制派」を体制撹乱要因と位置づけたことに関して、服部龍二氏は英米のワシントン体制に対する不満が日本のそれと比較して相対的に少なかったということが証明されていないとしてこれを批判し、小池聖一氏も自身の海軍軍縮問題に関する一連の研究

を通じて、日本に「反ワシントン体制派」は生成されなかったとしている（服部龍二『東アジア国際環境の変動と日本外交1919―1931』有斐閣、二〇〇一年、九〜一〇頁、小池『満州事変と対中国政策』八〇〜八一頁）。

＊18 服部『東アジア国際環境の変動と日本外交』。

＊19 西田敏宏「東アジアの国際秩序と幣原外交（一〜二）――一九二四〜一九二七年――」（『法学論叢』第一四七巻二号、第一四九巻第一号、二〇〇〇〜二〇〇一年）、同「ワシントン体制の変容と幣原外交（一〜二）――一九二九〜一九三一年――」（同上、第一四九巻第三号、第一五〇巻第二号、二〇〇一年）、同「第一次幣原外交における満蒙政策の展開――一九二六〜一九二七年を中心として――」（『日本史研究』第五一四号、二〇〇五年）、同「ワシントン体制と国際連盟・集団安全保障――日・米・英の政策展開を中心として――」（伊藤之雄、川田稔編著『20世紀日本と東アジアの形成――1867〜2006――』ミネルヴァ書房、二〇〇七年）、同「幣原喜重郎の国際認識――第一次世界大戦後の転換期を中心として――」（『国際政治』第一三九号、二〇〇八年）、同「幣原喜重郎と一九二〇年代の日本外交」京都大学博士論文、二〇〇四年。

＊20 宮田昌明「加藤高明内閣成立の底流と幣原外交――国際的自立と内外融和への挑戦」（『日本研究――国際日本文化研究センター紀要』第三三集、二〇〇六年）、同「北京関税特別会議とワシントン条約後の東アジア秩序の変容――イギリスの外交・帝国政策と日本――」（『史林』第八九巻第二号、二〇〇六年）、同「英米関係と東アジアにおける日本の役割意識　一九二一〜一九二七」（関静雄編著『「大正」再考――希望と不安の時代――』ミネルヴァ書房、二〇〇七年）。

＊21 幣原議会演説、一九二四年七月一日（『帝国議会ニ於ケル外務大臣演説集』）。

＊22 服部氏も、幣原喜重郎は門戸開放を主義として受け入れたが、その適用に制限を加えようとし、一方では満蒙権益の拡張を試みるなど、日本外交の伝統から自由ではなかったと指摘している（服部『幣原喜重郎と二十世紀――外交と民主主義』有斐閣、二〇〇六年、二八八頁）。

＊23 小池氏は外相の強い指導力とパーソナリティにのみに外交政策が集約されたことはなく、「〇〇外交」といった言葉や分析方法は実態に即したものではないと指摘している（小池『満州事変と対中国政策』七九〜八〇頁）。こうした見地に立つならば、服部氏の指摘と相まって「外交政策継続主義」を訴える幣原は出身母体である外務省と、その外務省が主体となって推進してきた従来の外交政策から大きく逸脱することはできなかったといえる。

＊24 幣原「外交管見」。

＊25 入江昭氏は、近代日本外交のほとんどが安全の確保と経済の発展という「ナショナル・インタレスト」に基づき、変化する国際情勢に対応しつつ現実的、実際的見地から行なわれていたと指摘している（入江『日本の外交――明治維新から現代まで』中央公論社、一九六六年）。

＊26　ハンス・J・モーゲンソー『国際政治――権力と平和――』現代平和研究会訳、福村出版、一九八六年、第一章、ならびに五四四～五四七頁。なお、本書では日本語でいう「国益」では"interest"に含まれる利害関係の意味合いが薄まりかねないので、"national interest"と表記する。

西川吉光氏は学問的な定義づけのないまま国際社会で頻繁に用いられてきた"national interest"という言葉に曖昧さがあるのも事実であるが、各国はこれを基準に政策を決定、実行、かつそれを正当化してきた経緯から無視できない概念であるとしている（西川吉光『現代国際関係論』晃洋書房、二〇〇一年、一一一～一一四頁）。

＊27　高山岩男「ナショナル・インタレスト」（『政経研究』第二巻第二号、一九六五年、一三～一五頁）。

＊28　"national interest"には"survival, vital"のほか、"major interest"（国家の安全に対する潜在的脅威で、平和的解決の余地がある"interest"）、"perhaps interest"（国際社会の安定に影響を及ぼすが、自国の安全を脅威するに至らない"interest"）があるとされる（Donald E. Nuechterlein, *United States national interests in a changing world*, Lexington,University Press of Kentucky, 1973, pp. 10-56）。

＊29　ウェストファリア体制や主権国家に関する近年の代表的な研究には、明石『ウェストファリア条約――その実像と神話』慶應義塾大学出版会、二〇〇九年、吉川元、加藤普章編著『国際政治の行方――グローバル化とウェストファリア体制の変容――』ナカニシヤ出版、二〇〇八年、山影進編著『主権国家体系の生成――「国際社会」認識再検証――』ミネルヴァ書房、二〇一二年がある。

＊30　これらについては、森肇志『自衛権の基層――国連憲章に至る歴史的展開――』東京大学出版会、二〇〇九年、第一～三章、西嶋美智子「十九世紀から第一次世界大戦までの自己保存権と自衛権」（『九大法学』第一〇二号、二〇一一年）、同「戦間期の『戦争の違法化』と自衛権」（同上、第一〇三号、同年）を参照した。

＊31　最も典型的なのが、ベルギーの独立維持を"vital interest"であるとしてドイツによる中立侵害を理由に第一次世界大戦に突入したイギリスであろう。その国家意思を示した一九一四年八月三日のグレー英国外相の演説は、*Parliamentary Debates, 1914*, vol. LXV, pp. 1805-1820を参照。

なお、第一章でも触れるが、アメリカは新四国借款団事業の満蒙への適用留保に関する交渉のなかで、日本の「死活的利益（vital interests）」を「自己保存権（self preservation）」に基づくものと認めた（The Department of State to the Japanese Embassy "Memorandum", March 16, 1920, *FRUS, 1920*, vol. I, pp. 512-513）。

＊32　Houghton to Kellogg 114, May 14, 1928, *FRUS, 1928*, vol. I, pp. 66-69.

＊33　Hearings before the Committee of Foreign Relations, United State Senate, December 7, 12, 1928（柳原正治編著『国際法

先例資料集（2）不戦条約』下巻、信山社出版、一九九七年、一〇一五〜一〇四七頁）。モンロー主義も、アメリカの防衛を目的として宣言され（John Bassett Moore, *A Digest of International Law*, vol. VI, Washington, Government Printing Office, 1906, pp. 401-403）、「国家の安全と死活的利益（vital interests）」に関する政策として位置づけられていた（Memorandum by the Counselor for the Department of State (Lasing), June 11, 1914, *FRUS, The Lansing Papers*, vol. II, pp. 460-465）。

＊34 領域外に対する先制的武力行使が「侵略」であり、「犯罪」であるとする国際社会の一応コンセンサスが得られたのは一九七四年一二月一四日に採択された国際連合総会決議三三一四であるが、これは安全保障理事会が「侵略」を認定するための「指針としての基本原則（basic principles as guidance）」という位置づけで、その解釈に曖昧性を残していた（Definition of Aggression, December 14, 1974, *United Nations Resolutions, Series I, Resolutions adopted by the General Assembly*, vol. XV, New York, Oceana Publications, inc. 1984, pp. 392-394）。

二〇一〇年六月一一日になって国際刑事裁判所（ＩＣＣ）で懸案であった「侵略」の定義と、これに対する管轄権行使の条件が採択された。この結果、改正された同裁判所規程第八条に国際連合総会決議三三一四を援用する形で「侵略行為（act of aggression）」が規定され、形の上では安全保障理事会に左右されない「侵略」の認定と「侵略」を指示した個人の訴追が可能となった。しかし、国際刑事裁判所規程の署名、批准国が全世界を網羅している状態にないことに加え、唯一の超大国として「特別な責任」を自認するアメリカが領域外に多数の兵力を駐留させ、人道的介入を行なっている立場から強く抵抗した結果、管轄権の対象となる「侵略犯罪（crime of aggression）」を性質、重大性、規模から総合的に判断して国連憲章の「明白な（manifest）」違反を構成するものと定義することで適用の幅を狭めた。また、実際の管轄権行使も、同裁判所が管轄する他の犯罪より高いハードルが課せられており（①改正規程の発効には締約国の三〇ヵ国以上が改正を受託、もしくは批准することが必要、②管轄権行使の始期は改正規程の発効と、二〇一七年以降に行なわれる締約国会議で管轄権行使の条件を決定して一年以上経過した後、③「侵略犯罪」に関する管轄権の対象となるのは、これに事前同意した裁判所規程締約国のみ＝拒否権的な権限）、実効力という意味では多くの問題を残している（竹村仁美「国際刑事裁判所規程検討会議の成果及び今後の課題」『九州国際大学法学論集』第一七巻、第二号、二〇一〇年）、岡野正敬「国際刑事裁判所ローマ規程検討会議の結果について」『国際法外交雑誌』第一〇九巻第二号、二〇一〇年）、真山全「国際刑事裁判所規程検討会議採択の侵略犯罪関連規定――同意要件普遍化による安保理事会からの独立性確保と選別性極大化――」（同上、第一〇九巻第四号、二〇一一年）、前田仁美「国際刑事裁判所（ＩＣＣ）と大国の加盟――アメリカの安全保障政策の転換過程から――」『創価大学大学院紀要』第三三号、二〇一一年）。

＊35 瀬岡直『国際連合における拒否権の意義と限界――成立からスエズ危機までの拒否権行使に関する批判的検討――』信山社、二〇一二年、第一章。

*36 スエズ戦争とイギリスの関係を論じたものには、佐々木雄太『イギリス帝国とスエズ戦争――植民地主義・ナショナリズム・冷戦――』名古屋大学出版会、一九九七年が、キューバ危機におけるケネディ米国大統領の演説を分析したものとしては、西川秀和「ケネディ大統領のレトリック――キューバ危機を事例として――」（『社学研論集』第九号、二〇〇七年）がある。

*37 「国際司法裁判所ノ応訴義務受諾ニ関スル留保案」一九二五年二月一九日（「国際紛争平和的処理条約関係一件」B.10.3.0.3 外務省外交史料館蔵）。

*38 モーゲンソーは、イギリスの第一次世界大戦参戦経緯から説明している（モーゲンソー『国際政治』一四頁）。

*39 信夫淳平『満蒙特殊権益論』日本評論社、一九三二年、第一章。

*40 幣原平和財団編『幣原喜重郎』幣原平和財団、一九五五年、二八～三〇、四七、八八、九五頁、鹿島平和研究所編『石井菊次郎遺稿　外交随想』原書房、一九六七年、一一九～一二〇頁。

*41 山室信一『思想課題としてのアジア――基軸・連鎖・投企――』岩波書店、二〇〇一年、第三部第二章。

*42 石井菊次郎『外交余録』岩波書店、一九三〇年、一三二～一三五頁、同「支那ニ於ケル日本ノ特殊利益」一九一九年九月（『日外』大正六年第三冊、八五九～八七四頁）、日英同盟協約、一九〇二年一月三〇日（『日外』第三十五巻、一九～二二頁）。

*43 石井特派大使・ランシング国務長官交換公文、一九一七年一一月二日（『日外』大正六年第三冊、八一三～八一七頁）。日本政府は対中関係を「特殊且緊切」「安危休戚」に関わるものとし、南満洲、東部内蒙古には日本の「特殊利益」が存在するとした〔「閣議決定」同年七月二四日（同上、七四四～七四六頁）〕。ランシング米国国務長官も協定についての説明を求める顧維鈞駐米中国公使に対して、「特殊利益」とは領土接壌の関係から生じるもので、英仏露のそれを始め、世界の至るところに存在する「原理」であり、日本の場合は満洲のみならず、「西南接壌方面」の一部も含まれると述べている〔Memorandum by the Secretary of State of an Interview With the Chinese Minister (Koo), November 12, 1917, *FRUS, The Lansing Papers*, vol. II, pp. 451-453; 本野一郎外相発林権助駐華公使宛第九一四号同年一一月二日（『日外』大正六年第三冊、八五四～八五五頁）〕。

*44 『幣原喜重郎』三七四頁。

*45 入江『極東新秩序の模索』一一一～一一二頁。幣原は議事録が非公開であった枢密院では、日本は中国に対して「特別ノ利害関係」を有している、なかでも満蒙は「最大利益ノ集中」する地域であることは「明瞭ナル事実」であると述べている〔枢密院における幣原の説明、一九二四年一〇月八日（『枢密院会議議事録』第三十四巻、東京大学出版会、一九八六年、一七一頁）〕。

*46 高文勝「国民政府と満蒙問題」（『日本研究――国際日本文化研究センター紀要』第四〇集、二〇〇九年）。

*47 日本外務省も"vital interest"に「緊切なる利益」という訳語を与えて、戦争違法化や集団安全保障体制の構築という第一次世界大戦後の国際的普遍主義の潮流に留保的、消極的な態度をとる論拠の一つとしていた（伊香俊哉『近代日本と戦争違法化体

制――第一次世界大戦から日中戦争へ――』吉川弘文館、二〇〇二年、三五頁)。

なお、本書では日本外交における縦軸と横軸という表現を用いて"vital interest"の擁護と国際平和体制の交錯を論じるが、これが日本だけの問題ではなかったことは、第二次世界大戦後のイギリスの中東政策にも表れている。これについては、佐々木『イギリス帝国とスエズ戦争』を参照。

＊48 櫻井良樹氏は、日本外交における欧米列強に対する協調か自主かの選択は、多くの場合、対中政策で判断を迫られたが、これを「その時々の列強諸国に対する日本の立ち位置の間合いのようなもの」と表現している(櫻井良樹『辛亥革命と日本政治の変動』岩波書店、二〇〇九年、八～一三頁)。

第一章
日本外交にとっての「死活的利益（vital interest）」
――幣原外交を規定する縦軸と、これに対する横軸からの脅威――

序章でも述べたように、平時にあっては最大の"national interest"といえる"vital interest"という言葉は、西欧国際社会一般では頻繁に用いられ、時には戦争に訴えてでも守るべき"interest"とされてきた。時代によって概念、対象に異同はあるが、イギリスの場合、本土との地理的近接性から重視されていたベルギー中立問題を始め、大英帝国の屋台骨を支える貿易を円滑に行なうために必要な地中海の安定やスエズ運河に代表される中東の"interest"を指し、アメリカの場合はモンロー主義の適用対象であった西半球（特にカリブ海地域）が主な対象地域であった。

日本の場合、欧米諸国とは歴史的背景が異なる上、後述するように第一次日英同盟で日本の死活問題が「特殊利益（special interest）」と規定されたこともあって、"vital interest"という言葉は多用されなかった。だが、後に満蒙問題が「生命線」とも称され、国際社会を相手に回してまで独自の主張を貫徹しようとしたその姿勢は、まさに国際社会一般における"vital interest"の擁護といえるものがあった。では日本外交の縦軸であり、その中核となるべき"vital interest"の概念はどのように形成されていったのか、日本の"vital interest"の対象は具体的に何を指し、規定されている「特殊利益（special interest）」といかなる関係を持つのか、そしてどのような形で国際社会に発信されたのか、それは国際社会一般との調整が可能なものであったのか。

本章では第一に、日本外交史における"vital interest"の概念がどのように生成、発展していったかについて、西田敏宏氏が提起した日本の「死活的利益」としての中国を、氏が明らかにしていない中国本部と満蒙との関係を明治期からの流れの上に位置づけて論証にする。そして"vital interest"の概念が幣原外交にいかなる影響をもたらしたかを論じることで、その外交を規定する縦軸として位置づける。第二には、横軸からの脅威としてヨーロッパと東アジアの国際環境と秩序の相違を論じる。特にワシントン体制が「分化」「変容」し、満蒙問題が先鋭化するなかで、日本の"vital interest"は横軸からの様々な脅威にさらされることになるが、その脅威の特徴と問題点を論証することで、一九二九年中ソ紛争や満洲事変の処理にあたって日本が直面し、解決しなければならなくなった課題を明らかにする。そして本章で明らかにした第二次幣原外交を規定する日本外交における縦軸と、これに対する横軸からの脅威を分析の軸として、第二章以降で具体的な分析作業を行なう。

一　日本にとっての"vital interest"——幣原外交を規定する縦軸——

日本外交史における"vital interest"

明治期の日本では"vital"は一般的に「生命ニ必要ナル」「大切ナル」「生命ノ府タル」などと訳され＊1、第一次世界大戦に突入するイギリスの態度を表明したグレー（E. Grey）英国外相の議会演説の邦訳でも「我国ニ取リ最モ緊要（vital to this country）」「重大ナル利害関係（vital interests）」「英国ノ重大利益（vital British interests）」＊2、"vital interest"も後述する日本議会における外相演説では「緊要」「緊切」と表現され、「死活的利益」と訳されることは稀であった。膨大な外務省記録のなかから日本外交史のなかで「緊要」「緊切」、あるいは"vital interest"という言葉がいつごろから、どのように使われたかについて完全に調べ上げることは極めて困難であるが＊3、重要なポイントに的を絞れば次のような指摘ができるだろう。

前近代の日本では主権国家の国家管轄権の行使を示す排他的支配は「内地」（本州、九州、四国とこれに付随する島嶼）にしか行なわれていなかった。しかし、一八世紀末～一九世紀初頭のロシアの南下に危機感を抱いて文化・文政期と幕末の二度にわたる蝦夷地の上知を行なったように、国際環境の変化に対応すべく排他的支配領域の拡大を試みた*4。その後、南下するロシアイメージは日本をして朝鮮半島を「利益線」として設定させる。

一八九〇（明治二三）年の山県有朋首相の議会演説や意見書でも知られる「利益線」は、領域外であっても自国の独立に脅威を与える区域を意味する言葉として用いられ*5、陸奥宗光外相は一八九四（明治二七）年六月一六日の朝鮮出兵に関する説明のなかで、同国の平和秩序の維持と保全は日本にとって「大ニ緊要」であると述べた*6。しかし、一八九七（明治三〇）年一一月、ドイツ人宣教師殺害事件に端を発するドイツによる膠州湾占領と、これに対応する列強の清国蚕食は日本本土に対して直接的な脅威となる地域、即ち「緊要」な地域を清国にも拡大させた。

統治能力を欠いている清国の形勢からして同様の事件が再発、その結果、早晩日本を除外した列強による清国処分が行なわれるとの懸念が深まるなか*7、首相の伊藤博文は清国の保全は韓国以上の重大問題であるとして警戒感を顕わにし、事態が清国分割に発展する傾向をみせると、「日本人としては、清国の分割には反対なのだが、列強が動くので……決断を下さざるをえない」と述べた*8。そして第三次伊藤博文内閣のもと、列強による清国蚕食＝「列強国ノ為ニ我境土ニ逼迫セラルヽノ大患」を防ぎ、他日「東亜大陸ニ地歩ヲ有スル」ことを目的に*9、一八九八（明治三一）年四月に清国との間で福建省不割譲協定を成立させた*10。なおも伊藤は「支那は《ママ》何か騒動か起こったならば、必ずや其利害の及ぶ所、第一に受けるものは即ち日本である」述べ*11、山県とともに清国分割の可能性を考慮しつつ、清国各地方への勢力扶植、「利益線」の拡充を模索していた*12。日本は第三国による中国支配を自国の安全を脅かすものと考えて、"vital interest"の擁護というべき見地から自己の勢力範囲拡張＝清国分割への参入を試みたが、この際、欧米諸国を相手に回すのではなく、できるだけこれらと協調して「日本の地位を外から認めさせる」ことを前提とした*13。日本にとって国際協調は対立概念ではなく、自らの外交政策を後援するシステムでもあったのである。

一九〇二（明治三五）年一月三〇日、長らく日本外交の骨髄とされた日英同盟（第一次）が締結された。これは国際条約のなかに日本の"special interest"の字句を初めて明記したものであったが、それはまた日本の"vital interest"をめぐってイギリスに妥協した結果でもあった。同盟締結交渉のなかで林董駐英公使は日本の"interests"はロシアからの深刻な脅威にさらされている、最大の懸念は「最モ緊切ニシテ」「死活問題」である韓国問題で、ロシアが満洲に勢力を確立すれば自立する力をもたない韓国は早晩ロシアの手に落ちるが、日本としてはそのような事態を受け入れることはできないと述べ＊14、本省に対してエッカルトシュタイン（H. F. Eckardstein）駐英ドイツ大使館参事官の日英独三国同盟私案に基づいて、「日本ハ韓国ニ於テ何レノ国ヨリモ多大ナル利害関係（paramount interest）ヲ有スル」ことを理由に韓国での自由行動を求める条約案を請訓し＊15、イギリスにもこのラインでの同盟締結を打診した＊16。これに対してイギリスは韓国における日本の自由行動を抑制するためにも日英は清韓両国に"specially interested"を有しているという条約草案を提示し、これが最終的に同盟条文に組み込まれた＊17。東アジアにおける列国の「勢力範囲」分割がすすみつつある状況下で、日本は「利益線」を当初意図していた朝鮮半島の中立化から優先的、あるいは排他的な意味をともなう「勢力範囲」に変質させ＊18、韓国の支配権確立を求めたのに対して、イギリスは東アジアにおける権益維持の観点から日本との協調を求めつつも、特定の国＝日本が必要以上の勢力を持つことを好まなかったのである。

その後、ロシアによる満洲占領と韓国への影響力増大によって日本の外交政策は北方を主体としたものになる。一九〇三（明治三六）年六月二三日の御前会議で決定した対露交渉方針では、「帝国ハ南北二点ニ於テ大陸ト最モ緊切ノ関係ヲ有ス、即チ北ハ韓国南ハ福建之ナリ」とした上で、ロシアによる満洲占領と韓国への勢力拡張に鑑み、安全保障上の観点から満韓交換に基づく日露協商の締結が「極メテ緊要」であると位置づけられた＊19。つまり、日本は第一次日英同盟ではイギリスに配慮して清韓両国に「特別ナル利益（special interests）」と「特ニ利益関係ヲ有スル

（specially interested）」と表現するにとどまったが、日本国家としては韓国と中国大陸に「緊切」「緊要」という"vital"な関係があるという認識を有していたのである。

日露開戦に際して、ロシア政府は必ずしも対日戦争を望んでいたわけではなかったが、対露外交を主導した桂太郎首相、小村寿太郎外相ともロシアには「一貫した南下政策」が存在していると判断していたことに加えて、シベリア鉄道建設工事の進捗や極東ロシア軍の増強とが相まって、日本は韓国問題で一時の安寧を得てもロシアの南下政策をとどめることはできないとして「一刀両断」＝対露開戦を決断＊20。開戦の詔勅で「韓国ノ存亡ハ帝国安危ノ繋ル所（Corea is essential to the safety of Our Realm）」であり、これに対する脅威によって「帝国ノ国利（vital interest）ハ将ニ侵迫セラレムトス」と表明して＊21、名実ともに韓国は日本の"vital interest"と位置づけられた。

その後、日本は日露戦争で辛勝したものの陸軍の損害が甚大であった上に、講和会議では「絶対的必要ノ条件」の一つとして位置づけられていた満洲からのロシア軍完全撤退＊22に失敗、妥協策として一キロあたり一五名という制限のもとで日露両軍が満洲に鉄道守備隊を配置することで合意したが＊23、ロシア軍が日本軍の倍以上の兵数を駐屯させることができるという軍事的不均衡を前に＊24、満洲における安全保障体制の構築はより重要度を増していた。日本は日露再戦に備えて満韓の鉄道網整備と実質的な永久確保を意図した満洲経営を展開、日本の安全保障上不可欠な地域は韓国から満洲に、さらには東部内蒙古へと拡大していった＊25。これらのことから満蒙は実質的には日本の"vital interest"と位置づけられるに至ったといえるが、言葉の上では日英同盟や第二～四次日露協約に明記されていた「特殊利益（special interests）」にとどまっていた。

日本は列国をして満洲における「特種ノ地位」を承認させる一方で、「政事上並ニ経済上極メテ密接」な関係を持つ中国（本部）に対しては、排外運動の活発化とこれに対する列強の介入＝第二の義和団事件＊26や、来るべき革命勃発とこれにともなう「清国処分」の布石とするためにも日本の勢力を扶植して「優勢ノ地位」を確保すべきとし＊27、第一次世界大戦争中には東アジアからの列強勢力の後退と相まって、西原借款を始めとする様々な施策がとられた

＊28。特に、外務省案を基にした戦後に向けた対中方針に関する一九一七（大正六）年一月九日の閣議決定では、中国の独立と領土保全を尊重するとともに「支那ヲシテ何国ノ掌握ニモ帰セシメサル」ことを基本とする一方、列国との協調関係を通じて中国に対する「帝国ノ優越ナル地位ヲ承認セシムル」ことで、「列国カ支那ニ対シ政治上ノ意義ヲ有スル行動ヲ執ルニ当リテハ常ニ帝国ノ主動、又ハ支持ヲ求ムルノ形勢ヲ馴致」する。日本は満蒙、山東省、福建省に「特殊ノ関係」を有しているが、なかでも満蒙は列国の「勢力範囲」と違って軍事的な意味を有するより特別な地域であり、列国もこれを承認しているとした＊29。

この間、一九一六（大正五）年七月三日に調印された第四次日露協約では極東の「領土権又ハ特種利権（special interests）」の擁護、防衛（公示協約第二条）、日露の「緊切ナル利益（vital interests）」に鑑みて中国が第三国の「政事的掌握ニ帰セサルコトヲ緊要」とすると明記した（秘密協約第一条）＊30。ここで注意したいのは、第四次日露協約でいう"special interests"と"vital interests"の関係である。「緊切ナル利益」が協約に明記されるに至ったのは、同年二月一四日の閣議で決定した対露交渉方針において、中国が第三国の政治的掌握に帰することは日露の「主要利益ニ対スル侵迫」であるとしたものを、具体的な条約案に落とし込んだ翌日の石井菊次郎外相の訓令では「緊切ナル利益ニ対スル侵迫」と修正されていたことに始まる＊31。文言の修正についてのいきさつは史料不足もあり明確ではないが、「主要利益」は今日いわれるところの"major interest"（国家の安全に対する潜在的脅威のレヴェル）である。当時の日本当局者の認識では"national interest"のなかでも最も優先すべきものは日英同盟と日露協約で明記されている"special interest"であり、中国本部に対する"interest"は満蒙よりも一段低いものとして位置づけられていたが、中国本部における日本の「優越ナル地位」を確保するためにも"vital interest"の語を用いることでより強い意味を持たせようとしたといえる。

日本は第四次日露協約において秘密協約の形とはいえ、中国本部に対する「優越ナル地位」の明文化に成功した。しかし、これはあくまでも日露二国間協約であり、それも翌年発生したロシア革命によって協約は事実上消滅する。

ここにおいて、一九一七年一一月二日に成立した石井・ランシング協定は改めて中国に対する日本の「優越ナル地位」を承認させるためにも重要な意味を持つものとなる。交渉を前にして日本政府は、アメリカの中国に対する利益は経済上のものに過ぎないが、日本にとっての対中関係は政治的には「自国ノ安危休戚ニ関スル」「特殊且緊密」なものであり、経済的にも貿易、投資額はアメリカのそれをはるかに凌駕している、また、満蒙に存在する「特殊利益」を擁護する責任からも、日本を介しない鉄道、鉱山等に関する第三国人と中国官憲の契約は黙視できないとした＊32。特派大使の石井は日中関係を米墨関係と対比し、シーワード（W. H. Seward）国務長官以来、アメリカがメキシコに用いてきた"paramount interests"の字句採用を求めたが、ランシング（R. Lansing）国務長官が"paramount"は門戸開放に抵触する、それよりも「適宜解釈ノ余地」がある"special"を採用すべきとし＊33、協定で日本と中国本部との間には「特殊ノ関係（special relation）」が、日本に接壌する地方には「特殊ノ利益（special interests）」があることが確認されるに至った。

以上のように、当時の日本政府から見た場合、日露戦争は日本を脅かす「要道」であった韓国保全問題に端を発したものであり、その韓国は日露開戦に際して日本の"vital interest"であると明記された。一方、列強の清国分割によって「要道」は中国本部にも広がり、地理的近接性から中国の事態を看過できなくなった日本は、中国を「緊切」「緊要」な地域と位置づけてその安定化を試みるとともに、対露安全保障の観点から特に満蒙を重視した。日本は満蒙や中国本部に対する第三国の勢力拡大を防ぐためにも同方面への経済勢力の扶植に努めつつ、国際協調の枠組を利用して自らが対中政策の主導権を握ろうとしたのである＊34。その際、国際的な理解を得るためにも日英同盟に明記されていた"special"なる言葉を利用したが、"vital interest"は日露開戦詔勅の英訳のほかは、一年で事実上消滅した第四次日露協約の秘密協約において、しかも"major interest"の意で用いられただけで、公式の場では刺激の強い"vital interest"の語を使用することは避けていた＊35。

英訳、もしくは仏訳が添付される外相の議会演説では、日中両国間には地理的、政治的、経済的に特別な関係がある旨がたびたび表明されたが、演説で使われた言葉は、「緊切」（小村寿太郎）「密接」（石井菊次郎、内田康哉）「親密」（本野一郎）「特別」（牧野伸顕、本野）「特殊」（内田）「重大ナル利害」（内田）で、その訳語には”important, close, special”があてられ、”vital”は中国本部のみならず満蒙にも用いられていない＊36。”vital interest”という言葉が本格的に用いられるようになったのは、新四国借款団事業の満蒙への適用留保問題からであった。

一九一八（大正七）年一〇月八日にアメリカが正式提案した新四国借款団構想は中国に対する日本の単独行動を抑制し、列国の「勢力範囲」を撤廃させて門戸開放の原則に基づく対中投資と貿易を拡大させようとしたものであった＊37。日本は当初、石井・ランシング協定や六国借款団規約等を通じて満蒙における「特殊権利及利益（special rights and interests）」は列国の承認を受けているとの解釈のもと、新借款団事業の満蒙への適用除外は当然認められるものと楽観していたが＊38、アメリカによる満蒙への適用除外反対の意向を受けて対応の検討を迫られた。内田康哉外相は一九一九（大正八）年八月一四日の閣議決定に基づいて、地理的近接性の結果として日本は中国との間に「国家ノ緊切ナル利害問題」を抱えている、殊に満蒙は列国の「勢力範囲」とは性質、淵源ともに異なり、日本の「国防並国民ノ経済的生存ニ至大ノ関係」があり、「近邇セル地理的地位ヨリ国防上ハ勿論、我緊切ナル利益ニ重大ノ関係ヲ有」するとして適用留保の申し入れを訓令した＊39。アメリカの意思が堅いと見るや＊40、内田は二六日になって「緊切ナル利益」の訳語としての”vital interests”を明記した上で、借款団の活動範囲は欧米諸国の”vital interests”に抵触するものではないが、日本にとってはその国家的安全に影響を及ぼしかねないものであり、「殊ニ満蒙地方」への危惧は深甚なるものがあるとして、六国借款団加入の時と同じく満蒙における「特殊権利及利益」への適用留保を申し入れるよう改めて訓令を発した＊41。その後も粘り強い交渉を続けてアメリカから「国家の自己保存権は国際関係において認められている普遍的権利の一つである（the right of national self preservation is one of universal acceptance in the relation between states）」との見解に基づき、借款団加入国は日本の”vital interests”に対して有害な事業を行なうことを支持しないとの言質を取り付け＊42、最終的には「満蒙」という地域的留保を取り下げる代わりに具体的に留保すべき権益を「列記」することとして、一九二〇（大正九）年五月一一日の梶原・ラモント協定で決着をみた＊43。

交渉の過程で内田は特殊利益の根拠について、日本にとって満蒙は「深甚特異ノ関係（very close special relation）」がある地域であり、領土に接壌していることから満蒙の事業は「国家ノ緊切ナル安危（vital to the safety of our country）」に関わる問題を含んでいると説明したように＊44、第四次日露協約、石井・ランシング協定、あるいは一九一七年一月九日の閣議決定と同じく、日中関係を特別なものとした上で、さらにより重要なものとして満蒙特殊利益が存在するという論理を提示した。これとともに重要なのが安全保障上の見地に加えて、経済的要素を強調したことである。「満蒙ニ於ケル我ガ経済的発展ノ基礎略ホ固マリタル今日」という現実＊45に基づいて「国民ノ経済的生存」の見地からも特殊利益の保持を訴えたことは、帝政ロシアの崩壊によって安全保障上の必要という無形の政治的、軍事的要素が不透明になるなかにおいて、特殊利益の必要性を訴える有力な論拠になり得るものであった。そして「列記」主義を通じて、"vital interest"とほぼ同義語であった日本の"special interest"は、無形の「特殊利害関係」から明確な実体をともなう「特殊利益」としての性質を強めていった＊46。

その後、内田は議会演説のなかで二度"vital interest"の意味で「緊切」の語を用いたが、一九二〇年七月三日の演説では新四国借款団事業の満蒙への適用留保の文脈で使用したのに対して、一九二二（大正一一）年一月二二日の演説では開催中のワシントン会議を意識してか、中国における治外法権撤廃や外国駐屯軍の撤退、租借地回収、関税引き上げなどの諸問題は日本の利害に「緊切ナル関係」があるという中国本部との関係で用いたように、"vital interest"の言葉が持つ「伸縮自在ナル妙味」＊47を発揮した。また、田中義一首相摂外相は一九二八（昭和三）年一月二一日の議会演説で北伐を始めとする中国の不安定な政情は、同国と「最緊密ナル関係ニ在ル（most vitally interested）」日本にとって重大な関心事であるとし、また「満蒙殊ニ東三省」は歴史的、地理的事情に基づく日本との「特殊ノ関係ニ顧ミ」「特別ノ考慮（special consideration）」が必要であると述べたように、第四次日露協約と同様に、満蒙に対する"special"な関係は中国本部との"vital"な関係の上を行くものと位置づけた*48。では、本書が検討の対象とする時代に外相の地位にあった幣原喜重郎は、地理的環境と国家生存上の価値観に基づく"vital"な中国本部の問題と、"special"な満蒙問題に対してどのような態度をとったのであろうか。

幣原にとっての満蒙特殊権益と日本の"vital interest"

一九二一（大正一〇）年一〇月一二日、日本政府は中国問題に関して「他国ト異ナリ緊切ノ関係ヲ有スル」とし、満蒙問題については新四国借款団問題を通じて「我国防並国民経済的生存ニ関スル保障」の留保に成功した、経営の根幹たる満鉄も「明確ナル保障」を得ていることを前提にワシントン会議に臨むこととした*49。

ワシントン会議全権の一人に任じられた幣原は太平洋に関する四ヵ国条約に関する交渉のなかで、バルフォア（A. J. Balfour）英国全権がアジア・太平洋地域における締約国の「領土権（territorial rights）」の防護を目的とした日英米三国協商案を示したのに対して、軍事的機能を薄めた上で、脅威から守るべき対象に「緊切利益（vital interests）」を加えた対案を提示した。バルフォアとの交渉で幣原は「緊切利益」を取り下げ*50、日英同盟に明記されていた「特殊利益」も「友好国ノ安寧（security）ニ害アル行動ヲ是認スルコトヲ差控フル」という九ヵ国条約第一条第四項の「安寧条項」に書き改められることになったが*51、幣原はワシントン会議第六回総会（一九二二年二月四日）の席上、中国の速やかな平和、統一の確立と莫大な資源の開発は日本にとって「死活ニ関スル底ノ利害関係（vitally interested）」があり、中国の安定した政府なくして日本が求める原料と市場を得ることはできない、在留邦人の投資も数十万に達しており、これは隔絶した地にある諸国とは異なる「自然の利害関係（naturally interested）」である、中国に有する日本の「特殊利益（special interests）」なるものはこれらの「現実ノ事態」を指す言葉であるとの注意を喚起するとともに、地の利を占める日本には中国における優先的、排他的権利は不要であるとして、門戸開放・機会均等主義への支持を表明した*52。幣原は新四国借款団交渉以来の内田路線や外務省内の「新外交」呼応論＊53を継承、発展させて、日本にとっての中国は安全保障上の見地のみならず、経済的にも"vital"な存在であると強調したのである。

外相に就任してからの幣原は日中両国間には「密接（close）」な関係がある（一九二四年七月一日、一九三〇年一月二一日、四月二五日、一九三一年一月二二日議会演説）、満蒙に存在する日本の「有形無形ノ最重要ナル権利利益（essential rights and interests）」は合理的手段をつくしてこれを擁護すると表明し（一九二六年一月二一日、一九二七年一月一八日議会演説）＊54、満洲における中国の領土権は認めるが、在満権益のなかでも「自国生存権（the right to exist）ノ必要条件」を構成しているものについては抛棄できないと強調した＊55。

幣原が強調した「生存権」としての満蒙権益はアメリカが日本の"vital interest"を"self preservation"と認めたのを変形させたものといえるが、その権益の内容は複雑多岐にわたる。大別すると、第一は、一九〇五（明治三八）年の「満洲ニ関スル日清条約」と一九〇九（明治四二）年に成立した間島協約や鉄道、鉱山に関する協約のほか、一九一五（大正四）年に二一ヵ条要求の結果として成立した南満東蒙条約などに基づく条約上の根拠がある権益で、満鉄の経営権、関東州租借地や満鉄附属地行政権とこれに付随する駐兵・警察権、あるいは商業、鉱山、森林に関する諸権利である。ただし、吉会線の敷設や満鉄並行線の禁止、または南満東蒙条約に基づく租借権の延長や土地商租権など中国側の強い反発によって権利が空文化しているものも少なくなかった。第二は条約上の根拠が乏しいもので、安奉線を含む満鉄附属地以外の駐兵・警察権や朝鮮・正金両銀行の発行・流通権、あるいは現地で行なわれている様々な既成事実である＊56。これに多額の資本を投入している市場であり、日清・日露の両戦争で多大の犠牲を払って獲得した権益であるという日本の国民感情がからんで、日中間の重大懸案となっていた。特に国民感情の問題は、政友会の連立政権離脱（一九二五年七月三一日）を始めとする政党諸派の離合集散のために基盤が盤石とはいえなかった幣原の属する憲政会（後に民政党）政権に対して、「産業立国」を掲げてさらなる経済勢力の拡大を求める政友会の追及と相まって、国内政治上無視できない要素となっていた＊57。

幣原は満蒙権益の正当性を説明するにあたって、条約に基づく法理論と実体を組み合わせた論法で臨んだ。その姿勢を最も端的に示しているのが一九三一（昭和六）年夏に来日した陳友仁広州臨時政府外交部長に対する説示で、権益の大部分には条約上の根拠があり、「何レモ多年ノ意義深キ歴史ノ所産」があると述べた。「歴史ノ所産」については、ロシアによる「侵略政策」の脅威に対して「清国ヲシテ此ノ広大ナル沃地［満洲］ヲ保持セシメタル所以ノモノハ実ニ日本ノ武力干渉ニ外ナラス」として、安全保障上の見地を喚起し、次に日露戦争以降、日本からの企業、投資によって満洲の建設的事業が驚異的進歩をとげたという実体を指摘した上で、日本人参加による経済開発の推進を求めた。条約上の根拠は「満洲ニ関スル日清条約」に基づく並行線禁止条項により満蒙経営の中核である満鉄を擁護する理論として用いられた。そしてこれらの法的、実体的根拠を前提に、日本の「生存権」と中国の「領土権」を両立させつつ経済勢力を拡張させる「共存共栄」を呼びかけた＊58。

また、幣原は条約論と実体論を「無形的」なものと「有形的」なものに言い換え、前者は旅順大連の租借権や満鉄の経営権、後者を在留邦人の生命財産といったものとして位置づけたが＊59、実際の政策遂行にあたっては無形の条約上の根拠を基礎に置きつつ、その運用解釈に伸縮性を持たせ、日本が有する有形的、実体的な権利、利益に重心を置いて懸案を処理しようとする傾向がみられた。

例えば、幣原は外相就任直後に行なった議会演説で外交政策の継続性と正当なる権利、利益の擁護、増進を表明したように＊60、張作霖を通じて「国防及国民的生存上……深甚且特異ノ関係」にある満蒙権益の拡充を目指すという清浦奎吾内閣の方針＊61を継承する形で東三省当局による鉄道網整備を満鉄との請負契約の形ですすめるよう訓令したが、これは幣原にとっても実質的な日本の権益拡張であるので中国や関係国との調整さえつけば好ましいものであった＊62。また、権益が脅威にさらされた一九二四（大正一三）年の第二次奉直戦争や翌年の郭松齢事件に際して発せられた満蒙権益に関する注意喚起の声明や、関東軍司令官名での張、郭両軍に対する警告の根拠となったのは、単なる条約上の権利ではなく、満洲には数十万の在留邦人が居住していることと、日本から莫大な企業、投資が行なわれているという実体であった＊63。

その後、第二次外交期の満蒙懸案交渉を前に、中国側鉄道計画は満鉄回収を視野に含めた政治的な性格を有しているために対中宥和には限界がある、だが条約に基づく並行線禁止の抗議を繰り返したところで効果が薄く、積極的な解決に導くことはできないとした上で、満蒙経営の根幹である満鉄に致命的な影響を与える並行線は「満洲ニ関スル日清条約」に基づいて阻止するが、それ以外は中国側と満鉄との連絡協定締結や、中国側による鉄道敷設に対する協力を通じて感情宥和と「共存共栄ノ真義ヲ徹底」するとした＊64。つまり、幣原は満蒙権益を確保するにあたって、条約上の根拠を基盤にしつつも、満鉄の確保を前提に政治的配慮から条約の運用、解釈に含みを持たせ、また、居留民の増加と経済関係の強化という実体を通じて様々な権利が錯綜している満蒙権益を整理、再編し、懸案を有利に解決することで満蒙における勢力圏の実質確保と、「共存共栄」の名のもとでの経済勢力の拡張を目指したのである。

こうした姿勢は、帝政ロシアの崩壊によって満蒙権益の軍事的意義（特殊利害関係）が低下するなか、条約上の根拠と現実に存在する経済関係を強調することで権益の維持、拡充をはかろうとするものでもあり、それは「大々的経営」によって日本が撤退できないだけの既成事実を構築しておくことで実質的な権益の永久化を試みようとした山県や＊65、中国問題に対する国際的な発言権の論拠を「同文同種」や「歴史的地理的ノ関係」のような無形の「薄弱ナル議論」に求めるのではなく、「国本ニ抵触セル根本的実業的事業関係」の発展という有形の要素を通じて「発言権ノ根底」を固めるべきとする一九一〇年代初頭の外務省の対中方針＊66の延長線上にあるものであった。そしてこのラインに沿って日本の経済勢力の扶植がなされていたことは、居留民保護のための武力行使が国際的に慣例化していたことと相まって、第二次奉直戦争や郭松齢事件における権益保全のための措置をなす有力な論拠となった＊67。

日本の「特殊」「生存権」としての満蒙を確保するために経済勢力を扶植する方針は「密接」「緊密」な関係にある中国本部にも適用され、日中間の深い経済関係の存在という現実は先に触れたワシントン会議における幣原の演説に反映された。幣原はワシントン会議を通じて日本が満蒙に「特殊利益」を有していることと、日中間に「重大密接関係」があることについては列国の理解を得ているという認識のもと*68、第二次奉直戦争では駐日英米仏伊各国大使の諒解を得た上で*69、満蒙には「緊切ナル権利利益」が存在するとしてその保全に注意を喚起する声明を発し*70、段祺瑞臨時執政府承認問題や五・三〇事件の処理、北京関税特別会議、南京事件に関する交渉では、日本が中国に関する最大の利害関係国であることを喚起して、列国からこれに関する言質と諒解を取り付けることに注意を払っていた*71。つまり、幣原は何国といえども新外交時代の国際協調システムを無視することはできない時代*72にあってワシントン体制に順応する道を選んだが、英米がその国策上、ヨーロッパ問題に高い優先順位を与え、東アジア問題を相対的に低く位置づけていたことを逆手にとり、経済的にも「死活」「密接」、あるいは「緊切」な対中関係や満蒙問題は日本の対外政策上の最優先事項であると喚起することで東アジアに対する日本と列国の利害関係の差異を認識させ、これを梃子にして国際協調システムを利用しつつ実質的に日本が東アジア国際政治の主導権を握ることを目指していたのである*73。

そして「密接」「緊密」な中国本部と、「特殊」「生存権」と位置づけられていた満蒙の両者が関連する中国治外法権撤廃問題では、幣原は列国と歩調を合わせて交渉をすすめようとする一方で、独自路線として日本は「密接」な中国本部への経済進出を行なうべく内地開放を強く求め、「生存権」を含む満蒙問題では「特殊ノ政治条約ニ基ク」満鉄附属地や租借地が存在していることと、満洲には在華居留民の約八割が居住していることから「特殊ノ保障ヲ含ム地方的協定」の締結が必要である、協定締結に向けて南京政府との間で一般交渉を行なうが、満洲、間島の地方的「特殊問題」は「当該地方ノ実情ニ最モ通暁スル」東北政権との間で交渉をなすべきとして*74、満蒙問題を実質的に中国本部の問題から分離しようとした*75。そして、「日華ノ特殊緊密ノ関係」という独自の立場から列国と共同で治外法権撤廃交渉をすすめることに限界を感じるようになると、列国との連絡を保持しつつも、「日華ノ話合カ列国側ヨリ遅ルルコトアリトスルモ右ハ我特殊ノ立場ニ顧ミ致方ナシ」と述べるに至った*76。

以上のように、幣原は意識の上では中国本部との関係を「緊密(vitally)」とし、満蒙とのそれを「特殊

（special）」とした田中に近いものがあったのである。事実、治外法権撤廃交渉にあたって、「密接」「緊密」な関係にある中国本部の内地開放要求は「居住営業並ニ国際慣例ニ依リ普通ニ外国人ニ認メラルル一般私権」のラインにまで譲歩することは可能としたが、「特殊」「緊切」「生存権」と位置づけられていた満鉄附属地や租借地の還付は「事実上不可能ナル所以ヲ強ク説明」すべきとした＊77。幣原にとって中国本部と満蒙はともに日本の"vital interest"であったが、前者については列国に対する日本の主導性を志向しながらも一定の妥協が可能であったのに対して、後者はより特別なもの、いわば「vital interest の核心」として硬直した態度をとったのである＊78。

中国との関係を死活的なものとした上で列国の東アジア政策をリードすると同時に、中国本部以上に満蒙を重視する幣原の姿勢は、満洲はロシアに対する軍事的要衝であるとともに、朝鮮統治の要であることから実質的に永久確保すべきものとし＊79、中国本部に関しては地理的近接関係という環境的有利を利用した経済関係の強化、促進を通じて列国との競争で優位を占めようとする一方で＊80、第三国による「離間中傷」を警戒して中国問題に対する第三国の介入には神経質になるという＊81日露戦後の政策潮流の上にあったといえる。つまり、幣原外交なるものは、その縦軸においては明治以来の日本が確保しようとしてきた"special interest"をいかに擁護するのかということを最前提にしており、その手段として"vital"や"essential"、「特殊」「緊密」といった言葉を巧みに用いることで適度に国際社会を牽制し、また一方では経済勢力の拡充を通じた権益の実体化をすすめることで国際社会に対して日本の"vital interest"の擁護に必要な理論的根拠を固めようとしたものでもあった。

第二次幣原外交期に発生した一九二九年中ソ紛争と満洲事変は、国際社会一般にすれば発展途上にあった国際平和体制のテストケースであったが、日本からみれば紛争処理を通じて「vital interest の核心」の擁護と国際協調、つまり交錯する縦軸と横軸のバランスをいかにとるのかの試金石でもあった。これらの紛争処理を通じて、日本は国際平和体制の運用に否定的な態度を示し、最終的には中国の特殊・異常性から東アジアには既存の国際法と秩序を適用することはできないとして連盟を脱退、国際平和体制はおろか、新外交時代の多国間による国際協調システムとも決別し、東アジアに欧米流の国際法や秩序概念を適用することに歯止めをかけるべく、より排他性を強めたアジアモンロー主義的な外交政策に転化、満洲事変前には一定の妥協が可能であった中国本部の問題に関しても硬直した態度――「vital interest の核心」の拡大――をとるに至るのである。

このような観点に立つ時、国際協調外交からアジアモンロー主義的な外交に転換していく過渡期にあった第二次幣原外交期の満蒙問題を論じることは、日本と国際協調システムの折り合いを分析するだけにとどまらず、発達する国際機関と集団安全保障体制に対する"vital interest"の両立という、第二次世界大戦後にも通じる国際政治の一テーマを考察することにもなるのである。

日本の「vital interest の核心」としての満蒙問題を論じるにあたって注意しなければならないことは、満蒙と中国本部との関係である。いうまでもなく満蒙は日本の領土ではなく、中国の一部である。辛亥革命以降、内戦が恒常化している中国において、日本が満蒙権益を維持、拡充させるためには中国中央政府とのパイプだけでは不十分であったため、現地で実力と権力を併せ持つ地方軍事勢力=張作霖との提携を行なった＊82。しかし、これは流動的な中国政情と相まって、満蒙問題を単なる中国の地方問題ではなく、中央政界を巻き込んだ中国全国レヴェルの問題に昇華させることになる。換言すれば、「特殊」な満蒙問題（もしくは満洲事変）を解決するためには「緊密」な中国本部との問題を処理しなくてはならないのであり、「特殊緊密」な関係にある中国本部と満蒙の問題を解決するにはこれを取り巻く国際社会との調整が必要になる。その結果、日本の「vital interest の核心」をめぐる縦軸の問題は、横軸の一つである国際協調システムとの関係を通じて「連盟脱退ノ根本義」や日米開戦理由にまで発展するのである。

本書では、東アジアにおける日本の"vital interest"、特にその核心の擁護という問題が、国際協調システムとのバランスのなかでどのように展開していったのかを明らかにする。次節ではこの問題を分析する足掛かりとすべく、縦軸のラインに基づく「vital interest の核心」に対する横軸からの脅威を「中国問題」「ソ連問題」「ヨーロッパと東アジアの国際環境と秩序の相違、およびその影響」の三種類に分類し、それぞれの問題点を明らかにする。

二　日本の"vital, special interest"を取り巻く脅威——横軸からの挑戦——

①中国問題

日本の「vital interest の核心」であった満蒙は中国の領土であったために、日清善後交渉以来、権益を確保しようとする日本と、主権回復を求める中国といったように、満蒙問題は双方ともに容易に譲れない懸案と化していた。加えて問題を複雑にしたのは、第一に、中国本部と満蒙に別個の政権が存在していたこと、第二には、中国本部の政情混乱をきっかけにワシントン体制を中心とする東アジアにおける国際協調システムが動揺していたことである。

満蒙に対する地方外交の背景

一九一八（大正七）年八月、日本は列国共同でシベリア出兵に踏み切るとともに、日華共同防敵軍事協定を利用して北満占領を行なったが、一九二〇年頃からの英ソ通商条約（締結、一九二一年三月一六日）、独ソ貿易協定（同年五月六日）締結交渉にみられるように、欧米諸国はシベリアからの撤兵を実施、ソ連に対する圧迫から緊張緩和外交に転換しつつあった。

一九二〇年三月、日本はシベリアの政情は直ちに鮮満に波及するという他の列強とは異なる「地理的関係」のもとに置かれていることと、「帝国ト一衣帯水」の位置にあるウラジオストックが「過激派」の手に落ちたことは「接壌地タル朝鮮ニ対スル一大脅威」であり、その北満侵入は「自衛上」黙視できないという"vital interest"擁護の見地から、東支鉄道沿線と沿海州南部に軍を重点的に配備する鮮満防衛を目的としたシベリア出兵の単独継続を決定した＊83。だが出兵継続は日本の財政事情を悪化させるだけでなく、内外世論を刺激するものであったことから、いかに治安維持の実を維持しつつ撤兵に持ち込むかが課題となった。やがて日本は極東共和国を「過激派」に対する緩衝国家と位置づけ、同国との交渉成立をもってシベリアからの撤兵を実施しようとしたが*84、この過程で、「我国防上並国民ノ経済的生存上至大緊密ノ関係」を有する満蒙への勢力を拡張すると同時に、日本軍撤兵後の鮮満における治安維持を肩代わりさせるべく、日本に接近姿勢をみせており、東三省に「牢固ナル勢力」を確立している張作霖に対して、列国と中国中央政府から「嫉視」を招かない程度の援助を与える方針を決定した*85。対英米協調下の対中内政不干渉政策と原理的に矛盾し、後の田中外交における満蒙分離政策の原型ともいえるこの方針は*86、もう一面においては、中国の複雑な政治事情を反映したものでもあった。

それまでの満蒙問題に関する日中間の交渉は一九〇九（明治四二）年九月のいわゆる満洲五案件協約を始めとして主に政府間ルートで行なわれていたが、黎元洪大総統と段祺瑞国務総理による「府院の争い」や、結果的に混乱を助長させた西原借款などが相まって、中国の国内的分裂が増幅、南北両政府の対立激化に加え、北方軍閥内でも奉天、直隷、安徽の三派が鼎立して政情が混沌化していた。こうしたなかで日本がシベリア撤兵後の治安維持とともに満蒙の地方的権益を維持するためには、実際に権力を有する地方政権、即ち張作霖とのパイプが必要であり*87、日本のみならず列国も、中国中央政府が弱体化するなかで中国にある地方的権益を擁護する一手段として、中央外交を補完する地方外交を併用していた*88。

幣原も原敬内閣以来の課題であった対中内政不干渉政策と満蒙権益擁護の両立が「外交の妙味」であるとして*89、地方外交を併用して満蒙権益を確保しようとしていた。しかし究極的には中国中央政府の確立を望んでおり、第一次外相期の前半には段祺瑞による中央政府確立の動きを支援することで中国全般の安定化を試み*90、後半には蒋介石の政治的地位や国民党内の内訌に不安を抱きながらも、国民政府の基礎は動揺しないという見通しのもと*91、国民政府と東三省有力者を妥協させることで、「特殊」「緊切」な満蒙権益の確保と「緊密」「密接」な日中両国関係の発展を融合させようとした*92。だがこれは中国に指導力ある中央政府が安定を確保していることと、日本と中国中央政府との間に良好な関係が構築されていればこそ可能な政策であって、その条件が満されていない場合には、直接地方政権との交渉を行なうという、地方外交併用による「軍閥」時代の対中政策に退化する可能性があった。つまり、満蒙問題を論じるにあたっては中国本部の状況とこれとの関係が重要な要素となるわけだが、幣原外交期のそれはどのような状態にあったのであろうか。

中国本部の政治的混乱とワシントン体制の「分化」「変容」

西田氏はワシントン体制下における日英米の政策不一致と摩擦の根本的原因は混沌とした中国の内政状況にあるとしたが*93、つまるところ、日英米が協調維持を希求しながらもワシントン体制が「分化」「変容」したのは、急進的なナショナリズムの台頭が中国の政情混乱に拍車をかけたこと、即ち、同国内の各政権が国内諸勢力に自らの「正当性」*94 を証明するためにも不平等条約撤廃という対外的要求を強めたことに対して、日英米が何等かの対応を迫られたためである。

転機となったのは一九二五（大正一四）年である。国民党や共産党の後援で激化した労働運動を背景に発生した五・三〇事件は中国各地で大規模な反帝運動を惹起したが、北京政府は五・三〇事件の原因は不平等条約の存在にあるとして事件解決交渉にからめて不平等条約の改正を要求するとともに、対外的には日英米三国への対応を差別化することでその足並みを乱し、対内的には条約改正を通じて自らの政治的立場を強化しようとした*95。アメリカは騒擾を鎮静化するためにも中国に同情的な態度をとるべきとしたのに対して*96、イギリスは中国との不平等条約改正交渉開始の前提条件は中国国内の秩序回復と排外運動の鎮圧であるとして対立したが、日本は中国の国内環境整備を条約改正の条件としてワシントン会議で規定された枠組に沿う漸進的な解決を求めて英米の調停に成功した*97。次いでフランスのワシントン会議諸条約の批准を受けて外交日程に上ってきた北京関税特別会議を「支那政情安定ノ一転機タラシメ」るべく*98関税増徴の実現を通じて段祺瑞臨時執政率いる北京政府を援助しようとしたが、同会議が日英米の利害相違で空転する間に北京政府が崩壊。列国が打開策を見出せないでいる間、広東政府による排英ボイコットを前に列国との協調に限界を感じたイギリスは、関係国との十分な事前協議を経ずに単独でクリスマスメッセージを発表、これによって中国の不平等条約改正要求に同情を示すとともに、強力な中央政府が樹立される前であっても地方政権との間で一定の交渉をすすめるとして、一地方政権であった広東政府による二分五厘付加税の徴収を容認するという宥和政策による排英運動の鎮火をはかった。これに対して日本はイギリスを牽制すべくアメリカに接近する一方、南京事件では、ナショナリズムの高揚する中国にあって比較的穏健な対外姿勢を示していた蒋介石を間接的に援護するためにもイギリスの求める軍事的措置を含む共同通牒に反対するとともに、蒋相手の解決交渉を模索した。

一連の過程のなかで幣原は、先に述べたように列国に対して日本にとっての中国の重要性を喚起した。事毎に日本の"vital interest"としての中国本部と満蒙について国際社会の注意を喚起するという方針は、田中義一外相が不戦条約の調印式に内田康哉を派遣して、英米を始めとする列国に日本の対中・満政策の趣旨を徹底させようとしたことにも継承される＊99。だが、田中義一内閣が三次にわたる山東出兵を実施したことと、張作霖を通じて満蒙権益を維持、拡充させるために張と蒋介石による南北分割統治を模索したことは、中国側をして日本は南京政府による中国統一を妨害しているとの印象を持たせたことで日中関係は紛糾した。英米は日中関係の悪化に捲き込まれることを避けるためにも日本に距離を置く一方で、アメリカは一九二八年七月二五日に最恵国待遇つきながらも列国に先駆けて中国の関税自主権を容認する関税条約の改訂に応じ、同年中に日本を除く英仏を始めとする一〇ヵ国がこれに追随した＊100。結果的に日本が列国の関税条約改訂の潮流に乗り遅れたことで対中外交における国際的立場を悪化させたことは、外交政策の後援にすべく期待していた国際協調システムが不利に作用した一例となった。

田中内閣の後を継いだ濱口雄幸内閣は中国の政情に不安を抱きつつも、日中間の経済関係の拡大＝南京政府との関係改善を対中政策の軸に据え＊101、幣原も列国の治外法権撤廃交渉をリードすること通じて対中外交の主導権を回復し＊102、満蒙問題については中国との条約改訂交渉を通じて両国間の関係改善をはかった上で着手するという二段階に分けた解決を目指した＊103。だが問題は、アメリカが当初南京政府の承認を「事実上の承認（recognition de fact）」にとどめていたように、依然として列国間には中国の政情に対する懸念が色濃く残っていたことである＊104。事実、幣原も南京政府による中国統一は「形式上一応ノ統一」に過ぎないとし、治外法権の撤廃にあたっては中国の国内司法制度の改革に加えて中央政府の確立が重要なポイントになるとの見解を示したように＊105、満蒙問題解決の前提となるべき中国本部の安定とこれとの関係自体が対中・満政策の阻害要因となっていたのである。

確かに、当時の中国では国民政府による北伐が成功したとはいえ、一九二九（昭和四）年初頭以降、馮玉祥、李宗仁はたびたび武装蜂起を起こし、翌年には裁兵や訓政実施などをめぐって馮、李、閻錫山らの地方実力者が相次いで挙兵（中原大戦）、一九三一年にも国民党の内訌が激化して汪兆銘らが広州臨時政府を樹立したように政情混乱が続いていた＊106。張学良率いる東北政権も形の上では中央政府に属する一地方政権であったものの、実際には南京政府とは独立権力間の並列関係にあり＊107、こうした政治状況を無視して対中・満政策を推進することはできなかった。

第二次幣原外交期の対中外交について小林道彦氏は、幣原は中国の統一に大きな期待は抱いていなかったとし、樋口秀実氏も第一次外相期の段祺瑞率いる北京政府への支援を通じた中国安定化の試みが不調に終わったという反省もあって、中央政府の強化には消極的な態度をとったと指摘している＊108。また、対中外交と中国政情との関係という視点からは、宋子文財政部長率いる「現実派」に対する王正廷外交部長や胡漢民立法院院長を中心とする「理想派」の政治闘争を睨みつつ日本が折衝を行なったことや＊109、王正廷による革命外交は国民党内部や地方の各勢力に対して政権の正当性を主張する一手段であると同時に、国内の強烈なナショナリズムに対応するための国内向けの宣伝という要素があったことが指摘されているが＊110、反蒋勢力にまで視野を広げて論及されることは少ない。しかし、広州臨時政府の樹立によって中国と英米の間ですすめられていた治外法権撤廃交渉が挫折したことを始めとして、共産党や反蒋派の動きが同国の外交にも多大な影響を及ぼしていたことを考えれば＊111、南京政府内部のみならず、政府外勢力との関係も含めて論じる必要があるだろう。

事実、陸軍では、宇垣一成陸相が政情の混乱が続く中国は自力で統一、改善をなすことができない国であるとし、満洲事変の中心人物となる石原莞爾関東軍参謀も中国の軍閥闘争を目の当りにして、漢民族に近代的国家を建設することは不可能であるとの評価を下した＊112。また、外務省も南京政府による統一が実体をともなうものではないため、その治安能力に疑問を呈するとともに、依然として各地に割拠する軍閥にも配慮して地方的懸案は地方的に処理する方針をとった＊113。確かに外務省が積極的な援蒋政策をとらなかったことは中国の内部分裂を助長し、日中関係を悪化させる一因にもなったが＊114、南京政府の安定性に不安が残るなかではやむを得ないものがあった。第二次幣原外交期に駐華公使（代理公使時代も含む）を勤めた重光葵は当時の中国について、近代化に成功するか、「支那は支那なりで何時迄も軍閥分争の国となすかが、日本の政策の分るる所であった」と評したが＊115、中央政府の強弱は日本の対中・満政策の重要なポイントであるとともに、満蒙問題処理の行方に大きな影響を及ぼすものであった。

以上を踏まえて、本書では統一の過程にあり、依然として不安定な中国問題を横軸からの第一の脅威と位置づけ、これに留意して第二次幣原外交期の満蒙問題を再検討する。

②ソ連問題

佐藤元英氏は、日本の対外政策の撹乱要因として、東京における外務省と陸軍の「二重外交」、ならびに満洲出先における「四頭政治」の二つをあげている＊116。本書はソ連問題を「四頭政治」の問題と関連づけて検討とするものであるが、その必要性を論じる前に、第二次幣原外交登場直前の日ソ関係とソ連をめぐる国際環境について述べる。

既述の通り、日本が満洲経営に着手した要因の一つはロシアに対する安全保障上の見地に基づくもので、そのためにも実質的に満洲を永久確保するための経営に力を入れた。その後、日露両国は四次にわたる協約を締結して関係は安定化したが＊117、ロシア革命を経て誕生したソ連が帝政時代の条約や債務などの国際義務を履行しようとせず、コミンテルンを通じて革命の輸出を試みたことに対して国際社会は強い警戒感を抱いた＊118。日本も鮮満への影響を考慮してシベリア出兵の単独継続に踏み切ったように、「過激派」勢力の動向には敏感な反応をみせたが、それはソ連による東支鉄道掌握問題を含む中ソ関係の進展と相まって＊119、外交官を含む在満官憲や陸軍側の言動にも表れた。特に、陸軍の意向はソ連への対抗策として張作霖への強力な指導と鉄道政策を再定議した一九二四年五月三〇日の「対支政策綱領」や満蒙鉄道政策の強化に反映される＊120。

日ソ両国の対立の側面は、有時の対ソ作戦を担う陸軍をしてソ連に対する警戒心を増幅させたが、国家としては有時に備えるだけでなく、緊張緩和の手段も講じなければならなかった。その表れが一九二五年一月の日ソ基本条約の締結とこれに続く日ソ両国間の懸案交渉であるが＊121、それは同時にコルチャック政権崩壊以降、ソ連に対する不承認の態度を取り下げ、ソ連を漸進的に国際社会に取り込もうとしていたヨーロッパ諸国の動向も背景の一端をなしており、日本もソ連の承認にあたっては列国と歩調を合わせることに注意していた＊122。

この時期における外務省の対ソ方針を知る手がかりとなるのが、一九二四年一〇月一五日の枢密院会議での幣原の説明と、一九二七（昭和二）年九月三〇日の出淵勝次外務次官による口述筆記である。まず幣原は、ソ連共産党による「抑圧専制」と「極端ナル社会共産主義」によってソ連の国民生活は惨澹たる状況に陥っているが、ソ連政府が崩壊する徴候は認められないとした上で、ソ連を国際社会から孤立させておくことは彼等の恨みを買って却って世界平和に害をもたらす、それよりも隣邦として解決すべき幾多の懸案を抱えている日本の立場からも、ソ連を国際団体のなかに引き入れることで「国際道徳ノ目標」に導くべきである。「赤化宣伝」についても、ヨーロッパで行なわれてきた「宣伝」は失敗の繰り返しであり、国内の取り締まりが宜しきを得れば恐れる必要はないとし、チェコのベネシュ（E. Beneš）外相の言を借りて「露西亜ノ惨澹タル情況ヲ目撃」させれば「赤化」の懸念は消散するとした＊123。

出淵は第一に、現状認識として日ソ両国は樺太、朝鮮、および満洲において地理的に接壌国の関係を有していることからも何らかの形で関係を安定化させる必要がある、第二に、英米両国はソ連との間で直接の国交がないとはいえドイツを介した経済関係を進展させていると指摘した上で、日本の採るべき政策として、ソ連との政治的関係の樹立を避ける一方で、同国が推進していたネップに着目し、経済関係の強化とシベリア開発を通じてソ連をして日本や中国に対する通商関係の重要性を認識させることで日本に「悪感」を与えている「対支那宣伝ヲ断念セシムル」、さらにはこの路線を促進して「世界結束シテ徐ロニ露ニ当ル」ことで漸進的に共産主義を穏健化するとした*124。これらは対中政策同様、地理的近接性に基づく日本の"vital interest"を意識しつつ、列国の対ソ外交の動向を捉えて、その潮流のなかで東アジア政策を主導すべき日本の役割を明確に意識していたことを示すものであった。

一九二八年四月二〇日に陸軍出身でソ連による中国に対する政治活動や対日政治宣伝に神経質な田中義一*125が首相に就任すると、日本はソ連への緊張緩和外交を継続しながらも「中国のナショナリズムの挑戦」に加えて「ソビエトの脅威」に対処すべくイギリスとの協調を重視するようになる*126。田中は東方会議における訓示のなかで、日本が防護措置を発動すべき満蒙の「特殊地位権益」に対する侵迫は「支那本部」や「東三省内部ノ崩壊」からだけではなく、「露国乃至北満方面」からも来ることを明確に想定した*127。また、不戦条約の調印に合わせて列国に日本の対中・満政策についての理解を求めるために内田をパリに派遣した際にも、東三省の秩序を完全に維持するためには「共産主義的分子」の満洲波及を防ぐ必要があるとの注意を喚起した*128。

田中による反共主義は"vital interest"を意識した上で国際協調の枠組の運用を試みる日本の伝統的な外交政策の延長線上にあるといえ、後に広田弘毅、有田八郎両外相のもとですすめられる防共外交の先駆ということもできるだろうが、実際には力を持たなかった。というのも、第一にこの時点では日本は国家レヴェルでソ連を直接の軍事的脅威として認識していなかったこと、第二には先に触れた国際社会全般のソ連に対する緊張緩和外交の存在である。

前者について、加藤高明、濱口雄幸、若槻礼次郎の三内閣で陸相を勤めた宇垣は中国赤化の可能性と日本国内の赤化運動に警戒感を持ち続ける一方で*129、ソ連そのものに対しては「遠き将来はイザ知らず、現在及近き将来」においてこれと戦争になることはないと評したように*130、ソ連の脅威はあくまでも革命の輸出という思想的なもの、もしくは将来的な脅威に限定されていた。

後者に関しては、一九二九年六月八日に発足した労働党を中心とするイギリスの第二次マクドナルド内閣が国内の失業者問題を克服するためにも英ソ復交（一九二九年一一月）と通商条約の締結（一九三〇年四月）に踏み切り、フランスもラパロ条約などで関係が接近していた独ソ関係に楔を打ち込むためにもソ連との関係強化に乗り出し、欧米諸国一般も世界的な不況の打開策として第一次五ヵ年計画をすすめようとしているソ連市場への期待感を増大させていた。つまり、欧米諸国は政治、経済の両面においてソ連との関係調整を求めており、田中の反共主義は国際政治の大勢とは相容れないものがあったのである。

これだけならば田中外交の退陣をもって政策が変更される余地もあったが、一九二九年中ソ紛争によって日本陸軍はそれまでの対ソ認識を新たにして、その台頭に神経を尖らせることになる＊131。その結果、ソ連に対する緊張緩和外交をすすめようとする外務省と、対ソ有時を想定して対立の側面に注目の度を増していく陸軍の政策分化を招き、後者が一因となって満洲事変が勃発したことで日本と欧米諸国との間で東アジア秩序概念の開きが拡大していった。

ここで注目しなければならないのは、「二重外交」と並んでもう一つの日本の対外路線撹乱要因であり、東京からのコントロールに限界があった対満行政機関（満洲出先機関）との関係、即ち「四頭政治」の問題である＊132。

満蒙経営をめぐって外務省と満鉄の関係が悪化したのは一九二一年七月に松岡洋右が満鉄理事に就任して以降であるが、その松岡が重く見ていたのはソ連の勢力拡張であり、これに対抗するためにも張作霖との関係を強化しようとし、陸軍も総力戦と対ソ戦準備の観点から満鉄がすすめていた中国側をして培養線を敷設させる方式による鉄道政策を支持した＊133。時をほぼ同じくして、郭松齢による満洲支配は赤化と国民革命の波及をもたらすという在満邦人の危機感を背景に、後に満洲事変や華北分離工作で問題化する出先軍部主導の「現地解決方式」に発展する関東軍の独自政策が行なわれるようになっていった＊134。ここにおいてソ連の勢力拡張を眼前にして、これを脅威と認識し始める満洲出先に対して、ソ連を国家レヴェルでの脅威と認識するに至っていない東京の認識格差が生まれるのである。この認識格差は後の満洲事変で関東軍が満鉄や関東庁と連繫しつつ外務省や陸軍中央の抑制を振り切る形で事態を進展させたことや、陸軍中央が関東軍を制止するために派遣した幕僚のなかに関東軍の支持者となって内地に帰還する者がいたこと*135、あるいは外交官でも満蒙懸案交渉に備えて幣原によって満鉄の交渉部長に据えられた木村鋭市満鉄理事が満洲事変勃発から間もない段階で、人民の支持を失っている張学良を排した「東北四省政権」を相手に解決交渉を行なうべきとしたことにも表れる*136。以上のような観点に立つ時、「四頭政治」による対外政策撹乱の背景には、外務省と陸軍の「二重外交」や統制システムといった組織、機構という点*137だけでは説明し切れない現場の判断、論理というべき要素も存在していたのではないか。そして、これが満洲事変のみならず華北分離工作*138、さらには日米交渉の難関となった防共駐兵につながっていくのではないか。

こうした問題意識のもと、本書では陸軍と外務省の政策分化を招いたソ連問題を検討するにあたって「二重外交」と「四頭政治」という日本側の対外政策撹乱要因を関連づけ、これを横軸からの第二の脅威と位置づける。

③ヨーロッパと東アジアにおける国際環境と秩序の相違、およびその影響

ヨーロッパ情勢

第二次幣原外交期には、ワシントン体制の不安定要因であったソ連や中国が当事国となった一九二九年中ソ紛争や満洲事変といった地域秩序を揺るがす国際的な大事件が東アジアに頻発した。その際、日本が注意しなければならなかったのが、第一次世界大戦後の国際協調システムの中核として期待されていた国際平和体制である。

西田氏は連盟を中心とした国際平和体制構築の取り組みに対して日本は一貫して消極的であったとし、その理由を国際平和体制の形成はヨーロッパの安定化を一義的な目的にしていたことと、直接利害関係のない諸国が地域の特殊な状況を考慮せずに普遍的な原則を適用して国際紛争を解決するという方法が、中国における日本の死活的な利益の保持に不利に作用することを懸念していたことに求めた*139。本書はこの指摘に異を唱えるものではないが、注目したいのは、日本が国際平和体制の構築に消極的な態度をとったのには、東アジア情勢は安定化の兆しをみせているヨ

ーロッパのそれとは異なっているために同一の安全保障システムは適用できないという認識があったとする伊香俊哉氏の指摘である＊140。日本は新外交時代の国際協調システムの利用を試みる一方で、多国間安全保障である国際平和体制の適用には慎重であったわけだが、ここでは、ヨーロッパで構築されようとしていた新たな秩序形成の動きと東アジアにおけるワシントン体制を比較検討することを通じて、ヨーロッパと東アジアの地域秩序の相違を明らかにし、これを横軸からの第三の脅威として位置づける。

一九二〇年一月二〇日に発足した連盟は、従来の勢力均衡に代わる集団安全保障に基づく普遍的平和機構を目指して創立された国際機関で、その規約は加盟各国の領土保全と独立を尊重し、加盟国に対する侵略には理事会の具申に基づいて安全を保障する、各国は自国の安全と国際的義務に支障がない程度にまで軍備を縮小するという集団安全保障と軍縮の二本柱からなり、後に一九二四年一〇月に採択されたジュネーヴ平和議定書によって国際紛争を平和的に解決する枠組が提起された＊141。

連盟が目指す普遍的な集団安全保障体制が機能するためには、世界各国が要請される諸々の国際的な責務、義務を無条件で遂行する必要があったが、集団安全保障体制に期待する「安全の消費国」に対して「安全の生産国」であるアメリカはモンロー主義を堅持する立場から連盟への加盟を拒否し、イギリスも過重な義務負担への警戒を強めていたように、各国は責務、義務を負担することを好まなかった。このため、一九二一年一〇月四日の第二回連盟総会では連盟規約第一六条に基づく制裁の発動を事実上各国の判断に委ねる「解釈決議」がなされる＊142。その後も国際紛争を仲裁裁判により解決すべきとしたジュネーヴ平和議定書が発効に至らず、被侵略国に対する軍事的援助を規定した相互援助条約の試みも挫折、実際の紛争においても各国は規約第一六条の適用を努めて回避するなど＊143、一般的集団安全保障の枠組構築は難航していた。

こうしたなか、一九二五年一二月一日に正式調印されたロカルノ条約は特定の問題に直接関係する国のみで構成される地域的集団安全保障体制の構築を目指したものであったが、連盟と密接な協調関係を保ち、その勧告に従って行動することを原則とし、ヴェルサイユ体制では旧敵国として客体に位置づけられていたドイツを他の締約国と対等の権利、義務を持つ主体として位置づけ、その連盟加盟をも決定づけた*144。ロカルノ条約によって連盟を中軸とするヨーロッパの三大地域大国（英仏独）の水平関係を前提とした画期的な枠組が同地域に生まれたことは連盟の政治的地位を大いに向上させるだけでなく、目指すべき一般的集団安全保障体制を補完するものとして歓迎され、一九二八年秋の第九回連盟総会ではロカル方式による地域協定の締結を推奨することを含んだ「国際紛争平和処理一般議定書」が採択されたように*145、ロカルノ条約はグローバルな国際平和体制構築のモデルケースとして位置づけられた。

他方、一九二八年八月二七日にアメリカの主唱によって締結された不戦条約は連盟の集団安全保障体制と直接的な関係を持つものではなかったが、多くのヨーロッパ諸国は連盟に加入しなかったアメリカが国際社会に復帰する第一歩であると歓迎し、アメリカでもケロッグ（F. B. Kellogg）国務長官が不戦条約を国際社会に対する政治的圧力の基点と位置づけ、後任のスティムソン（H. L. Stimson）も連盟に加入せずとも国際紛争の解決に影響力を発揮することができるという政治的価値に着目し、これを外交政策の基礎に据えたことで、アメリカの外交政策はグローバルな集団安全保障体制との結びつきを持つようになった*146。

しかし、不戦条約の成立経緯を遡れば、フランスが来るべき戦争に備えて自国の安全保障を強化するためにも消極的な米仏同盟の締結を求めたのに対して*147、アメリカが戦争違法化を規範とする一般的な多国間条約にすりかえることでフランスの意図する消極的同盟を骨抜きにしたものであり*148、その条文も単なる原則の表明に過ぎず、詳細な法的定義や執行組織を欠いた理念偏重の不完全な条約であった。それでも第一次世界大戦から日が浅く、国際世論が平和を熱望しているのを背景に、条約の目指すべき理想に対して現実に存在する国際社会とのギャップを埋めるための政治努力が導き出された。それはアメリカとの緊密な提携のもとで軍縮を実現しようとしていたイギリスの第二次マクドナルド内閣によって一九二九年九月に不戦条約と連盟規約を適合させるための規約改正の提議がなされたことや、同年秋にアメリカが英仏に対して不戦条約強化に関する協力を申し入れたことに表れている*149。また、英伊の賛成を得られず、世界恐慌とドイツにおけるナチスの台頭によって実現をみなかったものの、ほぼ時を同じくしてブリアン（A. Briand）仏国外相がさらなるヨーロッパの緊張緩和とフランス自身の安全保障を完全ならしめるために連盟規約の枠内でヨーロッパの地域的統合を提議するなど*150、グローバルな秩序体系のもとでの集団安全保障体制の整備と戦争違法化の動きが様々な形で進展をみせ始めていた。

こうしたなかで東アジアに発生した一九二九年中ソ紛争をスティムソンが不戦条約の「テストケース」と位置づけ、英仏などの賛同を取り付けて紛争解決に積極的に介入したことは、東アジアにおける集団安全保障体制を構築する機会を与えるものであったが、中国に対して重大な利害関係を持つ日本こそが東アジア国際秩序の形成に中心的な役割を果すべきとの考えを持つ幣原のもとで、日本はこれを拒否した*151。では、日本が中心勢力としての地位を保持しようとした東アジア情勢はヨーロッパのそれと比較してどのような違いがあったのであろうか。

東アジア情勢

第一次世界大戦後における各国の東アジア政策の軸となっていたワシントン体制は海軍軍縮条約、太平洋に関する四ヵ国条約、中国に関する九ヵ国条約を中心とする多国間諸条約からなる地域的国際秩序の枠組であり、体制の中核をなす日英米三国は東アジアの安定と中国の政治的統一を促進すべく協力することを共通の目標として掲げた*152。しかし、ワシントン体制はグローバルな戦後秩序が構築される見通しのないなかで形成された集団安全保障とは無縁の自律的な地域秩序の枠組であり、成立直後こそ軍縮モデルとして注目されたが世界的な軍縮を促進するには至らず*153、ロカルノ体制が安全保障モデルとして位置づけられて以降はワシントン体制の国際化、一般化が国際社会で取り上げられることはなかった*154。つまり、ワシントン体制は一時代前の国際秩序システムであったのである。こうしたワシントン・ロカルノ両体制の比較という見地からワシントン体制を眺めれば、次の三点を指摘することができるだろう。

第一に、しばしばワシントン体制の欠陥として指摘されるのが軍事的機能、集団安全保障の欠如であるが、これを求めればワシントン体制そのものが成立しなかった可能性があったことに注目しなければならない。日英同盟に代わるものとして締結された太平洋に関する四ヵ国条約は、バルフォア英国全権の試案（締結すべき日英米三国協商の枠組の中で二国（日英）は防御的軍事同盟を締結することができる）に対して*155、日本の幣原全権が交渉を妥結させるためにもアメリカが好まない同盟に類する条文を削除した試案を作成し*156、これが反映されて締結に至ったものである。即ち、ワシントン体制はモンロー主義、孤立主義を重視していたアメリカ*157を取り込むために集団安全保障や軍事的機能を犠牲にすることで成立した体制でもあった*158。

第二は、軍事上の均衡に関する問題である。ワシントン海軍軍縮条約で日本は英米に対する主力艦五・五・三の比率を受け入れることと引き換えに、西太平洋における防備制限を獲得した。確かに、英米は数字の上では日本に対して優位に立っていたが、両国の海軍は大西・太平両洋に分散を余儀なくされる上、当時の軍事力と運輸技術では地理的にかけ離れた日本に対して長期間にわたって大規模な軍事行動を展開することは不可能であった。逆に西太平洋防備制限によって日本に対する英米の軍事的圧力が制限されたことで、実質的には東アジアにおける日本の軍事的優位が容認される結果となった*159。

また、集団安全保障体制が有効に機能するためには、体制内に大国を含む多数の国が参加して一定の勢力均衡が保たれていることが必要であったが*160、東アジアの場合は日本が実質的な軍事的優位を確保していたために、日英米三国による勢力均衡は成立していなかった。つまり、東アジアにはアジア・ロカルノというべき地域的集団安全保障体制の構築ができるだけの軍事的環境が存在していなかったのである。いうなれば、幣原が求めていた東アジアにおける日本の「中心的役割」や「責任意識」は軍事的優位という裏付けをともなったものであったといえる。

第三は、ワシントン体制下では日英米に対して従属・客体の地位にあった中国の国際的な位置づけである。確かに、ワシントン体制は中国を安定した独立国家に導く改革事業を推進する国際的な枠組であり、中国もこの枠組を通じて列国に協力と援助を求めるとともに、自らも体制内の一員になることを望んだように、中国が近代国家として発展を遂げれば客体から主体に引き上げられる可変的なシステムとして評価することも可能であろう＊161。しかし、第二次幣原外交がスタートを切った一九二九年の時点では、日中間の協定関税を規定する日中通商航海条約の改訂交渉が未了であったために最恵国待遇をともなっていた英米の中国に対する関税自主権の実施は宙に浮いており、国内の安定と諸制度の整備が前提であることから近代国家のバロメーターでもあった治外法権撤廃に向けた交渉も緒についたばかりで、中国の政情不安と相まってその完全な主権回復は前途遼遠の状態にあった。つまり、国際的にみれば中国は依然として従属・客体の地位から脱していない半独立国のままであった。これをヨーロッパと比較すると、ヴェルサイユ体制下では旧敵国として従属・客体の地位にあったドイツがロカルノ条約によって連盟の常任理事国として迎えられた上でヨーロッパの集団安全保障体制が構築されていたのとは大いに異なる状況にあったと理解できよう。

加えて、皮肉なことにロカルノ条約が締結された一九二五年は北京政府が日英米への対応を差別化したことで三国の政策乖離が拡大して＊162ワシントン体制そのものが「分化」「変容」していくことになる転機であり、ロカルノ条約交渉が妥結した一〇日後の一〇月二六日に始まった北京関税特別会議では日英米の利害相違が表面化してワシントン体制は曲がり角を迎えた。さらに中国ナショナリズムに大きな影響を与えていたソ連は日本との国交を樹立していたものの、イギリスとの間ではアルコス事件の余波で一旦は樹立した国交が閉ざされており、アメリカとは一度の国交樹立にも至っていなかった。問題は、混迷の度を増している東アジアに対して、安定化の傾向をみせつつあった欧米で生まれた安全保障の枠組を直線的に適用するのが政治的に妥当なのかということである。

事実、当時の連盟と東アジアの関係をみても、連盟は南京政府による済南事件の提訴には取り合わず、不戦条約のテストケースであった一九二九年中ソ紛争では提訴を未然に阻止した。前者は中国が南北両政府に分裂していることから機微な対応を迫られること、後者はソ連が連盟の招請に応じないことと、中国にとって満足な解決を与えられないとの見通しによるものであったが＊163、いずれも複雑な東アジアの政情に関与することで連盟自身が困難な立場に追い込まれることを警戒して、事前にこれを避けるという政治判断によるものであった。

確かに、当時の連盟は中国に対する保健衛生を中心とした技術援助などの対東アジア事業に着手し始めていたが、連盟が対中技術援助に踏み切ったのは、非常任理事国選挙に落選したことに失望した中国がブラジル、スペインに続いて脱退すれば連盟の威信に影響を与えかねないという懸念に基因する引き留め工作の一環でもあり、連盟自身の組織防衛という色彩が強かった＊164。

以上のように、国際社会一般は将来的には東アジアにもグローバルな秩序体系を適用させることを意識していたものの、実際問題としてみた場合、東アジアは依然としてヨーロッパから切り離された異なる環境と秩序を持つ地域のままであったのである。

これに関連して、幣原が連盟という「大円卓会議」で日本の運命を決せられるのは「迷惑至極」と述べたことはよく指摘される＊165。確かに、幣原は第一次世界大戦後の国際協調システムを「国際間に於ける徳義の標準が漸次高まつて来たことを物語る」ものと評価し、この時代の潮流に逆行しては有益な目的を達することはできないとしたが、一方では「政治家として最重要なる資質の一は実行可能の政策と不可能の政策とを識別する判断力」であり、「冷静なる利害の判断」に基づく外交の必要性を訴えたように＊166、理念よりも実際的な見地と政策を重視していた。満蒙問題でいえば先に述べた実体を通じた権益の再編、拡充であり、対中関係では利害関係の軽重を梃子にした国際協調システムの運用がそれに該当する。そして国際協調システム全般に対しては一定の評価を与えながらも、「理想ノ実現ハ前途尚遼遠」であり＊167、国際平和体制に対しては連盟の集団安全保障体制が強制力を欠いていることと、全会一致主義が足枷になるとして慎重な態度を示した＊168、ジュネーヴ平和議定書に関する議論でも、ヨーロッパと極東では「必要ノ程度及情勢自ラ異ナル……世界各国ノ国情及地理的関係各自異ルニ拘ラス詳細ナル規定ヲ以テ一律ニ之ヲ規律セムトスルハ……容易ニ実現ヲ期シ難キ」として洋の東西における国際環境と秩序の相違を指摘した＊169。

本書では、横軸からの第三の脅威として、ワシントン体制が「分化」「変容」するなかで、動揺する東アジアの政情に対して未完成段階にあった国際平和体制を含む国際協調システムがどこまで実際の政治問題に対応できる状態にあったのかという問題を指摘する。それは普遍的国際組織による国際協調体系や戦争違法化の動きは従来主権国家が持っていた固有の国権に制限を加えるものであったが故に、連盟規約第一六条に対する解釈決議や"vital interest"の擁護を含む不戦条約に対する英米の自衛権留保、さらには英ソの主張をアメリカが容認する形で国際連合安全保障理事会における常任理事国の拒否権が設定されたように＊170、発展させるべき国際平和体制に対して、既存の国権、特に自衛権の一部とみなされていた"vital interest"の擁護をいかに両立させるかが列国の課題になるなかで、日本がどのような態度をとったのかを明らかにするものである。

第二次幣原外交は縦軸＝日本の"vital interest"とその核心を維持することを前提とし、これに対する横軸からの脅威＝①中国問題、②ソ連問題、③ヨーロッパと東アジアにおける国際環境と秩序の相違によって規定される形でスタートを切ることになる。東アジアでは国際環境というべき横軸は、中国の政情混乱とソ連の台頭が撹乱要因となって地域秩序の将来に暗い影を落としていたが、欧米諸国はヨーロッパ地域秩序の安定化を背景に、発達途上にあったとはいえ国際協調システムの成長に曙光を見出しつつあった。この東アジアと欧米の対照的な環境と秩序の相違は、幕末・明治初年以来、文明国化、日英同盟の締結、連盟への加盟といった西欧国際体系の潮流に順応し、国際協調の枠組を外交政策の後援装置と位置づけて活用することで国際的地位を固めてきた日本にとって、欧米諸国との間で"national interest"の方向性が大きく相違しかねない事態に直面する初めてのケースになるものであった。幣原は外務次官、第一次外相時代に再三喚起してきた"vital interest"の言葉と概念を用いて縦軸が継承してきた日本の"vital interest"の擁護を目指すが、次章以降では国際協調システムの中核として期待された国際平和体制の運用が原因となって、戦間前期の日本が外交政策の後援としていた国際協調システムが東アジアに適用し得なくなったと判断するに至り、満洲事変と連盟脱退を経て、短期間のうちに国際協調外交からアジアモンロー主義的な外交政策に転換していく背景を、「vital interest の核心」である満蒙を取り巻く国際紛争への対応を通じて明らかにする。

具体的には、第二〜四章で不戦条約のテストケースとなった一九二九年中ソ紛争をめぐる外交的処理、ならびに満洲事変に至るまでの「四頭政治」の展開と陸軍の対ソ認識を論じ、第五〜七章では日本外交の転機となった満洲事変に関して、意外に実証的研究が少ない連盟理事会における応酬経緯を日中両国の国際協調システムに対する運用のあり方に注意しながら英米や中国国内の動静を絡めて論じるとともに、北満進出をめぐる陸軍中央と出先関東軍の態度を比較検討すること通じて、ソ連の存在に対して日本（特に満洲事変の推進者となる関東軍）がいかなるイメージを持っていたのか、そして、これが満洲事変の進展にどのような意味を持っていたのかを論じる。最後に結論として"vital interest" の擁護という縦軸＝日本外交の伝統を引き継ぐ第二次幣原外交が何故頓挫したのかを、横軸としての国際環境と照らし合わせて検証するとともに、第二次幣原外交期に表面化した縦軸と横軸の交錯がもたらした歴史的影響として、満洲事変後のアジアモンロー主義的な外交政策への連続性と、東アジアは日本の生存上不可欠であるという日米開戦の論理、即ち「vital interest の核心」が拡大していく道程の論証を試みる。

＊1 尺振八訳『明治英和字典』六合館、一八八九年（ゆまに書房から一九九五年に複製、再刊）一一〇五頁、神田乃武等編『新訳英和辞典』三省堂、一九〇二年、一〇八九頁。

＊2 「八月三日英国外務大臣ガ時局ニ対スル同国ノ態度ニ付為セル議会演説和訳文」（『日外』大正三年第三冊、四三一〜五〇頁）、グレー英国外相の演説は、August 3, 1914, *Parliamentary Debates, 1914*, vol. LXV, pp. 1805-1820 を参照。

＊3 国際間の利害関係としての"interest" を「緊要」と訳出した古い例としては、オールコック駐日英国総領事がアロー戦争に関する通報を行なう理由として、日本の隣国と外国の関係は"can not be without interest to the Government of Japan" と述べたのを、「日本政府の為に、緊要ならずとせされはなり」と訳したことがあげられる〔オールコック駐日英国総領事発老中宛安政六（一八五九）年六月二八日（東京大学史料編纂所編『大日本古文書　幕末外国関係文書之二十四』復刻版、東京大学出版会、一九七三年、二三九〜二四三頁、英文は同書 pp. 24-26)〕。

＊4 三谷博氏は前近代日本の領土概念を「内地」「境界領域」（蝦夷地、琉球等）「異国」に分けて論じている（三谷博『明治維新

とナショナリズム――幕末の外交と政治変動』山川出版社、一九九七年、第一章）。なお、二度目の上知を前に現地調査を行なった箱館奉行の堀利忠は、蝦夷地が満洲やカムチャッカに近接しているという地理的環境と、日本が蝦夷地を放棄すれば同地は列国の蚕食を招くとの国際政治上の見地から幕府による直轄化を求めていた（堀利忠ほか発老中宛嘉永七（一八五四）年九月、東京大学史料編纂所編『大日本古文書　幕末外国関係文書之七』復刻版、東京大学出版会、一九七二年、六五七～六七三頁）。

＊5「利益線」に関する研究は、加藤陽子『戦争の日本近現代史』大進堂、二〇〇二年、八二～九七頁、村中朋之「明治期日本における国防戦略転換の背景――朝鮮を『利益線』とするに至るまで――」（『日本大学大学院総合社会情報研究科紀要』第五号、二〇〇五年）、同「山県有朋の『利益線』概念――その源泉と必然性――」（『軍事史学』第四二巻第一号、二〇〇六年）。山県有朋の意見書（「外交政略論」一八九〇年三月）、および議会演説（同年一二月六日）は、大山梓編『山県有朋意見書』原書房、一九六六年、一九六～二〇四頁を参照。山県有朋は意見書のなかで朝鮮の中立維持は日本にとって「緊切」と述べている。

これに関連して大澤博明氏は、明治政府当局者は朝鮮が第三国の対日攻撃拠点になることを阻止し、同国をめぐる国際政治を安定化させることが日本の「死活的利益」であると認識しており、そのためにも朝鮮の永世中立化を試みたと指摘している（大澤博明「明治外交と朝鮮永世中立化構想の展開――一八八二年～八四年――」（『熊本法学』第八三号、一九九五年）。

＊6 陸奥宗光外相発青木周蔵駐英公使宛一八九四年六月一六日（『日外』第二十七巻第二冊、二七〇頁）。

＊7 加藤高明駐英公使発西徳二郎外相宛機密第九七号一八九七年一二月三日、栗野慎一郎駐仏国公使発西宛機密第三〇～三二号同月一四、二〇、二九日（『日外』第三十巻、四九一～四九四、五一七～五二〇、五三四～五三七、五四六～五四九頁）。なお、ドイツによる膠州湾租借を端緒として、列国が中国崩壊の可能性を視野に含んで、勢力均衡の概念のもとで事態を拡大させたことは、植田捷雄「中国の租借地」（『国際法外交雑誌』第五六巻第四・五号、一九五八年）を参照。

＊8 春畝公追頌会編『伊藤博文伝』下巻、春畝公追頌会、一九四〇年、三二八頁、アーネスト・サトウ『アーネスト・サトウ公使日記』第二巻、長岡祥三訳、新人物往来社、一九八九年、一八九八年二月七日条。石井菊次郎は、列国による清国蚕食の結果、日本を脅かす「要道」が中国各地の港湾に設定されたことで、対中政策は対朝鮮政策と同じく安全保障上の重大問題に発展したとしている（石井菊次郎『外交余録』岩波書店、一九三〇年、一三二～一三四頁）。

＊9 矢野文雄駐清公使発西宛機密第一七号一八九八年三月二六日（『日外』第三十一巻第一冊、四八六～四八八頁）。

＊10 外務省編『日本外交年表並主要文書』上巻、日本国際連合協会、一九五五年、一八五～一八六頁。

＊11 伊藤博文「東洋の時局を論じて余の立場を明にす」一八九八年一二月一〇日（「伊藤博文演説集」（平塚篤『続伊藤博文秘録』春秋社、一九三〇年所収）一五～二七頁）。

＊12 これらについては、廖隆幹「戊戌変法期における日本の対清外交」（『日本歴史』第四七一号、一九八七年）、林敏「伊藤博文

とアジア――対清認識とその対応策を中心として――」（『史学研究』第一九一号、一九九一年）、高蘭「日清戦後の対清国経済進出構想――伊藤博文を中心に――」（『日本歴史』第五九三号、一九九七年）、小林和幸「山県有朋の国際認識――第二次山県内閣期の『万国平和会議』、『日清同盟論』問題を中心として――」（伊藤隆編『山県有朋と近代日本』吉川弘文館、二〇〇八年）、山県有朋首相発青木外相ほか宛「清国特使に関する意見書」一八九九年五月二七日（『山県有朋意見書』二五一～二五三頁）を参照。

＊13 入江昭『日本の外交――明治維新から現代まで』中央公論社、一九六六年、三三～四一頁。

＊14 Lansdowne to Macdonald 44, Lansdowne to Whitehead 89, April 17, July 31, 1901, *British Documents on the Origins of the War*, vol. II, New York, Johnson Reprint, 1967, pp. 89-91, 林董駐英公使発曽禰荒助外相宛第一〇三号、機密第五二号同年八月一、一三日（『日外』第三十四巻、二五～二六、二九～三一頁）。

＊15 林発加藤外相宛機密第七一号一九〇一年四月一七日（『日外』第三十四巻、九～一〇頁）。エッカルトシュタインの私案は、同第六四号、機密第三〇号同月九、一五日（同上、一～二、四～六頁）。

＊16 Lansdowne to Whitehead 563, October 16, 1901, *British Documents on the Origins of the War*, vol. II, pp. 96-99; 林発小村寿太郎外相宛第一一二号同月一七日（『日外』第三十四巻、三六～三九頁）。なお、小村寿太郎外相は「清韓両国ハ我邦ト頗ル緊切ナル関係」ヲ有シ、就中韓国ノ運命ハ我邦ノ死活問題」と述べている〔小村「日英協約ニ関スル意見」同年一二月七日（同上、六六～六九頁）〕。

＊17 林発小村宛第一一八号一九〇一年一一月七日（『日外』第三十四巻、三九～四一頁）、黒羽茂『日英同盟の研究』東北教育図書株式会社、一九六八年、第一章第八節。

＊18 「利益線」の原語である「利益彊域（interessensphäre）」の英訳は「勢力範囲（spheres of influence）」である。山県のいう朝鮮半島中立化としての「利益線」が排他的、優先的地位を意味する「勢力範囲」を意味するものに変化していく過程については、清国分割への対応のみならず、「勢力範囲」という言葉が多用されることになるアフリカ分割との関連性も含めて、今後の検討課題としたい。

＊19 「御前会議決定」一九〇三年六月二三日（『日外』第三十六巻第一冊、一～四頁）。

＊20 日露開戦外交の研究は久しいが、近年の代表的なものとしては、伊藤之雄『立憲国家と日露戦争――外交と内政 1898～1905――』木鐸社、二〇〇〇年、千葉功『旧外交の形成　日本外交一九〇〇～一九一九』勁草書房、二〇〇八年、第二部がある。なお、「二刀両断」は、『伊藤博文伝』下巻、六二六～六二七頁を参照。

＊21 「宣戦詔勅」、および同英訳、一九〇四年二月一〇日（『日外』日露戦争I、一四二～一四五頁）。

＊22 「日露講和条件予定ノ件」一九〇五年四月二一日、「閣議決定」同年六月三〇日（『日外』日露戦争V、一〇四～一〇七頁）。

＊23「講和談判筆記第三回本会議」一九〇五年八月一四日、「講和談判筆記第十回本会議」同月二九日（同右、四二三～四三六、四八九～五〇六頁）。

＊24 当時の日本側鉄道は約六二五キロ（駐兵可能人員、九二七五名）、ロシア側が二万一八四六キロ（同、三万二七六九名）であった（信夫淳平『満蒙特殊権益論』日本評論社、一九三二年、四六六、四六九頁）。

＊25 日露戦後、小村は日清善後交渉の席上、満洲の主権を喚起する清国側に対して「満洲ニ事起ラハ実力ヲ以テ之ヲ防キ得ルモノハ独リ日本ノミ」と述べ〔第一回本会議（一九〇五年一二月二二日）における発言（『日外』第三十八巻第一冊、二〇三～二〇四頁）〕、山県も実質的に満洲を永久確保すべく経営をすすめるべきとした〔山県発寺内正毅陸相宛「第二対清政策」一九〇九年四月二九日（『山県有朋意見書』三〇七～三一四頁）〕。研究としては、北岡伸一『日本陸軍と大陸政策』東京大学出版会、一九七八年、三四～四四頁、小林道彦『日本の大陸政策　1895―1914――桂太郎と後藤新平――』南窓社、一九九四年、黒野耐『帝国国防方針の研究――陸海軍国防思想の展開と特徴――』総和社、二〇〇〇年、第二章、「満洲」から「満蒙」への権益拡張については、鈴木仁麗『満洲国と内モンゴル――満蒙政策から興安省統治へ――』明石書店、二〇一二年、第一章を参照。

なお、一九〇七年四月四日に裁可された「帝国国防方針」では満韓に利権を扶植した以上、有時には「海外ニ於テ攻勢ヲ取ルニアラサレハ我国防ヲ全フスル能ハス」とし、第一の仮想敵国であるロシアに対する兵力不足を補うためにも交通網整備を軸とした満韓経営の推進を明文化した（「明治四十年　日本帝国ノ国防方針」防衛省防衛研究所図書館蔵）。

＊26「閣議決定」一九〇三年一二月三〇日（『日外』第三十六巻第一冊、四一～四五頁）、「満洲問題ニ関スル伊藤統監ノ提案」一九〇六年五月二二日（『日外』第三十九巻第一冊、二四〇～二四五頁）。

＊27 小村発桂太郎首相宛一九〇四年七月（『日外』日露戦争Ｖ、五九～六三頁）、「帝国ノ対外方針決定ニ関スル件」一九〇八年九月二五日（『日外』第四十一巻第一冊、七五～七九頁）。このほか、地理的近接性に基づく密接な関係から清国有事には日本が主導権をとるべきとした政府要路の方針を示すものとしては、前掲、「満洲問題ニ関スル伊藤統監ノ提案」、閣議決定「対清政策ニ関スル件」一九一一年一〇月二四日（『日外』清国事変、五〇～五一頁）がある。

＊28 例えば、小林道彦「世界大戦と大陸政策の変要――1914―16年――」（『歴史学研究』第六五四号、一九九四年）。

＊29「対支方針及説明書」一九一七年一月九日（『日外』大正六年第二冊、三～六頁）。

＊30 第四次日露協約の和訳文は、『日本外交年表並主要文書』上巻、四二〇～四二一頁を、フランス語正文は、条約謄本（Ｒ28外務省外交史料館蔵）を参照した。なお、フランス語正文の引用に際してはこれを英訳した。

＊31「閣議決定」一九一六年二月一四日、石井外相発本野一郎駐露大使宛第九三号同月一五日（『日外』大正五年第一冊、一一八～一一九、一二三頁）。

＊32 閣議決定「日米両国ノ重要問題商議ニ関スル心得」一九一七年七月二四日（『日外』大正六年第三冊、七四四～七四六頁）。
＊33 佐藤愛麿駐米大使発本野外相宛第三七一、三八五号一九一七年九月二三、二七日、石井「支那ニ於ケル日本ノ特殊利益」一九一九年九月（同右、七七五～七七七、七八三、八五九～八七四頁）、同『外交余録』一三五～一五六頁。
なお、日中関係と対比された米墨関係に関して、ウィルソン政権は独自の理念に基づいて軍事力をともなう干渉を実施した経緯があり〔詳細は、西崎文子「ウッドロー・ウィルソンとメキシコ革命――『反米主義』の起源をめぐる一考察――」（『思想』第一〇六四号、二〇一二年）〕、幣原喜重郎外務次官も日中関係を米墨関係になぞらえて説明している〔本野発佐藤宛第一七七号一九一七年六月九日（『日外』大正六年第三冊、七二二～七二三頁）〕。
＊34 これに関連して、軍部も日本の国防上、中国が第三国の勢力下に置かれることに神経質であった。例えば、一九〇七年の「帝国国防方針」では「露清連合」の成立を阻止するためにも日清が提携することの必要性を訴え、一九二三年に改訂された国防方針でも、アメリカの対中経済進出と中国の「以夷制夷利権回収ノ伝統政策」に警戒感を示し、総力戦思想と相まって中国の資源は「我経済的発展並国防上緊要欠クヘカラサル要素」であると位置づけた（前掲、「明治四十年　日本帝国ノ国防方針」、参謀本部「大正十二年　帝国国防方針」一九二三年二月二八日、防衛省防衛研究所図書館蔵）。
＊35 第一次世界大戦に中国を参戦させようとするグレー英国外相に対して、井上勝之進駐英大使は「支那ノ中立維持ハ日本国ニ取リテハ尚白国中立ノ貴国ニ於ケルト同様ノ緊切問題ナリ」と述べてこれを牽制したが〔井上勝之進駐英大使発石井外相宛第五四七号一九一五年一一月二三日（『日外』大正四年第三冊下巻、九一九～九二一頁）〕、日本政府レヴェルでは中国の参戦は「極東ニ於ケル重要遠大ナル結果」を招くとし、「支那ニ於ケル平和静謐」を維持するためにも中立励行にとどめるべきとしたように、反対の論理をトーンダウンさせている〔石井発井上宛第三四八、三五四号一九一五年一二月三、六日（同上、九五七～九五八、九六三～九六六頁）〕。
＊36 外相演説と訳文は、「帝国議会関係雑纂・総理、外務両大臣演説・帝国議会ニ於ケル外務大臣演説集」〔以下、「演説集」〕（**1.5.2.2-5-2** 外務省外交史料館蔵）を参照した。
＊37 新四国借款団に関する代表的研究としては、三谷太一郎『日本政党政治の形成――原敬の政治指導の展開――』東京大学出版会、一九六七年、第二部、平野健一郎「西原借款から新四国借款団へ」（細谷千博編『ワシントン体制と日米関係』東京大学出版会、一九七八年）、松田武「ウィルソン政権の新四国借款団政策――新アメリカ銀行団の結成を中心に――」（『史林』第六五巻第三号、一九八二年）、明石岩雄『日中戦争についての歴史的考察』思文閣出版、二〇〇七年、第二章、中谷直司「勢力圏外交の溶解――新四国借款団設立交渉（一九一九―一九二〇）と中国をめぐる列強間関係の変容――」（『同志社法学』第五九巻第四号、二〇〇七年）、酒井一臣『近代日本外交とアジア太平洋秩序』昭和堂、二〇〇九年、第八、九章がある。

＊38 幣原喜重郎外務次官発井上準之助日本銀行総裁ほか宛「米国提議対支新借款団一件方針案」一九一九年五月六日、「閣議決定」同月二〇日、内田康哉外相発松井慶四郎駐仏大使宛第二三二～二三四号同日（『日外』大正八年第二冊上巻、二二八～二三四、二四七～二五〇頁）。六国借款団事業の南満東蒙に対する適用除外を留保する日本側代表声明は、「六国団体会議会《マ》議《マ》録写」一九一二年六月一八日（『日外』第四十五巻第二冊、四一四～四二二頁）を参照。

＊39 内田発珍田捨己駐英大使宛第二六六～二六九号一九一九年八月一六日、内田発出淵勝次駐米臨時代理大使宛第五九二号同月一七日（『日外』大正八年第二冊上巻、三四三～三四九頁）。

＊40 出淵発内田宛第六二四号一九一九年八月二二日（同右、三五四～三五五頁）。なお、出淵勝次駐米臨時代理大使も松井慶四郎駐仏大使とともに、英米の強硬な態度から交渉決裂をおそれて一七日の内田康哉外相の訓令執行を躊躇していた（同上）。

＊41 内田発出淵宛第六一三号一九一九年八月二六日（同右、三五七～三五八頁）。

＊42 The Department of State to the Japanese Embassy "Memorandum", March 16, 1920, *FRUS, 1920*, vol. I, pp. 512-513. なお、日本外務省はこの時の"self preservation"を「自衛権」と訳している（『日外』大正九年第二冊上巻、二三二～二三四頁）。

このアメリカ側の覚書が九ヵ条国条約第一条第四項の「安寧条項」につながったことについては、麻田貞雄『両大戦期の日米関係――海軍の政策決定過程――』東京大学出版会、一九九三年、一二八～一三二頁を参照。

＊43 明石岩雄氏は、英米はともに満蒙の地域的留保＝「概括主義」を避けつつ、「列記主義」の形式で実質的に日本の主張を認めたとし、中谷直司氏も日本は権益の「列記主義」に譲歩する代わりに「緊切ナル利益」の容認を獲得したと指摘しているが、"vital interest"が持つ言葉の意味には触れていない（明石『日中戦争についての歴史的考察』五四～六一頁、中谷「勢力圏外交の溶解」一五〇～一五一頁）。

＊44 内田発珍田宛第七九号一九二〇年二月二七日、内田発幣原宛第九三号同月二八日（『日外』大正九年第二冊上巻、一九一～一九五、一九八～二〇二頁）。

＊45 出淵発内田宛第四七三号一九一九年六月二九日（『日外』大正八年第二冊上巻、二九七～三〇一頁）。

＊46 信夫『満蒙特殊権益論』二五頁。首相の原敬は新四国借款団の適用留保問題を通じて漠然とした定義しかなかった満蒙特殊利益が具体的な形で承認を得たと評価している（岩壁義光ほか編『影印　原敬日記』第十五巻、北泉社、一九九八年、一九二〇年五月四日条）。

かつての満蒙に対する六国借款団事業の適用除外の申し入れは、ロシアも認めている日本の満蒙「特殊権利及利益」に抵触しないよう求めるという論理でなされ、日本にとって満蒙権益がいかなる意味を持つのかということには言及していなかった［例えば、内田発駐日独英米仏大使宛機密送第四～七号一九一二年三月一八日、内田発加藤駐英大使宛第一三三号、内田発安達峰一郎駐仏臨時代理大使宛第四九号同年五月一三日（『日外』第四十五巻第二冊、二七七～二七九、二八三、三六五、三六七頁）」。なお、六国借款団事業の適用除外に関する研究としては、塚本英樹「満州特殊権益をめぐる日本外交――対中国借款問題を中心に――」（『法政史学』第七七号、二〇一二年）がある。

＊47 「国際司法裁判所ノ応訴義務受諾ニ関スル留保案」一九二五年二月一九日（「国際紛争平和的処理条約関係一件」B.10.3.0.3 外務省外交史料館蔵）。内田の議会演説は、「演説集」を参照。

＊48 田中義一外相議会演説、一九二八年一月二一日（「演説集」）。

＊49 外交調査会決定「華盛頓会議帝国全権委員ニ対スル訓令」、「華盛頓会議帝国全権委員ニ対スル訓令説明書」一九二一年一〇月一二日（『日外』ワシントン会議上、一八一～二一八頁）。

＊50 ワシントン会議全権発内田宛会議第九三～九六号一九二一年一一月二九日着（同右、五五二～五五五頁）。なお、幣原が領土権とともに「緊切利益（vital interests）」を守るべき対象として加えようとしたのは、領土権と「特殊利益（special interests）」を防護するとした第二、三次日英同盟、および第四次日露協商の条文に倣ったものである。

＊51 「中国ニ関スル九国条約」一九二二年二月六日（『日外』ワシントン会議下、二〇二～二一三頁）。

＊52 **Conference on Limitation of Armament, six plenary session, February 4, 1922**（「華盛頓会議一件（総会議事録）」2.4.3.46 外務省外交史料館蔵）。邦訳の一部は、「石井・ランシング協定問題ニ関スル参考」（『日外』大正十一年第三冊、六三二～六三四頁）を参照した。

＊53 「新外交」呼応論は、中谷「対列強協調から対米協調へ――日本外務省の政策構想の変容　一九一六―一九一九」（『同志社法学』第三一六号、二〇〇六年）に詳しい。

＊54 なお、"essential"は一九二五年一月の議会演説で一度だけ中国本部に対する関係で使用されている。幣原の議会演説は、「演説集」、「帝国議会関係雑件・議会ニ於ケル総理、外務大臣ノ演説関係」（A.5.2.0.1-2 外務省外交史料館蔵）を参照した。

＊55 幣原の陳友仁広州臨時政府外交部長に対する説示、一九三一年七月二八日（外務省編『日本外交年表並主要文書』下巻、日本国連合協会、一九五五年、一七六～一七八頁）、説示の英文は、幣原発重光葵駐華公使宛第二七九号一九三一年八月五日（「支那内乱関係一件・昭和六年反蒋運動関係・広東政府ニ対スル帝国政府及各国ノ態度（陳友仁来朝関係）（松本記録）」A.6.1.5.1-16-3 外務省外交史料館蔵）を参照。

また、幣原は一九二九年九月の張継司法院副院長との会談でいかなる内閣でも関東州租借地と満鉄の返還は不可能であるとし、腹心の佐分利貞男駐華公使も秩序なき満洲からの鉄道守備隊［関東軍］撤退は問題外と述べている（「幣原外務大臣張継会談要領」一九二九年九月五日（「帝国ノ対支外交政策関係一件」A.1.1.0.10 外務省外交史料館蔵）、重光駐上海総領事発幣原宛第一二

一九号同年一〇月二〇日着（「日、支通商条約改訂関係一件（松本記録）」B.2.0.0.J/C1 外務省外交史料館蔵）〕。

＊56 詳細は、信夫『満蒙特殊権益論』を参照。

＊57 例えば、幣原も議会演説において満蒙権益は日清・日露両戦争の結果として得たものであると述べ〔幣原議会演説、一九二五年一月二二日（「演説集二」）〕、第二次外交期の満蒙懸案交渉も国内世論に押されて開始した〔尾形洋一「第二次『幣原外交』と『満蒙』鉄道交渉」（『東洋学報』第五七巻第三・四号、一九七六年）一八四～一八五頁〕。

＊58 幣原の陳友仁広州臨時政府外交部長に対する説示、一九三一年七月二八、三一日（『日本外交年表並主要文書』下巻、一七六～一七九頁）。

＊59 幣原「外交管見」一九二八年一〇月一九日、慶應大学における講演（「幣原平和文庫」R七、国立国会図書館憲政資料室蔵）。

＊60 幣原議会演説、一九二四年七月一日（「演説集一」）。

＊61 「対支政策綱領」一九二四年五月三〇日（『日外』大正十三年第二冊、八一七～八二〇頁）。

＊62 幣原発船津辰一郎駐奉天総領事宛亜二機密第五九号「満蒙鉄道ニ関スル件」一九二四年八月二〇日（「洮斉鉄道関係一件」1.7.3.97 外務省外交史料館蔵）。

＊63 幣原発芳沢謙吉駐華公使宛第六二九号一九二四年一〇月一一日（「江浙並奉直紛擾関係・各国ノ態度」1.6.1.85-9 外務外交史料館蔵）、同第七二七号一九二五年一二月八日、幣原発吉田茂駐奉天総領事宛第一〇〇〇号同月七日（「反奉天派紛擾事件・帝国ノ態度及在留邦人保護」1.6.1.86-4 外務省外交史料館蔵）。

＊64 「満蒙鉄道問題ニ関スル協議要綱」一九三〇年三月一八日（「村上義一文書」慶應義塾大学図書館所蔵、雄松堂出版、二〇〇三年）、「満蒙に於ける将来の鉄道に関する方針」（アジア経済研究所図書館編『史料　満鉄と満洲事変――山﨑元幹文書』上巻、岩波書店、二〇一一年、二三一～二四〇頁）。後者の史料には作成者が記されていないが、前者の史料にある幣原の発言から、三月一八日の満鉄との協議の席上、谷正之亜細亜局第一課長が朗読した外務省案と推察される。

　このほか、権益の伸張に不可欠な土地所有権の獲得に関しては中国治外法権撤廃問題に際して、最低でも南満東蒙条約に基づく現状維持＝商租権を確保すべきとしたが、交渉にあたっては同条約への言及は避けて「実際問題ヲ根拠」として解決をはかろうとしていた〔「中国ニ於ケル治外法権撤廃ニ関スル大綱方針案説明書」一九三一年四月二七日、「中国ニ於ケル治外法権撤廃ニ際シ満洲並間島ニ関シ特ニ考慮スヘキ事項ニ関スル件」（「支那治外法権撤廃問題一件（松本記録）」B4.0.0.CX1 外務省外交史料館蔵）〕。

＊65 前掲、「第二対清政策」。

＊66 牧野伸顕から加藤高明への外相引き継ぎ書類〔「前途暗澹タル中国財政ト之ガ対策ニ関スル構想案」一九一四年四月一五日複

製（『日外』大正四年第二冊、三三〇～三三三頁）」。

＊67 伊香俊哉氏は第一次幣原外交期に治安維持、権益擁護を目的とした武力行使は内政干渉や侵略にはあたらないとの日本の立場が確立したとしている（伊香俊哉『近代日本と戦争違法化体制――第一次世界大戦から日中戦争へ――』吉川弘文館、二〇〇二年、第三章）。また幣原は田中義一内閣による山東出兵、済南事件への対応は政治的にみれば拙劣であったと批判しながらも、法的には中国側が外国人保護の国際義務履行を怠ったことが原因であるとして適法との判断を示していた（幣原「外交管見」）。

＊68 枢密院会議における幣原の説明、一九二四年一〇月八日（『枢密院会議議事録』第三十四巻、東京大学出版会、一九八六年、一七一頁）。

＊69 枢密院会議における幣原の説明、一九二四年一〇月一五日（同右、二四〇頁）。

＊70 幣原発芳沢宛第六二八号一九二四年一〇月一一日（「江浙並奉直紛擾関係・各国ノ態度」）。声明文にある「緊切ナル日本ノ権利利益」は"these rights and interests, essential to her"と訳された〔前掲、幣原発芳沢宛第六二九号、および同第六三五号同日（同上）〕。

＊71 例えば、幣原発芳沢宛第七〇五号「支那新政府承認問題ニ付外務大臣仏国大使会談」、同第七三七号一九二四年一一月八、二四日、林権助駐英大使発幣原宛第七七九号同月二〇日（「支那新政府承認問題一件」1.6.1.87 外務省外交史料館蔵）、幣原発芳沢宛第三六一号「上海事件ニ関シ支那時局解決ニ関スル件」一九二五年六月二九日、同第三七五号同年七月三日、同第四〇〇号「六月廿四日支那側要求ニ関スル回答振ニ関スル件」同月一三日、松平恒雄駐米大使発幣原宛第二四〇号同月二二日着（「大正十四年支那暴動一件・五三十事件」5.3.2.155-1 外務省外交史料館蔵）、吉田伊三郎駐英臨時代理大使発幣原宛第三一四号同月三日着（「支那関税並治外法権撤廃問題北京会議一件」2.9.10.13 外務省外交史料館蔵）、「南京事件ニ関シ在本邦英国大使幣原大臣会談要領」一九二七年四月四日（「南京ニ於ケル支那兵ノ暴行及掠奪事件・解決交渉関係（松本記録）」A.1.1.0.4-3 外務省外交史料館蔵）。

なお、鈴木健功氏は幣原の南京事件への対応を通じて日本は英米と中国との間でバランサーの役割を果たそうとしたと指摘しているが、その論拠となった最大の利害関係国としての日本という問題には触れていない〔鈴木健功「南京事件における幣原外交の変容」（『日本歴史』第七八〇号、二〇一三年）〕。南京事件に関していえば、幣原は日英両国の貿易総額中の対中貿易に占める割合の相違を比較、その上で日本はイギリス以上に中国に対して重要な利害関係があるとの注意を喚起することで、制裁を含む共同通牒を掣肘しようとした（前掲、「南京事件ニ関シ在本邦英国大使幣原大臣会談要領」）。

＊72 幣原「外交管見」。

＊73 これに関連して、幣原は第一～二次外相期前半に亜細亜局第一課長、第二次外相期の後半に亜細亜局長を務めた谷正之に対し

て、九ヵ国条約を逆用することが日本の対中政策の基本であると語ったという（馬場明『日本外交史18　満州事変』鹿島平和研究所、一九七三年、一三頁）。

＊74 前掲、「中国ニ於ケル治外法権撤廃問題ニ関スル大綱方針説明書」、「中国ニ於ケル治外法権撤廃ニ際シ満洲並間島ニ関シ特ニ考慮スヘキ事項ニ関スル件」、および幣原発重光駐華臨時代理公使宛第一二一号一九三一年四月四日、「中国ニ於ケル治外法権撤廃ニ関スル大綱案」、「中国ニ於ケル治外法権撤廃ニ関スル件」、「内地開放ニ関スル交渉方針実施大綱」同月二七日（「支那治外法権撤廃問題一件（松本記録）」）。

第二次幣原外交期における中国治外法権撤廃問題に言及した研究としては、副島圓照「中国における治外法権撤廃問題」（『和歌山大学教育学部紀要――人文科学――』第二九集、一九八〇年）、副島昭一「中国の不平等条約撤廃と『満州事変』」（古屋哲夫編『日中戦争史研究』吉川弘文館、一九八四年）、西田敏宏「ワシントン体制の変容と幣原外交（一～二）――一九二九～一九三一年――」（『法学論叢』第一四九巻第三号、第一五〇巻第二号、二〇〇一年）、小池聖一『満州事変と中国政策』吉川弘文館、二〇〇三年、第八章がある。

＊75 もっとも、これには南京政府と東北政権はともに衝突を避けながら「各自其ノ勢力範囲ノ建設充実ニ向フ」との判断が背景にあった〔幣原発林久治郎駐奉天総領事宛第六号一九三一年一月一七日（***Archives in the Japanese Ministry of Foreign Affairs, 1868-1945***, **R. S484**）〕。

＊76 前掲、「中国ニ於ケル治外法権撤廃ニ関スル件」、幣原発重光宛第一二一号。

＊77 前掲、「内地開放問題ニ関スル交渉方針実施大綱案」、「中国ニ於ケル治外法権撤廃ニ関スル大綱方針案説明書」。

＊78 幣原は満蒙における「国民的生存ノ必要上変改ヲ許サザル」権益は毅然として擁護するとしたが、治外法権などの「適宜整理」できるものは「世界ノ変遷」にあわせて合理的に調整するとしている〔幣原発沢田節蔵連盟事務局長宛第六九号「連盟ノ対支援助ニ関スル件」一九三一年五月一一日（「国際連盟対支技術的援助問題一件」B.9.7.0.8 外務省外交史料館蔵）〕。

なお、幣原が満蒙権益の一部を「生存権」、即ち”survival”に関するものと述べたことは本文で指摘したが、”survival interest”は本土に対する敵の攻撃という切迫した事態を指すものであることから、幣原のいう「生存権」を”survival interest”と位置づけるには不適切である。このため、本書では満蒙について”survival interest”は用いず、「vital interest の核心」と述べることとする。

＊79 山県は関東州租借地の返還は韓国の民心に響くとし（前掲、「第二対清政策」）、伊藤博文もハルビンにロシア勢力が存在する限り、日本も南満にとどまらざるを得ないと述べている〔マクドナルド駐日英国大使発グレー英国外相宛一九〇九年五月一三日（『日外』第四十二巻第一冊、二九六～二九九頁）〕。

＊80 例えば、林外相発各閣僚・山県ほか宛一九〇七年一一月（『日外』第四十巻第三冊、七九二～八〇〇頁）、石井『外交余録』一三八～一三九頁、幣原平和財団編『幣原喜重郎』幣原平和財団編、一九五五年、二五四頁。

＊81 前掲、「帝国ノ対外方針決定ニ関スル件」。小村は独米清三国協商締結交渉のために渡米する途上、日本に立ち寄った唐紹儀奉天巡撫に対して、ドイツの膠州湾租借に端を発する清国分割の勢いが止まったのは、日英同盟の存在と日露戦争に勝利した日本の実力によるとした上で、東洋平和を維持するためには日清提携をすすめるべきであり、日清の離間を試みている国に乗じられて日本を外した清国に関する国際協商を締結することは「是認スルコト能ハサル」と述べている〔小村発伊集院彦吉駐清公使ほか宛一九〇九年一一月四日（『日外』第四十一巻第一冊、六九四～六九八頁）〕。なお、独清米三国協商の動きについては、寺本康俊『日露戦争以後の日本外交――パワー・ポリティクスの中の満韓問題――』信山社、一九九九年、第五章第三節を参照。

＊82 服部龍二『東アジア国際環境の変動と日本外交 1918―1931』有斐閣、二〇〇一年、四六～六八頁、晋林波「原内閣の対『満蒙』政策の新展開（二）」（『名古屋大学法政論集』第一五二号、一九九四年）。

＊83 臨時外交調査会決定、一九二〇年三月五、二九日（『日外』大正九年第一冊下巻、八六九～八七〇、八七八頁）。服部龍二氏はこれによりシベリア出兵は鮮満防衛を目的にしたものに変質したと指摘している（服部『東アジア国際環境の変動と日本外交』四八～五一頁）。

＊84 「閣議決定」一九二一年五月一三日、七月一二日、内田発菊池義郎浦潮政務部長ほか宛合第一四五号同年五月二〇日（『日外』大正十年第一冊下巻、八三〇～八三一、八七四～八七六頁）。

＊85 「閣議決定」一九二一年五月一三、一七日（『日外』大正十年第二冊、一八四～一八六、三〇二～三〇三頁）。研究としては、晋「原内閣の対『満蒙』政策の新展開（二）」、シベリア撤兵とこれにともなう日本の東アジア政策の再編については、雨宮昭一『近代日本の戦争指導』吉川弘文館、一九九七年、補論一を参照。

＊86 服部『東アジア国際環境の変動と日本外交』五八～六四頁。

＊87 晋「原内閣の対『満蒙』政策の新展開（二）」、林正和「張作霖軍閥の形成過程と日本の対応」（『国際政治』第四一号、一九七〇年）。

＊88 枢密院会議における幣原の説明、一九二四年一〇月八日（『枢密院会議議事録』第三十四巻、二四九頁）。

＊89 『幣原喜重郎』三六五～三六七頁。

　これに関連して、幣原は北伐への対応のなかで対中内政不干渉方針の継続を指示する一方、居留民の保護は「専ラ其時其地方ノ実力者ト折衝」することを指示した〔幣原発高尾亨駐漢口総領事宛第五五号一九二六年九月四日（『日外』大正十五第二冊上巻、二五九頁）〕。幣原は対中内政不干渉方針と居留民保護は別問題と捉えていたのである。

＊90 西田「東アジアの国際政治と幣原外交（一～二）――一九二四～一九二七年――」（『法学論叢』第一四七巻第二号、第一四九巻第一号、二〇〇〇～二〇〇一年）、樋口秀実『日本海軍から見た日中関係史研究』芙蓉書房出版、二〇〇二年、第二章。

＊91 枢密院会議における幣原の説明、一九二七年二月二日（『枢密院会議議事録』第四十三巻、東京大学出版会、一九九二年、一二～一三頁）。

＊92 西田「第一次幣原外交における満蒙政策の展開――一九二六～一九二七年を中心として――」（『日本史研究』第五一四号、二〇〇五年）。

＊93 西田「幣原喜重郎と一九二〇年代の日本外交」京都大学博士論文、二〇〇四年、一九五頁。このほか、樋口秀実氏は日英米提携の前提条件は辛亥革命以来の中国の政治的混乱をいかに回復するかであったとして、幣原喜重郎、田中義一両外相による中国安定化の試みを比較検討している（樋口『日本海軍から見た日中関係史研究』第二章）。

＊94 近代中国外交と国内における政権の「正当性」の関係については、川島真『近代中国外交の形成』名古屋大学出版会、二〇〇四年、Ⅵ部を参照。

＊95 服部『東アジア国際環境の変動と日本外交』一五六～一六九頁、入江『極東新秩序の模索』原書房、一九六八年、六四～六五頁。

＊96 松平発幣原宛第二二一号一九二五年七月三日着（「支那関税特別会議一件（松本記録）」**2.9.4.8** 外務省外交史料館蔵）。

＊97 服部『東アジア国際環境の変動と日本外交』一六一～一六三頁、西田「東アジアの国際秩序と幣原外交（一）」六二～六四頁。

＊98 幣原発芳沢宛第五六四号「関税特別会議ニ於ケル討議事項ニ関スル件」一九二五年九月一〇日（「支那関税並治外法権撤廃問題北京会議一件」）。

＊99 田中義一外相発内田全権宛「対支政策要旨」一九二八年八月九日（「戦争抛棄ニ関スル国際会議及条約関係一件・全権携帯文書」**B.10.3.0.1-7** 外務省外交史料館蔵）、田中発安達峰一郎駐仏大使ほか宛合第三一五号同月一三日（「昭和三年末ニ於ケル対支列国協調問題一件（内田伯爵折衝関係）（松本記録）」**A.1.1.0.8** 外務省外交史料館蔵）。

＊100 これらについては、入江『極東新秩序の模索』第二～四、六章、服部『東アジア国際環境の変動と日本外交』第三章、西田「東アジアの国際秩序と幣原外交（一～二）」、「幣原喜重郎と一九二〇年代の日本外交」、宮田昌明「北京関税特別会議とワシントン条約後の東アジア秩序の変容――イギリスの外交・帝国政策と日本――」（『史林』第八九巻第二号、二〇〇六年）、同「英米関係と東アジアにおける日本の役割意識　一九二二～一九二七」（関静雄編著『「大正」再考――希望と不安の時代――』ミネルヴァ書房、二〇〇七年）、河合秀和「北伐へのイギリスの対応――『クリスマス・メッセージ』を中心として――」（細谷、斎藤真編『ワシントン体制と日米関係』東京大学出版会、一九七八年）、小瀬一「中国海関と北京関税会議」（『東洋史研究』第五六巻

第二号、一九九七年）、久保亨『戦間期中国〈自立への模索〉——関税通貨政策と経済発展』東京大学出版会、一九九九年、第一章、家近亮子『蒋介石と南京国民政府——中国国民党の権力浸透に関する分析——』慶應義塾大学出版会、二〇〇二年、第四章、後藤春美『上海をめぐる日英関係　1925—1932年——日英同盟後の協調と対抗』東京大学出版会、二〇〇六年、第二〜五章、古瀬啓之「オースティン・チェンバレンと『一二月覚書』」（『政治経済史学』第四八三、四八四号、二〇〇六年）、岡本隆司「関税特別会議とイギリス対中外交」（『京都府立大学学術報告　人文・社会』第五七号、二〇〇九年）、同「英国と東アジア——一九二〇年代の東アジア政策を中心に——」（伊藤之雄、川田稔編著『20世紀日本と東アジアの形成——1867〜2006——』ミネルヴァ書房、二〇〇七年）、井口治夫「米国と東アジア——一九二〇年代の国際秩序の模索——」（同上）七二〜七九頁、阿曽沼春菜「中国の関税自主権回復問題と二十世紀イギリス外交（一〜三）——一二月メモランダムをめぐる政治過程——」（『法学論叢』第一六五巻第五、六号、第一六六巻第二号、二〇〇九年）。

＊101　小林道彦『政党内閣の崩壊と満州事変——1918〜1932——』ミネルヴァ書房、二〇一〇年、一二二〜一二七、一三二〜一三三頁。

＊102　『幣原喜重郎』四〇〇頁、西田「ワシントン体制の変容と幣原外交（一）」八四〜八八頁、何力「中国の関税自主権の回復と日中関係」（『法と政治』第五二巻第二・三号、二〇〇一年）一七三頁。

＊103　『幣原喜重郎』四〇〇頁、重光『昭和の動乱』上巻、中央公論社、一九五二年、四六〜四七頁。

＊104　井口「米国と東アジア」七五〜七九頁。なおイギリス外務省は一九三〇年七月一九日の覚書で、世代が替わるまでは中国に安定した政府ができる可能性はほとんどないとして、その政治動向に懸念を示していた（**Foreign Office Memorandum respecting the Prospe cts of Stable Government, July 19, 1930, *DBFP*, VIII, pp. 384-388**）。

＊105　前掲、「幣原外務大臣張継会談要領」。

＊106　家近『蒋介石と南京国民政府』第四、五章、横山宏章『中華民国史——専制と民主の相剋——』三一書房、一九九六年、第三章。

＊107　土田哲夫「南京政府期の国家統合——張学良東北政権（一九二八〜一九三一年）との関係の例——」（中国現代史研究会編『中国国民政府史の研究』汲古書院、一九八六年）一七二頁。

＊108　小林『政党内閣の崩壊と満州事変』一三二頁、樋口『日本海軍から見た日中関係史研究』第二章。

＊109　服部『東アジア国際環境と日本外交』二六三〜二七八頁、小池『満州事変と中国政策』第五〜八章、武田知己『重光葵と戦後政治』吉川弘文館、二〇〇二年、七五〜七七頁。

＊110　土屋光芳『汪精衛と蒋汪合作政権』人間の科学新社、二〇〇八年、第四章。また、高文勝氏は王正廷外交を漸進的な「順序あ

る外交」であったとする多数の業績を発表している〔高文勝「済南事件の解決交渉と王正廷」（『情報文化研究』第一六号、二〇〇二年）、同「日中通商航海条約改正交渉と王正廷」（同上、第一七号、二〇〇三年）、同「南京国民政府成立初期の対日政策」（同上、第一八号、二〇〇四年）、同「治外法権撤廃と王正廷」（『日本福祉大学情報社会科学論集』第七号、二〇〇三年）、同「王正廷外交について」（『日本福祉大学研究紀要――現代と文化』第一〇九号、二〇〇八年）、同「王正廷外交と租界・租借地の回収」（同上、第一一七号、二〇〇八年）、同「王正廷の対日構想」（同上、第一一九号、二〇〇九年）〕。

＊111　入江『極東新秩序の模索』二四九～二五六、二六五～二六六頁。

＊112　角田順校訂『宇垣一成日記』Ⅰ、みすず書房、一九六八年、一九二八年五月一八日条、石原莞爾「満洲建国前者の心境」一九四二年（角田編『石原莞爾資料（増補）国防論策篇』原書房、一九九四年、九〇～九二頁）、同「満蒙問題ノ行方」一九三一年一二月二日（「石原莞爾中将資料　満洲事変」防衛省防衛研究所図書館蔵）。

＊113　宮田「外務省の『対支政策』一九二九―一九三四」（岡本幸治編著『近代日本のアジア観』ミネルヴァ書房、一九九八年）。

＊114　樋口『日本海軍から見た日中関係史研究』一〇四～一一一頁。

＊115　重光「佐分利公使の死」（『中国研究月報』第四二巻第一一号、一九八八年）三九頁。

＊116　佐藤元英『昭和初期対中国政策の研究――田中内閣の対満政策――』原書房、一九九二年、一〇～一三頁。

＊117　安定期の日露関係については、吉村道男『増補　日本とロシア』日本経済評論社、一九九一年、バールィシェフ・エドワルド『日露同盟の時代　1914～1917年――「例外的な友好」の真相――』花書院、二〇〇七年を参照。

＊118　例えば、イギリスはジノヴィエフ書翰事件によって英ソ一般条約（一九二四年八月八日調印）の批准を見送り〔杉本肇美「ラムゼイ＝マクドナルドの内・外政（一）――一九二四年――」（『専修法学論集』第六二号、一九九四年）八三～八四頁〕、アルコス事件をきっかけに反共的なボールドウィン内閣は一九二七年五月に英ソ断交に踏み切った。アメリカも道徳的観点に基づく対ソ不信のために一九三三年一一月まで国家承認を行なわなかった（本橋正『アメリカ外交史研究』学習院大学、一九八四年、第二章）。

＊119　この頃の中ソ関係については、弓場盛吉『東支鉄道を中心とする露支勢力の消長』上・下巻、南満洲鉄道株式会社、一九二八年、ボリス・スラヴィンスキー、ドミートリー・スラヴィンスキー『中国革命とソ連――抗日戦までの舞台裏【1917―37年】』加藤幸広訳、共同通信社、二〇〇二年、三八～一二四頁を参照。

＊120　これについては、佐藤『昭和初期対中国政策の研究』三五九～三六四頁、服部『東アジア国際環境の変動と日本外交』一五〇～一五六頁、酒井哲哉『大正デモクラシー体制の崩壊――内政と外交』東京大学出版会、一九九二年、一六八～一七八頁、芳井研一『環日本海地域社会の研究――「満蒙」・「間島」と「裏日本」――』青木書店、二〇〇〇年、第五章、加藤聖文「松岡洋右

と満鉄――ワシントン体制への挑戦――」（小林英夫編『近代日本と満鉄』吉川弘文館、二〇〇〇年）。

＊121 この頃の日ソ外交交渉については、服部『東アジア国際環境の変動と日本外交』二二九～二三六頁、富田武『戦間期の日ソ関係 1917―1937』岩波書店、二〇一〇年、五一～七八頁を参照。

＊122 小林幸男『日ソ外交史――ロシア革命と治安維持法――』有斐閣、一九八五年、第五章、小沢治子「第一次日ソ国交樹立とソ連の交渉ストラテジー」（『法学研究』第六〇巻第一一号、一九八七年）。このほか、日ソ国交樹立に関する研究としては、小沢「日ソ国交樹立交渉における幣原外相の再評価」（『政治経済史学』第二五〇号、一九八七年）、酒井『大正デモクラシー体制の崩壊』第二部第一章がある。

＊123 枢密院会議における幣原の説明、一九二四年一〇月一五日（『枢密院会議議事録』第三十四巻、二四五～二四六頁）。

＊124 出淵外務次官口述筆記、一九二七年九月三〇日（「帝国ノ対外政策関係一件（対支、対満政策ヲ除ク）」A.1.0.0.6 外務省外交史料館蔵）。共産主義の穏健化という視点から日ソ国交樹立を論じた研究としては、浅野豊美「日ソ関係をめぐる後藤新平と幣原喜重郎――体制共存・変容をめぐる政治経済史の視点から――」（杉田米行編『1920年代の日本と国際関係――混沌を越えて「新しい秩序」へ』春風社、二〇〇九年）がある。

＊125 服部『東アジア国際環境の変動と日本外交』二二九～二三六頁。

＊126 細谷「日本の英米観と戦間期の東アジア」（同編『日英関係史 1917―49』東京大学出版会、一九八二年）八～一三頁。これに対してイギリスは、済南事件以降、日中関係を悪化させている日本に距離を置くようになった（後藤『上海をめぐる日英関係』二一六〇頁）。

＊127 田中外相訓示、およびこれに関する説明、一九二七年七月七日（「東方会議関係一件」A.1.1.0.22 外務省外交史料館蔵）。

＊128 前掲、田中発内田宛「対支政策要旨」。

＊129 『宇垣一成日記』I、一九二七年九月二日、一九二八年四月三日条。

＊130 同右、一九二七年一一月四日条。

＊131 一九二九年中ソ紛争と満洲事変前後における日本陸軍のソ連認識の変容については、富田『戦間期の日ソ関係』第四章を参照。また、黒沢文貴氏は中ソ紛争に代表されるソ連の脅威化と中国ナショナリズムの激化という二つの課題に対して、陸軍中堅層による満蒙領有論が急速に台頭してきたと指摘している（黒沢文貴『大戦間期の日本陸軍』みすず書房、二〇〇〇年、第七章）。なお、中ソ紛争と満洲事変を挟んだ昭和初期の陸軍の国防思想とその方針については、黒野『帝国国防方針の研究』第五、六章を参照。

＊132 「四頭政治」については、確立過程および明治・大正期を栗原健、北岡伸一、小林道彦の各氏が、昭和期においては馬場明氏

がその構造を明らかにし〔北岡『日本陸軍と大陸政策』五四～五八、一一五～一二五、二六二～二七五頁、小林『日本の大陸政策』一六三～一八八頁、栗原健「日露戦後における満州善後措置問題と荻原初代奉天総領事」、同「関東都督府問題提要――特に官制上よりみた都督の在満領事指揮監督問題――」（同編著『対満蒙政策史の一面』原書房、一九六六年）、馬場『日中関係と外政機構の研究――大正・昭和期編――』原書房、一九八三年、第八章〕、実際問題としては、加藤聖文氏が第一次幣原外交期を中心に外務省による満鉄の業務監督権掌握の試みを、佐藤元英氏が田中、幣原外交（第二次）期の鉄道交渉における外務省と陸軍の関係を中心に論じている〔加藤「幣原外交における満蒙政策の限界――外務省と満鉄監督権問題――」（『早稲田大学大学院文学研究科紀要第四分冊』第四六号、二〇〇〇年）、佐藤『昭和初期対中国政策の研究』、同「第二次『幣原外交』における満蒙鉄道問題解決交渉」（『近代日本と満鉄』）。同『近代日本の外交と軍事――権益擁護と侵略の構造――』吉川弘文館、二〇〇〇年）第六章〕。

＊133 芳井『環日本海地域社会の研究』第五章、加藤「松岡洋右と満鉄」。

＊134 古屋哲夫氏は、日本政府が満蒙の特殊地位を維持するために、中国における親日派の育成や秩序維持の論理を持ち出したことが、結果的に治安維持を任務とする出先関東軍に満蒙問題処理の主導権を明け渡すことになったと指摘している〔古屋哲夫「日中戦争にいたる対中国政策の展開とその構造」（同編『日中戦争史研究』吉川弘文館、一九八四年）〕。

＊135 例えば、関東軍の逸脱行為を抑制すべく満洲に派遣された橋本虎之助参謀本部第二課長に随行した遠藤三郎参謀本部第一部第二課（作戦課）員は、「満洲ニ来リテ満洲ノ空気ヲ吸ヒ在満人々ニ接シ」たことで関東軍が求める北満進出に理解を示すようになり、帰京した際には「満洲ノ緊張セル空気」に対して東京の「平時気分濃厚大ニ驚」いたという（「遠藤三郎少佐満洲事変渡満日誌」一九三一年九月二九日、一一月三日条、防衛省防衛研究所図書館蔵）。

＊136 木村鋭市満鉄理事「満洲事変に伴ふ支那殊に満洲政局の推移並に対策」一九三一年九月三〇日（アジア経済研究所図書館編『史料　満鉄と満洲事変――山﨑元幹文書』下巻、岩波書店、二〇一一年、一六五～一六九頁）。

＊137 組織、機構面から論じた研究で外務省を対象にしたものとしては、熊本史雄「戦間期日本外務省における対中外交の組織的対応――亜細亜局設置の外交史的意義――」（『国際政治』第一六八号、二〇一二年）、陸軍を対象としたものには、森靖夫『日本陸軍と日中戦争への道――軍事統制システムをめぐる攻防――』ミネルヴァ書房、二〇一〇年がある。

＊138 例えば、満洲事変の中心人物であった板垣征四郎関東軍高級参謀と石原莞爾同軍参謀は、ともに北満を勢力下に収めることによって北方＝ソ連に対する安全を確保すべきとし〔石原莞爾「満蒙問題私見」一九三一年五月（角田順編『石原莞爾資料（増補）国防論策篇』原書房、一九九四年、七六～七九頁）、板垣征四郎「満蒙問題ニ就テ」同年五月二九日（稲葉正夫ほか編『太平洋戦争への道　別巻資料編』朝日新聞社、一九六三年、一〇一～一〇七頁）〕、後の華北分離工作においても、関東軍は「将来ノ

対北方作戦ノ遂行並其準備」を目的とした満洲国発展と南京政府の勢力削減、資源の獲得、そして対北方作戦の側面根拠地を確保するための内蒙への発展を意図していた〔関東軍司令部「情勢判断」一九三七年七月二四日調製（『日外』日中戦争第一冊、二九～三二頁）〕。なお、芳井研一氏は関東軍による華北分離工作の原因を対ソ戦準備の観点から論じている〔芳井「華北分離工作の背景」（『人文科学研究』第七一輯、一九八七年）〕。

＊139 西田「ワシントン体制と国際連盟・集団安全保障――日・米・英の政策展開を中心として――」（『20世紀日本と東アジアの形成』）五二～五五頁。

＊140 伊香『近代日本と戦争違法化体制』五二頁。このほか、日本がヨーロッパの大勢に抗して連盟主導による戦争防止の枠組強化に消極的であったことは、篠原初枝『戦争の法から平和の法へ――戦間期のアメリカ国際法学者――』東京大学出版会、二〇〇三年、一三七～一四四頁を参照。

＊141 これらについては、篠原『戦争の法から平和の法へ』第三章、船尾章子「多国間主義にもとづく領土保全の保障――国際連盟規約第10条の教訓――」（『神戸市外国語大学外国学研究』第六三号、二〇〇五年）。集団安全保障と勢力均衡の違いについては、粕谷進「国際連盟の集団安全保障――その構想と成立――」（『経済集志』第四六巻別号、一九七六年）、後藤峰雄「現代国際政治における『集団安全保障』論の批判的考察（一）」（『法と政治』第二八巻第二号、一九七七年）を参照。

＊142 田岡良一「連盟規約第十六条の歴史と国際連合の将来」（同編『恒藤博士還暦記念　法理学及国際法論集』有斐閣、一九四九年）、後藤「現代国際政治における『集団安全保障』論の批判的考察（一）」。このほか、「安全の消費国」と「安全の生産国」の立場の違いは、船尾「多国間主義にもとづく領土保全の保障」三四～三六頁、高坂正堯「国際連盟と集団的安全保障――そのユートピア性と現実性――」（『国際政治』第一〇号、一九五九年）、植田隆子『地域的安全保障の史的研究――国際連盟時代における地域的安全保障制度の発達――』山川出版社、一九八九年、第一部第二章を、「解釈決議」については、高坂「国際連盟と集団的安全保障」、城戸正彦「集団安全保障体制における制裁」（『名城法学』第四二巻別冊、一九九二年）、高野雄一「国際連盟と国際連合の集団安全保障」（同『集団安保と自衛権』東信堂、一九九九年）第一章、柴田祐輔「国際連盟における防止措置」（拓山堯司編著『集団安全保障の本質』東信堂、二〇一〇年）一三～三三頁を参照した。

＊143 例えば、田岡「連盟規約第十六条の歴史と国際連合の将来」、城戸「集団安全保障体制における制裁」。また、柴田祐輔氏は連盟規約第一一、一六条の比較検討を通じて連盟の集団安全保障は制裁よりも紛争発生の予防措置に重きを置いていたと論じている（柴田「国際連盟における防止措置」）。

＊144 ロカルノ条約に関する代表的研究としては、植田『地域的安全保障の史的研究』第一部第三章、北条俊朗「地域協定としてのロカルノ諸条約――一般的安全保障と地域的安全保障との関連において――」（『國學院大學政経論叢』第五巻第四号、一九五七

年）、松隈徳仁「ロカルノ条約――安全保障問題を中心に――」（『国際政治』第一〇号、一九五九年）、田村幸策「ロカルノ条約の世界史的意義」（英修道博士還暦記念論文集編集委員会編『外交史及び国際政治の諸問題』慶應通信、一九六二年）、渡辺幸生「ロカルノ体制の構造（一～三）」（『福岡大学法学論叢』第一八巻第一～三号、一九七三、一九七四年）、唐渡晃弘「ロカルノ外交（一～四）――ヨーロッパの安全とフランスの政策――」（『法学論叢』第一二五巻第四～六号、第一二六巻第一号、一九八九年）のほか、濱口学氏による一連の研究がある〔濱口学「ロカルノ協定とフランスの安全保障」（『東京大学教養学部社会科学紀要』第一八、一九号、一九六八、一九六九年）、同「ロカルノ体制成立の端緒――第一次エリオ内閣とラインラント安全保障問題――」（『國學院大學紀要』第一八号、一九八〇年）、同「ロカルノとフランス＝ベルギー関係」（同上、第三五号、一九九七年）〕。

＊145　植田『地域的安全保障の史的研究』第一部第三、四章。

＊146　篠原『戦争の法から平和の法へ』一一〇～一一一、一二〇～一二七頁、西田「ワシントン体制と国際連盟・集団安全保障」五九～六二頁。

＊147　Robert H. Ferrell, *Peace in their Time: The Origins of the Kellogg-Briand Pact*, New York, Yale University Press, 1952, Chapter. VI.

＊148　唐渡「ロカルノ外交（三）」（『法学論叢』第一二五巻第六号）六一～六三頁。

＊149　篠原『戦争の法から平和の法へ』一二五～一二七頁、杉本「ラムゼイ＝マクドナルドの内・外政（二）――一九二九年～一九三一年――」（『専修法学論集』第六五号、一九九五年）。

＊150　ブリアン仏国外相のヨーロッパ統合案については、植田『地域的安全保障の史的研究』第一部第五章、唐津「ロカルノ外交（四）」（『法学論叢』第一二六巻第一号）一～七頁、小島健『欧州建設とベルギー――統合の社会経済史的研究――』日本経済評論社、二〇〇七年、第二章、大井孝『欧州の国際関係 1919―1946――フランス外交の視角から』たちばな出版、二〇〇八年、一七九～一八三頁を参照。

＊151　服部『東アジア国際環境の変動と日本外交』二五五～二六三頁、西田「ワシントン体制と国際連盟・集団安全保障」六〇～六一頁、同「ワシントン体制の変容と幣原外交（一）」七九、八二～八三頁、篠原『戦争の法から平和の法へ』一二四～一二七頁、臼井勝美『日本外交史研究――昭和前期――』吉川弘文館、一九九八年、第二章、古瀬啓之「満州をめぐる国際関係と英国1928～1929」（『人間環境学研究』第七巻第一号、二〇〇九年）。

＊152　細谷『両大戦期の日本外交――1914―1945――』岩波書店、一九八八年、七五～七六頁、麻田「ワシントン会議と日本の対応――『旧外交』と『新外交』のはざま――」（入江、有賀貞編『戦間期の日本外交』東京大学出版会、一九八四年）二一頁。

＊153　連盟ではワシントン海軍軍縮条約の調印国以外にも海軍軍備に制限を加える「セグレーブ案」や、陸軍兵力にも「比率」を基

準とした制限をかけようとした「エッシャー案」が提出されたが、失敗に終わった（海野芳郎『国際連盟と日本』原書房、一九七二年、五八〜五九頁）。

＊154 濱口氏は、ブリアンが同盟色を薄めることで成立した東アジア地域秩序としてのワシントン体制に示唆を受けてカンヌ国際会議やロカルノ会議でヨーロッパにおける地域的集団安全保障体制の構築を試みたと指摘しているが（濱口「ロカルノ方式の萌芽——ワシントン会議からカンヌ最高会議へ——」（『国際法外交雑誌』第九三巻第六号、一九九五年））、ロカルノ条約締結後は同条約が安全保障モデルとなったのは本文で指摘した通りである。

＊155 ワシントン会議全権発内田宛会議第六六、六七号一九二一年一一月二四日着（『日外』ワシントン会議上、五四七〜五五〇頁）。

＊156 外務省調査部第一課「幣原喜重郎男爵稿　華盛頓会議ノ裏面観其他」一九四一年四月（「幣原平和文庫」R一八、国立国会図書館憲政資料室蔵）。幣原試案は、ワシントン会議全権発内田宛会議第九四号一九二一年一一月二九日着（『日外』ワシントン会議上、五五三〜五五五頁）。研究としては、濱口「ロカルノ方式の萌芽」四八〜四九頁がある。

＊157 モンロー主義とその歴史的変容過程は、西崎「モンロー・ドクトリンの普遍化——その試みと挫折——」（『アメリカ研究』第二〇号、一九八五年）、中嶋啓雄『モンロー・ドクトリンとアメリカ外交の基盤』ミネルヴァ書房、二〇〇二年に詳しい。

＊158 岩瀬晶「英米協調と日英同盟」（『青山国際政経大学院紀要』第一一号、二〇〇〇年）。

＊159 佐藤誠三郎『「死の跳躍」を越えて　西洋の衝撃と日本』千倉書房、二〇〇九年、二二四〜二二九頁、横山隆介「ワシントン会議と太平洋防備問題」（『防衛研究所紀要』第一巻第二号、一九九八年）。なお、一九三九年六月頃にイギリスが極東に配備していた海上兵力は巡洋艦五、空母一、駆逐艦一一、砲艦一八に過ぎず（Arthur J. Marder, *Old friends, new enemies: the Royal Navy and the Imperial Japanese Navy*, New York, Oxford University Press, 1981, pp. 36）、アメリカも一九四〇年五月に日本の南進を牽制すべくハワイ真珠湾に艦隊基地を設置するまでは（福田茂夫『アメリカの対日参戦　対外政策決定過程の研究』ミネルヴァ書房、一九六七年、一九〇〜一九二頁）、日本に対して直接の軍事的圧力を加えられる状態にはなかった。このようなワシントン体制下の海軍軍備制限について、当時の米国国務省極東部長のマクマリーは日米が互いに渡洋作戦を行なうことができない比率で合意したものと評している（アーサー・ウォルドロン編著『平和はいかに失われたか——大戦前の米中日関係もう一つの選択肢——』衣川宏訳、北岡伸一監訳、原書房、一九九八年、一八七頁）。

＊160 粕谷「国際連盟の集団安全保障——その崩壊と遺産——」（『経済集志（人文・自然科学編）』第四六巻別号その二、一九七七年）五二〜五五頁。

＊161 入江『太平洋戦争の起源』東京大学出版会、一九九一年、三〜七頁、有馬学『〈日本の近代4〉「国際化」の中の帝国日本　1905〜1924』中央公論新社、一九九九年、二二八〜二二九頁。

＊162　服部『東アジア国際環境の変動と日本外交』一七七頁。

＊163　海野『国際連盟と日本』一三四～一四二頁。

＊164　当時の連盟と中国の関係は、海野『国際連盟と日本』第四章、濱口「『大陸』におけるライヒマンとモネ」（『外交史料館報』第一二号、一九九八年）、後藤春美「国際連盟の対中技術協力とイギリス　一九二八―一九三五年――ライヒマン衛生部長の活動と資金問題を中心に――」（服部ほか編著『戦間期の東アジアの国際政治』中央大学出版部、二〇〇七年）、安田佳代「戦間期東アジアにおける国際衛生事業――テクノクラートによる機能的国際協調の試み――」（『国際関係論研究』第二七号、二〇〇八年）、齋川貴嗣「国際連盟知的協力国際委員会と中国――戦間期国際文化交流における認識の転回――」（『早稲田政治公法研究』第八五号、二〇〇八年）二二六～二二七頁を参照。なお、当時の中国は連盟を通じて大国としての地位を獲得するためにも非常任理事国の議席獲得に積極的に動いていた〔齋川「国際連盟知的協力国際委員会と中国」、川島「中国外交における象徴としての国際的地位――ハーグ平和会議、国際連盟、そして国際連合へ――」（『国際政治』第一四五号、二〇〇六年）、同「中華民国の国際連盟外交――『非常任理事国』層から見た連盟論――」（緒方貞子ほか編著『グローバル・ガヴァナンスの歴史的変容――国連と国際政治史――』ミネルヴァ書房、二〇〇七年）〕。

＊165　武者小路公共『外交裏小路』講談社、一九五二年、八二～八八頁。

＊166　幣原「外交管見」。

＊167　前掲、幣原議会演説、一九二五年一月二二日。

＊168　幣原発内田宛第二八三号一九二〇年六月四日（『日外』大正九年第三冊下巻、一〇九八～一一〇〇頁）。

＊169　幣原発石井駐仏大使第二二六号一九二五年八月二八日（『日外』大正十四第一冊、一〇〇頁）。
なお、一九二三年に改訂された「帝国国防方針」は、アメリカが参加しない連盟の脆弱性や、中国の政情不安と「常軌ヲ逸脱スル」政体を持つソ連の存在から「大戦後国際ノ政情未タ安定セス……未タ東亜ノ全局ニ伏在スル禍根ヲ芟除スルヲ得ス」とし、さらに「条約ヲ以テ戦争ノ絶滅ヲ望ムカ如キハ到底不可能」として、戦争違法化の動きに冷淡な見解を示している（前掲、「大正十二年　帝国国防方針」）。国際平和体制への疑念は外務省、軍部とも共通するものがあったのである。

＊170　拒否権の設定過程は、瀬岡直『国際連合における拒否権の意義と限界――成立からスエズ危機までの拒否権行使に関する批判的検討――』信山社、二〇一二年、第一章を参照。

第二章

第二次幣原外交初期の日中交渉

——一九二九年中ソ紛争の影響を中心に——

はじめに

第一章で述べた通り、幣原喜重郎は第一次外相時代に日英米を中心とする東アジアの国際協調システムとして期待されたワシントン体制を対中外交の基調に据え、そのもとで満蒙権益を保持しつつ日中間の経済提携を促進し、さらには日本が主導して東アジア秩序を形成することを目指していたが＊1、幣原が濱口雄幸内閣で二度目の外相に就任した時にはワシントン体制は大きく揺らいでいた。同体制の枠外にあったソ連は中国に対して東支鉄道における権利を回復するとともに、北京政府、東北政権、国民党、共産党などの諸勢力との連絡や提携を通じて影響力を拡大しており、中国もワシントン体制下では日英米に対して従属的立場に置かれていたが、修約外交、革命外交によってこれの打破を目指すようになっていた＊2。その一方で、日英米はそれぞれの利害相違から対中政策の不一致を露呈していたが、これに拍車をかけたのが不平等条約打破を掲げた革命外交を展開する南京政府に対して、アメリカが中国の関税自主権を承認した米中関税条約を締結したことである。同条約はワシントン体制の枠内にある国家が中国による条約改正の要求に応じた嚆矢となり、中国との条約改正の潮流に乗り遅れた日本は孤立の傾向を深めていた＊3。日中関係も南京・済南両事件や排日ボイコットの発生、関税や治外法権を規定した日中通商航海条約の効力問題などで関係が先鋭化し、日本の「vital interest の核心」である満蒙も易幟によって問題が複雑化していた＊4。

こうしたなかで中国は一九二九（昭和四）年五月二七日に在ハルビンソ連総領事館の強制捜査を実施し、七月一一日には東支鉄道の強制回収に踏み切った。これに対してソ連が一九日以降中ソ国境地帯において武力行使を開始したことで中ソ紛争が発生した。紛争の原因になった東支鉄道の回収は中国による国権回収運動の表れであり、日本がこれを容認することは懸案の山積する日中関係や東支鉄道に由来する満蒙権益にも影響を与えかねなかった。

従来の中ソ紛争に関する研究は、幣原が東アジアにおける日本のイニシアティヴを維持するためにアメリカや連盟などの第三者による調停を回避するとともに、満蒙権益を保持するためにもソ連の求める東支鉄道の原状回復を基礎として中ソ直接交渉による解決を水面下で斡旋したことに主眼を置き、独自の東アジア秩序の形成を目指す幣原に対して不戦条約という多国間による国際平和体制の枠組を通じた調停を試みたアメリカとの相克を浮き彫りにした＊5。

だが、これらは第一に、日中二国間関係は東アジア秩序に不可欠な要素であるにもかかわらず、当時の日中関係と幣原による中ソ紛争調停との連関が希薄である＊6。第二に、外交と武力衝突が並行して進行し、中国国内でも対ソ交渉の主導権をめぐって南京政府と東北政権の軋轢が深刻化するという複雑、かつ流動的な展開をみせる中ソ紛争に対して＊7 幣原が日中間の懸案と均衡をとりながらどのように調停を試み、これに対して中国側がいかなる反応を示したのか、第三に、国際平和体制を中核にしようとしていた国際協調システムと、幣原の東アジア構想といった中ソ紛争で顕著になった東アジア秩序をめぐる相克が日中関係にどのような影響をもたらしたのか、これらについての検証は十分とはいえない。

特に、当時の中国は幣原外交復活への期待と中ソ紛争によって外交上の主要敵国を日本からソ連に転化させたことで日中関係は改善のチャンスを迎えており、幣原も日本が列国をリードして治外法権撤廃問題を解決することで日中関係を改善すると同時に、中国をめぐる国際関係を主導しようとした＊8。こうしたなかで日本が東支鉄道の原状回復を軸として中ソ紛争を調停することは、幣原の目指す東アジア秩序の形成に貢献し、日中関係でも革命外交の先鋒を抑えて良好な関係を構築する可能性を持つものであったが、実際には所期の目的を達することができず、日中関係とそれを取り巻く外交関係も悪化の一途をたどった。この意味では中ソ紛争はその後の第二次幣原外交の行方を規定するものではなかったのか。

満蒙についても、第一次外相時代初期の幣原は満蒙権益の維持にあたって、中国中央政府が弱体であったことから「事実上ノ関係」として地方外交を併用するという実質的な満蒙分離政策をとっていたが*9、その末期には国民党による中国統一を見据えて東三省有力者と国民党を妥協させようと試み*10、二度目の外相就任に際しても南京政府との関係を改善した上で満蒙問題に及ぶという二段階に分けた解決を目指したように*11、中央外交を軸にした満蒙問題の解決を求めていた。だが一方で南京政府による中国統一を「形式上」のものとしてその統治能力に疑問を呈したように*12、中国は統一途上の過渡期にあると認識していた。こうしたなかで、幣原が第一段階として南京政府との条約改訂交渉に乗り出そうとしていた矢先に発生した中ソ紛争は、満蒙問題をめぐって南京政府との中央外交と、現地で実権を持つ東北政権との地方外交のいずれが有効であるのかというテストケースにもなり得るものであり、末期には実質的な満蒙分離政策に回帰することになる第二次幣原外交期の対中・満政策の方向性を占うものではなかったのか。

以上の問題意識に基づき、本章では革命外交や変容するワシントン体制、複雑化する日中関係と満蒙問題が絡み合うなかで発生した中ソ紛争に対して幣原は影響力を発揮できたのか、これに対して中国側はどのような反応を示したのか、これらを検証することによって第二次幣原外交初期の日中関係とこれを取り巻く外交関係に対する幣原外交の有効性を明らかにする。

一　第二次幣原外交初期の日中関係

一九二八（昭和三）年七月七日、王正廷南京政府外交部長は不平等条約撤廃とこれに代わる新条約を締結するために、既存の条約が満期を迎えていない国と条約改訂交渉を行なう、すでに満期に達している国に対しては新条約締結まで臨時弁法を適用する旨を宣言した＊13。これは、国内的には国民党および人民の支持を得るためのアピールであり、外交的には国別交渉方式をとることで中国に対する国際協調の枠組を切り崩すとともに、漸進的に不平等条約の改正を目指す、さらには英米などの主要国との間で条約改正に成功すれば、日本は外交的孤立を避けるためにこれに追随するだろうという外交戦略でもあった＊14。引き続いて二五日に米中関税条約が締結されたことを皮切りに、同年末までに英仏を始めとする一二ヵ国が中国との間で新たな関税条約を締結した。しかし、日中間では日本との通商航海条約はすでに満期失効していることから治外法権や協定関税権を否定した臨時弁法の適用対象であると主張する南京政府に対して＊15、同条約は依然有効であるとする日本＊16との間で条約改訂交渉開始の糸口さえつかめず、南京・漢口両事件、および済南事件の解決交渉も暗礁に乗り上げるなど関係は膠着状態に陥っていた。

翌年一月一日、南京政府は今後三年間で不平等条約を撤廃することを声明し、四月二七日には条約未満期国に対して領事裁判権の早期撤廃を求める通牒を発して、次の外交目標が治外法権撤廃にあることを鮮明にした。王正廷も明年一月一日をもって領事裁判権を撤廃することと、治外法権撤廃後には各国駐屯軍の撤退交渉を開始する方針であると発表した＊17。

「革命外交」の性格について、矢田七太郎駐上海総領事が「人気取リ政策乃至国民政府ノ国内政策ニ基ク」ものであり、高飛車な要求をすることで相手国の譲歩を引き出そうとする外交戦略であると同時に、「夷ヲ以テ夷ヲ制スル」外交と評したように＊18、日本でも政治色が濃いものであることは認識されていた。これは幣原も同様で、「我国の余りに神経過敏なる挙動は不見識」として冷静な対応を求めた＊19。その一方で、列国と南京政府の関税条約改正を受けた形で日本が七種差等税の実施を承認したことについて、「列国の跡を逐ひたものゝ如き観を免れないのは、如何にも遺憾千万」として中国に対する条約改正の潮流に乗り遅れている日本の立場を憂いた。だが、不平等条約撤廃問題については中国に同情を示しながらも内地の整理を優先すべきとし、日中通商航海条約廃棄問題に至っては「条約の解釈論としても国際法の理論としても、全然不条理なもの」と批判していた*20。

こうしたなかで日本は、日中関係を改善すると同時に列国に対する対中外交の主導権を回復するためにも中国の希望に鑑み関税のみならず全般的な条約改訂に応じるとともに、中国が希望しながらも列国との間で難航していた治外法権撤廃問題を法権委員会報告書のラインに沿ってリードしていこうとした。この意味では田中義一内閣末期には第二次幣原外交初期の対中外交の方向性がすでに固まっており*21、行き詰まりをみせていた満蒙問題でも、南京政府との関係改善が好影響を及ぼすことを期待していた*22。特に、幣原が外相に復帰した直後の七月一二日の記者会見で王正廷は治外法権撤廃に意欲を示すとともに、「鄰国」「同種」で最も「密切」な関係にある日本は、かつて経験した不平等条約の苦痛からも中国に対して同情と援助を与えるべきと述べて期待を示したように*23、南京政府は強硬外交のイメージがある田中義一よりも、第一次外相時代に柔軟な対中外交を展開した幣原に好意的であった。さらに、北京関税特別会議で幣原とともに中国に同情的態度を示した佐分利貞男が駐華公使に着任することに歓迎の意を示すなど*24、日中関係に曙光が見え始めていた。

これより先、懸案であった日中通商航海条約も王正廷と芳沢謙吉駐華公使の間で同条約の効力をめぐる法理的論争を回避して新条約締結のための交渉を速やかに開始することと、中国は日本に対して臨時弁法を適用しないことで合意した*25。そして南京・漢口両事件の解決協定が調印された五月二日、王は芳沢に対して通商航海条約の草案を提示した*26。だが中国側条約案は、日本が治外法権撤廃の条件として求めていた内地開放を否定した上で治外法権の無条件撤廃を要求するもので、条約の適用範囲も「両締約国ノ領域全部及委任統治区域」として、日本にとって最大の関心事項である満洲に何等言及しないことで「関東租借地等ノ地位乃至満洲ニ於ケル我特殊地位ヲモ無視セント」

している、さらに現行条約はすでに満期失効しているとの主張は条約の効力問題を回避するという両国間の諒解事項を無視するものであったことなど、日本にとって到底受け入れられるものではなかった＊27。このため外務省は、治外法権撤廃は是としながらも、満鉄附属地や公使館区域等における特権は維持すること、中国は治外法権を撤廃した地域を開放すること、条約改訂交渉は折をみて提出する日本側草案に沿ってすすめるよう努めるべきとした＊28。

通商航海条約改訂問題にみられる南京政府の態度は国際法と条約による秩序を重視し、日中の経済提携を訴えるとともに、「我国の生存又は繁栄に欠くべからざる正当且緊切」な満蒙権益の擁護とこれに対する中国側の理解を求めていた幣原＊29にとって警戒を要するものであった。以上のように、第二次幣原外交初期の対中政策は南京政府の急進的な外交をいかに抑制して満蒙権益を維持しつつ日中関係を改善するか、どのような形で列国をリードして対中外交の主導権を回復するかという二つの課題を持って出発したのである。

二　幣原による中ソ紛争調停

一九二九年五月二七日、東北政権は在ハルビンソ連総領事館でコミンテルンの秘密会議が行なわれているとして同総領事館の強制捜査を実施した。さらに七月一〇日の蒋介石南京政府主席、張学良東北辺防軍司令長官、王正廷の三者会談で東支鉄道の回収を正式に決定すると、翌日には同鉄道の事実上の運転機関であった管理局＊30からエムシャーノフ（A. I. Iemshanov）管理局長を始めとするソ連人幹部を更迭するなどして実力回収に踏み切った。一連の行動について、王正廷はソ連による共産主義宣伝に対する防禦措置であると声明するなど、南京政府はソ連の不法行為に対する「正当防衛」を訴えることで内外の理解を得ようとした＊31。これに対してソ連は一三日、カラハン（L. M. Karakhan）外務次官を通じて夏維崧駐ソ中国臨時代理大使に最後通牒を手交するとともに、東部シベリア軍の一部を満州里、綏芬河に集中させたが、南京政府が最後通牒を拒絶したために一七日に中ソ断交を通告した。だが最後通牒は中国側が応諾しやすいように責任者の処罰や賠償等への言及を避けたものであり、カラハン、トロヤノフスキー（A. A. Troianovskii）駐日ソ連大使ともに仮令中国が交渉に応じなくても直ちに戦争に訴えるものではないと説明したように、交渉促進のための示威に過ぎなかった＊32。

これに対して、一九日以降ソ連軍による予想外の武力行使に接した中国側＊33では蒋介石による外交指導のもと、東北政権が妥協案として提示していた正副管理局長へのソ連人任命を否定しつつ、強制捜査事件で検挙、拘禁されたソ連人を釈放し、両国全権による東支鉄道問題に関する会議を開催するという方針に基づいて中ソ交渉を開始することを提案したが＊34、カラハンは正副管理局長へのソ連人任命を否定することは中ソ・奉ソ両協定から逸脱した行為を認めるだけでなく、「合意による紛争の解決の可能性をもぎ取る」ものとして激しく非難した＊35。

中ソ関係が緊迫化しつつあるなかで幣原は、七月一九日にトロヤノフスキー駐日ソ連大使と汪栄宝駐日中国公使の両者に対して、和平を斡旋する意のあることを告げた。その際、トロヤノフスキーは中ソ交渉開始の前提条件として、中国にソ連人幹部の解職撤回と逮捕されたソ連人を釈放する「原状回復」（status quo ante）を求めたが、エムシャーノフの復職には固執しないとする私見をつけ加えた。そして武力行使は中国による権利侵害に対する「防禦戦争」であるために不戦条約に抵触しないが、中国側の態度次第では戦争に発展する可能性があると注意を喚起した。これに対して幣原は、ソ連の武力行使は「防禦戦争」にはあたらないとの見解を示すとともに、中国は「徐々ニ温和ノ態度ニ変リツツア」るとして、エムシャーノフに代わる管理局長を任命するならば妥結の可能性があることを伝えた。また汪に対しては、中国が東支鉄道回収の理由とした「赤化宣伝」の証拠に関する事前の交渉を行なわずに回収に踏み切ったのではないかと疑義を示し、一九日の南京政府宣言書でソ連の感情を刺激する字句を使用していることや、中ソ協定に基づくソ連人正副管理局長の任命に否定的な態度をとっていることを批判するなど、対ソ態度の転換を求めた＊36。この間、日本は国力不足のソ連は「示威」は行なっても本格的な武力行使には出ない、中国も東支鉄道回収が列国の批判を招いたことと国内諸般の事情から迅速な解決を希望しているとして、早晩中ソ・奉ソ両協定のラインに基づいて妥協がなされるであろうと予測していた*37。こうした幣原の対応は中国に対して条約秩序に反する行動は一切容認しないという姿勢を示すとともに、ソ連に対しては武力行使を否認したものの、原状回復という基本的な立場を認め、中国の体面も考慮してエムシャーノフの更迭を妥協点とした解決を勧めたものであった。

次に中国側の反応であるが、これより先、蒋介石は張学良に対して、ソ連が東支鉄道保護のために出兵すれば日本も対抗出兵に踏み切るとして、ソ連軍の示威行動に対しては守勢に徹することを命じ*38、張学良も戦端を開くことによって第三国（日本）が漁夫の利を得るとして隠忍自重の方針を約すなど、日本に対する根深い不信感が広がっていた*39。その一方で中ソ紛争の拡大と田中内閣末期以来の日中接近とが相まって排日運動が急速に下火になり*40、王正廷も条約改訂交渉にあたって治外法権撤廃問題で日本が列国をリードすることを希望するとともに、国民党に排日運動終熄の徹底を申し入れたことで取り締まりが実施されたと説明するなど*41、対日関係改善への期待を示した。こうしたなかで始まった幣原の中ソ紛争調停に対して、周龍光外交部亜州司長は日本の斡旋によって交渉の糸口が開けたことに謝意を示したものの*42、解決の最低条件は管理局長に中国人を任命するか、中国人理事長が東支鉄道のキャスティングボードを掌握するかのどちらかであり、同鉄道の買収をも希望するとした*43。孫科鉄道部長も今後は南京政府が東支鉄道を直接管理する意向であると述べるなど*44、南京政府は日本に東支鉄道回収への理解を求めた。

中ソの主張が平行線をたどっていた八月一四日、交渉に見切りをつけた蒋介石はソ連代表と交渉するために満州里で待機していた朱紹陽南京政府代表の召還を命じるとともに、ソ連の武力行使に動揺している東北政権を監視するために何成濬を奉天に派遣した。こうした圧力のもと、東北政権は北満派遣軍を編成して東西国境への兵力増強を決定した*45。中国側の態度硬化に対して、一五日にカラハンが重ねて東支鉄道回収とこれにともなう組織、人事等の変更は一切認めない旨を声明したことと前後して*46、ソ連の「示威的軍事行動一層熾烈」となった*47。中ソ関係の急速な悪化は南京政府の求心力を低下させ、馮玉祥、閻錫山などの反蒋勢力をして武装蜂起に踏み切らせる隙を与えた。この形勢をみた南京政府は、張学良と反蒋派の提携を未然に阻止することと国内の政情に注力するために、対ソ妥協、早期解決に傾いた＊48。

こうした状況のなか、ソ連による共産主義宣伝は中ソ・奉ソ両協定に違反するものであり、これによって両協定は失効したとする汪栄宝に対して幣原は、中国が事前の外交交渉を抜きにして一方的に中ソ・奉ソ両協定を否認していることを批判するとともに、ソ連による武力行使が繰り返されれば列国による「干渉ノ気運ヲ醸成スル虞」があること、ソ連は管理局長に自国民を任命するという原則を確認することが目的であるので速やかに中ソ・奉ソ両協定に基づいてソ連人を正副管理局長に任命する旨を声明すること、人選については中ソ交渉で決定すべきと提議して汪の諒解を得た＊49。そして二七日に蒋作賓駐独中国公使はドイツ政府を介して、中ソ・奉ソ両協定に基づき東支鉄道理事会を通じてエムシャーノフに代わる新しい正副管理局長にソ連人の任命を認める共同宣言案をソ連側に提出した＊50。これに対して幣原は原状を変革し、第三国を介入させて事態を複雑化するとして反対したスティムソン（H. L. Stimson）米国国務長官の提案よりも＊51、自らの提案に符合する共同宣言案を支持し、王正廷とともにこれによる解決に期待をかけた＊52。

しかし、スターリン（I. V. Stalin）ソ連共産党書記長は「勝利が保証された」時にエムシャーノフの更迭を認め、東支鉄道回収の責任者である呂栄寰東支鉄道理事長の更迭を明記しない共同宣言に調印することに反対し、「蒋介石の政府を……帝国主義の従僕国家として、徹底的に暴露し、その権威を打ち破る」として妥協を禁じた＊53。ここに至ってソ連は東支鉄道の原状回復に加えて、南京政府にいかに政治的ダメージを与えるかにその目的を拡大させ、中国側が求める新しいソ連人正副管理局長の任命を前提条件として「条約による東支鉄道の秩序の破壊に直接、かつ重大な責任がある」呂の更迭を求め＊54、九月七日には満州里、綏芬河でソ連軍による再攻勢を実施した＊55。

これに対して南京政府は九日、ソ連人正副管理局長の任命を交渉開始の先決条件にはできないとする修正案を、一三日には王正廷がソ連人副管理局長を即時任命するという私案を提出したが、ソ連はこれらを拒絶した＊56。打開策を模索する幣原はソ連が新たに要求している呂の更迭に否定的な見解を示すとともに、トロヤノフスキー、汪栄宝の両者に対してドイツを仲介とした文書のみの往復は相互の意思疎通を欠くとして非公式に両国の使臣が会談を遂げることを勧めたが、トロヤノフスキーは非公式会談を受け入れる意のないことと、ソ連側提案を承認しない限りは「何等ノ交渉モ無益」と返答した*57。この頃のソ連は、カラハンが中国の政情悪化を捉えて「ソ政府トシテ此ノ促成行ヲ見ルコト有利ナリ」と述べたように*58、より有利な紛争解決の時機を窺っていた*59。このためトロヤノフスキーは中国がソ連による正副管理局長任命を原則承認した上で、人選について諒解に達し次第、共同宣言に署名するという幣原の妥協案に好反応を示したものの*60、中国側が拘禁中のソ連人に非人道的態度をとっているとしてこれを強く非難するなど*61、来るべき武力行使を正当化しようとした。

これより先、一旦は妥協を覚悟しながらもソ連の態度硬化に強く反発した南京政府は*62、ソ連による軍事行動は不戦条約に違反するものであり、紛争は連盟に設置する委員会を通じて解決すべきとして連盟に提訴する動きをみせたが*63、ドラモンド（J. E. Drummond）連盟事務総長はソ連が連盟に加盟していないことと、中国が満足する形での解決が望めないことから、「連盟ノ立場ヲ面倒ナラシムル」として中ソ直接交渉による解決を希望すると同時に、南京政府による提訴を阻止するためにも日英独仏を通じて聯盟中国代表の説得に努めるなど消極的な態度をとり続けた*64。また、文書による斡旋を行なっていたドイツは単独での調停に限界を感じて九月二六日に日本に対して共同調停を提案したが*65、幣原は積極的な反応を示さなかった*66。ドイツは一〇月九日にも中ソ両国に対して拘禁中の相手国人を釈放することで両国間の空気を緩和することを提案したが*67カラハンに拒絶され*68、二一日には中ソ両国政府に提議をしても「無益ニ終ルコト明カ」として調停に見切りをつけた*69。

一旦は曙光が見えた中ソ調停もソ連の態度硬化によって状況が一変し、列国による調停の動きも失速したことで、この紛争に有効な対処ができるのは日本だけとなった。こうした時に日中間で条約改訂交渉が始まろうとしていた。

三　日本の対中関係改善努力と中ソ調停の展開

日中間の本格的な関係調整は、中ソ関係の悪化に際して日本の助力を求めるために来日したともいわれた張継司法院副院長＊70が九月五日に幣原と会談したことに始まる。この会談で治外法権撤廃に関する見解を求められた幣原は、あくまでも法権委員会の報告を基礎に中国の司法制度整備を待って実施すべきとして明年一月一日をもって撤廃するという中国側の希望に反対したが、「支那ノ要望ヲ達セシメント考ヘ」駐日外国使臣を通じて列国に理解を求めているとして、日本が主導して治外法権撤廃問題を解決する意があることを示した。続いて張継は最重要問題である「満洲問題」に言及したが、幣原は関東州租借地の返還や満鉄の回収は「考量スルノ余地ナ」しと明言した。そして個人的見解としながらも、中国側の対日不信を払拭するために不可侵条約の締結を提議した＊71。これは英米が南京政府の求める治外法権撤廃に否定的であったのとは対照的に＊72、日本に同情と援助を求めた七月一二日の王正廷声明に応えるものであった。この会談を通じて張継は「満洲問題」が両国間の「最後之難関」であるとしながらも、幣原の不可侵条約提議や治外法権問題に対する同情的態度を大きく評価し、中ソ紛争に関しても日本は平和的解決を希望しているとして、その穏健な外交姿勢と相まって中国で不安視されていた漁夫の利を占める意がないことを認めた＊73。

張継のメッセージと前後して、佐分利は条約改訂交渉の地ならしとして数次にわたって蒋介石や王正廷と会談した。その際、王は一一月中旬より条約改訂交渉に入るという佐分利が提示した方針に理解を示すとともに、再三にわたって「満洲問題ハ現在解決不可能ノ問題ナレハ之ニ触レサル」方針を告げるとともに、日中関係を好転させるためにも、日本が大使館昇格や治外法権問題等を通じて「何等カノ措置」をとることを求めた。これに対して佐分利は治外法権問題について「日本ハ英米ト支那トノ中間ニ於テ合理的解決策ヲ案出シ、英米等モ安心シテ各国一律ニ撤廃ヲ為スニ至ル様仕向」けると述べ、王もこれを支持した。だが王が内地開放は租界、租借地の還付が前提条件であり、中国としては南満東蒙条約を否認しているために日本の満洲における租借権は消滅していると解釈している、さらには中ソ紛争解決後に日本の鉄道守備隊を撤退させれば「内地開放問題ノ解決ニ当リ幾分カ困難ヲ除キ得ヘシ」と主張したのに対して、佐分利は内地開放と「満洲問題」は分離すべきであり、南満東蒙条約が有効であることには議論の余地がない、関東州租借地や満鉄守備兵は「満洲問題ノ一部」であり、治安維持の観点からも鉄道守備隊を撤退させる意がないことを言明した＊74。

以上のように内地開放問題をめぐって相違点が残っていたとはいえ、満蒙問題を棚上げにして治外法権問題を推進することで大枠合意したことは日中交渉に期待を抱かせるものであった。しかし幣原による中ソ紛争調停に関しては、南京政府はソ連の態度硬化は中国の内戦発生に乗じたものであり、その武力行使も示威に過ぎない、内戦さえ鎮圧すれば紛争は解決するものと判断して＊75 調停の必要を認めていなかったために、日中間の良好な空気はこれに何等影響を与えなかった。

一〇月一二日、ソ連軍は松花江と黒龍江の合流点にあるラハスス要塞を攻撃した。同軍は間もなく撤退したが、結氷期には松花江がハルビン進攻の進路になることから東北政権に衝撃を与えた＊76。この結果、張学良は対ソ戦に勝算のないことを認め、事態打開のためには「何等カノ方法ヲ講」じる必要を認めたが＊77、一〇月初旬にソ連から張学良に打診があった奉ソ直接交渉については、南京政府との関係をはばかって今暫く事態を静観することとした＊78。この景況をみたカラハンは、最終的に東北政権は対ソ単独交渉を余儀なくされるであろうこと、その場合にはこれに応じる意を示した＊79。

一〇月二四日、松花江における戦闘はソ連による挑発行為であるとして非難する汪栄宝に対して幣原は、ソ連は原状回復を交渉開始の先決条件としており、スティムソンもこれを支持しているとして、速やかに中国側が原状回復に応じることを勧めるとともに、私見として南京政府がすぐに対ソ妥協を認めるのが困難な場合には「露国トノ交渉ハ奉天側ニ一任シ、速ニ紛争解決ヲ図ルコトモ一策ナルヘキカト思考ス」と述べた。これに対して汪は、在京中の湯爾和元北京政府財政総長とも相談すると答えた＊80。

だが南京政府は幣原の勧告に応じるどころか、二五日にはドイツの提議に基づく二度目の共同宣言案をソ連が拒絶したことを非難する声明を発表した＊81。これに対して幣原は、自分やソ連も南京政府声明にいう二度目の共同宣言案なるものを承知していないとして説明を求めた＊82。この結果、二度目の共同宣言案は蒋作賓の誤解に端を発するものであることを確認すると＊83、中国側の「誠意」に疑念を持つトロヤノフスキーに対して、この件に関する行き違いは蒋作賓による「ミスリード」であるとして理解を求めた＊84。こうした幣原の努力にもかかわらず、王正廷は東支鉄道における中国側の権利の一半をソ連が認めれば奉ソ交渉による解決が可能であると声明するとともに＊85、新しいソ連人管理局長の任命を認める代わりに、同局長の専横を防止するために人事・会計事項は中国人副管理局長の副署を必要とすること、さもなければ「国家ノ基礎ヲ危クスル」共産主義運動を許すことになる、このことは「条約上ノ権利ヨリ言フモ国家ノ存立ノ点ヨリ言フモ譲歩シ能ハサル重要点ニシテ、露国ニ於テ欲スルニ於テハ戦争ヲ堵《ママ》シテモ争フ覚悟」を示した＊86。そして最終的に紛争は第三国人を長とする仲裁委員会によって解決すべきとするなど＊87、ソ連主導による管理局の変革を主張し続けた。

中ソ交渉が膠着状態に陥っていた一一月一七日、ソ連軍は東西国境付近において紛争発生以後最大規模の攻勢に出た＊88。これを受けて南京政府は再度連盟への提訴を試み、二七日には幣原にもその理解を求めた。だが幣原は、ソ連は「資本主義国ノ集団」とみなしている連盟による喚問には応じない、連盟も兵力をともなう対ソ圧力を行なうことはできず、中ソ直接交渉を勧告するのが関の山である、日中はともに連盟の権威を高める努力をなすべきにもかかわらず、「徒ニ連盟ヲ困難ナル立場ニ陥ラシメ」ることは中国にも不利益であるとして提訴に反対した。そして王正廷が求めた人事・会計事項に関する中国人副管理局長の副署義務化に関してもトロヤノフスキーが否定的であるとした上で、ソ連が原状回復を譲らない以上は中ソ協定に基づいて無条件でソ連人管理局長の任命を承認すること、専横防止の方法についてはその後の中ソ直接交渉によって解決すべきとして、重ねて管理局長問題での譲歩を求めた。これに対して汪栄宝は奉ソ間で交渉が行なわれるであろうとの見通しを示すとともに、その際に日本がとるべき斡旋の内容を質したが、幣原は「自分カ仲介又ハ調停ニ立ツコト世間ニ知ルル《ママ》ニ於テハ其ノ効用ヲ失フニ至ルヘシ」として、これまで通り中ソ直接交渉成立のための裏面の橋渡しに徹する旨を述べた＊89。だが、幣原が勧めた奉ソ交渉について周龍光は満蒙懸案交渉の伏線でもあるので婉曲に拒否すべきとするなど＊90、南京政府は幣原による和平斡旋には消極的であった。また、連盟提訴をめぐる問題でも南京政府は一一月二一日にアメリカに理解を求めたのに対して＊91、日本は二六日にイタリアから態度を打診されるまでは提訴の動きを把握していなかった＊92。

　中ソ調停に対する日本の失速と米中接近の背景には、南京政府による英米優先の外交姿勢と治外法権撤廃交渉の動向があったといえる。王正廷は治外法権を撤廃していない国のなかでも条約満期国と未満期国を分類して後者との交渉に全力を注ぐ一方＊93、上海臨時法院回収問題では条約が失効している日本を条約未満期国と同等には扱えないとして、当事国の一つである日本を列国との共同交渉から「除外セムトスルカ如キ主張」を繰り返していた＊94。こうした姿勢に対して佐分利は、王が国内政治から派生している「言質上」の問題から明年一月一日の治外法権撤廃に固執して外交成果を焦っていること、今後の状況次第では南京政府が治外法権撤廃交渉から日本を「シングルアウト」する可能性があることから速やかに対案を提出して日本がこの交渉をリードすることを求めたが＊95、外務本省がロンドン会議の準備に忙殺されていたこともあって日中間の交渉開始が遅延し、「花火線香式に好転」した中国側の対日空気にも「逆転の兆し」が見えつつあった＊96。王も日本に関東州租借地や満鉄問題を「差当リ除外」することで治外法権交渉の推進を求めたが、日本が重視していた内地開放問題への言及を避け、イギリスが租借期限前に鎮江租界の返還に応じたことと、同国とアメリカが治外法権撤廃交渉を開始することを引き合いに日本に「和親ノ表示」を求めるなど＊97、日本の対中外交を牽制し始めていた。こうした状況下では、中国側による東支鉄道回収に不快感を示していたのは列国共通であったとはいえ＊98、ことある毎に東支鉄道の原状回復を勧め、条約改訂交渉の開始を逡巡している日本よりも、一一月中旬以降は治外法権交渉に応じていたアメリカに南京政府は期待したのであった。

　さらに、南京政府は不戦条約に鑑み中ソ両国は速やかに軍事行動を停止して平和的手段によって紛争を解決すべきとするスティムソンの声明に対して直ちに賛意を示す一方*99、日本がこの声明に加わらなかったことに疑義を示すなど*100、中ソ紛争を通じて日中関係は次第に悪化し、中国をめぐる国際関係における日本の立場も不利なものになりつつあった。

これより先、東北軍がソ連軍に惨敗したことと、南京政府に求めていた財政的、軍事的援助が遅々としてすすまなかったことにより妥協を余儀なくされた東北政権は、南京政府の承認を得た上でソ連との直接交渉に入り、一二月三日に呂の更迭と新しいソ連人正副管理局長を任命することで合意に達し（ニコリスク予備議定書）、二二日には東支鉄道ならびにソ連側在満各機関の原状回復を規定したハバロフスク議定書が調印、発効した。

おわりに

本論で指摘した通り、ソ連の求める東支鉄道の原状回復に対して南京政府は同鉄道の回収に固執したために紛争は長期化していた。これに対して幣原は、ほぼ一貫して中国が既存の国際条約を無視したことがソ連の硬化を招いたという態度を崩さなかった*101。国際法、条約による法理論を重視する幣原にとって、中国による不法な東支鉄道回収は容認できるものではなかった。このためソ連の姿勢に一定の理解を示し、汪栄宝に中ソ・奉ソ両協定に基づく原状回復は中国の「屈服」を意味するものではないと述べるなど条約秩序への理解を求めた*102。そしてドイツや連盟などによる列国の調停が次々に挫折していくなか、東アジアにおける唯一の列強国として最も影響力を行使できる位置にあった日本*103の存在は、日中関係の改善傾向とともに次第に大きくなったが、南京政府は東支鉄道の回収に固執するが故に幣原による調停の必要を認めなかった。同政府が調停の必要を感じたのはソ連軍が大規模攻勢に出た一一月中旬以降であったが、この時には日本の治外法権撤廃交渉開始が遅延していたのに対して、アメリカはこれを開始するなど中国に好意的な態度を示していた。これは同国が七月に調停委員会による中ソ紛争解決案を提示したことと相まって、反共を因子に列国を巻き込んで紛争を処理することを希望していた南京政府に期待を抱かせるものであった。その南京政府が最終的に奉ソ交渉と東支鉄道の原状回復を容認したのは内戦の勃発、ソ連の武力侵攻、そしてアメリカによる介入も有利なものにならないという＊104内憂外患の結果やむなく選択したものに過ぎなかった。

さらに、一二月三日にアメリカが不戦条約への注意を喚起する声明を発し、これに英仏伊など主要国を始めとして三八ヵ国が参加したことは、幣原が中国に対する列国の足並みをコントロールできなかったことを意味した。付言するならば、この声明は不戦条約の権威を保持することが目的で具体的な解決条件まで提示する必要はなかったのに対して、幣原は日本が中国に対して条約や満蒙問題などを通じてはるかに実際的、かつ重要な利害関係――「死活的利益（vital interest）」――を持っていたために連盟や第三国の干渉を排して最後まで東支鉄道の原状回復という具体的な解決条件にまで言及せざるを得なかった。だが、それは中国側にとって好ましからざる解決条件を提示し続ける結果にもなった。こうした日本の態度は中ソ紛争時に発生した内訓第四号による満鉄の中国軍輸送妨害＊105や一九二九年頃から中国で流布されていたいわゆる田中上奏文など＊106、日中関係を阻害する様々な要素が存在していたことと相まって、幣原による中ソ紛争の調停はその努力とは裏腹に中国側の反発を招き、日中関係にも悪影響を与えた。

中ソ紛争で顕在化した多国間による国際平和体制と、幣原の東アジア構想といった東アジアをめぐる相克と日中関係の視点から考察すると、中ソ紛争に対して連盟が介入を回避し続け、アメリカを中心とする動きも紛争解決には何の力を持たなかったことは、国際平和体制が有効に機能しなかったことを意味した。これに対して幣原はほぼ自らの勧告通りの形で奉ソ交渉による東支鉄道の原状回復を条件に紛争解決に持ち込んだ。この意味で彼は大きな外交的成果をあげたのであり＊107、未成熟な国際平和体制よりも幣原が重視した利害関係国相互の外交交渉が現実的、かつ有効であったことを裏付けたのである。これは二年後の満洲事変で南京政府との直接交渉を試みた幣原の姿勢に継承される＊108。これに対してアメリカを中心とする国際平和体制適用の動きは中ソ紛争には実際的影響力がなかったとはいえ、不戦条約への注意喚起の声明が格好の外交的アピールになったことで南京政府の好意を引き付けた。列国間の利害相違を利用して革命外交を推進しようとする南京政府にすれば、英米が東支鉄道の回収に否定的だったとはいえ治外法権問題で好意的な姿勢をみせていたのに対して、治外法権撤廃交渉の遅延によって外交上の成果を得られず、「親善ヲ表示スル何物ヲモ与ヘ」ない（王正廷）存在となった日本に*109依頼する必要性は薄れつつあった。この結果、南京政府は日本よりも英米との関係をこれまで以上に重視するのである。

満蒙権益を維持するためにも革命外交を抑制するという目的を包含した幣原による調停は革命外交を推進する南京政府の忌避するところとなった上、裏面の橋渡しに終始したことでその有効性も正当な評価を受けなかった。一方で既述のように多国間外交を巧みに利用しようとしていたアメリカと中国の接近が進行したことは、東支鉄道回収では挫折した革命外交が治外法権問題では成果をあげつつあったことにも表れた。これは条約無効論を基礎として四囲の状況と既成事実を自己に有利な形で展開させようとする南京政府に対して、実体とならんで既存の条約とこれに基づく秩序を重視していた幣原の対中外交が行き詰まりつつあったことを意味した*110。また、幣原が東北政権とソ連との直接交渉を勧告したことは、中ソ紛争後にハバロフスク議定書の批准を始めとして、満蒙に関する外交問題の処理をめぐって南京政府と東北政権の対立が問題化したように*111、南京政府の好むものではなかったことはいうまでもない。

以上のように、中ソ紛争に対する幣原の調停は実際的有効性を備えていたが、これは中ソ紛争により東アジアをめぐる相克が深化しつつあったことと相まって日中関係の乖離を促進した。この結果、幣原は中国をめぐる国際関係が日本にとって不利な状態のままでその後の対中外交を推進することを余儀なくされるのである。

最後に、満蒙問題との関わりについて述べる。確かに幣原は奉ソ両者の地方外交による解決を求めたが、彼自身、地方外交による解決を「群雄割拠」状態が続く中国の「奇観ヲ呈スル」ものと評したように*112、この形式による解決は次善の策に過ぎなかった。だが、現実の問題として奉ソ交渉によって紛争が解決したことは「奇観」というべき不安定で特殊な中国情勢に対処するには依然として地方外交が有効であったことを示すものであった。これは後の満蒙懸案交渉にあたって、南京政府と東北政権はともに各々の「勢力範囲ノ建設充実ニ向フ」として事実上の分治合作のラインに落ち着くとの見通しのもと、好転してきた南京政府との関係を「夫レトナク学良ノ見セシメニ利用」するといったように、地方外交を活用する姿勢として表れる*113。地方外交の有効性は第二次幣原外交末期の満洲を中国の領土と認識しながらも、実際上は本部から分離した地域として扱う潮流を形成していったのである。

*1 幣原平和財団編『幣原喜重郎』幣原平和財団、一九五五年、二六二～二六六頁、西田敏宏「東アジアの国際秩序と幣原外交（一～二）――一九二四～一九二七年――」（『法学論叢』第一四七巻第二号、第一四九巻第一号、二〇〇〇～二〇〇一年）、同「幣原喜重郎の国際認識――第一次世界大戦後の転換期を中心として――」（『国際政治』第一三九号、二〇〇四年）。
*2 細谷千博『両大戦期の日本外交』岩波書店、一九八八年、第三章。
*3 入江『極東新秩序の模索』原書房、一九六八年、西田「ワシントン体制の変容と幣原外交（一～二）――一九二九～一九三一年――」（『法学論叢』第一四九巻第三号、第一五〇巻第二号、二〇〇一年）、何力「中国の関税自主権の回復と日中関係（一～四）――国民政府の『連英米制日』を中心に――」（『法と政治』第五〇巻第二、三・四号、第五一巻第三・四号、第五二巻第二・三号、一九九九～二〇〇一年）。
*4 日本国際政治学会太平洋戦争原因研究部編『太平洋戦争への道』第一巻、朝日新聞社、一九六三年、二八七～三一八頁、上村伸一『日本外交史17　中国ナショナリズムと日華関係の展開』鹿島平和研究所、一九七一年、第六～七章。
*5 服部龍二『東アジア国際環境の変動と日本外交　1919―1931』有斐閣、二〇〇一年、二五五～二六三頁、臼井勝美『日本外交史研究――昭和前期――』吉川弘文館、一九九九年、第二章、土田哲夫「1929年の中ソ紛争と日本」（『中央大学論集』第二二号、二〇〇二年）、西田「ワシントン体制と国際連盟・集団安全保障――日・米・英の政策展開を中心として――」（伊藤之雄、川田稔編著『20世紀日本と東アジアの形成――1867～2006――』ミネルヴァ書房、二〇〇七年）など。
　この頃のアメリカは、多国間条約を巧みに運用することで「死活的利益（vital interest）」であるラテンアメリカとの関係を調整しようとしていた（草野大希『アメリカの介入政策と米州秩序――複雑システムとしての国際政治』東信堂、二〇一一年、第一二章）。
*6 李恩涵氏は幣原喜重郎外相の中ソ紛争調停は日中交渉に影響を与えなかったとしているが、その原因、背景を論じていない（李恩涵『北伐前后的「革命外交」（1925―1931）』台北、中央研究院近代史研究所、一九九三年、二六二～二六三頁）。
*7 前者は、島田俊彦「東支鉄道をめぐる中ソ紛争――柳条溝事件直前の満州情勢――」（『国際政治』第四三号、一九七〇年）、

後者は、土田哲夫「1929年の中ソ紛争と『地方外交』」（『東京学芸大学紀要　第三部門社会科学』第四八集、一九九六年）。なお、本章の中ソ紛争に関する記述で特に註記のないものはこれらに拠った。

＊8　何「中国の関税自主権の回復と日中関係（四）」一五六～一六四頁、西田「ワシントン体制の変容と幣原外交（一）」八四～八六頁。

＊9　枢密院会議における幣原の説明、一九二四年一〇月一五日（『枢密院会議議事録』第三十四巻、東京大学出版会、一九八六年、二四九頁）。

＊10　西田「第一次幣原外交における満蒙政策の展開――一九二六～一九二七年を中心として――」（『日本史研究』第五一四号、二〇〇五年）。

＊11『幣原喜重郎』四〇〇頁、重光葵『昭和の動乱』上巻、中央公論社、一九五二年、四六～四七頁。

＊12「幣原大臣張継会談要領」一九二九年九月五日（「帝国ノ対支外交政策関係一件」**A.1.1.0.10** 外務省外交史料館蔵）。なお、本章では一九二九年の史料が頻出するので、同年の史料は以下、年を略す。

＊13　国立編翻館主編『中華民国外交史料彙編』［以下、『史料彙編』］第五冊、台北、渤海堂文化事業、一九九六年、二三三一頁。南京政府が条約が満期に達していないとした国は英米仏蘭西諾の六ヵ国で、本章ではこれらを総称する場合には条約未満期国と記す。

＊14　こうした王正廷南京政府外交部長の外交姿勢は、入江『極東新秩序の模索』、何「中国の関税自主権の回復と日中関係」、久保亨「国民政府による関税自主権の回復過程」（『東洋文化研究所紀要』第九八輯、一九八六年、三八四頁）、高文勝「日中通商航海条約改正交渉と王正廷」（『情報文化研究』第一七号、二〇〇三年）、鹿錫俊『中国国民政府の対日政策　1931―1933』東京大学出版会、二〇〇一年、一九～二〇、二三頁などを参照した。

＊15　岡本一策駐南京領事発田中義一外相宛第三〇一号一九二八年七月二〇日着（「日、支通商条約改訂関係一件（松本記録）」［以下、「通商」］**B.2.0.0.J/C1** 外務省外交史料館蔵）。

＊16　田中義発芳沢謙吉駐華公使宛第三五九号一九二八年七月二一日（同右）。

＊17『史料彙編』第六冊、二四〇七、二四三二～二四三四、二四四四～二四四七頁。

＊18　矢田七太郎駐上海総領事発田中義宛第四八六号一九二八年七月二二日着（「通商」）、同第六二八号同九月一六日着（『日外』昭和期Ⅰ第一部第二巻、四八六～四八八頁）。

＊19　幣原「外交管見」一九二八年一〇月一九日、慶應大学における講演（「幣原平和文庫」R七、国立国会図書館憲政資料室蔵）。

＊20　幣原「対支問題概観」（『中央公論』一九二九年三月号、三五～三六、四一頁）。

＊21　田中義発重光葵駐上海総領事宛第三六〇号一九二九年六月五日（「昭和三年末ニ於ケル対支列国協調問題一件」A.1.1.0.8 外務省外交史料館蔵）。なお、田中外交末期と第二次幣原外交初期の連続性については、何「中国の関税自主権の回復と日中関係（三）」一五七〜一五八頁を参照。また、この時期の中国における治外法権撤廃問題に関しては、入江氏が中国と列国の交渉を論じ（入江『極東新秩序の模索』第八、九章）、小池聖一氏は中国の治安問題と日中関係の視点から論じた（小池聖一『満州事変と対中国関係』吉川弘文館、二〇〇三年、第八章）。このほか、西田「ワシントン体制の変容と幣原外交（一〜二）」、副島圓照「中国における治外法権撤廃問題」（『和歌山大学教育学部紀要――人文科学――』第二九集、一九八〇年）、副島昭一「中国の不平等条約撤廃と『満州事変』」（古屋哲夫編『日中戦争史研究』吉川弘文館、一九八四年）がある。

＊22「林総領事ニ対スル大臣訓示」五月四日（「満蒙問題ニ関スル交渉一件（松本記録）」A.1.1.0.1 外務省外交史料館蔵）。

＊23『史料彙編』第六冊、二四四四〜二四四七頁。

＊24　岡本一発幣原外相宛八月二〇日、九月二〇日（「各国駐剳帝国大公使任免関係雑纂・中華民国ノ部」［以下、「任免」］M.2.1.0.13-5 外務省外交史料館蔵）など。

＊25　重光発田中義宛第四八八、四八九号四月一三日着、「芳沢公使王部長間ノ口頭陳述」同月一八日（「通商」）。

＊26　岡本一発田中義宛第四六六号五月三日着（同右）。

＊27　通商局第一課「国民政府提出日支条約草案批判（未定稿）」五月（同右）。

＊28「日支通商条約改訂方針案大綱」五月一八日、田中義発芳沢宛機密第四一号「日支通商条約改訂商議方針ニ関スル件」同月二四日（同右）。

＊29「当面緊急の十大政綱」七月九日（『民政』第三巻第八号、一九二九年）三〜四頁。

＊30　東支鉄道の最高決議機関は理事会であるが（中ソ両国人から各五名を理事とし、理事長は中国人理事から選出）、議決には六名以上の賛成が必要であったため、中ソ両国の利害が相反する問題には解決力がなかった。その結果、執行機関でほとんどの課を直轄する管理局の権限が増大した。その局長にはソ連人一名、副管理局長は中ソ両国人から各一名ずつが任命されることになっていたが、副管理局長には一部の監督権限しか与えられていなかったため、実質的には管理局長が東支鉄道を指揮していた（陸軍省調査班『東支鉄道の過去及現在』一九三二年、三八〜四一頁）。

＊31『史料彙編』第六冊、二四四四〜二四四七頁、王正華編『蒋介石総統档案　事略稿本』［以下、『事略』］第六冊、台北、国史館、二〇〇三年、七月一九日条。なお、中ソ協定第六条、奉ソ協定第五条は締約国の政治、社会制度に反対する宣伝を禁止している（満鉄会編『満鉄関係条約集』下巻、龍渓書舎、一九九三年、六五三、六七三頁）。

＊32　田中都吉駐ソ大使発幣原宛第三二四号七月一八日着（「東支鉄道関係一件・支那側ノ東支鉄道強制収用ニ原因スル露、支紛争

問題（一九二九年）」［以下、「強制収用」］**F.1.9.2.5-4** 外務省外交史料館蔵）、「露支紛争ニ関スル幣原外務大臣本邦『ソヴィエト』連邦大使会談要録」［以下、両者の会談は、幣原・ト会談］同月一九日（「東支鉄道関係一件・支那側ノ東支鉄道強制収用ニ原因スル露、支紛争問題（一九二九年）・帝国ノ態度」［以下、「帝国ノ態度」］**F.1.9.2.5-4-6** 外務省外交史料館蔵）。

＊33 中国側は国内の政治的、経済的荒廃をかかえるソ連には戦端を開く能力はないと判断していた（蒋介石南京政府主席発張学良東北辺防軍司令長官宛七月一九日（中華民国重要史料初編編纂委員会編『中華民国重要史料初編　対日抗戦時期　緒編』［以下、『重要史料』］第二巻、台北、中国国民党中央委員会党史委員会、一九八一年、二一五頁）。

＊34 張学良発蒋介石宛七月二七日、蒋介石発張学良宛同月二七、二九日（同右、二三九〜二四二頁）。

＊35 **Karakhan to Chang, August 1,** ***Dokumenty vneshnei politiki SSSR,*** **T12**［以下、***DVPS***］**, pp. 427-428.**

＊36 幣原・ト会談、七月一九、二三日、八月八日、「露支紛争ニ関スル幣原外務大臣在本邦支那公使会談要録」［以下、両者の会談は、幣原・汪会談］七月一九、二四日、八月九日（「帝国ノ態度」）、南京政府宣言書は、『重要史料』第二巻、二一六〜二一七頁。

　ここで注意したいのは、幣原が調停を行なう大義名分を満蒙に対する日本の「特殊ノ利害関係」だけでなく、東洋、あるいは極東の平和維持に「深キ利害」があるという見地に求めようとしたことである（幣原・ト会談、幣原・汪会談七月一九日）。実際、事態拡大に備えて外務省で用意された政府声明案（未発表）と、これに代わる濱口雄幸首相の非公式談話は国際交通路の保全と極東平和の重要性を強調するもので、後者に至っては政府声明案にあった満蒙に対する「深甚ナル利害関係」には触れられていない（政府声明案は「帝国ノ態度」、濱口雄幸首相談話は『東京朝日新聞』七月二〇日朝刊）。幣原は「満蒙の権益擁護といふが如き特殊的な立場を離れ」て普遍的価値観（『東京朝日新聞』同日夕刊）＝「世界平和ノ確保」（政府声明案）、「極東の平和」（濱口談話）といった論理を用いることで、過去の勢力圏外交の名残というべき満蒙権益と、新外交時代の国際協調システムの融合をはかろうとしていたといえる。ただし、実際に死活的な権益が危険にさらされたと判断した場合には全面的な権益擁護を打ち出すことになる。これについては、第五章参照。

＊37 八木元八駐ハルビン総領事発幣原宛第三八五号八月六日（「東支鉄道関係一件・支那側ノ東支鉄道強制収用ニ原因スル露、支紛争問題（一九二九年）・露支交渉」**F.1.9.2.5-4-1** 外務省外交史料館蔵）。また、八月六日の閣議では幣原外相、宇垣一成陸相ともに水面下での日本の「有効な和平勧告」もあって近日中に中ソ直接交渉が開始されるとの見通しを報告した（『中外商業新報』同月七日）。

＊38 蒋介石発張学良宛七月一九日（『重要史料』第二巻、二一五頁）。

＊39 張学良発蒋介石宛七月二二日（同右、二三八〜二三九頁）。

＊40 重光発幣原宛第九一六号七月三〇日着（「日支通商条約改訂関係一件・排日運動及廃約関係（松本記録）」**B.2.0.0.J/C1-5** 外務

省外交史料館蔵）。

＊41 重光発幣原宛第九〇三号七月二七日着（「支那、各国間通商条約改訂問題一件」B.2.0.0.C/X1 外務省外交史料館蔵）。

＊42 岡本一発幣原宛第八二八号七月二六日着（「南満洲鉄道関係一件・南満洲鉄道ノ支那軍隊輸送並支那軍隊ノ同鉄道附属地通過関係」**F.1.9.2.1-2** 外務省外交史料館蔵）。

＊43 岡本一発幣原宛第八三七号七月二七日（「露支交渉」）。

＊44 堀内謙介駐華臨時代理公使発幣原宛第八四七号七月二七日（同右）。

＊45 参謀本部第二部「支那側ノ東支回収事件」（防衛省防衛研究所図書館蔵）。

＊46 田中都発幣原宛第四一二号八月一六日（「露支交渉」）。

＊47 前掲、「支那側ノ東支回収事件」。

＊48 林久治郎駐奉天総領事発幣原宛第五一六号八月二四日（「露支交渉」）。

＊49 幣原・汪会談、八月二〇、二六日（「帝国ノ態度」）。

＊50 **Dirksen to Litvinov, August 28, *DVPS*, pp. 481-482.**

＊51 これより先、スティムソン米国国務長官は第三国人を長とする調停委員会を組織して紛争の調査、解決をなすこと、紛争中は同委員会が東支鉄道を運営すべきと提案していた（**Suggestions for a Commission of Conciliation July 25, *FRUS, 1929*, vol. II, pp.243-244**）。これに対して幣原は、中ソ両国とも第三国の調停を受け入れる可能性が低いことと、東支鉄道の運営に深入りするような「機微」な案は実現性に疑問がある、調停に失敗すれば却って「関係列国ノ威信ヲ損スル」、その結果、列国共同による威圧措置の必要性にまで事が進めば「列国ハ極メテ重大ナル責任ヲ追フコト」になるとして懐疑的な見解を示した〔幣原発出淵勝次駐米大使宛「東支関係露支紛争ニ関スル件」同月二七日（「東支鉄道関係一件・支那側ノ東支鉄道強制収用ニ原因スル露、支紛争問題（一九二九年）・各国ノ態度」［以下、「各国ノ態度」］**F.1.9.2.5-4-7** 外務省外交史料館蔵）〕。

＊52 重光発幣原宛第一〇二三号八月二九日、幣原発出淵宛第三二七号「東支関係露支紛争ニ関スル件」同月三一日（「露支交渉」）。

＊53 スターリンソ連共産党書記長発モロトフソ連共産党政治局長宛書翰八月二九日（ラーズ・リーほか編『スターリン極秘書簡　モロトフあて・1925年―1936年』岡田良之助、萩原直訳、大月書店、一九九六年、二二八～二三一頁）。

＊54 Litvinov to Direksen, August 29, *DVPS*, pp. 482-483.

＊55 前掲、「支那側ノ東支回収事件」。

＊56 *DVPS*, pp. 507-508.

＊57 幣原・ト会談、九月二、一六日（「帝国ノ態度」）。

＊58　田中都発幣原宛第四七五号九月一八日（「露支交渉」）。
＊59　沢田茂ハルビン特務機関長発岡本連一郎参謀次長宛哈市第三二五号九月二六日（「東支鉄道関係一件・支那側ノ東支鉄道強制収用ニ原因スル露、支紛争問題（一九二九年）・露、支両国ノ軍事行動」［以下、「軍事」］F.1.9.2.5-4-3 外務省外交史料館蔵）。
＊60　幣原・ト会談、九月二八日（「帝国ノ態度」）。
＊61　幣原・ト会談（October 7, *DVPS*, pp. 548）。
＊62　『事略』第六冊、九月一日条。
＊63　同右、九月一日条、三全権発幣原宛第九号同月四日着（「東支鉄道関係一件・支那側ノ東支強制収用ニ原因スル露、支紛争問題（一九二九年）・支那政府ノ国際連盟及不戦条約調印国ニ対スル措置関係」［以下、「連盟」］F.1.9.2.5-4-4 外務省外交史料館蔵）。
＊64　佐藤尚武連盟事務局長発幣原宛第九五、九九号八月一四、一七日（「各国ノ態度」）、三全権発幣原宛第三五号九月一九日着（「連盟」）。
＊65　長岡春一駐独大使発幣原宛第一三七号九月二七日（「各国ノ態度」）。
＊66　幣原は、国際紛争は当事国同士で解決すべきであり、「利害関係」を持たない、もしくは少ない国や国際機構に仲裁を求めれば却って事態を紛糾させると考えていた（武者小路公共『外交裏小路』講談社、一九五二年、八二～九〇頁）。
＊67　蒋作賓駐独公使発王正廷南京政府外交部長宛一〇月九日（『重要史料』第二巻、二四八頁）。
＊68　田中都発幣原宛第五一一号一〇月一五日（「露支交渉」）。
＊69　長岡発幣原宛第一五〇号一〇月二一日（同右）。
＊70　例えば、佐藤三郎駐華公使館附武官発岡本連宛支第一三六号八月二三日（同右）、沢田発岡本連宛哈市電第二二八号同月一二日（「強制収用」）、中谷政一関東庁警務局長心得発小村欣一拓務次官ほか関機高収二八四二一号ノ二「南方支那要人張継ノ来奉」一〇月三日（「満蒙政況関係雑纂」A.6.1.2.1 外務省外交史料館蔵）。
＊71　前掲、「幣原大臣張継会談要領」。
＊72　条約未満期国は治外法権撤廃に関する四月二七日の照会を拒否したため、南京政府は九月五日以降、再度これに関する通牒を発している（『史料彙編』第六冊、二四八三～二四九二、二四九九～二五〇三頁）。
＊73　『大公報』一〇月二日。
＊74　重光発幣原宛第一二一九号一〇月二〇日着（「通商」）。
＊75　蒋介石発張学良宛一〇月一九日（『重要史料』第二巻、二四八～二四九頁）。

＊76　林発幣原宛第六三六号一〇月一六日（「軍事」）。
＊77　中谷発小村ほか宛関機高収第二九九九六号ノ二「奉天支那側ノ軍事会議」一〇月二二日（同右）。
＊78　林発幣原宛第六五二号一〇月二六日（「露支交渉」）。
＊79　田中都発幣原宛第五二六、五三三号一〇月二四日、一一月二日（同右）。
＊80　幣原・汪会談、一〇月二四日（「帝国ノ態度」）。
＊81　「外交部対中俄交渉宣言」一〇月二五日（『重要史料』第二巻、二四九～二五二頁）。
＊82　幣原・汪会談、一〇月三一日（「帝国ノ態度」）。
＊83　幣原・汪会談、一一月四日（同右）、幣原発田中都・出淵宛合第六八四号「東支鉄道ヲ中心トスル露支争議ニ関スル件」同月二一日（「露支交渉」）。軍事行動の停止と東支鉄道懸案に関する中ソ交渉の開始を主眼とする二度目の共同宣言案なるものは、蒋作賓駐独中国公使とドイツ側の非公式意見交換から浮上したもので、蒋作賓がこれをソ連が事前承認したドイツ政府の提案と誤解したことで問題となったものである〔重光発幣原宛第一二九三号同月一三日（同上）〕。
＊84　幣原・ト会談、一一月一一日（「帝国ノ態度」）。
＊85　中華民国史事紀要編輯委員会編輯『中華民国史事紀要（初稿）・中華民国一八年九至一二月份』台北、国史館、一九八九年、四四二頁。
＊86　前掲、重光発幣原宛第一二九三号。
＊87　November 14, *DVPS*, pp. 597.
＊88　前掲、「支那側ノ東支回収事件」。
＊89　幣原・汪会談、一一月二七日（「帝国ノ態度」）。
＊90　『大公報』一一月一七日。王正廷南京政府外交部長も張学良東北辺防軍司令長官に対して、日本が奉ソ間の調停を申し出てもこれに応ずべからざる旨を命じた〔中谷発小村ほか関機高収第三三〇六六号ノ二「日本側ノ露支交渉調停拒絶方通電」同月二一日（「帝国ノ態度」）〕。
＊91　ただし、スティムソンは管理局長問題で中国がソ連に譲歩しなかったことが今日の事態を招いたとして批判的であった（Memorandum by the Assistant Secretary of State, November 21, *FRUS, 1929*, vol. II, pp. 345）。
＊92　幣原発出淵ほか宛合第六九八号「露支紛争ニ関スル件」一一月二六日（「連盟」）。
＊93　重光発幣原宛第一三五二号一一月二四日着（「通商」）。
＊94　堀内発幣原宛第九七五号八月二五日、幣原発重光宛第五二九号一一月一八日（『日外』昭和期Ⅰ第一部第三巻、八一六～八一

七、八六二〜八六四頁）。

＊95 前掲、重光発幣原宛第一二一九号。

＊96 重光「佐分利公使の死」（『中国研究月報』第四二巻第一一号、一九八八年）四〇頁。

＊97 重光発幣原宛第一三二一号一一月一七日着（「通商」）。

＊98 例えば、入江『極東新秩序の模索』二四五〜二四九頁。

＊99 上村伸一駐南京領事発幣原宛第一二〇五号一二月四日（「各国ノ態度」）。スティムソンの声明は、出淵発幣原宛普通公第七二七号「露支問題ニ関スル十二月三日国務長官声明書送付ノ件」同月三日（同上）。

＊100 上村発幣原宛第一二二一号一二月七日着（同右）。

＊101 例えば、「露支紛争ニ関スル幣原外務大臣、米国代理大使会談要録」一一月二七日（「帝国ノ態度」）。

＊102 「露、支紛争ニ関スル幣原外務大臣、汪支那公使及『トロヤノウスキー』露国大使会談要録」一二月二日（同右）。

＊103 スターリンソ連共産党書記長はこの紛争で日本が中立的立場をとることを確認した上で武力行使を決定し（ボリス・N・スラヴィンスキー、ドミートリー・スラヴィンスキー『中国革命とソ連――抗日戦までの舞台裏【1917―37年】』加藤幸広訳、共同通信社、二〇〇二年、二〇二頁）、幣原もソ連軍のハイラル進攻に警告を発したことで同軍の進攻が停止したと指摘したように（『幣原喜重郎』三八七頁）、日本の動向は注視の的であった。

＊104 服部『東アジア国際環境の変動と日本外交』二六二頁。

＊105 内訓第四号は東北政権に不満を持つ在満官憲によって発令されたが、日中関係への影響を懸念した外務省の圧力で適用が中止された。これについては第三章に譲る。

＊106 田中上奏文については、服部『日中歴史認識――「田中上奏文」をめぐる相剋　一九二七―二〇一〇』東京大学出版会、二〇一〇年に詳しい。

＊107 幣原は自らの斡旋によって戦争が回避されたと自賛している（幣原『外交五十年』原書房、一九七四年、一一四〜一一九頁）。

＊108 本書、第五章参照。

＊109 上村発幣原宛一二月一四日（「任免」）。

＊110 重光発幣原宛第一三五二号一一月二四日（「通商」）。

＊111 土田「1929年の中ソ紛争と『地方外交』」一九二〜一九五頁。

＊112 幣原発松平恒雄駐英大使ほか宛「支那政局概観報告ノ件」一二月二八日（「牧野伸顕関係文書（書類）」R三三、国立国会図書館憲政資料室蔵）。

＊113 幣原発林宛第六号一九三一年一月一七日（*Archives in the Japanese Ministry of Foreign Affairs, Japan, 1868-1945*, R. S484）。

第三章
対満行政機関統一問題と一九二九年中ソ紛争
――満鉄による中国軍輸送を中心に――

はじめに

幣原喜重郎は二度目の外相に就任した直後に発生した一九二九年中ソ紛争に際して、満蒙権益の確保に加えて、東アジアにおける日本のイニシアティヴを発揮するためにアメリカや連盟などによる調停に否定的な態度をとるとともに、ソ連が希望する東支鉄道の原状回復を条件とした中ソ直接交渉による解決を求めて、水面下で調停者の役割を果たそうとした*1。

だが、紛争が起こっている満洲では外務省、関東庁、関東軍、満鉄の四者の権限が錯綜していたために、しばしば満蒙経営の方針や外交政策で不統一を招くという四頭政治が問題化していた*2。特に関東庁は、一九二八（昭和三）年秋に吉会線交渉に関する新聞への掲載禁止措置を外務省に何等相談なく独断で解除し、翌年二月には外務省の方針に反して、元安国軍副司令で大連に亡命中の張宗昌が再起をはかって山東に乗り出すことや、張宗昌の軍需品を積載した日本船が大連を出帆するのを黙認するなどしたことが中国側の不信を招き、これが軍関係にも影響を及ぼしていた*3。つまり、幣原は中ソ紛争の調停だけではなく、この四頭政治の弊害をいかにして匡正するかという課題にも直面していたのである。

とりわけ顕著な問題は、満鉄による中国軍隊・軍需品の輸送を厳格に制限した関東庁内訓第四号である。この内訓に論及したものとしては、日台礮一氏と土田哲夫氏の研究がある。日台氏は外地行政の一元化を目指す関東庁が陸軍を引き入れて内訓第四号を発令することによって、関東都督府時代から外地行政で対立している外務省から渉外交渉権の獲得を狙ったと論じた＊4。土田氏は、中ソ紛争に対して日本は「中立」の態度をとったが、内訓第四号による中国軍の動員、移動を拒否する「表面中立・裏面策動」を通じて中国軍の軍事行動を妨害したのではないかと指摘している＊5。

だが、満洲易幟の前後から日中両国の官憲の対立が激しくなっている状況を考慮すれば、関東庁が内訓第四号を発出した意図を渉外交渉権の獲得だけで片付けられるだろうか。また、関東庁を始め内訓第四号発令に関与したとされる満鉄や関東軍の意図も明確にされているとはいえない。外務省においても、国際条約を重視するとともに日中関係の改善を目指す幣原が、中立義務（duty of neutrality、またはduty of neutral）を発動する必要がない武力衝突の段階で、中国軍の輸送を意図的に妨害することがあり得たであろうか。陸軍については、土田氏が満蒙権益を保護するために「裏面的策動」によって暗にソ連の武力行使を導いたとしているが、これは仮説の域を脱しておらず、当時の陸軍首脳がどのような対満方針を描いていたのか＊6、あるいは関東軍や外務省との関係についての指摘も不十分である。

本章では、満鉄による中国軍輸送が日本の対満政策に占める意味合いを再検証して、各機関の権限が錯綜し複雑な様相をみせる四頭政治の中でも関東庁、関東軍、そして鉄道敷設などを通じて北満への進出を目指していた満鉄＊7のそれぞれの意図がどのように交錯して内訓第四号が発令されたのか、これが中ソ紛争をめぐる外務省の方針や日中関係、四頭政治匡正を目指した対満行政機関統一問題に与えた影響を明らかにする。

一　満鉄による中国軍隊輸送問題と日中関係

一九〇五（明治三八）年に締結された日露講和条約第五、六条、ならびに「満洲ニ関スル日清条約」の第一、二条の規定に基づいて、日本は関東州租借地と長春・旅順間の鉄道に関する諸権利をロシアから継承した。これらの対満機関を統括するのが一九〇六（明治三九）年に設置された関東都督府である。同府は外相による監督のもとで（一九一〇年六月からは首相、一九二九年六月の拓務省設置以降は拓相が監督。ただし渉外事項については、首相が監督した一九一三年六月〜一九一七年七月を除いて外相が監督）満鉄の業務監督、同線路の保護・取り締まりを掌ることとなり、これは後の関東庁にも継承された。その満鉄は一八九六（明治二九）年の「東清鉄道建設及経営ニ関スル契約」第六条に基づいて鉄道とその附属地に「絶対的且排他的行政権」を有していたため*8、中国軍隊が満鉄を使用する場合には、事前に関東都督府を通じて日本政府の承認を得る必要があった。その結果、しばしば満鉄による中国軍輸送が日中間の外交問題に発展することがあった。なかでも顕著な事例は辛亥革命と第二次奉直戦争である。

一九一一（明治四四）年一〇月一〇日の武昌起義に端を発する辛亥革命はまたたく間に中国各地に波及して、清朝の屋台骨を揺るがした。これに対して日本政府は一〇月二四日の閣議決定で「出来得ル限リ清国ノ感情ヲ融和シ彼ヲシテ我ニ信頼セシムルノ方策ヲ取ル」こととしたが、革命の帰趨がはっきりしないこともあって革命軍にも一定の配慮をせざるを得ず、具体策を欠いた「大体方針」を打ち出すにとどまった*9。こうした態度は満鉄による清国軍輸送の可否にも影響した。一〇月二一日、石井菊次郎外務次官は関東都督府に対して、満鉄による清国軍輸送の可否は実際に問題が起こった時に検討することとし、清国側による申し入れの都度指示を仰ぐよう訓令した*10。このような措置をとったのは、革命の動向を睨んで「帝国政府カ討伐軍ニ与フル援助ノ程度ハ考慮ヲ要スル」ことと、「満鉄ノ官軍側ニ供与スヘキ便宜ノ程度ヲ監視スル為」であった*11。

だが清国側から申し入れの都度、兼事務官*12から関東都督府、同府から外務省に請訓するという煩雑な手続は輸送の渋滞をもたらしたために、動乱に直面している清国側の疑念を招いた＊[13]。これに対して日本政府が方針を転換したのは、漢口休戦に乗じてイギリスと協調して和平斡旋に出ようとした＊[14]直後の一二月二日で、清国軍の輸送について「出来得ルタケ許可手続ヲ迅速ナラシムル」ために、関東都督府が差し支えないと判断したものは同府の権限で輸送を許可して外務省には事後報告をなすことと、許可すべきでないと判断したものは外務省に請訓するよう訓令した＊[15]。

その後、清国軍のみならず革命軍の輸送の諾否も、すべて関東都督府に一任することとしたが＊[16]、清国崩壊の前後から次第に顕著になっていた趙爾巽東三省総督や張作霖の日本への接近姿勢に対して、彼等に「『コムミツト』セサル方法ニ依リ総督、又ハ張トノ連絡ヲ保チ其希望ヲ進捗セシメ」るという方針を打ち出したこともあって＊[17]、趙総督の対日感情は「極メテ良好」になった。しかし、東三省軍隊・警察では、大官の護衛にあたる軍人の乗車まで関東都督への請訓を求めるなどの日本側の厳格な輸送手続に対して不満が高まっていた＊[18]。

こうしたなか、趙都督（三月一五日に南京臨時政府奉天省都督に就任）から「兵器弾薬等輸送ノ不便ヲ訴ヘ」られ、一箱の弾薬や数挺の銃器程度ならば関東都督府に請訓するまでもなく、満鉄限りで輸送を許可するよう求められていた中村是公満鉄総裁は、「此際彼ニ安心ヲ与ヘ彼従来ノ感情ヲ一掃スル好機」として、「事変発生ノ虞ナキ時ニ於テ」中国官憲が所有する武器弾薬の補充を目的とした輸送は兼事務官限りでこれを承認し、数名の武装兵士が護衛等の目的で近距離間の移動をするとき、または銃器数挺及弾薬一万発以下の輸送は満鉄限りで輸送承認を行なうことを求めた＊[19]。これに対して満鉄輸送の諾否は関東都督の専権事項であるとする陸軍側の反発もあったが＊[20]、数名程度の兵士ならば駅長限りで満鉄の使用を認め、兼事務官にも一部の承認権限が認められた＊[21]。

その後、一九二二（大正一一）年の第一次奉直戦争では、政府の対中内政不干渉政策に基づいて「鉄道及附属地ノ安全ヲ害セザル限リ、軍隊ノ附属地通過ヲ拒否セザルコト」を条件に、中国軍の軍事輸送を受け入れた＊[22]。そして、一九二四（大正一三）年四月には州外事務官の希望を受けて関東庁内訓第九号が発令された。これによると、中国軍隊・軍需品等を満鉄によって輸送する場合には、中国官憲より兼事務官を通じて関東長官に請訓すること（第一条）、「交代ニ因ル支那軍隊ノ輸送、又ハ修理補充等ノ為ニスル軍器類ノ輸送ノ如キ」もので「輸送ノ目的明瞭ニシテ不都合ナ」ければ兼事務官限りで輸送を承認することを認め、これを関東長官に事後報告すること（第二条）、満鉄限りで承認できる人数も武装の有無に関わらず一〇名に増加した（第三条）＊23。

同年秋に発生した第二次奉直戦争において児玉秀雄関東長官は、中国軍隊の輸送諾否は関東長官の職権であるとしながらも、一九二二年の前例と中国軍隊が附属地に滞留することは「保安上思ハシカラサル」ために兼事務官限りで奉天軍の輸送を承認するよう認めた＊24。幣原外相も、満鉄沿線の治安維持のために必要であると認められれば、奉天軍の満鉄使用を拒絶することもあり得るが、同軍の輸送は先例のある「普通業務」であり、「鉄道沿線ノ治安ニ妨ケナキ場合ニ於テ妄リニ故障ヲ挟ムヘキ謂モナ」いとの見解を示して、奉天軍の満鉄使用に応じた。その一方で、満洲進出時の満鉄使用を申し入れていた直隷軍の輸送諾否は、「今後時局ノ推移ニ応シテ処理スル」として保留した。この意味では外務省は在満権益の維持にあたっている者、即ち張作霖を間接的に援助したのである＊25。だが関東庁、関東軍、満鉄、ならびに陸軍中央は張作霖へのより直接的な援助を求めた。

満鉄では、安広伴一郎社長が児玉関東長官の諒解のもとで、兼事務官の承認なしで中国軍隊の輸送を許可する口頭命令を発して、これを外務省に連絡しなかった＊26。また「平素ノ得意先タル張ノ要請」によって、一存で約二〇〇万円を張作霖に貸与した＊27。松岡洋右満鉄理事も「大干渉ノ根本ヲ確立」し「親日ノ者ハ親ミ排日ノ者ハ疎ズ」として、張作霖援助の明確な態度をとることを求めたが＊28、これは北満進出のみならず、張を「事実上此ノ無形ノ日露戦争ニ於テ我味方タラシメ」、ソ連に対する押さえとしたいとの願望に基づいていた＊29。この願望は、児玉が張作霖を援助することを「東支鉄道問題ニ対スル我カ政策上便宜アルノミナラス、対露政策上裨益スル所尠カラサルへシ」と論じたことと軌を一にしている＊30。その児玉も、張作霖の関内出動に「無関係ノ態度」をとれば、その対日態度が悪化すると懸念していたように＊31、張作霖への援助如何は対満政策にも影響すると考えていた。

馮玉祥にクーデターを惹起せしめて窮地にあった張作霖を助けた陸軍は*32、満鉄による中国軍輸送は先例のある「商業的営業」である、中央政府の威令が及ばない中国において満洲の秩序を維持する「東三省の主権者」であり、かつ「満鉄に対する間接的保護者」でもある張作霖が、「保境安民の立場から自衛の策を講する場合に際して之に便宜を図つたとしても、それは寧ろ満鉄の自衛権から看て正当」であるとして、「帝国の自主的利害に基き、先例に準拠し商業的営業の範囲内に於て奉天軍の請求に応すへきである」という態度をとった*33。特に宇垣一成陸相は、「我邦の対満政策、殊に北満関係に於て必要」な張作霖が失脚すれば、「赤露の力が瀰漫し我発展の阻止さるることは明瞭」として、これを擁護すべきと考えていた*34。

以上のように、満鉄による中国軍輸送の諾否権は当初日本政府にあったが、辛亥革命を契機に、実質的に日本の権益を擁護すべき現地政権への便宜という見地から関東都督府に移管され、そこから条件つきながらも漸次兼事務官や満鉄に委任された。また戦乱にあたっては、東三省の秩序を乱すと判断した場合のみ、満鉄による中国軍輸送を停止するというのが基本方針であった*35。このため、第二次奉直戦争では満鉄とその附属地周辺に戦乱が波及していないことと、中国軍輸送は満鉄による正当な営業行為であることを理由に、奉天軍の満鉄使用に応じた。

だが張作霖の存在価値を在満権益の維持だけでなく北満進出とソ連に対する押さえにしたいと考えている在満諸機関、なかでも関東庁と満鉄は兼事務官の了解なしで張作霖軍の満鉄使用を認めようとする反面、張作霖に対抗する直隷派の呉佩孚による満鉄使用の申し入れに対しては拒絶すべきとした*36。これは陸軍中央・出先が連携して馮玉祥のクーデターを起さしめたのと同じく、外務省の方針に対して関東庁、関東軍、満鉄の企図が乖離して彼等が独自の行動をとった場合には、日中関係に悪影響を与える危険性を如実に表したものでもあった*37。

二　関東庁内訓第四号の発令とその波紋

一九二九（昭和四）年七月一一日に中国が東支鉄道の強制回収を実施したのに対して、ソ連は一七日に対中断交、一九日には武力行使に踏み切った。これを受けて外務省は、日中通商航海条約改訂交渉の開始を目前に控えていることと、中ソ関係の緊迫化に比例して排日排貨運動が沈静化しつつある際に、その再燃を誘発するようなことは避けるべきという観点から*38、交戦状態に入るまでは中国軍の満鉄による輸送、ならびに満鉄附属地通過は通常通りの取り扱いをなすことを命じ、陸軍中央も同様の訓令を発した*39。だが満洲ではこれに反する動きが現われていた。

七月二五日に開かれた関東庁、関東軍、満鉄による代表者会議の決定に基づいて*40、二七日に一九二四年内訓第九号に代わる関東庁内訓第四号が発令された。この内訓第四号では、兼事務官の権限で輸送を承認できる範囲を、「武装セサル兵員百名、小銃百挺、野砲二門、迫撃砲二門、機関銃四挺、小銃弾一万発、砲弾手相弾各五十発以内」に限定（第二条）、附属地内での満鉄への乗降や、武装した軍隊が乗車する中国鉄道の附属地通過を原則として禁止（第三条）、市街地内では武装、隊伍をなす軍隊の通過禁止、兵器弾薬の輸送も日本官憲の指揮のもとで「成ルベク偏除ナル道路ヲ通過セシムルコト」、踏切の横断に際しても、事前に守備隊と協議してその承認を得ることとした（第六条）*41。

以上のように、内訓第四号は兼事務官の権限で承認できる中国軍隊の武装の数量や輸送条件に厳格な制限を設け、その輸送にあたっても種々の条件を付加した。関東庁は内訓第四号について、「従来其ノ取扱区々ニ流レ不統一ノ嫌」があった外国軍隊・軍需品の満鉄および同附属地における輸送手続を統一することが目的であり、「露支国交断絶等ニ処スル為此際改正シタルモノニ無之」と説明したが、中ソの関係が緊迫の度を増しつつあるなかでは、実質的に中国軍の軍事輸送を妨害するものであったことは否定できない*42。

ここで問題となるのは、内訓第四号の発令にどこまで外務省と陸軍中央が関与していたかである。既述の通り両者は二三日に軍隊・軍需品の附属地輸送は従来通りの取り扱いとする訓令を発しており、僅か二日間で方針を転換して現地に通達したとは考えにくい。事態が外交問題に発展する可能性があるにもかかわらず、外務省に内訓第四号の存在が知らされたのは発令の約三週間後であり、発令にあたっての事前相談すらなかった＊43。外務省から関東庁に出向している外事課長も同課の人員不足に加え、同庁の重要事務や施設には関与できなかった。関東庁内部で取り扱われる情報も、主に警察や満鉄、陸海軍に依存しているために、庁の判断もこれらに基礎を置くなど、外務省は関東庁に対してほとんど影響力を発揮することができない状態にあった＊44。こうしたことから、内訓第四号は出先官憲である関東庁、関東軍、満鉄が主導して発令したとみるべきである。では、彼等はいかなる意図で幣原外相や陸軍中央の指示に違反するような措置に出たのか。

　満洲易幟の前後から関東庁、関東軍、満鉄の東北政権に対する態度は急激に悪化していた。既述のように、関東庁は吉会線交渉の新聞掲載禁止措置の解除や張宗昌の山東乗り出しなどで外務省との不協和音が目立っており、藤岡兵一関東庁警務局長に至っては「警察ノ威信ヲ保持スル為ニハ敢テ外交方針ニ背致《ママ》スルモ憚ラスト放言」する始末で、「当地方ニ於ケル将来ノ対支政策ノ遂行上寒心ニ堪ヘサル」状況であった＊45。また木下謙次郎関東長官を始め、在満邦人の間では、かつての幣原の「軟弱な外交」に不信感を持つ者も少なくなかった＊46。満鉄も易幟以来鉄道交渉が暗礁に乗り上げていたのに対して、関東軍と協議の上で、懸案鉄道の強硬建設などの手段に訴えるべきとの意見を具申していたが＊47、対中関係の改善をはかっていた田中義一外相によって抑えられていた＊48。

　関東軍は、易幟前には「東支鉄道回収ハ支那側ヲシテ将来機ヲ見テ之ヲ実施セシム……若シ赤露カ東支線ヲ独占セントスル場合ニ於テハ支那側ヲ支持ス」べきとしていたが＊49、一九二九年一月になると、東支鉄道が回収された時の措置として、「日本ニ於テ内外ノ形勢上将来支那側ノ増長ヲ抑圧スルコト不可能ニシテ満鉄既得権益確保ニ憂慮スル状態ナラハ、依然露国現在ノ権益ヲ保持セシメ以テ支那側ヲ牽制セシムルヲ一策トセン」というように態度を変化させていた＊50。そして中ソ紛争発生直後の七月二一日には、三宅光治関東軍参謀長が在長春聯隊長に「露支国交断絶ニ当リ不取敢全然中立的態度ヲ以テ成行ヲ注視シ、除ロニ策ヲ決スルヲ有利ナリトシ、支那軍側カ附属地内ヲ通過移動又ハ輸送スルコトヲ許サザルコト」を指示している＊51。

しかし、彼等もいたずらに東北政権に圧力をかけていたわけではなかった。畑英太郎関東軍司令官は、参事官としてドイツへの赴任途中に満洲を訪れた東郷茂徳に対して「自分の方針とする所は日支親善」と述べている＊52。また、当時の参謀本部の対ソ作戦構想にも「状況之ヲ許ス場合所在支那軍ヲ利用ス」るとあるように、現地中国軍憲を従えることを前提としており＊53、東北政権にはソ連に対する戦略的パートナーとしての役割を求めていた。松岡満鉄副総裁も内訓第四号が発令された直後、張学良東北辺防軍司令長官に対して赤化の危険性を説くとともに、「日本ト提携シテ露ニ当ルコト」を求めた＊54。つまり、関東軍と満鉄は、東北政権をして対ソ危機を意識させることでその対日強硬姿勢を転換させようとしていたのである。ここに東北政権と外務省への不満が高まっている関東庁との間で利害が一致した。これに折からの拓務省設置問題、中ソ関係の緊迫化、田中義一政友会内閣の瓦解と濱口雄幸民政党内閣の成立による幣原外交の復活という政治的な重大事項が重なったこと、そして内閣更迭にともなう植民地長官の人事をめぐって紛糾が続くという＊55 間隙を突いて内訓第四号が誕生したのである。

では、このような事態に対して、外務省と陸軍中央はどのように対応したのであろうか。これより先、幣原外相は七月一九日にトロヤノフスキー（A. A. Troianovskii）駐日ソ連大使と汪栄宝駐日中国公使の両者に対して、和平を斡旋する意のあることを告げた＊56。これに関して、八月六日の閣議で幣原外相、宇垣陸相ともに水面下での日本の「有効な和平勧告」もあって、間もなく中ソ間で直接交渉が開始され「左程の波瀾なく平和的商議によって紛争解決に努力される見込みである」と報告したように＊57、紛争中の外務・陸軍両省の関係は良好を保った。

外務・陸軍両省の態度に関しては、双方ともに在満権益の維持を前提として中国との関係改善を求めていたことに注目しなければならない＊58。例えば、南京政府司法院副院長である張継と会談した幣原が関東州租借地や満鉄の返還には応じられないことと、対日ボイコットなどの中国側による排外行為の抑圧を条件に不可侵条約を締結するという意向を示したことについて、宇垣は「追々と吾人の欲する軌道に上りつつある」として評価している＊59。九月二三日に発生した鉄嶺事件の処理でも＊60、畑関東軍司令官と近藤新一駐鉄嶺領事が責任者の処罰と今後日本軍に敵対的行動をとった者には軍が直接膺懲すべきと求めたのに対して、外務省と陸軍中央はともに事件そのものが附属地外での喧嘩沙汰であり、駐屯軍の行為に行き過ぎがあったことを認め、中国側からも遺憾の意が表明されたことにより、解決済みという立場をとることとした＊61。このように陸軍中央は東北政権に無用の圧力をかけるよりも、東支鉄道の原状回復に基づいた中ソ調停を試みる外務省との協調姿勢をとったのである。

次に内訓第四号によって軍事行動を阻害された中国側の反応であるが、駐フィンランド公使でソ連との交渉のために満州里に派遣されていた朱紹陽は、中ソの緊張関係を形成することで中国の対日方針を緩和させようとする日本の「陰謀」と報告し＊62、蒋介石南京政府主席も「暗黙のうちにソ連の攻撃に手をかすのが目的である」と批判した＊63。一方これに対する日本政府の対応は、内訓第四号の存在を知らされていないこともあって緩慢なものであった。

七月二六日に周龍光外交部亜州司長は岡本一策駐南京領事に、同二八日には孫科鉄道部部長が天羽英二駐ソ大使館一等書記官に対して、満鉄が中国軍の輸送禁止を決定したとの情報について真偽を質した。岡本は満鉄による中国軍輸送禁止について何等報告を受けていないとしながらも、これは中国側による「日本中傷ノ記事」の類であり、「無用ノ猜疑ヲ以テ自ラヲ苦シメ、窮余《ママ》ノ好意ノ第三者ニ対シ不必要ナル悪感ヲ抱カシムルカ如キ悪宣伝」であるとして注意を与えた＊64。天羽も旅行中につき詳細は不明としながらも「全然誤報ニシテ露支開戦ノ場合ハ別トシテ、現在ニ於テハ従来ノ取扱ヲ変更スル事無シ」と答えて、満鉄による輸送妨害を否定した＊65。八月一七日にも汪駐日公使は満鉄附属地の通過を申し出た中国軍隊が日本側によって武装解除させられたと抗議を申し入れたが、外務省では、有田八郎亜細亜局長が「支那軍隊ノ附属地通過ハ差当リ従来通リ許可ノ方針ニテ、其旨出先官憲ニモ通達シアリ」と答え、幣原外相も同様の返答をするにとどまった＊66。だが既述の通り、四日後の二一日に拓務省からの通知でようやく内訓第四号の存在が外務省の知るところとなった。以上のように、内訓第四号は日本が紛争に介入して「漁夫の利」を狙っていると考えた中国側の対日不信＊67を増幅させる結果となり、中ソ調停を試みる日本政府の外交を大きく阻害したといえる。

その後、ソ連による示威的武力行使は拡大の一途をたどり、ドイツによる中ソ調停も暗礁に乗り上げ、一〇月下旬に至ってドイツは和平斡旋に見切りをつけた＊68。そしてソ連の軍事的脅威に直面している東北政権は、内戦の勃発による南京政府の窮境と蒋介石の「地方交渉容認」の態度を受けて独自で和平の道を模索する一方＊69、第二次征露軍を編成して奉天軍五個旅、吉林軍二個旅を一一月五日から一週間の予定で北満に増派するという和戦両様の構えを採ることとした＊70。しかし、内訓第四号による輸送制限によって東北軍の軍事輸送が渋滞したことで、一部の部隊が長春の満鉄附属地を避けて寛城子まで徒歩による行軍を余儀なくされるなど＊71、内訓第四号は日中関係の障害となりつつあった。

三　内訓第四号の改正と対満行政機関統一問題

内訓第四号は中国のみならず、在満外交官のなかからも、兼事務官不在時の規定がなかったために同官不在の遼で処理が行き詰まるなどの問題が指摘されていた＊72。このため、九月一三日に三浦義秋関東庁外事課長から内訓第四号について「何等意見モアラハ忌憚ナク申出テアリ《ママ》度キ旨通報」が発せられた。これに対して林久治郎駐奉天総領事、近藤新一駐鉄嶺領事、宇佐美珍彦駐安東領事らは、厳格な規定は中国側をして満鉄とその附属地を「厄介視」させて問題を惹起するとして、輸送の数量制限撤廃、もしくは兼事務官限りの裁量に委ねることを求め、匪賊討伐や大官の護衛のために武装している軍警の移動をも関東庁に請訓するのは実状に適さないと申し出た。特に林は、中国におけるナショナリズムの高揚によって附属地の存在すら問題となっている状況下で満鉄による輸送手続を厳重化したことは「徒ニ支那側ニ不快ノ念ヲ与へ」、その結果、中国側をして長春満鉄附属地を迂回して寛城子に達する東支鉄道南部線と吉長鉄道をつなぐ連絡線の敷設に着手させるなど、「日支国交並ニ日支人間ノ連絡上支障ヲ来」し兼ねないものになったと指摘、そして「従来ノ手続ヲ緩和シ治安維持ニ支障ナキ限リ、支那側ニ便宜ヲ与フル事寧ロ妥当」であり、その見直しにあたっては「対外的関係ヲ有スル事項」は事前に外務省の意向を徴するべきとした＊73。また幣原も上京した中谷政一関東庁警務局長心得に対して、内訓第四号は「無用ノ『トラブル』ヲ起スコト尠カラサリシ」と指摘して、暗にその改正を求めた＊74。

こうしたなかで第二次征露軍の北上が実施されたが、中国軍の輸送急増と内訓第四号による輸送制限の結果、長春満鉄附属地周辺で足止めされている中国軍と日本人の間で不慮の事態発生が懸念されるに至った。このため永井清駐長春領事は、関東庁への請訓を経ずに自己の判断で中国軍の輸送を承認することを求めた。輸送にあたる満鉄でも、治安維持上の観点から中国軍の輸送を承認して北行させる方が安全であり、経営上からも、出回り期を前にした北満特産物の輸送への影響も考慮して、早期に軍事輸送を終わらせることが有利と判断した＊75。そして、一一月九日になって関東庁は「我方ニ於テ厳重ナル規則ニ従ヒ之ヲ阻止スルコトハ結局附属地及満鉄等ニ対スル支那側ノ感情ヲ愈悪化セシムル虞アリ」として、東支鉄道南部・吉長両線の連絡線敷設問題への影響や満鉄の中し出もあり、関東軍と調整の上で満鉄による軍事輸送の諾否を長春領事の裁量に一任することを決定した＊76。

内訓第四号が緩和された直後の一一月二六日、張学良は林駐奉天総領事に対して、日本の「現内閣ノ公正ナル対満方針及東支鉄道問題ニ対スル幣原外相ノ尽力ハ自分ニ於テモ予々感謝シ居ル所ナリ」と謝意を示すとともに、日本政府による中ソ紛争の和平斡旋について汪駐日公使を通じて申し入れを行なう意があると述べたように＊77、対外的には日中関係の改善に貢献し、対内的には四頭政治における外務省の優位を示した。

これに引き続き、内訓第四号を改正すべきとする外務省の意見もあって、一二月二〇日に満鉄による外国軍隊の輸送手続改正に関する協議会が開催され、関東庁からは中谷警務局長心得、三浦外事課長ら八名、満鉄からは斎藤良衛理事ら五名、外務省からは田代重徳駐長春領事、森島守人駐奉天総領事代理の二名、関東軍司令部二名、同軍憲兵隊長、海軍駐在武官各一名の計一九名が出席した。これにより「治安維持ノ目的ヲ害セサル範囲内ニ於テ取扱手続ヲ簡易ニシ支那側ニ対シ差支ナキ限リ便宜ヲ供与スル趣旨」のもとで内訓第六号が発令され、内訓第四号第二、三、六条のような厳格な物資、人員の輸送制限が撤廃された＊78。ともすれば外交の一元化が乱れがちな満洲において、外務省が主導して内訓第四号を改正したことは、対満行政機関統一という見地から意義を有するものであった。しかし協議会の冒頭、森島から内訓第四号の発令過程について説明を求められた中谷は、当時の責任者が不在であることを理由にこれを退けた。板垣征四郎高級参謀ら関東軍代表は内訓第六号への改正には「異存ナキ」としながらも、軍は満鉄とその附属地にも警備責任があるとして、輸送を承認する場合には関東軍司令官にその旨を通知するとともに、警備に関して事前に協議することを求め、前文にその旨を挿入させるなど、抵抗も根強かった＊79。

林駐奉天総領事はこれを機会に四頭政治による弊害の解消を目指し、一〇月に来満中の松田源治拓相に外交系統を主体とする対満行政機関の統一を求め、その了解を得た＊80。そして、同年末には意見書「南満洲行政機関統一案ニ関スル件」を作成した。同案で林は、関東長官を勅任官に格下げして権限を州内に限定すること、奉天総領事を親任官として在満領事への指揮監督権を付与するとともに、満鉄の業務監督、ならびに州外鉄道と鉄道附属地における警察権、行政権、出兵請求権を持つ「満鉄行政区長官」を新設して奉天総領事と兼任させること、奉天に警察、内務、司法、産業、朝鮮人関係の各事務を主管する奏任領事を置き、その上にこれらを統括し、奉天総領事の補佐にあたる事務総長と外事総長を設置することを求めた＊81。

仙石貢満鉄総裁の賛成を取り付けて上京した林＊82に対して当初幣原は同意を明言しなかったが、満鉄行政区長官の設置と奉天総領事の親任官化を取り下げ、州外鉄道と鉄道附属地における警察権、出兵請求権、および満鉄の業務監督権を奉天総領事に移管すること、満鉄附属地の行政権も奉天総領事統括のもとで各領事官が監督すること、外事総長の設置も取り下げて事務総長の統括範囲に渉外事項を加えることで大体の諒解に達した。そして一二月下旬には外務・拓務両省の間で協議に入り、林も小村欣一拓務次官の勧めにより伊沢多喜男や江口定条などに諒解工作を行なった。しかし、太田政弘関東長官の反応は冷ややかであり、幣原自身も内閣や枢密院を突破する積極的意思を持たなかった*83。

幣原の消極姿勢の背景には、林の意見に対して外務省内に否定的な見解が少なくなかったことを指摘しなければならない。既述のような奉天総領事に広範囲の権限を与える案は、一九二六（大正一五）年の行政調査会において内閣法制局から一案として示されたことがあったが*84、外務省は奉天総領事を親任官とすることや、その権能に関東州外の行政、外交、および満鉄の監督権を含ませることには「反対ノ意向ヲ有」していた*85。また、一九二九年一月に関東庁が附属地行政権を満鉄から移管させようとした際*86、外務省内部には、これは満鉄と関東庁による州内統一に過ぎず、附属地内外における関東庁と外務機関との対立を深める、また、鉄道と関係なき租借地官憲による行政掌握は対外的にも反発を招くと批判、むしろ満洲全般の拓殖に着目して附属地行政は奉天を中心とする外務機関に移管すべきとした。

さらに、根本的にこれを他官庁に移管する必要があるのかという見地からも検討を加えた結果、外務省が附属地行政権の移管を受ければ相当な財政負担が避けられないこと、満鉄は単なる営利会社ではなく、「満洲拓殖経営ノ機関」として附属地経営を通じて地方の開発事業を担い、政府からも持ち株の配当などで特別待遇を受けているのに対して、外務省や関東庁が移管を受けても予算上の制限がある上、「満洲拓殖経営ノ機関」として実績がある「満鉄ノ如キ成績ヲ挙ケ得ルヤ否ヤ疑問」とし、「特別重大ナル理由ナキ限リ此ノ際強テ附属地地方行政ヲ満鉄ヨリ他ニ移管スルノ要ナキヤニ思考セラル」と結論した*87。

つまり、外務省は外務系統を中心とした四頭政治の匡正は必要と感じながらも、技術的な問題や負担の増大などをおそれて、外地行政には手をつけず、渉外事項の監督を強化するという姿勢にとどまったのである。

おわりに

当初、満鉄による中国軍隊輸送の諾否権は日本政府にあったが、辛亥革命による混乱と実質的な在満権益の保護者である現地政権への便宜という見地から関東都督府に移管され、そこから制限つきながらも兼事務官、満鉄に委任された。第二次奉直戦争では、外務省は戦乱が波及しない限りは満鉄の中国軍輸送は正当な営業行為であるとして間接的に張作霖を支援した。しかし関東庁は満鉄による輸送諾否権を認める口頭命令を支持するなど、満鉄による中国軍輸送問題においても四頭政治による在満機関の対立が生起した。その後、外務省では在満各領事の意見と加藤高明内閣の行政整理とを背景に、関東庁が広範囲の権限を有することは「帝国対支政策ノ遂行ニ支障ヲ来」すとして、関東庁の権限を縮小し、自らが州外警察権と満鉄業務監督権を掌握して対満行政機関を統一することを議論したが＊88、権限拡大にともなう負担増加を厭うなどしたために、最終的には関東庁外事課長に外務省から有能な人物を推薦することで渉外事項への監督を強化するにとどまった＊89。

一方、関東庁、関東軍、満鉄は次第に勢いを増していく東北政権の排日姿勢に対して強硬姿勢を顕わにするようになり、柔軟な姿勢をとる外務省との溝が深まっていた。こうした背景のもと、中ソ紛争に際して関東庁、関東軍、満鉄は、満鉄およびその附属地に警備権を有することを楯に、あえて内訓第四号を発令して東北政権への牽制を試みたが、却って中国側の不信を招いた。次いで国際秩序と日中関係の改善を重視する外務省が主導して内訓第四号の改正に成功したことは、この問題で一時的に冷え込んだ日中両国に歩み寄りの機会をつくるとともに、四頭政治に対する外務省の優位を示し、さらにはこれを匡正する好機をもたらした。だが、外務省は四頭政治匡正の必要を感じながらも、負担の増大と技術的な困難とによって、四頭政治の弊害に苦しんだ経験のある幣原外相、吉田茂外務次官のもとですら＊90、行政機関までも外務省の監督下に置くような抜本的な四頭政治匡正には否定的であった。そのため、従来通り関東庁外事課長に河相達夫、満鉄には木村鋭市や内田康哉などの外務系統の人材を送り込むことで一定の影響力を行使するという微温的な処置を施すだけに終わった。

この結果、四頭政治の匡正が有耶無耶になったことは、重大化しつつある満蒙問題に外務省がイニシアティヴを十分に発揮できないという事態を招く。やがて外務省と関東庁、関東軍、満鉄などの対満行政機関の不統一という問題を孕んだまま満洲事変を迎えるのである。

＊1 関寛治「満州事変前史（一九二七年～一九三一年）」（日本国際政治学会太平洋戦争原因研究部編『太平洋戦争への道』第一巻、朝日新聞社、一九六三年）三三一頁、臼井勝美『日本外交史研究――昭和前期――』吉川弘文館、一九九九年、第二章、服部龍二『東アジア国際環境の変動と日本外交 1918―1931』有斐閣、二〇〇一年、二五五～二六三頁、西田敏宏「ワシントン体制の変容と幣原外交（二）――一九二九～一九三一年――」（『法学論叢』第一四九巻第三号、二〇〇一年）七九、八二～八三頁、同「ワシントン体制と国際連盟・集団安全保障――日・米・英の政策展開を中心として――」（伊藤之雄、川田稔編著『20世紀日本と東アジアの形成――1867～2006――』ミネルヴァ書房、二〇〇七年）六〇～六一頁、土田哲夫「1929年の中ソ紛争と日本」（『中央大学論集』第二二号、二〇〇二年）、本書第二章など。
＊2 対満行政機関統一問題に関する代表的な研究としては、栗原健「日露戦後における満州善後措置問題と荻原初代奉天総領事」、同「関東都督府問題提要――特に官制上よりみた都督の在満領事指揮監督問題――」（同編著『対満蒙政策史の一面――日露戦後より大正期にいたる――』原書房、一九六六年）、馬場明『日中関係と外政機構の研究――大正・昭和期――』原書房、一九八三年、第八章、柳生正文「関東都督府官制の改革と関東軍の独立――原敬内閣と対満洲行政機構改革問題――」（『駒沢史学』第三五号、一九八六年）、加藤聖文「原敬と満鉄――党勢拡張と満蒙政策の融合――」（小林英夫編『近代日本と満鉄』吉川弘文館、二〇〇〇年）がある。これらによって対満行政機関統一問題の推移は明らかにされているが、その不統一による弊害が個々の外交問題に及ぼした影響については論究の余地があろう。
＊3 馬場『日中関係と外政機構の研究』二三四～二三五頁。
＊4 日台礮一「奉ソ戦争時における関東庁――中国軍隊の満鉄輸送並びに鉄道付属地通過に関する関東長官内訓を中心に――」（『東アジアにおける社会と文化』大阪経済法科大学出版部、一九九二年）一一七～一一九頁。
＊5 土田「1929年の中ソ紛争と日本」二二～二六頁。
＊6 当時の陸軍は南京政府と東北政権への武器輸出等を通じた「宥和」政策によって中国の兵制を日本制式で統一し、これを日中関係全般の改善に及ぼすことを目指していた（小林道彦『政党内閣の崩壊と満州事変――1918～1932――』ミネルヴァ書房、二

〇一〇年、一二八〜一三四頁）。
＊7　加藤「松岡洋右と満鉄――ワシントン体制への挑戦――」（『近代日本と満鉄』）。
＊8　煩雑を避けるため特に註は付さないが、これらの条約類は、満鉄会監修『満鉄関係条約集』上・下巻、龍溪書舎、一九九三年、関東都督府、関東庁官制は外務省条約局法規課『関東州租借地と南満洲鉄道付属地　前編』一九六六年によった。
＊9　臼井『日本と中国――大正時代――』原書房、一九七二年、四〜五頁、馬場『日露戦争後の日中関係――共存共栄主義の破綻――』原書房、一九九三年、一一七〜一一八頁、閣議決定「対清政策ニ関スル意見」一九一一年一〇月二四日（『日外』清国事変（辛亥革命）〔以下、『清国事変』〕五〇〜五一頁）。
＊10　石井菊次郎外務次官発白仁武関東都督府民政長官宛第三七号一九一一年一〇月二一日（「南満東清両鉄道ニ依ル軍隊及兵器類輸送関係一件」〔以下、「南満東清輸送関係」〕5.1.4.29 外務省外交史料館蔵）。
＊11　内田康哉外相発鈴木要太郎駐遼陽領事宛第四号一九一一年一一月二日、内田発伊集院彦吉駐清公使宛第三三七号同年一二月二日（同右）。
＊12　州内では民政長官。なお、一九〇八年以降は領事館警察と州内と附属地の警察権を統一するという観点から、南満駐在の各領事官が事務官を兼任することとなっていた（栗原「関東都督府問題提要」四六〜四七頁）。
＊13　鈴木発内田宛第一六号一九一一年一一月一日、落合謙太郎駐奉天総領事発内田宛第四一三、四八〇号同月一六日、一二月二日、伊集院発内田宛第六〇四号同年一一月二九日（「南満東清輸送関係」）。
＊14　内田発山座円次郎駐英臨時代理大使宛第一九二号一九一一年一一月二八日（『清国事変』三八三〜三八五頁）。
＊15　内田発伊集院宛第三三七号一九一一年一二月二日、内田発大島義昌関東都督宛第七〇号同月三日（「南満東清輸送関係」）。
＊16　内田発伊集院宛第三一二号一九一二年二月一三日（同右）。
＊17　内田発落合宛第五七号一九一二年二月二日（『清国事変』三一三頁）。
＊18　長谷川好道参謀総長発斎藤実海相宛参謀第四五六号一九一二年四月一四日（「清国事変報告類　巻五十二　陸軍参謀本部報告六、防衛省防衛研究所図書館蔵）。
＊19　中村是公満鉄総裁発大島・内田宛「支那軍隊及同国ノ兵器ヲ南満洲鉄道ニ依リ輸送方取扱ニ関スル件」一九一二年四月九日（「南満東清輸送関係」）。
＊20　田中義一軍務局長発星野金吾関東都督府陸軍部参謀長宛（同右）。
＊21　福島安正関東都督宛第二九八号一九一二年八月二七日、内田発福島宛機密送第五号「露国兵南満鉄道乗車許可方ニ関スル件」同年一〇月九日（同右）、「南満洲鉄道会社ノ支那軍隊及軍需品輸送問題」一九二五年一二月調（「江浙並奉直紛擾関係・各国ノ態

度」〔以下、「奉直紛擾」〕1.6.1.85-9 外務省外交史料館蔵）、「外事課長陳述要領」（「南満洲鉄道ノ支那軍隊輸送並支那軍隊ノ同鉄道附属地通過関係」〔以下、「附属地通過関係」〕F.1.9.2.1-2 外務省外交史料館蔵）。

＊22 内田発山県伊三郎関東長官宛第一七号、内田発赤塚正助駐奉天総領事宛合第二〇〇号一九二二年五月一八日（『日外』大正十一年第二冊、三四二～三四三頁）。

＊23 川口彦治関東庁事務総長発関外第二六三号「南満洲鉄道ニ依ル外国軍隊等輸送承認手続改正ニ関スル件」一九二四年四月九日（「南満東清輸送関係」）。

＊24 船津辰一郎駐奉天総領事発幣原喜重郎外相宛第三二一号一九二四年九月一六日（「奉直紛擾」）。なお、一九一九年七月に発生した寛城子事件では、張作霖軍に対抗するために出動し、長春に幕営中であった吉林軍と日本軍守備隊が衝突している〔森田寛蔵駐長春領事発内田宛発第九二号「寛城子ニ於ケル日支両国兵衝突ニ関スル件」一九一九年七月二〇日（『日外』大正八年第二冊下巻、九七七～九八一頁）〕。

＊25 幣原発芳沢謙吉駐華公使宛第六〇二号一九二四年九月三〇日、直隷軍からの満鉄利用の申し入れは、芳沢発幣原宛第八九〇号同月二五日（「奉直紛擾」）。

＊26 西春彦駐長春領事発幣原宛第五三号、同機密公第三七二号「満鉄ノ支那軍隊及武器輸送ニ関スル件」一九二四年九月一一日、一二月一三日（同右）。この報告を受けた幣原喜重郎外相は、輸送は従来の例規に従って承認することとし〔幣原発西宛第一八号同年九月一三日（同上）〕、児玉秀雄関東長官も既述のように兼事務官限りでの承認を認めた。

＊27「満鉄ヨリ支那官憲ニ対シ資金ヲ融通セル件ニ付安広満鉄社長来談」一九二五年六月二三日、「対支那官憲資金融通ニ関スル安広満鉄社長談話ニ就キ松岡満鉄理事ノ説明要旨」同年一二月一九日（「対支借款関係雑纂・奉天省ノ部」1.7.1.5-11 外務省外交史料館蔵）。

＊28 松岡洋右満鉄理事発江木翼内閣書記官長・田中軍事参議官・児玉関東長官・川田明治関東軍参謀長宛一九二四年一〇月一日（伊藤武雄ほか編『現代史資料』第三二巻、みすず書房、一九六六年、二九二～二九三頁）。

＊29 松岡発加藤高明首相宛書翰一九二五年一二月一一日（「牧野伸顕関係文書（書類）」R七七、国立国会図書館憲政資料室蔵）。

＊30 児玉発松井慶四郎外相宛一九二四年三月二一日（「奉直紛擾」）。

＊31 児玉発幣原宛第七二号一九二四年九月五日（同右）。

＊32 池井優「第二次奉直戦争と日本」（『対満蒙政策史の一面』二一六～二二四頁）。

＊33 参謀本部第六課「奉天軍の鉄道輸送と満鉄との関係」一九二四年九月七日（「奉直紛擾」）。

＊34 角田順校訂『宇垣一成日記』Ⅰ、みすず書房、一九六八年、一九二五年一一月二九、三〇日、一二月五日条。

＊35 この旨は辛亥革命、張作霖と孟恩遠吉林督軍の対立、第一次奉直戦争などでその都度指示されている〔大島発内田宛第七五号一九一二年一月二〇日（『清国事変』二九六～二九七頁）、立花小一郎関東軍司令官発田中陸相宛関参発第二五三号一九一九年七月一〇日（『日外』大正八年第二冊下巻、一五三九頁）、内田発山県宛第一七号、内田発赤塚宛合第二〇〇号一九二二年五月一八日（『日外』大正十一年第二冊、三四二～三四三頁）〕。
＊36 児玉発幣原宛第九五号一九二四年九月二六日（「奉直紛擾」）。
＊37 前掲、西発幣原宛機密公第三七二号。
＊38 「満鉄ノ支那軍隊輸送ニ関スル件」（「附属地通過関係」）。
＊39 幣原発木下謙次郎関東長官宛第四七号「満鉄ノ支那兵輸送ニ関スル件」、阿部信行陸軍次官発三宅光治関東軍参謀長宛陸第二〇二号一九二九年七月二三日（同右）。
＊40 久保田久晴関東州在勤武官発山梨勝之進海軍次官・末次信正軍令部次長宛機密第二四四号番電一九二九年七月二七日（同右）。
＊41 木下発関東州官房ほか宛内訓第四号「南満洲鉄道ニ依ル外国ノ軍隊及軍器、軍需品並ニ外国軍隊ノ鉄道附属地通過承認手続」一九二九年七月二七日（同右）。
＊42 木下発山本条太郎満鉄総裁ほか宛関外第六六二号「南満洲鉄道ニ依ル外国ノ軍隊、軍器、軍需品汽車輸送並ニ外国軍隊ノ鉄道附属地通過承認手続ニ関スル件」七月二七日（同右）。
＊43 外務省に内訓第四号の存在が知らされたのは一九二九年八月二一日である（同右）。
＊44 三浦義秋関東庁外事課長持参「関東庁外事課ノ現状及希望要項」一九二八年三月（「帝国官制関係雑件・関東庁官制ノ部」**M.1.1.0.1-2** 外務省外交史料館蔵）。
＊45 林久治郎駐奉天総領事発田中外相宛第一七九号一九二九年三月三日着（「満蒙行政統一関係一件」**A.5.3.0.1** 外務省外交史料館蔵）。
＊46 「木下謙次郎氏談話速記」第二回、一九四〇年六月二五日（憲政史編纂会旧蔵『政治談話速記録』第三巻、ゆまに書房、一九九八年、二三五～二三九頁）、工藤鉄三郎発田中宛書翰一九二九年七月三一日（「田中義一関係文書」国立国会図書館憲政資料室蔵）。
＊47 森島守人駐奉天総領事代理発田中宛第二六八、二六九号一九二九年四月四日（『日外』昭和期I第一部第三巻、四七～五〇頁）。
＊48 「林総領事ニ対スル大臣訓示」一九二九年五月四日、田中発出淵勝次駐米大使宛第一六四号「対満方針ニ関スル件」同月六日（「満蒙問題ニ関スル交渉一件（松本記録）」**A.1.1.0.1** 外務省外交史料館蔵）。田中義一内閣は、その末期には森恪外務政務次官を除外して済南事件解決交渉を処理するなど、中国側に歩み寄りをみせていた〔服部『東アジア国際環境の変動と日本外交』二

〇九～一二〇頁、何力「中国の関税自主権の回復と日中関係（四）――南京国民政府の『連米制日』の動きをめぐって――」（『法と政治』第五二巻第二・三号、二〇〇一年、一五七頁）」。

＊49　関東軍司令部「対満蒙政策ニ関スル意見（要旨）」一九二七年六月一日（「密大日記」昭和二年第四冊、防衛省防衛研究所図書館蔵）。

＊50　三宅発南次郎参謀次長宛関電第七号一九二九年一月一一日（「東支鉄道関係一件・支那側ノ東支鉄道強制収用ニ原因スル露、支紛争問題（一九二九年）・帝国ノ態度」［以下、「帝国ノ態度」］**F.1.9.2.5-4-6** 外務省外交史料館蔵）。なお、これに対する回訓は管見の限り見当たらない。

＊51　永井清駐長春領事発幣原宛第二八号一九二九年七月二一日（「附属地通過関係」）。

＊52　東郷茂徳『東郷茂徳外交手記――時代の一面――』原書房、一九六八年、六五頁。

＊53　参謀本部「昭和四年度帝国陸軍作戦計画訓令別冊」一九二八年（防衛省防衛研究所図書館蔵）。

＊54　松岡満鉄副総裁発張学良東北辺防軍司令長官宛「東三省外交方針」一九二九年八月二日（「斎藤実関係文書」R二〇六、国立国会図書館憲政資料室蔵）。

＊55　伊藤隆『昭和初期政治史研究――ロンドン海軍軍縮問題をめぐる諸政治集団の対抗と提携――』東京大学出版会、一九六九年、八一～八六頁。

＊56「露支紛争ニ関スル幣原外務大臣在本邦『ソヴィエト』連邦大使会談要録」、「露支紛争ニ関スル幣原外務大臣在本邦支那公使会談要録」一九二九年七月一九日（「帝国ノ態度」）。

＊57『中外商業新報』一九二九年八月七日。

＊58　幣原「外交の本質と我が対支外交（六）」（『民政』第三巻第七号、一九二九年）一〇〇～一〇一頁、同「外交管見」一九二八年一〇月一九日、慶應大学における講演（「幣原平和文庫」R七、国立国会図書館憲政資料室蔵）、『宇垣一成日記』Ⅰ、一九二九年四月三、五、六、一二、一五日、八月二三日条。

＊59『宇垣一成日記』Ⅰ、一九二九年九月七日条。

＊60　鉄嶺事件は散歩中の日本軍兵士が中国公安隊員同士の口論の仲裁に入ったところ、言語不通のために喧嘩となり、ついには公安隊員による発砲に至ったことに始まる。情報の錯綜も手伝って騒動が拡大としたことで、鉄嶺駐屯第三十八聯隊は領事による交渉が終わらないうちに一時的に中国公安隊営舎を包囲して公安隊の武装解除を行ない、付近の交通を遮断し、民家を掃討するなどした。

＊61　亜細亜局第二課「最近支那関係諸問題提要（第五十七議会用）」一九二九年一二月（外務省外交史料館蔵）。これに対して板垣

征四郎関東軍高級参謀と石原莞爾同軍参謀は、事件を有耶無耶に処理するものとして批判している〔同上、および石原発永田鉄山軍事課長宛書翰一九三一年八月一二日（永田鉄山刊行会『秘録　永田鉄山』芙蓉書房、一九七二年、四四七頁）〕。

＊62 朱紹陽発王正廷南京政府外交部長宛一九二九年八月一一日（中華民国重要史料初編編纂委員会編『中華民国重要史料初編　対日抗戦時期　緒編』第二巻、台北、中国国民党中央委員会党史委員会、一九八一年、二四四〜二四六頁）。

＊63 サンケイ新聞社『蔣介石秘録』下巻、サンケイ新聞社、一九八五年、七頁。

＊64 岡本一策駐南京領事発幣原宛第八二八号一九二九年七月二六日着（「附属地通過関係」）。

＊65 堀内謙介駐華臨時代理公使発幣原宛第八三七号一九二九年七月二八日着（「東支鉄道関係一件・支那側ノ東支鉄道強制収用ニ原因スル露、支紛争問題（一九二九年）・露、支交渉」〔以下、「露支交渉」〕F.1.9.2.5-4-1 外務省外交史料館蔵）。

＊66 幣原発芳沢ほか宛合第五〇四号「露支紛争時局其他ニ関連シ汪公使来談」一九二九年八月一九日（「帝国ノ態度」）。

＊67 土田「1929年の中ソ紛争と『地方外交』」一八四頁。

＊68 長岡春一駐独大使発幣原宛第一五〇号一九二九年一〇月二一日（「露支交渉」）。

＊69 土田「1929年の中ソ紛争と『地方外交』」一九〇〜一九一頁。

＊70 中谷政一関東庁警務局長心得発小村欣一拓務次官ほか宛関機高第三一八〇三号ノ一「東北四省巨頭会議ノ対露決議事項」一九二九年一一月一一日、永井発幣原宛第七六号同月五日、近藤新一駐鉄嶺領事発幣原宛機密第四七四号「支那軍隊動静報告ノ件」同月七日（「東支鉄道関係一件・支那側ノ東支鉄道強制収用ニ原因スル露、支紛争問題（一九二九年）・露、支両国ノ軍事行動」F.1.9.2.5-4-3 外務省外交史料館蔵）。

＊71 永井発幣原宛第七八号、近藤発幣原宛機密第四七五号「支那軍隊動静報告ノ件」一九二九年一一月八日（同右）。佐藤安之助『満蒙問題を中心とする日支関係』日本経済評論社、一九三一年、九七頁。

＊72 田村菅八駐遼陽事務代理発幣原外相宛第一六三号「執務上ノ疑義ニ関スル件」一九二九年八月二〇日（「附属地通過関係」）。

＊73 近藤発三浦関東庁外事課長宛機密第三九号「南満洲鉄道ニ依ル外国軍隊、軍器、軍需品汽車輸送並外国軍隊ノ鉄道附属地通過承認手続ニ関スル件」一九二九年一〇月一一日、林発三浦宛機密関第一九八号「南満洲鉄道ニ依ル外国軍隊、軍器、軍需品汽車輸送並外国軍隊ノ鉄道附属地通過承認手続ニ関スル件」同月一二日、宇佐美珍彦駐安東領事発幣原宛機密第三二三号同月一六日「南満洲鉄道ニ依ル外国軍隊武器軍需品汽車輸送並外国軍隊ノ鉄道附属地通過承認手続ニ関スル件」（同右）。

＊74 関東庁外事課「外国軍隊ノ鉄道輸送並附属地通過承認手続改正協議会議事要録」〔以下、「議事要録」〕一九二九年一二月二八日（同右）。

＊75 永井発幣原宛第八二号一九二九年一一月一一日（同右）。当時、満鉄は中ソ紛争の影響によって東支・ウスリー両鉄道の連絡

が途絶したことにともない、ウラジオストック向けの北満特産物の満鉄移送が急増したことで、一千万円以上の増収を見込んでいた（『中外商業新報』同月一〇日、一二月一二日）。
＊76 太田政弘関東長官発幣原宛外第八七号一九二九年一一月九日（「附属地通過関係」）。
＊77 林発幣原宛第七一四号一九二九年一一月二六〜二七日（「露支交渉」）。
＊78 太田発幣原宛関機外第三四二号ノ四「外国ノ軍隊、軍器、軍需品ノ南満洲鉄道ニ依ル輸送並鉄道附属地通過承認手続ニ関スル件」一九二九年一二月二七日（「附属地通過関係」）。
＊79 「議事要録」（同右）。
＊80 林『満州事変と奉天総領事――林久治郎遺稿――』原書房、一九七八年、七七〜七八頁。
＊81 森島駐奉天総領事代理発幣原宛機密公第一〇二四号一九二九年一一月三〇日（「満蒙行政統一関係一件」）。
＊82 「満洲行政統一具体案成ル奉天林総領事ヨリ申請　東京同志中ニモ同様案ノ運動」一九二九年一二月一〇日（「満蒙行政統一関係一件」）。
＊83 林『満州事変と奉天総領事』七八〜八〇頁。林久治郎駐奉天総領事の修正案は、「満洲ニ於ケル行政機関統一ニ関スル件」一九二九年一二月［同史料には「訂正案」との書込みがある］（「満蒙行政統一関係一件」）。
＊84 法制局幹事「各庁事務系統整理案」一九二六年七月一三日「第四号　行政調査会幹事会議事録」（「各種調査会委員会文書」国立公文書館蔵）。
＊85 幣原発吉田茂駐奉天総領事宛第一一一号「満蒙四頭政治改善案ノ新聞記事ニ関スル件」一九二六年八月三日（「南満洲行政統一問題一件」1.5.3.20 外務省外交史料館蔵）。
＊86 林発田中宛第六号一九二九年一月五日着（「満蒙行政統一関係一件」）。
＊87 「満鉄附属地地方行政移管問題」一九二九年一月一二日。同史料の作成者は不明だが、有田八郎亜細亜局長の捺印がある（同右）。満鉄が地方開発に充当していた地方事業費は会社創立以来年々膨脹を続け、一九一二年度以降は一九二〇年度を除いて満鉄事業の損失額第一位を占めていた。一九二八年度には収入六百二三万八二円に対して支出一千九百四二万五二〇六円、損失は一千三百一九万五千一二四円にのぼっていた（これら満鉄の営業成績については、南満洲鉄道株式会社編『南満洲鉄道株式会社営業報告書・株主姓名表』第一〜三冊、龍溪書舎、一九七七年を参照）。
＊88 主管参事官会議高裁案「満洲行政機関統一ニ関スル件」一九二四年七月一〇日（「南満洲行政統一問題一件」）。
なお、兼事務官の権限は関東庁の内規に基づいて、署員の人事と外国軍の輸送を処理するのみという現状であった（「満洲ニ於ケル帝国行政機関ノ分立状態並其弊害」（「満洲行政統一問題警察権統一問題特別委員会第三回会議」一九二五年五月二六日、「南

満洲行政統一問題一件」所収)」。
＊89　出淵外務次官発芳沢宛「三浦書記官ニ関スル件」一九二七年一一月七日(「関東庁事務官(外事課長)任免関係一件」6.1.5.72 外務省外交史料館蔵)。
＊90　幣原は次官時代、吉田茂外務次官は奉天総領事時代に四頭政治の匡正をたびたび訴えていた。例えば、幣原平和財団編『幣原喜重郎』幣原平和財団、一九五五年、九四頁、吉田発幣原宛第一七二号一九二五年一一月一〇日(「南満洲行政統一問題一件」)など。

第四章

一九二九年中ソ紛争の「衝撃」

——満洲事変直前期における日本陸軍のソ連軍認識——

はじめに

ワシントン体制を崩壊させた要因の一つはソ連の革命外交であり、日本における反ワシントン体制派の存在であったという指摘がある*1。後者は海軍軍縮条約に対する不満に焦点があてられがちだが、ワシントン体制に対する軍事的観点に基づく批判という観点で捉えるならば陸軍にも注目しなければならない。特に昭和の陸軍ではワシントン体制外にありながら、急速に台頭してくるソ連の軍事的脅威にいかに対処するかが国防方針の策定にあたって重要なポイントになっていた*2、その転機といわれているのが一九二九年中ソ紛争である。

この中ソ紛争を日本陸軍との関連で考えた場合に留意すべきことは、ソ連軍が中国軍に対して猛烈な砲爆撃と徹底した包囲殲滅作戦によって勝利を収めたことで、陸軍の内部にロシア革命によって消滅したロシアの軍事的脅威が復活したという「衝撃」がもたらされたことである。しかし、従来の研究では「衝撃」が当時進行中であった第二次軍制改革や日本陸軍の装備、用兵、あるいはそのソ連軍認識に与えた具体的な影響についての検証が十分になされているとは言い難い*3。だが、陸軍ソ連通の一人として知られる林三郎が、中ソ紛争が陸軍をして「ソ連軍末恐るべし」という危機感を生じさせ、中堅将校の間にソ連の勢力が満洲に波及する前に「なんとか満洲問題を解決しなければならぬとの使命感が、急速に台頭し」、これが第一次五ヵ年計画の進行と相まってソ連認識を一変させたことが満洲事変の一要因になったと述べているように*4 その影響は無視できないものがあったのではないか。こうした観点に立ったとき、中ソ紛争は日本の「vital interest の核心」としての満蒙問題を改めて提起させるものであったと位置づけることも可能であろう。

また、中ソ紛争でソ連が中国を対手とした満洲における軍事紛争で勝利を収めたことは、一九二四（大正一三）年に締結された中ソ・奉ソ両協定以降絶えることのなかった東支鉄道をめぐる中ソ間の紛争での中国側の相対的優位を覆したという点で、東アジアのパワーバランスに一大変革をもたらすものであった。これはソ連の国力と軍事力の増強に対する認識の深化と並んで、満洲を生命線視している日本陸軍の対満方針に大きな影響を与えていたのではないか。このように考えたとき、中ソ紛争が日本陸軍に与えたであろう「衝撃」は、満洲事変前史を考える上で極めて重大な問題である。

以上のような問題意識に基づいて、本章では、まず中ソ紛争前における日本陸軍のソ連軍認識を分析する。次に、中ソ紛争で収集されたソ連軍に関する報告類と当時の日本陸軍の軍備状況を比較し、これらが日本陸軍の情勢判断や第二次軍制改革、あるいは陸軍歩兵学校による対ソ作戦研究に及ぼした影響などを分析することによって、満洲事変直前期における日本陸軍のソ連軍認識の全体像を浮かびあがらせる。これによって、中ソ紛争でのソ連軍の勝利が日本陸軍に与えたであろう「衝撃」の内実を明らかにする。

一　中ソ紛争前における日本陸軍のソ連軍認識

労農赤軍（Workers-Peasants Red Army, RKKA. 以下、ソ連軍）は、一九一八（大正七）年二月二三日に創設された。

当初、ソ連軍は内乱と干渉戦争という内外の深刻な危機に対処するために、プロレタリア層を対象とした志願兵制度によって三〇万人の兵力を整備したが、訓練経験もない限られた階層のみの志願兵制度では人員、能力ともに限界があったため、一八～四〇歳の男子壮丁を対象とした徴兵令によって兵員数を確保するとともに、徴兵検査や軍事教練などを担う軍事委員部を各地に設置した。また、指揮官要員として二万二〇〇〇人の旧軍将校を採用するとともに、その監視と政治指導を目的とした政治委員（commissar）を配置した。中央機関では、九月二日に軍事最高機関である共和国軍事会議を創設して、すべての戦闘部隊を統制下に収め、一〇月には同軍事会議から作戦機能を分離した野戦参謀部を新設、また、軍事目的で全資源を動員する権限を有する労農防衛会議を設置して戦時物資を確保した。加えて、士官学校などの将校育成機関を全国規模で設置するなどして教育制度を整備した。このように、中央集権体制と国民皆兵による軍事機構が確立した＊5。

一連の軍制改革を通じて軍の作戦指導、動員体制を強化して当面の危機を脱したソ連はプロレタリア革命を実現するためにも、ソ連軍を列国なみの近代的な軍隊に改編することを目指した＊6。しかし、ここで問題となったのが最新の装備と技術要員の不足、ならびにこれらを運用する将校の専門教育の不備であった。このため、一九二二（大正一一）年四月一六日にドイツとの間にラパロ条約を締結して、技術要員と将校の相互留学を促進するなど、ドイツとの軍事協力体制のもとで最新の軍事知識と技術を獲得していった＊7。

なかでも特筆すべきものは空軍戦力で、モスクワ郊外のフィリにユンカース社の工場が建設され機体とエンジンを製造し、ドイツ国防軍によって建設されたリペックの赤軍飛行場ではドイツ人の指導による訓練が行なわれた＊8。こうした一連のドイツとの協力体制のもと、一九二二年には一〇％に過ぎなかった国産機が一九二三（大正一二）年には五〇％、一九二五（大正一四）年からは軍用機の輸入停止が可能になるまでに航空産業が回復、成長し＊9、軍用機も三年足らずで八四中隊、九二八機を整備するに至った＊10。しかし、空軍増強を急ぐあまり数量の増加のみにこだわり、単発の小型機に生産が集中し＊11、相対的に偵察機が多く、爆撃機と戦闘機が少ないという均衡を欠いた編制となった。このため、第一次五ヵ年計画では補助的な飛行機よりも軍用機、なかでも爆撃機、戦闘機の生産に重点が置かれた*12。

一九二五年一月二六日にフルンゼ（M. V. Frunze）が共和国革命軍事会議議長・陸海軍人民委員に就任すると、軍に対する共産党の指導力強化、軍事力の増強と軍事費削減を目的とした地方民兵制の導入、狙撃師団などの戦略単位の整備・編制、典範・参謀勤務要領等の整備、中央軍事機構の簡素化が急速にすすめられた*13。

軍制改革をすすめるソ連に対して、日本陸軍はどのような評価を下したのであろうか。ロシア革命は日本陸軍にとって建軍以来の最大脅威の消滅を意味するものであったが、一九二三年に改訂された「帝国国防方針」によれば、

露国ハ革命以来産業荒廃シ経済紊乱ニシテ著シク国力ヲ消耗セルノミナラス、国内ノ産業統一尚未タ全カラス：……我ト干戈相見ユルカ如キハ現在及近キ将来ニ於テ彼ノ国力及国情ノ共ニ許ササル所ナルヘシ、故ニ帝国ノ対露政策ニシテ親善ヲ基調トセハ彼我衝突ノ機会ハ大ニ減少スヘシ、然レトモ其政体ト国民性トハ往々常軌ヲ逸脱スルモノアリ、従テ将来若シ帝国カ他国ト開戦シ此方面ニ対スル威力微弱トナルニ際シテハ帝国ノ辺疆ニ脅威ヲ及ホスヘキ虞ナシトセス*14

として、ソ連を差し迫った「脅威」としては認めなかったが、尼港事件や朝鮮独立運動に強い影響を与えた「過激派」による「常軌ヲ逸脱」するテロや革命的行動に対して強い警戒感を抱いていた。

そのソ連は一九二四年五月三一日に北京政府と中ソ協定を、九月二〇日には東北政権との間で奉ソ協定を締結して東支鉄道の中ソ共同経営を規定した。これによって獲得した鉄道利権をもって自国経済に梃子入れすると同時に、白衛軍の財源を奪取したソ連は、東支鉄道の幹部を共産党系で独占して指導機関の掌握に努めるとともに、「共産主義の宣伝」を実施するなど、東支鉄道はソ連の政治鉄道の観を呈するに至った*15。これ以降、ソ連主導による東支鉄

道の経営に反発する東北政権との間で、東支鉄道南部線運行停止事件（一九二六年一月一六〜二八日）や東支鉄道管理局長イワノフ（A. N. Ivanov）拘禁事件（同月二二〜二五日）などの抗争が熾烈を極めた＊16。

このような中ソ関係の緊迫化とソ連の勢力拡大に比例して、日本陸軍は満洲における情報活動を漸次整備し、一九二二年一〇月に黒河特務機関を、翌年一〇月には綏芬河特務機関を設置した。さらに関東軍は一九二五年一二月〜翌年一月にかけて発生した郭松齢事件に代表される動乱や「満鮮ノ赤化ニ努メツツアル」ソ連の動向に対して、自軍の編制改編や「満洲ニ於ケル作戦ノ実際的研究ヲ遂ケシメ以テ万一ノ場合ニ応スルノ準備ヲ完備スル」ためにも作戦資料調査部の新設を求めた＊17。そして一九二六（大正一五）年五月に諜報勤務規定を改正、六月には「東三省及北支那並極東露領ニ対スル帝国ノ作戦及帝国国防上ノ要求ヲ顧慮」して軍事、地理資源、交通、外交、財政経済、内政などの全般にわたる広範囲な調査を実施する「関東軍諜報実施計画」をまとめた＊18。

ソ連の軍備については、一九二六年頃に作成された「赤軍ノ編制装備ト戦法ニ就テ」によれば、歩砲兵の火力や装甲部隊の数量などの「編制装備ニ於テ遥ニ帝国軍ニ勝ルモノアリ」ることを認めた。また、幼時から「共産党精神ヲ注入」され、相互監視などの「共産党的組織」により内部の団結を強化し、教育制度の整備によって幹部級の軍事知識も向上しているとした上で、「革命直後ノ赤軍ヲ見タル眼ヲ以テ今日ノ赤軍ヲ看ルハ大ナル誤ナリ、其統帥宜シキヲ得ハ日本軍ニ取リテ強敵タルヲ疑ハス」と評した。しかし、協同動作が不十分で「敏捷ヲ欠キ臨機応変ノ才ニ乏シ」いなどの「従来露軍乃至赤軍ノ示シタ……其国民性上ヨリ来ル弱点ヲ俄ニ除去シ得サルコトハ顧慮ニ置キテ可ナリト信ス」とした上で、作戦、用兵を検討した。この結果、ソ連軍は「其数ニ於テ編制装備ニ於テ意気団結ニ於テ我ニ取リテ強敵タルヲ失ハス、然レ共一度戦争場裡ニ於テ相見エンカ我ハ其訓練ノ優良ヲ以テ統帥ノ卓越ヲ以テ之ヲ撃破スルノ自信ナキニアラス」として、機動と兵力の集中運用によってこれを凌駕できると分析した＊19。鈴木重康参謀本部第一部第二課（作戦課）作戦班長もソ連軍の編制、装備の優良を認めながらも、諸般の素因から対ソ作戦ではソ連軍三個師団に対して日本軍二個師団で戦勝を得ることができると判断した＊20。このように、作戦関係の枢要機関である参謀本部第一部、同第二課などを中心に、依然として日本陸軍部内にはソ連軍の軍事力を過少評価する傾向が根強かった*21。これは在満軍人も例外ではなかった。

例えば、石原莞爾関東軍参謀は陸軍大学校教官時代に「露国内外ノ事情亦恐ラク戦争ニ十分ノ力ヲ用フル能ハサルヘシ」と述べ*22、満洲における対ソ軍備も約四個師団で可能であるとした*23。沢田茂ハルビン特務機関長も「日露単独開戦ト云フコトハ現下ノ状勢デハ到底起リ得ナイ、即チ露国ハ強国日本ト開戦スル丈ケノ力カナイカラ」と評している*24。実際、当時のソ連は日本の動向を絶えず警戒しており、中ソ紛争でも日本が中立的立場をとることを確認した上で武力行使の決断を下した*25。

総じて、中ソ紛争前の日本陸軍は、宇垣一成陸相が第二次軍制改革の動機をソ連の復興台頭としたように同国を将来的な脅威として認識していたが*26、当時はまだその実力には懐疑的であった*27。

二　中ソ紛争に関する日本陸軍の調査

中ソ紛争直前の一九二九（昭和四）年一月におけるソ連陸軍は、人員六九万二〇〇〇人（正規軍約五六万二〇〇〇人、ゲーペーウー約一三万人）、民兵交代員四〇万人で、戦略単位は狙撃師団三〇個、民兵師団四一個、騎兵師団一一個（正規九個、民兵二個）、騎兵旅団九個、陸軍航空部隊は八九中隊（偵察隊四五中隊、駆逐隊二八中隊、爆撃隊一二中隊）約一〇〇〇機で、水上航空部隊は一三中隊（偵察隊八中隊、駆逐隊五中隊）であった。また、戦車隊は一六隊一八〇輌、装甲自動車隊は三四隊三七〇輌、装甲列車は六一輌を有していた*28。しかしそのほとんどが欧露に駐屯しており、シベリアには狙撃三個師団（いずれも正規）と騎兵二個旅団が駐屯するに過ぎなかった*29。これに対して日本陸軍の総兵力は二〇万人（一七個師団）、航空機は二一中隊（偵察隊一〇中隊、戦闘隊九中隊、爆撃隊二中隊）五〇〇機、戦車隊は二隊四〇輌、高射砲は二隊四〇門を有していた*30。

中ソ紛争発生後の八月六日、ソ連革命軍事委員会は中国軍の行動監視とソ連領内への侵入阻止を目的として「赤旗特別極東軍（Special Red Banner Far Eastern Army）」を編制し、シベリアの陸上兵力を五個師団に増やすなど兵力を増強した。ソ連はこの特別極東軍によって軍制改革後初めての対外的武力行使を実施したのである。これに対して、日本陸軍は対ソ情報活動の先駆者であり、歩兵第三十九聯隊付となっていた神田正種を一九二九年七月より約六ヵ月間にわたって臨時ハルビン特務機関補佐として派遣するなど、ソ連軍に対する調査を強化した＊31。以下、日本陸軍の調査報告を項目ごとに分類して紹介する。

①動員

ソ連軍の動員は七月一三日の対中最後通牒直後から開始され、中ソ紛争末期の一一月下旬には西部国境方面に第三十五、三十六狙撃師団（正規）、第五騎兵旅団を、東部国境地帯に第一、二狙撃師団（正規）、第九騎兵旅団を、ハバロフスク〜チタ間の警備に第二十六狙撃師団（正規）を、予備兵力として第二十一狙撃師団（民兵）をチタに配備した＊32。

動員所要日数は、ニコリスクから綏芬河に動員された第九旅団が二日、最も遠隔地から動員されたイルクーツクの第三十五師団は約一週間で中ソ国境付近に集中、展開するなど＊33、七月下旬には「支那軍ニ対スル純軍事行動ノ準備」が完成した＊34。これらの迅速な展開は「共産党幹部の独断専制振りを実証するもの」と評された＊35。ちなみに、狙撃一個師団を移動させるのに必要な列車本数は三五列車で（二列車五〇両編成で換算）＊36、第三十五師団は動員時に一日七〜八列車を運行したが、沿海州地方、東部国国境方面では一日二〜三列車を運行するにとどまった＊37。第九旅団が二日で動員を完結したのは、原駐屯地が近接地で鉄道輸送を必要としなかったためであった。これを満洲事変で満鉄が一九三一（昭和六）年九月一八〜二五日にかけて一一一列車（一日平均一三〜一四列車）を運行したことと比較すると＊38、シベリア、特にウスリー鉄道の輸送力が低く、沿海州方面への輸送体制は極めて脆弱な状態であったことが分かる。

ソ連軍の糧秣、燃料はすべて本国から追送されたが、一〇月二日の満州里夜襲作戦で戦死したソ連軍兵士の遺体の中には「夏服ヲ着用セルモノ、靴無ク布ヲ代用セルモノアリ」と報告され*39、一一月一日の報告でも「露軍第一線部隊ニハ未タ防寒被服行キ亘リアラス」という状態であった*40。特に悲惨だったのが一一月末の満州里作戦に予備兵力から前線に加わった第二十一師団で、給養、施設の不完全や極度の食料不足にあえいだ*41。このように後方施設の不備や寒外套の準備が不十分であったことから動員準備の未完成が指摘された*42。

②空軍

紛争当初からソ連軍は頻繁に航空機による攻撃を繰り返した。これに対して中国軍は空軍力、対空砲火ともに未整備であったために有効な対処ができず、「士気沮喪シ戦闘動作萎縮」したと報告されているように*43、空軍力はソ連軍の勝利に大きく貢献した。

ソ連軍航空部隊は各中隊ともに平時は九機編成であったが、民間飛行機を徴用して一二〜一三機編成で行動した。編隊飛行は三機、稀に五機で編成され、その距離間隔は常に良好を保っていた。機種については、日本の偵察将校の報告では偵察機はサルムソン２Ａ型２型、中国側航空将校によれば偵察機はデハビランド四五〇馬力、戦闘機はフォッカーⅠ型、重爆撃機はファルマンゴリアットというように*44、旧式機が中心であった。

運用面では、中国側が空軍機をほとんど所有していなかったために空中戦闘こそ行なわれなかったが、ソ連軍による偵察、爆撃の成績は顕著であった。偵察では、中国軍の移動、陣地増築等の翌日には数機のソ連軍機がこれを偵察し*45、中国側幕僚等の動向を察知して「狙撃スル方針ヲ採」ったほか、在華共産党系ロシア人などによる地上諜報勤務者と密接に提携した木目の細かい情報網の存在が確認された*46。また、地上軍の砲撃は「常に飛行機の観測下」で行なわれ、「射弾の命中は良好であつた」というように、砲兵射撃の協力に効果を発揮した*47。爆撃は停車場、司令部、橋などを主目標とし、一回の爆撃で多いときには十数機の編隊を組み、高度は一〇〇〇メートル以内、時には高度二〇〇～三〇〇メートルの低空で爆撃を実施し、爆撃後には高度二〇〇～三〇〇メートルで機銃掃射を行なった。これに対して中国空軍の行動はほとんどなかったため、護衛機なしでの爆撃も実施された。また、東部国境方面では重爆撃機による夜間爆撃を実施するなど、「支軍を嘗めた」「傍若無人の行動」を行ない、「空中の武力を有せざる旧式軍隊が優勢なる空軍を随伴する軍隊に対し如何に無力なものであるか」を立証した＊48。これら一連の航空作戦を通じてソ連軍機の損耗はほとんどなく＊49、全般的に「操縦の技倆は相当優秀と認め」られた＊50。

これに対して日本陸軍は、対ソ戦の主戦場と想定されている北満は興安嶺の森林地帯以外はほとんどが平地であるために「上空ニ対スル遮蔽」がなく、航空機に発見されやすい環境であったため、戦時には制空権の獲得が不可欠であった＊51。しかも、ソ連軍の極東航空兵力は一九三一年の時点で一〇〇～一五〇機であるのに対して＊52、一九三一年一一月一一日に関東軍飛行隊本部が設置されるまで満洲には航空部隊を配備していなかった＊53。また、防空兵器である高射砲も二隊約四〇門を保有するに過ぎず、対空砲火は極めて貧弱であった。空軍機の運用も、日本陸軍のそれは一九三二（昭和七）年頃までは敵地上部隊の偵察による「地上作戦直接協力」を主任務としており＊54、爆撃、攻撃面で積極的に運用したソ連軍と比較すると遅れをとっていた。質的側面でも満洲事変の勃発直前には約六〇〇名の操縦者があったが、戦力として計上し得る操縦者は半数にも満たず、その「絶対量の不足が喧しく議論せられて居」る状況であった＊55。

③陸上戦闘

空軍と並んで紛争の勝敗を決する主要因となったのが火砲である。特に、ソ連軍は自軍の損傷を減らすためにも「優秀ナル砲兵ヲ利用シ過度ニ準備砲撃」を行ない、敵の士気を萎縮させることを常としたことから＊56、「赤軍が重砲を濫用すべきことを予期することが必要」とされた＊57。また、ソ連軍は歩兵聯隊、騎兵聯隊ともに多量の重機関銃を有しており、師団砲兵は約半分が歩兵聯隊に付属し、大隊内にも野砲、榴弾砲の両中隊を配備するなど、火力を重視した編制であった＊58。満州里作戦に参加したソ連軍部隊は、一個師団につき歩兵砲一八門、野（山）砲四五門を有していたが＊59、日本陸軍の一個師団当たりの火砲数は、一九三一年の時点で歩兵砲一六門、野（山）砲三六門で、歩兵聯隊内における野（山）砲の数量は、ソ連軍一八門に対して日本陸軍はゼロ門であった＊60。加えて、日ソ戦の主戦場と想定されている北満の「遮蔽物ノ甚タ乏シ」い地理的環境から、「火器就中直射兵器ハ其最大ノ威力ヲ発揚」し、「砲兵ノ支援ヲ欠ケル歩兵ノ攻撃前進ハ特ニ悲惨ナル結果ヲ招来スヘキ」ことが予想された＊61。

しかし、ソ連軍の火砲は「聯隊砲兵ノ外ハ一九〇二年式野砲、一九〇九―一九二〇年代十二榴ニシテ観測用具モ亦不備ナリ」というように旧式で＊62、不発弾も多く、性能面での不安が指摘された＊63。戦車に関しては、一九二九年一月における日本陸軍の保有数が二隊四〇輛に対して、ソ連軍は戦車隊一六隊一八〇輛の戦車を保有し＊64、満州里作戦では日本の戦車保有数の約半分である一隊二一輛が参加したが＊65、故障が相次いでいた＊66。加えて、中ソ紛争に参加したソ連軍部隊には「歩砲両聯隊ノ協同ニ欠陥多」く、火砲のみならず歩兵銃も一八九一年式の旧式で粗製品が多かった。このことは巻末別表にも掲げているように、ソ連軍は火力の数量と装備では日本陸軍を上回っていたが、質的側面での不安が指摘された。

④防寒

一一月一五日～三〇日にかけての満州里の気温は最高で零下六度（一五日、一六日午後二時）、最低で零下三三度（三〇日、午前四時）＊67であったが、この酷寒のなかでソ連軍が満州里・ハイラル間の約二〇〇キロを四日で走破したのは「快速ナリト言フテ憚ラサル」ものがあった＊68。航空機も零下三〇度以下の厳寒でも二一数機の編隊行動を組み、わずかに一機の不時着を見たのみという高い防寒能力を示した＊69。

これに対して日本陸軍は、大兵団の作戦は零下一五～一六度が限度、零下二〇度では限られた兵力で特別な装備のもとに短期間の作戦が可能、零下三〇度なら選抜された斥候小部隊のみ作戦可能で、兵器、軍需資材は零下一五度での使用が限界と考えられていた＊70。実戦では、一九三一年一一月のチチハル会戦で戦死者五八名、戦傷者一二八名に対して、将校三名が凍死、凍傷患者は九九六名にのぼった。これは酷寒地での生活に順応しているロシア人と温帯に生活する日本人の体質と防寒装備の差異を示すものでもあったが、これを埋め合わせる防寒装備の開発が行なわれることはなかった＊71。

⑤占領統治、宣伝

ソ連軍は高級指揮官が衛戍司令官となって占領統治を行ない、中国人に対して「住民ノ心ヲ奪ヒ彼レ等ヲ労農化スルノ基礎ヲ扶植スルヲ主義」として、政治委員による「共産主義宣伝」を行なった。その方法は巧妙で、占領地行政は中ソ双方の要人から専任された委員会に託し、軍はその監視と治安維持にあたるとともに、商店の営業を勧め、日常品を廉価で販売し、貧困者への無償治療や物資配給など、「住民ニ接スル殊更親切」にふるまった。その一方で、「編制、装備訓練ノ優秀ナルヲ誇示」してソ連軍の威厳と軍紀粛清を示した。

こうした厚遇政策により人民を安堵させた上で、ラジオや新聞などのメディアを利用して、中ソ紛争はプロレタリアとブルジョアの国際階級戦争であり、中国側の挑戦によって発生したとしてソ連軍の行動を正当化した。そして、「興味本位」の活動写真や音楽会を開催し、その合間に中国側軍隊や指揮官の無能ぶり、ソ連軍の優位性、ソ連の「幸福」な労働者や民衆の風景、完備した社会施設、五ヵ年計画の進行を紹介する映像を流すなど、『プロレタリヤ』ノ天国」を強調した。これによって住民は、「知ラス識ラスノ間宣伝ノタメノ映写及演説ニモ惑ハサレ、所謂労農者ニハ拍手シテ之ヲ迎フルモノアア」るなど、白系ロシア人や中国人もソ連軍を賞嘆するに至った。中国軍兵卒の捕虜に対しては同胞、あるいは赤軍の味方として物質的、精神的にも優遇し、ハバロフスク、ウラジオストック、モスクワ等の各都市に案内するなど、ソ連への好感と威厳を刷り込んだ。また、人民と同様に中ソ紛争は国際階級戦争であるとの観念を植えつける一方、中国共産党の変遷とこれの発展につくしたコミンテルンの助力を強調し、軍閥、資本家、地主を倒して共産党の勢力を拡張すべきと高調するなど、「兵卒ヲシテ支那革命ヲ助成セント試ミタ」。この結果、兵卒三〇〇名余りが紛争終結後もソ連に残り、帰還した五二五〇名の中国人兵卒の約半分がソ連軍の組織や兵器、編制、訓練等を嘆美し、「或ハ自ラ其宣伝ニ任シ、或ハ革命ノ即行ヲ叫フ」という状態であった＊72。

このように、中ソ間の一局部の紛争ですら宣伝による多大な効果が認められたことは、「国力ヲ堵ス大戦ニ当リテハ層一層規模ヲ雄壮ニ実施ヲ峻烈ナラシムルハ固ヨリ、更ニ敵国住民ニ対シ徹底セル謀略ヲ施スヤ諜々ヲ要セサルヘシ」との警戒感を呼び起こした。反面、日本陸軍は「敵軍乃至敵国ヲ崩壊スル底ノ作業ニ就イテハ遺憾少カラス」という状態であった。そして参謀本部は今後の対策として、一個師団以上の司令部には平時から政治機関を常設し、各般精神教育を実施すること、また内外の軍政に関する情報の提供、新聞や活動写真等の使用、さらには演習に政治作業を加味することや、要員育成と施設研究が必要であるとした＊73。

⑥その他、小括

既述の通り、中ソ紛争に参加したソ連軍部隊は火砲や空軍戦力など、数量と運用の両面において日本陸軍の能力をはるかに上回るものがあった。質的側面も満州里、ジャライノールの攻撃成績に鑑み、佐官級以上の上級指揮官の能力は「相当ニ達シアルヲ認メ」た。

しかし、ソ連軍狙撃師団の半数以上を占める民兵師団の小隊・分隊長クラスの下級指揮官のなかには戦場で茫然自失して射撃命令出さなかった者がいたために兵卒各自が独断で戦闘を実施、射撃に集中するあまり部隊指揮を忘却、あるいは弾薬補充演習を閑却したために補充指示を忘れて前線で弾薬が欠乏するケースも発生したほか、友軍戦車への射撃や大隊長がみだりに指揮地点を離れたために連絡が多々中絶したことが報告されるなど、初めて実戦に動員された民兵師団は錬度と能力面での問題点を露呈した。また、階層ごとの戦死傷者の率で共産党員、政治委員に比して農民、労働者層のそれが低かったことは、労農層の「忠誠度」に不安を残した。このほか、飛行機や火砲などの装備が旧式であったことや、従来から指摘されていた計画準備の粗漏、協同動作の不良、夜戦を不得手にするなどの欠陥も報告された＊74。加えて、ソ連軍は「日本人居住地方ヲ避ケ辺境又ハ背後ニノミ活動シアル」というように＊75、終始日本の顔色を窺っていたことも指摘された。

しかし全般的に見れば、

服従ノ関係成リ指揮官赤兵ノ訓練概ネ当ヲ得タルノミナラス、兵器亦未タ完成スルニ至ラスト雖モ砲、機関銃共ニ豊富ナルコトハ徹底セル政治教育ト政権ノ赤軍好遇政策ト相俟ツテ赤軍ノ価値ヲ高メ、今ヤ帝政露軍ニ比シ勝ルトモ劣ルコトナカルヘシト信ス。唯赤軍ノ憂フヘキハ動員整備ノ未完、民兵制度ノ採用及赤兵ノ出身ノ大部カ農民ナルコトニ存ス＊76

と報告され、中ソ紛争前にソ連は「力カナイ」と評した沢田ハルビン特務機関長も「蘇軍ノ攻撃概ネ適当、部隊ノ訓練亦可ナルノミナラス、占領地域ノ統治穏健ニシテ蘇軍ハ革命後十二年ニシテ更生セルノ感深シ」と述べた＊77。また、宇垣陸相は「露国共産主義者の最終目的は世界革命によりてプロレタリヤの社会を現出せしめんとする」ことであり、「内部の整頓さへ出来れば必ずや対外進出を始むる」とし、「現時に於てさへも支那や其他の弱小国に対しては相当思切りて活躍を試みて居る。従て今日彼等の強国に対して控目にして居る一時現象に眩惑し軽挙に武備の縮小削減を策する如きは戒めねばならぬ」と述べているように＊78、ソ連を軍事的な脅威として認識し、これを踏まえて第二次軍制改革を議論すべきとした。

三　中ソ紛争後における日本陸軍のソ連軍認識

ソ連は中ソ紛争後も特別極東軍を残置するばかりか、その増強をはかった。チタ在勤の末藤知文の報告によれば、中ソ紛争以降、ソ連による「赤化運動は露骨」となり、中ソ紛争で使用した師団を残置、さらにチタ以東に一個師団を増備し、装備も「戦車、装甲列車を加へ飛行機を増加」した＊79。中ソ紛争で輸送力に問題を残したシベリア鉄道もカルイムスコエまではほぼ複線化され、ザバイカル・ウスリー両線も漸次複線化がすすむなど＊80、極東方面の施設が改善されていることが認められた。笠原幸雄駐ソ大使館附武官も「現在赤軍装備訓練ハ相当ノ域ニ達シ」、五ヵ年計画による「国力ノ充実ト共ニ積極政策ニ出テ来ル」として、早晩日ソ衝突は避けられないとしたが、これに対する「現在帝国ノ国防ハ国民ノ不理解、経済ノ不況等ニヨリ欠陥尠カラス、改善ノ必要切ナルモノアリ」と評した＊81。また、一九三一年にソ連を視察した原田敬一陸軍歩兵学校校長は、中ソ紛争で「大ニ面目ヲ改メ其戦闘力ヲ増進」したソ連軍は五ヵ年計画で鋭意軍備を充実しており、「我国軍ニ於テ之ヲ蔑視スルコトアラハ其ハ大ナル危険ヲ包蔵スル」と指摘した。そして、「赤軍ノ編制装備ニ対シ少クモ一歩ヲ凌駕シ、且戦場ノ地形ニ適応スル如キ編制装備ヲ採用スルヲ要ス」として、機動力を重視しつつ飛行機・戦車の増加、新式歩兵砲・聯隊砲の採用、機関銃数の増加や歩兵の対戦車・対空射撃の完備、自動車の利用による機動性の向上や通信機関の整備が必要であると述べた＊82。

ソ連の脅威がいかに受容されたかについては、研究部主事の小畑敏四郎を中心に対ソ作戦の研究を行なっていた陸軍歩兵学校に注目しなければならない。同校が一九三二年二月に作成した意見書によれば、ソ連軍に比して日本陸軍は、「装備ニ於テ優ルヘキモノ何物モナク、従テ亦必勝ノ信念ヲ鞏ムヘキ戦法ノ何物ヲモ求ムルニ由ナシ……第一線兵種ノ装備ノ不充分」であるとの現状を指摘して、歩兵装備の完備を求めた。火力についてはソ連軍と同数の機関銃を整備するよりも、破壊威力と殺傷威力を兼備し運用軽易な歩兵砲の増加で機関銃の不足を補い、歩砲協同によって「必勝ノ根基ヲ鞏ムル」べきとした。このため、威力と精度、射程距離において「近代歩兵戦闘ノ要求ニ常ニ適応シ得ラレ」ない現用の十一年式曲射歩兵砲に代わって試製歩兵砲の採用を求めた。一方で随伴砲は運動性を欠くこと、二〇ミリ装甲の戦車に対しては威力が不十分であることから「之カ威力ノ期待過望ノ結果ニ終ル」とした。また、日本陸軍が「徹底的ニ地上攻撃ヲ鼓吹奨励シツツアル敵国空軍ニ対シ実質的ニ無防禦」であり、「相当ノ準備ヲ整ヘツヽアル敵軍戦車ノ来襲ニ対シ殆ト無抵抗」であることは「装備上最大欠点」であると指摘、前者については対空砲火の拡充を求め、後者については研究を継続するとした＊83。

また、一九三一年初春に陸軍歩兵学校職員が対ソ戦の主戦場となるべき北満地方を視察した際の報告によれば、平地が多い地理的環境から「各部隊共ニ対空防禦火器ノ装備ヲ必要トス」、「北満一般ノ地形ハ機械化部隊ノ行動ニ概シテ有利」であるとし、これを踏まえて戦車部隊の機動力強化や機関銃の口径拡大による威力増大、歩兵砲や小銃の射程距離延長、歩兵砲・軽機関銃の耐寒性向上が必要とした＊84。用兵については、正面火力に著しい懸隔があることを認め「従来ノ攻撃演練ノ方式上ニ一大反省ヲ要スルモノアルヘシ」としながらも、砲兵、重火器で敵の重機を制圧する一方、側背に迂回し、ソ連軍の広正面配置による兵力分散に乗じて決戦方面に兵力を集中し、機動を駆使して連繋・協同や「機敏ナル戦闘組織ノ構成ニ不得意ナル」ソ連軍の弱点に乗じるとした＊85。

以上のように、陸軍歩兵学校の研究ではソ連軍の装備の優良性を踏まえて機動を重視した編制装備の改善を前提に、機動の駆使と歩砲協同による運用の妙によって戦勝を得ると分析したが、これは中ソ紛争でも確認された夜戦や側背、行軍の間隙や協同作戦を不得手とする従来から指摘されていたソ連軍の弱点面に大きく依存したものであった。

第二次軍制改革をすすめる陸軍中央では、装備改善を重視する陸軍省と兵力数の確保に重きを置く参謀本部との間で数次にわたって議論が行なわれていたが、その際、最も重視されたのが日ソ両国の軍事バランスであった。一九三〇（昭和五）年一月一三日に濱口雄幸首相と会談した宇垣は、対ソ作戦には戦時一八～二一個師団以上が必要であるとして、「内閣が陸軍に要求すること過大にして国防を無視するときは、国防一点張にてつっぱるやも知れず」と強硬な態度を示した*86。

この年の八月人事では、中耳炎を患った宇垣の代理として陸相の任にあたっていた阿部信行に代わって陸軍次官に就任したのが、陸軍航空の育ての親といわれる杉山元であった*87。また総力戦体制の構築と航空戦力の向上を訴えていた小磯国昭を軍務局長に、同じく航空戦備の充実を求める永田鉄山を軍事課長に置き*88、対ソ作戦研究の第一人者である小畑を陸軍歩兵学校研究部主事に据えるなど*89、軍備の近代化と対ソ戦備の充実をはかるという日本陸軍の意図が色濃く表れていた。事実、金谷範三参謀総長は中ソ紛争における満州里付近の戦闘や種々の情報から、ソ連が「鋭意陸軍改善充実し始め、特に航空隊の拡張は頗見るべきものあり。中々油断ならず。彼はこゝ五、六年間にずんずん進むに、日本は財政困難等の事情により五、六年の改善充実が露に及ばずとすれば由々しき大事なり」と述べた*90。一二月一〇日に陸相に復帰する宇垣も「日本の軍備は国家防衛の最低水準」であり、これに対するためにも装備の機械化が必要であるとするなど*91、ソ連の脅威を見越した第二次軍制改革の実現になみなみならぬ決意を示した。その宇垣が軍制改革の完成を一九三七（昭和一二）年頃と想定したのは*92、この年に「東支鉄道建設及経営ニ関スル契約」に基づいて中国側が東支鉄道の買収に出る可能性があることと、満鉄の租借期限を仮営業日から換算すると一九三七年で満期になるために中国側の回収運動が激化し*93、満蒙有事があり得ると判断したためである。

この結果、一九三一年春の師団長会議では「満蒙ニ於ケル露支協定ノ満期昭和十二年頃ナリ、支那ハ二十一ケ条ヲ認メス主張シ居レリ、故ニ此カ解決ノ時来ルヘシ」として一九三七年前後を目処に満蒙問題を解決すべきとした*94。同時に五ヵ年計画後のソ連が「帝国ノ為一大脅威タルヘシ」と予想したことで*95、ソ連の脅威は満蒙問題の解決と第二次軍制改革にそれぞれにリンクすることになった。また、日本陸軍は軍制改革と満蒙問題について理解を求めるために軍部内外に向けて積極的な広報活動を展開した*96。

こうしたなか、七月一日の軍事参議官会議で陸軍の軍制改革最終案が承認された。その基本的な内容は次の通りである。陸上兵力については、鮮満駐劄師団を各一個師団ずつ増加する、歩兵部隊に重機関銃と新式歩兵砲を増加し、砲兵聯隊内に軽榴弾砲大隊を創設、騎兵部隊に装備する機関銃は一個旅団に一中隊程度の割合で配備することとした。航空兵力では飛行一聯隊を満洲に配備し、聯隊内の中隊の増加と教育施設を改編するとした。そのほかにも戦車隊、装甲自動車隊、高射砲隊などの増加、機動兵団に関する研究機関の新設をあげ、数量などの具体事項は政府との予算折衝を待つとした＊97。これらは陸軍歩兵学校が求めていた新式歩兵砲の配備や航空兵力、機械化兵力の研究などを反映したもので、対ソ戦備を強く意識したものであった。

以後、軍制改革案の実現を目指す陸軍は、政府に対して連日活発な折衝を行なった。若槻礼次郎首相は七月三日の南次郎陸相との会談のなかで装備改善には同意したが、鮮満への師団移駐問題は列国の疑念を招くことと、経済上の理由から反対した＊98。七日には南の意向を受けた小磯が閣議後の懇談会でソ連の五ヵ年計画と軍備拡張、これに対する陸軍装備の現況を説明したが、井上準之助蔵相らの反発にあった＊99。宇垣も若槻、井上、元老の西園寺公望、安達謙蔵内相、江木翼鉄相等に重ねてソ連の軍備拡張に対する日本陸軍の装備改善の必要性を訴えるとともに、国防力の減少を意味する節減には一切応じないという陸軍の空気を伝え＊100、一一日にも金谷は再度若槻に満蒙問題の解決と軍制改革に理解を求めた。だが若槻は国防の第一線としての満蒙の価値については理解を示したものの、あくまでも隠忍自重すること、ソ連の五ヵ年計画は自国の経済復興が目的であるとする「反対的口吻」を漏らした＊101。以上のように、満洲事変勃発前の日本陸軍は政府に対して積極的に満蒙問題の解決と第二次軍制改革の必要性を理解させるべく説得に務めたが、その理解を得るには至っていなかった。

おわりに

一九二九年中ソ紛争でソ連軍は航空機、火砲などの近代兵器の圧倒的な火力によって包囲殲滅作戦に成功した。この結果、北満におけるソ連の勢力拡張と相まって、日本陸軍はソ連の軍事的脅威と共産主義による思想的脅威を認識した。特に軍事的脅威は空軍、火砲、機械化戦力の充実という課題について具体的な示唆を与えるものであったことから、列国なみの装備改編を企図する第二次軍制改革を加速させる役目を担った。だが、第二次軍制改革の挫折は中ソ紛争の「衝撃」を後退させ、逆にソ連の弱点面を強調させる結果をもたらした。

満洲事変直前期における日ソ両軍の陸戦兵器を比較したとき、重火器の数量ではソ連軍が優勢であるが、そのほとんどが旧式であり、機関銃と一部の歩兵砲を除いては射程距離、性能ともに日本陸軍のそれが勝っていた。またソ連軍の極東方面への輸送態勢が未整備であったことや、中ソ紛争に参加した部隊が粗雑で計画準備の粗漏、命令の不実行、協同動作や夜戦を不得手にするなどの欠陥も見られた。このため、日本陸軍はソ連軍の実力が一定レヴェルに達していることは認めても、満洲事変の影響を受けてソ連軍が極東に大幅な兵力を増加する以前においては、運用、統帥の妙によってこれを凌駕できると判断したとしても不思議ではない。

また、原田は中ソ紛争でソ連が日本の中立的態度をとるのを見極めてから武力行使に踏み切ったこと、五ヵ年計画中のために内政を優先していること、ソ連にとって最大の脅威はポーランドなどの西方にあるために極東に力を割けないことから、「我国ト干戈相見ユルカ如キハ大ニ戒慎シ」ているとして、「戦争ノ覚悟」で対ソ外交懸案にあたれば「其解決成功疑ナカルヘシ」と報告した*102。笠原も同様の見解を示したが、日ソ開戦時の想定では、極東ソ連の領土を占領するだけではその死命を制することはできないため、近隣諸国や白衛軍などと連携した謀略宣伝によって内部から崩壊に導かねばならないと述べた*103。

以上の対ソ判断はソ連に対して強硬姿勢をとるか、陸軍の装備改善を待つかの二つの選択肢を提示する。後者に関連して、花谷正関東軍参謀から満洲有事発生時の処置について質問を受けた小磯は、陸軍装備が貧弱であることとソ連の介入を恐れて否定的な見解を示したが*104、これは装備のみならず、謀略宣伝などの持久戦の準備が整っていないことから、その整備を前提としたものといえる。前者については、満蒙問題の即時解決を求める勢力に強い示唆を与えた。関東軍は中ソ紛争後の北満における労働運動や共産主義運動の昂揚からソ連を将来的な脅威として認識していたが＊105、その国情から対満有事には積極的に介入しないという判断を下した。これは「蘇露は目下の状況では決して大きな事は出来ない……仮令之等を対手とするも軍事的には何等恐るるに足らない」とした本庄繁関東軍司令官や、「蘇は戦闘力なく」とした片倉衷同軍参謀の対ソ評価につながった＊106。そしてソ連が満洲事変劈頭において退嬰的な態度をとったことと相まって、参謀本部第一部第二課も「現下ニ於ケル蘇国ノ実情ハ勢ノ赴ク侭ニ日本ト衝突スルヲ得策トセサレハナリ」として、ソ連軍が介入して戦争に発展する可能性は低い、もし「事態進ンテ対蘇開戦トナルコトアルモ帝国陸軍ノ実威力ハ現勢ニ於テ敗算少ク」と判断するに至った＊107。

こうしたソ連軍の弱点面に傾斜した認識は、満洲事変の影響による第二次軍制改革の頓挫、荒木貞夫の陸相就任による皇道派人事と「戦闘綱要」に見られる精神戦力を強調した国防思想とが相まって、一九三三（昭和八）年に策定された「対ソ戦闘法要綱」に色濃く反映される。これによると、ソ連軍は「鈍重ニシテ変通ノオニ欠ク」「協同動作ノ不良」などの「民族ノ本旨ニ基ク欠陥ハ容易ニ之ヲ医スル能ハス」、よって『ソ』軍ニ対スル戦斗指導ノ要ハ我得意トスル攻勢ト機動トニ由リテ敵ノ消極純重ニ乗シ、常ニ機先ヲ制」することを基本方針とした。ソ連軍の火力も「適切ナル兵力部署ト火力ノ運用トニ依リ十分之ヲ圧倒シ得ル」もので、酷寒期の作戦も「我補給其他諸般ノ準備施設宜シキヲ得ルニ於テハ依然トシテ我優越ヲ発揮シ敵ヲ圧倒シ得ル」と判断した。そして中ソ紛争で猛威を奮ったソ連の空軍力も「数ニ於テ著シキ優勢ヲ示スト雖、其戦斗及運用ノ能力並機材ノ実価発揮ノ技能ニ関シテハ敢テ恐ルルニ足ラサルモノ」と評した＊108。

中ソ紛争は陸軍装備の面ではその近代化を迫ったが、戦術面では日本陸軍の長所と考えられていた機動力と攻撃精神に対して、ロシア人の弱点を強調するという従来の構図を変化させるものではなかった。満洲事変にソ連が介入せず、第二次軍制改革の挫折によって軍備の近代化という観点が失われたとき、そこには従来の戦術思想のみが残った。装備改善に遅れをとった日本陸軍は、一〇年後のノモンハンにおける試練を迎えるのである。

＊1 細谷千博「ワシントン体制の特質と変容」(同『両大戦期の日本外交——1914—1945——』岩波書店、一九八八年、第三章)。
＊2 黒野耐『帝国国防方針の研究——陸海軍国防思想の展開と特徴——』総和社、二〇〇〇年、第五、六章。
＊3 一九二九年中ソ紛争に対する日本の反応を論じた研究としては、黒沢文貴氏の「田中外交と日本陸軍」(黒沢文貴『大戦間の日本陸軍』みすず書房、二〇〇〇年、三四五〜三四六頁)や、土田哲夫氏の「1929年の中ソ紛争と日本」(『中央大学論集』第二二号、二〇〇一年、二六頁)があげられる。また、臼井勝美氏は中ソ紛争の「衝撃」については懐疑的である(臼井勝美『日本外交史研究——昭和前期——』吉川弘文館、一九九八年、四一頁)。
＊4 林三郎『関東軍と極東ソ連軍——ある対ソ情報参謀の覚書——』芙蓉書房、一九七四年、四四〜四六頁。このほか同様の見解は、日本近代史料研究会『片倉衷氏談話速記録』上巻、一九八二年、一一五頁、日本近代史料研究会『鈴木貞一氏談話速記録』上巻、一九七四年、二九六〜二九七頁など。
＊5 本章のソ連軍建設当初の記述は繁雑を避けるため特に註は設けないが、以下のものを参照した。M. V. Zakharov, *50 let Vooruzhennykh Sil SSSR*, Moscow, 1968; 革命軍事論研究会編『赤軍の形成』鹿砦社、一九七二年、ハリエット・F・スコットほか『ソ連軍　思想・機構・実力』乾一宇訳、時事通信社、一九八六年。
＊6 トロツキー「軍事理論かエセ軍事教条主義か」志田昇、西島栄訳、一九二〇年一一月二二日〜一二月五日(『トロツキー研究』第二八号、一九九九年)三四、七四頁。
＊7 スコットほか『ソ連軍　思想・機構・実力』一一頁。
＊8 防衛研修所『研究資料79RO—8H　ソ連航空作戦史』一九七九年、五〜九頁、鹿毛達雄「独ソ軍事協力関係——第一次大戦後のドイツ秘密再軍備の一側面」(『史学雑誌』第七四巻第六号、一九六五年)二〇〜二二頁。
＊9 M.V.Zakharov, *50 let Vooruzhennykh Sil SSSR*, pp. 181.
＊10 陸軍省「帝国及列強之陸軍」一九二六年(防衛省防衛研究所図書館蔵)。
＊11 防衛研修所『ソ連航空作戦史』九頁。
＊12 寺山恭輔「満洲事変とスターリン体制——戦争の脅威と30年代初頭ソ連国家・社会の変容——」京都大学博士論文、一九九六年、一八三〜一八四頁。
＊13 M.V.Zakharov, *50 let Vooruzhennykh Sil SSSR*, pp. 172-189; スコットほか『ソ連軍　思想・機構・実力』九〜一五頁。なお、地方民兵制はアメリカの州兵制度に類似したもので、兵役五年間のうち、所定の期間に軍事訓練、勤務に従事するものである。
＊14 参謀本部「大正十二年　帝国国防方針」一九二三年二月二八日(防衛省防衛研究所図書館蔵)。

＊15 弓場盛吉『東支鉄道を中心とする露支勢力の消長』下巻、南満洲鉄道株式会社、一九二八年、九三九、一〇九六～一〇九七頁。
＊16 これらの事件については、同右、第一五章を参照。
＊17 関東軍司令部「関東軍編制其ノ他ニ関スル意見」一九二六年一月一五日（「在満軍隊根本的改変ニ関スル意見」（「密大日記」大正十五年第四冊、防衛省防衛研究所図書館蔵））。
＊18 関東軍参謀部「関東軍軍事諜報勤務規程」一九二六年六月（「関東軍諜報勤務規程送付ノ件」（「密大日記」大正十五年第一冊、防衛省防衛研究所図書館蔵））。
＊19「赤軍ノ編制装備ト戦法ニ就テ」（個人蔵）。
＊20「対露作戦図上演習実施要領」一九二五年五月一六日（「鈴木重康関係資料綴」防衛省防衛研究所図書館蔵）。
＊21 葛原和三「帝国陸軍の第一次世界大戦史研究――戦史研究の用兵思想への反映について――」（『戦史研究年報』第四号、二〇〇一年）四五～四六頁。
＊22 石原莞爾「現在及将来ニ於ケル日本ノ国防」一九二四年四月［引用部分は一九二七年一二月三〇日に起草］（角田順編『石原莞爾資料（増補）――国防論策編』一九九四年、原書房、五八～六八頁）。
＊23「関東軍満蒙領有計画」一九二九年七月（同右、四二～四五頁）。
＊24「北満現地戦術（昭和四年三月計画）」（同右、二九～三四頁）。
＊25 ボリス・N・スラヴィンスキー、ドミートリー・B・スラヴィンスキー『中国革命とソ連――抗日戦までの舞台裏【1917―37年】』加藤幸広訳、共同通信社、二〇〇二年、二〇二頁。
＊26 角田順校訂『宇垣一成日記』Ⅰ、みすず書房、一九六八年、一九三一年五月三〇日条。
＊27 同右、一九二八年一一月四日条。
＊28 陸軍省「列国新兵器整備一覧」一九二九年一月（防衛省防衛研究所図書館蔵）。
＊29 参謀本部「労農赤軍配兵図」一九二九年六月調（「東支鉄道関係一件・支那側ノ東支鉄道強制収容ニ原因スル露、支紛争問題（一九二九年）・露、支両国ノ軍事行動」［以下、「軍事行動」］**F.1.9.2.5-4-3** 外務省外交史料館蔵）。
＊30 前掲、「列国新兵器整備一覧」。
＊31 神田正種「情報勤務に関する回想」一九五五年（防衛省防衛研究所図書館蔵）。
＊32 参謀本部第二部「東支回収事件　其九」一九二九年一一月八日（「支那側ノ東支回収事件」［以下、「東支回収」］防衛省防衛研究所図書館蔵）。以下、「東支回収事件」は煩雑を避けるため、副題があるものは初出で紹介するが、巻号のみを注記する。
＊33 参謀本部「東支事件に関し蘇連邦の行へる軍事、宣伝並に陰謀に関する観察」［以下、「蘇軍事、宣伝、陰謀」］一九二九年一

一月（「東支回収」）。
＊34　小松原道太郎駐ソ大使館附武官発南次郎参謀次長宛第五〇号一九二九年七月二七日（「軍事行動」）。
＊35　「蘇軍事、宣伝、陰謀」。
＊36　陸軍経理学校「赤軍概観」一九三三年三月（防衛省防衛研究所図書館蔵）。
＊37　「蘇軍事、宣伝、陰謀」。
＊38　南満洲鉄道株式会社編『満洲事変と満鉄』上巻、原書房、一九七四年、三三頁。
＊39　沢田茂ハルビン特務機関長発岡本連一郎参謀次長宛哈市電第三五〇号一九二九年一〇月一一日（「軍事行動」）。
＊40　沢田発岡本宛哈市電第三六九号一九二九年一〇月三一日（同右）。
＊41　「其十八（満州里附近赤軍戦闘ノ経験）」一九三〇年二月一三日（「東支回収」）。
＊42　「其十七（満州里方面占領軍ヨリ見タル赤軍）」一九三〇年二月一四日（同右）。
＊43　「其十三（西部国境方面赤支両軍戦闘詳報）」一九三〇年一月二五日（同右）。
＊44　「其十七」、「蘇軍事、宣伝、陰謀」、「露支抗争に於ける露機の活躍」（『偕行社記事』第六六八号、一九三〇年）一〇五頁。
＊45　「露支抗争に於ける露機の活躍」一〇七〜一〇八頁。
＊46　中谷政一関東庁警務局長心得発小村欽一拓務次官ほか宛関機高収第三五七五五号ノ二「支那側ノ防露空軍ノ情況」一九二九年一二月二〇日（「軍事行動」）。
＊47　「蘇軍事、宣伝、陰謀」、「露支抗争に於ける露機の活躍」一〇七〜一〇八頁。
＊48　「露支抗争に於ける露機の活躍」一〇六〜一〇七頁。
＊49　「其十七」。
＊50　「蘇軍事、宣伝、陰謀」。
＊51　陸軍砲兵大佐前田治述「北満試験中ノ所感」一九三四年二月九日（陸軍大学校「昭和八年以降　北満作戦資料（兵站、寒地、渡河）」防衛省防衛研究所図書館蔵）。
＊52　『ソヴィエト』軍兵力変遷一覧表」（「片倉衷関係文書」R七七、国立国会図書館憲政資料室蔵）。
＊53　防衛庁防衛研修所編『戦史叢書53　満洲方面陸軍航空作戦』朝雲新聞社、一九七二年、六〜七頁。
＊54　秋山紋次郎『陸軍航空概史』航空幕僚監部、一九六四年、五頁。
＊55　西郷従龍陸軍航空本部員「空中勤務者の数的増強の概況について」（防衛省防衛研究所図書館蔵）。
＊56　「其十三」。

＊57 「蘇軍事、宣伝、陰謀」。
＊58 片倉［衷］大尉抄録「参考資料」一九三一年（「北満現地戦術行動並研究関係書類綴」（「片倉衷関係文書」R二九））。
＊59 「其十三」。
＊60 防衛庁防衛研修所戦史室『戦史叢書27　関東軍〈1〉対ソ戦備　ノモンハン事件』朝雲新聞社、一九六九年、四七～四八頁。
＊61 下山歩兵大尉案「北満洲平坦草原地帯ニ於ケル攻撃戦闘方式並之ニ伴フ編制装備ニ関スル研究」一九二八年五月（「北満現地戦術行動並研究関係書類綴」）。
＊62 「ソ連邦編成装備ニ関スル一観察」（同右）。
＊63 「其十七」。
＊64 「列国新兵器整備一覧」。
＊65 「其十三」。
＊66 寺山「満洲事変とスターリン体制」一七三頁。
＊67 「其十三」。
＊68 「其十七」。
＊69 「露支抗争に於ける露機の活躍」一〇八頁。
＊70 「一九三〇年代中期に於ける対ソ作戦計画」（防衛省防衛研究所図書館蔵）。
＊71 青山護「日本陸軍の冬季装備について」（『防衛大学校紀要　社会科学分冊』第七一輯、一九九五年）四七、五二～五四頁。
＊72 「蘇軍事、宣伝、陰謀」、「其十三」、「其十四」一九三〇年一月二八日、「其十九（黒龍江軍俘虜ノ機関ト蘇連邦ノ赤化宣伝）」同年二月二四日、「其二十（満州里占領軍ヨリ観タル赤軍ノ戦時政治作業）」同日（「東支回収」）。
＊73 「其二十」。なお、スターリンソ連共産党書記長は一〇月七日付のモロトフ同国共産党政治局長宛の書翰で、中国人によって編成された旅団を通じて東北政権を転覆させ、満洲に共産主義革命を起こすことの検討を命じていた［スターリン発モトロフ宛書翰一九二九年一〇月七日（ラーズ・リーほか編『スターリン極秘書簡　モロトフあて・1925年―1936年』岡田良之助、萩原直訳、大月書店、一九九六年、二四〇～二四一頁）］。
＊74 「其十七」、「其十八」。
＊75 沢田発岡本宛第三八七号一九二九年一一月二二日（「軍事行動」）。
＊76 「其十七」。
＊77 沢田発岡本宛哈市第二七号一九三〇年一月一六日（「軍事行動」）。

＊78『宇垣一成日記』Ⅰ、一九二九年九月一日条。
＊79「畑俊六日誌」（伊藤隆、照沼康孝解説『続・現代史資料』第四巻、みすず書房、一九八三年）一九三一年三月一一日条。
＊80「調報綴」第四号、一九三一年九月一日（防衛省防衛研究所図書館蔵）、『鈴木貞一氏談話速記録』二九六〜二九七頁。
＊81 笠原幸雄駐ソ大使館附武官「露参報第十四号　対『ソウエト』連邦帝国国防ニ関スル雑感」一九三一年三月二九日（栗屋憲太郎、竹内桂編集・解説『対ソ情報戦資料　一　関東軍関係資料（1）』現代史出版、一九九九年、二三五〜二三六、二四〇頁）。
＊82 原田敬一「欧州軍事視察報告」一九三一年八月（防衛省防衛研究所図書館蔵）。
＊83 陸軍歩兵学校「歩兵聯隊配属重火器ノ編制ニ関スル意見」一九三一年二月（「荒木貞夫関係文書」R七、国立国会図書館憲政資料室蔵）。
＊84「調報綴」第二号、一九三一年六月（防衛省防衛研究所図書館蔵）。
＊85 陸軍歩兵学校研究部「対某軍戦闘上の着想（第二案）」一九三一年五月印刷（「荒木貞夫関係文書」R九）。
＊86「畑俊六日誌」一九三〇年一月二〇日条。
＊87 杉山元帥伝記刊行会編『杉山元帥伝』原書房、一九六九年、二六頁。
＊88 小磯国昭『葛山鴻爪』小磯国昭自叙伝刊行会、一九六三年、三九三〜四二八頁、永田鉄山刊行会編『秘録　永田鉄山』芙蓉書房、一九七二年、三三〇頁。
＊89『関東軍〈1〉』四一〜四二頁、須山幸雄『作戦の鬼　小畑敏四郎』芙蓉書房、一九八三年、二四二〜二四三頁。
＊90「畑俊六日誌」一九三〇年九月一九日条。
＊91『宇垣一成日記』Ⅰ、一九三〇年一一月一二日、一九三一年五月二八日条。
＊92「軍制調査、整備の目標」（「宇垣一成関係文書」国立国会図書館憲政資料室蔵）。
＊93 一八九六年九月に調印された「東支鉄道建設及経営ニ関スル契約」第一二条には、鉄道営業開始から三六年が経過した時点で、中国側が鉄道を買い戻すことができると規定されていた（満鉄会監修『満鉄関係条約集』下巻、一九九五年、龍渓書舎、七三二〜七三七頁）。満鉄の租借期限を仮営業日開始から換算した場合、一九三七年で満期になるため、中国側の回収運動が再燃すると予想されていた［「南満洲鉄道ヲ中華民国側買収ノ風説ニ就テ」一九三〇年一一月（「南満洲鉄道関係一件」**F.1.9.2.1** 外務省外交史料館蔵）］。
＊94「随感随筆」第六巻、一九三一年三月三〇日条（「真崎甚三郎関係文書」R八二、国立国会図書館憲政資料室蔵）。なお、小林道彦氏は一九三二年春を満蒙問題解決の時期とした「満蒙問題解決方策大綱」は現存せず、今村均の回想に依拠していること、真崎甚三郎の史料や一九三一年一一月一六日二宮治重参謀次長発本庄繁関東軍司令官宛書翰の内容などから、陸軍中央の満蒙問

郵　便　は　が　き

料金受取人払郵便

本郷局
承認

7277

差出有効期間
平成28年1月
15日まで

1 1 3 8 7 9 0

（受取人）

東京都文京区本郷 3-3-13
ウィークお茶の水２階

㈱芙蓉書房出版 行

ご購入書店

（　　　　区市町村）

お求めの動機
1. 広告を見て（紙誌名　　　　）2. 書店で見て
3. 書評を見て（紙誌名　　　　）4. DM を見て
5. その他

■小社の最新図書目録をご希望ですか？（希望する　　しない）

■小社の今後の出版物についてのご希望をお書き下さい。

愛読者カード

ご購入ありがとうございました。ご意見をお聞かせ下さい。なお、ご記入頂いた個人情報については、小社刊行図書のご案内以外には使用致しません。

◎書名

◎お名前

年齢(　　　　歳)
ご職業

◎ご住所　〒

(TEL　　　　　　　　)

◎ご意見、ご感想

★小社図書注文書(このハガキをご利用下さい)

書名	円	冊
書名	円	冊

①書店経由希望 (指定書店名を記入して下さい) 書店　　　店 (　　　区市町村)	②直接送本希望 送料をご負担頂きます お買上金額合計(本体) 2500円まで……290円 5000円まで……340円 5001円以上……無料

題解決の想定時期は一九三五年頃ではなかったかと指摘している（小林道彦『政党内閣の崩壊と満州事変――1918～1932――』ミネルヴァ書房、二〇一〇年、三二七頁）。

＊95　「師団長合同会議席上ニ於ケル第二部長口演要旨」一九三一年四月一日（上原勇作関係文書研究会『上原勇作関係文書』東京大学出版会、一九七六年、六五四～六五五頁）。

＊96　例えば、『偕行社記事』は一九三一年三月に「満蒙問題に就て」という特集を組み、満蒙問題やソ連の台頭についての注意を喚起した（『偕行社記事』第三七八号、防衛省防衛研究所図書館蔵）。一九三一年版以降の『帝国及列国の陸軍』ではソ連軍に関する記述を大幅に増やしている（陸軍省「帝国及列国の陸軍」一九三一、一九三二年）。また、第二次軍制改革に関しても、装備の近代化と予算の拡張を求めた（陸軍省「我が陸軍に関する諸問題」一九三一年七月、防衛省防衛研究所図書館蔵）。

＊97　『東京朝日新聞』一九三一年九月五日朝刊。

＊98　「南次郎日記」（北岡伸一「陸軍派閥対立の再検討――対外・国防政策を中心として――」（『年報近代日本研究』第一号、五三頁））、「畑俊六日誌」一九三一年七月四日条。

＊99　『葛山鴻爪』五二九～五三〇頁、原田熊雄『西園寺公と政局』第二巻、岩波書店、一九五〇年、四～六頁。

＊100　角田順校訂『宇垣一成日記』Ⅱ、みすず書房、一九七〇年、一九三一年七月八日条。

＊101　「畑俊六日誌」一九三一年七月一一日条。

＊102　「欧州軍事視察報告」。なお、スターリンは対ポーランド戦に備えて一五〇～一六〇個以上の狙撃師団を整備することを目標としていた（スターリン発モトロフ宛書翰一九三〇年九月一日『スターリン極秘書簡』二七五頁）。

＊103　「対『ソウエト』連邦帝国国防ニ関スル雑感」二三五～二三八頁。

＊104　『葛山鴻爪』五三一～五三二頁。

＊105　「満蒙問題の解決」（「片倉衷関係文書」R一六）。

＊106　「内田満鉄総裁に対する本庄関東軍司令官よりの懇談事項要目」一九三一年一〇月六日、関東軍司令部「事変勃発より建国に至る間に於ける関東軍司令官の内外指導要領」其一（防衛省防衛研究所図書館蔵）、片倉衷発添田釆一ほか宛書翰控同年九月二七日（「片倉衷関係文書」R六）。

＊107　参謀本部第二課「時局ニ伴フ対蘇策案」一九三一年一〇月八日（「満洲事変作戦指導関係綴」別冊二、防衛省防衛研究所図書館蔵）。

＊108　参謀本部「対ソ戦闘法要綱」一九三三年（防衛省防衛研究所図書館蔵）。

第五章
満洲事変における幣原外交の再検討
――五大綱目を中心とした日本・中国・国際連盟の相関関係――

はじめに

一九三一（昭和六）年九月一八日に勃発した満洲事変は、日本が国際協調外交を断念して国際的孤立の道を歩むことになる分岐点であった。事変勃発を受けて南京政府は対外的には連盟やアメリカを巻き込んだ国際的解決を通じて事変の有利な解決を目指すとともに、国内的には外交の主導権を保持することで分裂していた広州政府に対して自らの政権の正統性を確保しようとした。これは、満洲事変そのものの解決は連盟や第三国による助力には期待できないとしても、一定の対日牽制は可能であり、また国際的解決を通じて自国に有利な国際環境を構築することで将来の日中交渉の布石にするとともに、満洲事変と対日政策をめぐる国内からの批判を連盟に転嫁することで政権の維持と国内統一を促進しようとしたものであった*1。これに対して日本は、国際紛争は利害関係国相互の直接交渉によって解決すべきである、連盟の集団安全保障体制には強制力がなく、その全会一致主義と相まってこれに解決を求めることは却って紛糾を招くという幣原喜重郎外相のもと、日中二国間交渉による解決を求めた*2。

従来の幣原外交と満洲事変に関する研究を振り返ると、日中直接交渉と国際的解決という日中両国の解決方針が衝突し、最終的には連盟から調査委員を派遣することで一応の区切りをつけた経緯が明らかにされている*3。幣原が試みようとした日中直接交渉についても、日本の国内政情に左右され、一一月上旬には事変勃発当初の南京政府との直接交渉による解決方針から在満の「自治的治安維持機関」、もしくは「治安維持会」を既成事実として容認、助長する方針に転換し、連盟に対してもこれの容認を求めるようになったことが指摘されているが*4、本章では次に述べる三つの視点を加えることにより、満洲事変外交史を再検討する。

第一に、これまであまり論究されてこなかった日中直接交渉の試み、なかでも幣原による直接交渉方針の眼目であり、日本軍の撤兵条件である五大綱目（当該期の史料には「五大項目」「五大綱」との表現もあるが、本書では「五大綱目」に統一する）に注目する。本章でも詳述するように、連盟で難航していた日本軍撤兵問題は即ち五大綱目に表示された条件をめぐる議論であり、これが紛糾を招いていた。つまり、五大綱目こそが中心的議題であったにもかかわらず、これまでの研究では五大綱目がいかなる経緯で策定され、変化し、中国や連盟にどのような影響を与えたのかという点は十分に論じられていない。

五大綱目を論じるにあたって留意しなければならないことは、中国の内政動向である。満洲事変は独裁傾向を強めていた蒋介石に反発する汪兆銘らが広州に臨時政府を樹立するなど、中国国内が分裂状態に陥っていた時に発生した。こうしたなかで幣原は一九三一年一〇月一日の「口上書」で南京政府との直接交渉による解決を求める一方で*5、南京政府の国際的解決と対日直接交渉拒否の姿勢は中国の政情と密接な関係にあるとの認識を示した*6。また、九月三〇日の枢密院会議でも解決交渉の相手は「充分約束ヲ実行シ得ヘキ責任者」でなければならないが、張学良の東北政権は崩壊し、中央政府も南京・広州両政府が妥協交渉中でその先行きがみえないとして「日本ハ本件ノ解決ヲ急クコトナク徐ニ事態ノ展開ヲ静観スルヲ可トスヘシ」と述べたように、南京・広州両政府の妥協交渉の動向にも注意を払わなければならなかった*7。つまり、幣原の直接交渉方針は流動的な中国政情と不可分の関係にあったといえるが*8、満洲事変に関する日本の外交と内政の相互関係を論じた研究が活発であるのに対して*9、中国の外交、内政の相互関係と対日外交との関連については十分に論じられていない*10。しかし、馬場明氏が連盟が調査委員派遣に同意した一因は中国の政情混乱にあったと指摘しているように*11、中国の内外政に言及しなければ、日本が五大綱目による日中直接交渉方針から調査委員派遣要求に転換していった背景を解明できないのではないか。

第二には、近年研究がすすんでいる日本外交と国際秩序との関わりに注目する*12。幣原は国際協調の枠組を通じて獲得した日本の国際的地位を背景に対中関係を法理論に基づく条約上の権利義務関係に再編し、満蒙権益もその文脈において確保しようとしていた*13。確かに幣原が対中政策推進の軸として期待していたワシントン体制は、当初目指した中国に対する列国の共同動作から相互連絡を維持するものに変容していたが*14、依然として列国との連絡を通じて中国に圧力をかけようとしていたことは、連盟の対中技術援助問題への措置や満蒙鉄道交渉開始に際する訓令にも明らかで*15、日本は既存の国際協調システムを外交政策の後援装置として位置づけていたといえる。国際協調システムを外交政策の後援にしようとしていたのは南京政府も同様であったが*16、従来の満洲事変外交史の研究は外交政策の後援として運用すべき国際協調システムと日中交渉との関係には言及していない。だが、連盟において日中直接交渉開始の勧告を求める日本と、国際的解決を要求する中国の態度は、換言すれば国際協調システムをいかに自国に有利に運用するのかという問題でもあり、これに対して連盟がどのような反応を示したかを明らかにすることは、東アジア地域のみならず、多国間による国際強調システムの実態を論じる上で極めて重要である。

第三は、新外交とも表現される国際強調システムの実態であるが、これについては不戦条約や連盟が目指していた国際平和体制の問題点に触れなくてはならない。第一章でも指摘したように、不戦条約は理念偏重の条約であり、連盟による集団安全保障体制の構築も難航していた。加えて、連盟は欧米と異なり複雑な政治情勢を持つ東アジアの国際紛争に巻き込まれることを避けるためにも、南京政府が提訴を試みた済南事件や一九二九年中ソ紛争には消極的な態度をとった。高邁な理想を掲げる反面、実際の機能整備が遅れている連盟は中国による満洲事変提訴を受けて後述するように一〇月二四日に圧倒的多数で日本軍の期限付撤兵を求めたが、一ヵ月もしない間に撤兵期限を事実上撤回、日本提案による調査委員派遣に同意した。このような一定しない連盟（特に英仏などの理事会首脳部）の態度の背景に何があったのか、彼等の判断基準は何であったのかを論じることで、国際平和体制の実態を明らかにする。

本章では従来希薄であった五大綱目に焦点をあてつつ、日本外交と国際平和体制を含む国際協調システム、そして中国政情との関係を総合的に論じることで満洲事変外交史を再検討する。具体的には、南京・広州両政府の政争を睨みつつ、幣原の直接交渉方針を満洲事変直前の日中関係と満蒙問題処理方針の上に位置づけて論じることで五大綱目策定の経緯を明らかにする。次に中国の政治動向を交えつつ、五大綱目を受けて南京政府と仲裁者たるべき連盟がいかなる反応を示したのか、そして、五大綱目がどのように連盟による調査委員派遣案に転換したかを論じることで、幣原の直接交渉方針の実態と変遷、影響を論証し、さらには国際平和体制の問題点を明らかにする。

一　満洲事変直前の日中関係と満蒙問題

一九三一年一月二二日、幣原は第五九回帝国議会において、内乱が終熄した中国が国家建設と不平等条約改正に努力しているのに対して、日本はできる限りこれに協力するとともに「寛大ナル精神ト理解アル態度」によって諸懸案を解決し、両国の利益を増進するべきと表明した＊17。だが、日本が期待した南京政府の基盤は万全ではなかった。

一九三〇（昭和五）年、中央集権体制を目指す蒋介石南京政府主席に反発する閻錫山陸海空軍副司令、馮玉祥国民党第三次中央執行委員らが蜂起して中原大戦が勃発した。大戦中、閻らは訓政期体制の構築を名目に指導力強化を目指す蒋介石の政治姿勢を独裁として批判していた汪兆銘元広東国民政府主席を中心とする改組派等と連繋して九月九日に北平国民政府を樹立した＊18。これに対して南京政府は張学良東北辺防軍司令長官に多額の資金援助と平津地方の管理権を付与することを条件に参戦を求め、好条件を獲得した張が南京政府を擁護する和平通電を発して華北の接収に着手したことで大勢が決した。国内的危機を脱した蒋は張を陸海空軍副司令に任ずるとともに＊19、政権基盤を強化するためにも訓政期約法を制定することで政権の正統性を確実ならしめようとしたが、却って汪や胡漢民立法院院長等の反感を招いた。国民党内の内紛が激化するなか、蒋は翌年五月一二日に中華民国訓政時期約法を成立させたが、反発する汪等は二七日に広州に臨時国民政府を樹立して蒋の下野を要求するに至った＊20。

広州派は臨時政府樹立に呼応して華北の反蒋派が挙兵をすることを期待していたが、反蒋派将領は張が平津地方を掌握していることから決起を躊躇していた＊21。その張は南京・広州両政府の闘争に直接関与することを避けて南京政府と距離をとろうとするなど＊22、中国の政局は混沌としたものになっていった。また、中国を取り巻く外交関係においても日本と列国はともに南京政府を中国中央政府として扱っていたが、中国と英米との治外法権撤廃交渉が南京・広州両政府の分裂により挫折し＊23、英米仏独等の武器資本が秘密裡に広州政府との間で武器売買契約を成立させるなど＊24 中国を取り巻く外交関係も微妙なものに変化していった。

求心力を失いつつある南京政府は表向きには数ヵ月以内に広州政府と妥協、合流できる見込みであると説明するとともに＊25、王正廷南京政府外交部長も既定方針に従って租界回収と不平等条約撤廃にすすむ、日本に対しては満洲における関税特例を認めないとする方針を表明したが＊26、広州政府を解消して国内の安定を回復しない限りは外交目標の達成は困難と考え、交渉案件は時局が安定するまで遷延しようとするなど＊27、対日外交の先鋒を緩めていた。

一方、広州政府の対日態度はより宥和的であった。汪兆銘主席は孫科常務委員とともに親欧米・排日政策をとる蒋介石の態度は孫文の大アジア主義に反すると批判した上で、孫文の遺訓に従って日本との共存共栄によって欧米に対抗すべきとし、陳友仁広州政府外交部長も日本に助力を求めると同時に要人渡日の意を示した＊28。これに対して幣原は、広州政府の将来は逆睹できないとしながらも、同政府が国民党有力者を網羅していることと将来の中国政変の可能性を考慮して非公式の形式で要人渡日を受け入れることとした＊29。

南京政府からの批判を横目に＊30、七月二八日～八月三日の間に三回にわけて行なわれた幣原・陳友仁会談において、陳は南京政府の対日ボイコットを批判するとともに、日本の満蒙権益を容認する意向を示し、日中間の諸懸案は両国による共同委員会を設置して一般交渉案件と分離して解決すべきと述べ、さらには「共産党問題」を対象とした攻守同盟の締結を申し入れた。これに対して幣原は攻守同盟を否定し、条約に基づく満蒙権益を「抛棄セサル確定的決意」を示したが、日中不侵略条約の締結をほのめかすとともに、満洲の主権は中国にあることを認めた上で、満洲における中国の「領土権」と日本の「生存権」の折り合いをつける相互・共同経済開発の推進（「共存共栄」）と懸案の解決を求めた。そして、陳の求めにより広州政府が中国の正式政府となった暁には、「極東ニ於ケル平和ノ必要」からも幣原の提案に基づいて不侵略条約の締結と、満蒙問題の解決に処する旨の覚書を交換して会談を終えた＊31。

この時期、日本は南京政府に対して満蒙問題を実質的な地方問題として処理することを求めており＊32、万宝山事件に際しても中国側が内政上の理由で強い態度に出られないことを見越して、地方の実際問題として処理すべく「東三省当局」との間で共同調停委員会を通じた地方的解決を求めた＊33。これに対して王正廷は万宝山事件の根本原因は朝鮮人の二重国籍問題にあり、これは政府レヴェルで処理すべき問題であるとして南京政府との交渉を求めると同時に、日中両国間における「空気ノ緩和」のためにも治外法権撤廃、租界還付の両交渉の推進を求めたが、幣原は満洲の案件は「結局東三省政権ノ意向ニ依リ左右セラルル実情」に鑑み、「東三省ノコトハ東三省ノ手ニテ解決セシムル様絶エス仕向クルヲ要スル」と訓令した。つまり、南京政府が満蒙問題を治外法権、租界問題にからめて中央外交のラインで解決しようとしていたのに対して、日本は万宝山事件をもって満蒙問題を地方問題として分離する「テストケース」に位置づけて、行き詰まっていた満蒙懸案交渉への布石にしようとしていたのである＊34。

八月二五日、南京政府の宋子文財政部長は漢口水害に際して昭和天皇から救恤金が下賜されることに謝意を示すとともに、救恤金下賜による良好な空気のもとで漸進的に満蒙問題の解決に乗り出す意を示し、重光葵駐華公使も大連の二重課税問題を突破口にして両国間の空気改善に着手すべきとして両者は合意した＊35。宋は蒋介石に対日交渉推進についての理解を求め、蒋作賓駐日公使も日本への赴任途中に満洲を経由して張学良との調整を経て懸案解決に取り組むこととした。張学良も内田康哉満鉄総裁との会談に意欲をみせ、九月下旬から一〇月上旬の間に大連において内田、重光、宋子文、蒋作賓、張学良による協議を行なう手筈を整えつつあった＊36。

しかし交渉の対手たる中国の政情は混沌を極めていた。七月中旬に石友三元安徽省主席が蒋介石、張学良に叛旗を翻して挙兵したのを見て中央政界への再出馬の意欲を高めていた大連亡命中の閻錫山＊37は山西省に脱出して広州政府と連絡しつつ、華北反蒋派の糾合と張との提携を求めた。これに対して蒋は湖南に兵力を集中させて広州政府の北伐開始を牽制するとともに張との連絡を強化し、華北反蒋派にも圧力をかけてこれと広州政府の連繫を防ぎ、山西将領に対しては閻の追放を求めると同時に将領間の切り崩しと閻、馮の離間を試みたが、東北政権は水面下で広州政府と連絡をとるなど、情勢は予断を許さないものがあった＊38。

幣原はこのような中国政情を踏まえて広州政府との連絡に努めて南京政府を牽制しながら満蒙問題の実質的な地方交渉化を求めていた。また、南京政府も自らの主導権を維持しつつ満蒙問題の解決に応じる姿勢を示すことで日本との衝突と張の離反を防ごうとしていた＊39。

二　南京政府による国際的解決と日本の対応

九月一八日夜、奉天郊外の満鉄線爆破事件をきっかけとして満洲事変が勃発した。翌一九日午前、重光が地方的事件としての処理を求めるとともに、事件の背景には先鋭化している満蒙問題があるとの注意を喚起したのに対して、宋子文は両国間に設置する委員会によって事件の調査、解決をはかる方針を発表することで両国間の空気を緩和し、ひいては国交の調整に及ぶべきとする私見を示した＊40。一方、日本政府は一九日午前の臨時閣議で不拡大方針を決定したが＊41、「我軍優勢を持したる時に之を打切る」＊42という程度で具体的な解決案の提示には至らなかった。また、陸軍中央ではこれをもって「満蒙問題ノ解決ノ動機トナス」方針を確定したが、その解決とは条約上の既得権益の確保とし、解決までは関東軍を旧態に復帰させせない、兵力増派は機をみて閣議に諮ることとした＊43。関東軍が未明に吉林派兵に踏み切った二一日の閣議では附属地外に出動した関東軍を現状のままとするか、旧態に復するかについては議論が二分し、結論を後日に譲ることになったが、「満蒙問題全閣僚一併解決ノ意見ニ一致」したことで＊44幣原は「単ニ今回ノ事件ヲ解決スルニ止マラス、更ニ進ンテ今後同様事件ノ再発ヲ防止スルニ足ルヘキ基礎的綱領ヲ決定」することを条件に、一九日の宋子文提案への同意回答を発した＊45。

だが、南京政府は重光・宋子文ラインとは全く別の選択肢を選んだ。南京政府は一九日夜、日本に抗議を申し入れるとともに、列国にも注意を喚起する、国内に対しては国民党のもとで「全国一致」を呼び掛けることを決定し＊46、翌二〇日には広州政府に国難を前に大同団結を申し入れた＊47。剿共戦に出向いていた蒋介石は日本軍の行動に憤慨する一方で、東三省の回収に意欲をみせるとともに「因欲平定内乱実現統一」「我国内果能従此団結一致未始非転禍為福之機」として国内統一の実現を最優先課題に掲げ＊48、帰京した二一日に招集された緊急会議では改めて剿共戦を停止して広州政府に「統一団結」を求めることと、特種外交委員会（以下、外交委員会）を設置して対日外交方針を検討させることを決定した＊49。そして同日中に施肇基連盟中国代表は連盟規約第一一条に基づく理事会招集を求め＊50、二二日の公開理事会では事件不拡大と原状回復、賠償を求めるとともに、日本軍撤兵前の対日交渉には応じない、交渉は理事会において行なうと声明したことで＊51、南京政府は抗日姿勢と国際的解決の方針を鮮明にした。しかし、蒋自身、日本は絶対に撤兵を背じないとの見解を示したように＊52、国際的解決にはそれほど期待していなかった。むしろ彼が重視したのは短期的には国内的に窮地にある南京政府をいかにして維持するかであり、長期的には事変後を見据えて将来の対日外交を展開するために有利な国際環境を構築することにあった＊53。このため、広州派との合作による蒋介石、汪兆銘、胡漢民の連合政権樹立を求めるとともに＊54、中国としての最大難関である対日外交は外交委員会を通じて自らの主導権を発揮する体制をつくることで事実上の政権強化を狙った。

一方、広州政府は近年の内外災禍の責任は蒋介石にあるとして蒋の下野を合作の条件とし＊55、日本に対しては汪兆銘が来るべき中国国民党第四次代表大会（以下、四全大会）で日中提携論と孫文の大アジア主義に基づいた外交方針を決定すると述べ、陳友仁も蒋を下野させて政権を掌握すれば幣原・陳会談の趣旨により措置する意向を示した＊56。この結果、抗日姿勢を強める南京政府とこれを批判する広州政府といったように、南京・広州両政府の対立構図は対日外交方針をめぐる論争にも影響を及ぼすことになるのである。

九月二三日、関東軍による吉林派兵に対して日本政府は同地以外に派兵しないことを条件にこれを追認したが＊57、宋子文は吉林派兵によって事態が「地方的騒キ」から「満洲全般ニ亘リ戦時状態」に発展したとして自らの委員会設置案を撤回し＊58、南京政府も国民に対して連盟による事変の調査、解決を待つべきとして外交上の責任を回避すると同時に、再度政府のもとでの「一致団結」を求めた＊59。だが東北政権内部には日本との間で事変の地方的解決を求める声もあり、張学良も穏健な態度を持しつつも中央・地方いずれで解決交渉を行なうか決めかねていた＊60。張の使者として蒋介石を訪ねた万福麟黒龍江省政府主席は外交交渉による早期解決を求めたが、蒋は広州政府は日本と組んで南京政府を倒壊に追い込もうとしている、対日直接交渉では有利な解決が見込めない、むしろ権益を「根本収回」する望みがある連盟の仲裁に期待すべきであり、この外交の転機こそが国内統一の好機であるとして張に「団結一致以対外」の訓令を発するなど＊61、九月末までに対日外交は将来の満蒙権益の回収をも視野に入れた南京政府による国際的解決路線に集約された。

日本では関東軍の原状復帰の是非をめぐって外務・陸軍両省の対立が続くなか＊62、陸軍中央は九月二二日に満蒙政権工作の開始を指示したが＊63、同日中に昭和天皇が不拡大方針の貫徹を望んでいることが伝えられると＊64、陸軍の動きに一定の抑制がかけられた。南次郎陸相は三官衙以下の占領地拡大要求を退け＊65、二四日には二宮治重参謀次長も「満蒙問題根本解決ノ大目的ヲ貫徹スル上ニ支障ナキ事項ハ寧ロ政府ノ方針ニ適合シテ前進スルヲ有利ナリ」として、状況が許せば速やかに関東軍を附属地内に撤兵させるべきとの命令を発した＊66。そして二六日の閣議で幣原から吉林駐兵が続けば外交交渉が極めて困難になる、撤兵を肯じなければ辞職すると迫られたことで、陸軍は満蒙問題の一併解決を行なうことを条件に吉林撤兵に応じることとし、金谷範三参謀総長も必要最小限度の部隊を残置して吉林から撤兵、長春に集結する旨を下令＊67、政権工作についても外、陸、拓三省会談の結果、三省は政権工作への邦人関与を厳禁する旨を訓電した＊68。確かに、南が「今ノ内閣デハ満蒙問題一併解決ハ不可能」と洩らすなど、陸軍中央は満蒙問題処理の行方に不満を抱いていたが＊69、この時点での日本政府の内部的均衡は相対的に外務省優位であった。

連盟では九月二二日にレルー（M. A. Lerroux）理事会議長が日中両国民の安全確保と速やかな撤兵実現に関する日中直接交渉の開始を勧告する議長宣言を発したが＊70、関東軍による吉林派兵の情報と重光・宋子文交渉の打ち切りで理事会内の対日空気が著しく悪化、二三日の秘密理事会では理事会直属のオブザーバー派遣を日本政府に経伺することを決定した＊71。対応を迫られた日本政府は二四日夜に第一次声明を発して、満蒙は「我国ノ最緊密ナル利害関係ヲ有スル（Japan is interested in an especial degree）」地方であり、満鉄線爆破にともなう日中両軍の衝突による事態急迫を受けて軍は不安に陥った居留民を保護し、「危険ノ原因ヲ艾除」するために機先を制して出動したが、居留民と満鉄に対する脅威が除去され次第撤兵する、また、この際、中国との間で「禍根ヲ将来ニ断ツヘキ建設的方策」を協議する用意があるとして、治安確保による撤兵と禍根である日中間の懸案解決という「一併解決」論を内外に表明した＊72。

ここで問題となるのは懸案の解決方法である。先に述べたように、蒋介石の国際的解決は政権維持と国内的優位の確保、そして将来の権益回収に向けた布石を意図したものであったが、幣原は蒋の態度を「今次事件ヲ利用シ政権確保ニ資セムト欲シ」て広州政府との合作実現を目論むとともに、「国際世論ノカニ依リテ日本ヲ制セムトスル」ものと評したように警戒心を顕わにしていた＊73。特にマルテル（D. Martel）駐日仏国大使との会談では、国際的解決はパリ講和会議やワシントン会議で問題となった山東懸案解決交渉と同じである。同交渉が長期化したのは中国が英米などの第三国に愁訴してその干渉を期待したからで、自らが全権の一人であったワシントン会議では山東懸案は列国会議では解決することはできないと訴えてヒューズ（C. E. Hughes）米国国務長官とバルフォア（A. J. Balfour）英国全権を説得、英米オブザーバー立ち会いのもとでの日中直接交渉によって解決に持ち込んだことを引き合いに、中国が連盟やアメリカに期待を抱く限り問題は「永久ニ解決セサルヘシ」と述べた＊74。つまり、幣原は「大円卓会議」を通じた国際的解決方式は不適切であるばかりか、却って問題を紛糾させるだけであるとし＊75、連盟や国際社会に対しては、かつての山東懸案解決交渉で中国の国際的解決論を掣肘して日中直接交渉に持ち込むにあたって影響力を発揮したヒューズ、バルフォアの役割を求めたのである＊76。以上のように、日本は国際的解決を目指す中国に対抗して、連盟を通じて自らの立場を国際社会に理解させ、中国をして直接交渉に応じさせて事変の解決に導くことを目指した。ただし、第三国のオブザーバーについては、山東懸案解決交渉はワシントン海軍軍縮条約を成立させるためにも日中間の諸問題を解決する必要があるという「特殊ノ行懸」があったのに対して、満蒙問題は「日本ノ国民的生存ト死活ノ関係アル」という事情から、第三国のオブザーバー関与は国論に異常な刺激を与えるとして拒否するとした＊77。それはまた、国際平和体制の構築を試みる一方で、これによる「死活的利益（vital interest）」への干渉を排除する「二重基準」の発想に基づくものであった＊78。

二五日の理事会は前日の日本政府声明が功を奏し、速やかな日本軍の撤兵完了と中国側による撤兵地域における治安確保を求める議長声明を発して終了した＊79。これとともに、日本に「頗ル好意的態度」なドラモンド（J. E. Drummond）連盟事務総長は理事会打ち切りを容易ならしめるためにも速やかな日本軍の撤兵とウォルタース（F. P. Walters）事務総長官房長の満洲視察を求めた＊80。しかし、幣原は中国全土にわたる無秩序状態とこれによる居留民保護のための出兵は常識と慣例の範囲内で、日本軍は各機関の原状回復とともに撤兵中であるが、「南満一帯ノ治安極度ニ悪化シ居ル実情」から期限付撤兵は不可能であり、オブザーバー派遣も原状回復に努めている際にこれを提起することは「日本ノ名誉及威厳ニ反スルモノ」であると批判した＊81。ここにおいてドラモンドが日本が保障占領の意なき旨を声明すれば理事会を円満に終了させることができるとして歩み寄りをみせたのを受けて＊82、幣原は鉄道と在留邦人の生命財産の安固（以下、"security"と表記）が確保されれば軍を撤兵させる、今後行なわれるべき懸案交渉と"security"確保を目的とした附属地外出兵は「別個ノ問題」であると返答した＊83。これにより三〇日の理事会で日本は"security"の確保とともに軍を附属地内に撤兵させる、中国は日本軍撤兵後における在留邦人の"security"に責任を負う、そして日中両国間の通常関係回復に期待して理事会は一〇月一四日まで休会に入る、ただし情勢の変化によって理事会招集の必要がないと認められれば、議長権限で一〇月理事会の開催を中止するとの決議が採択された＊84。決議中の理事会再開に関する条項は、南京政府の提訴を受けた以上「有耶無耶ニ葬リ去ルコト能ハス」＊85という理事会の立場を反映したものであったが、ドラモンドが議長権限による理事会開催の中止条項は機をみて理事会を長期休会に持ち込むことを意図したものであると説明したように＊86、理事会は問題処理の責任を回避しようとしていた。

九月理事会の動きに対して日中両国はどのような反応を示したのであろうか。まず南京政府側であるが、蒋介石は漸次日本の主張に傾きつつある連盟に憤慨する一方、連日、外交的勝利を得るには国内統一が不可欠であるとして国民党指導下での一致団結を訴え＊87、一〇月三日までに外交委員会を通じて日本軍撤兵前の交渉には応じない、今後の中国の「経済建設」を視野に入れて欧米諸国や連盟との連繫に努めるとともに対日直接交渉を回避しつつ連盟の助力を得て事変の最終的解決を目指す、張学良をして日本軍撤兵後の占領地接収と原状回復にあたる接収委員を組織する、さらに各国使臣に対して調査団を組織しての事変の真相調査と、日本軍の撤兵状況を連盟に報告することを求めるなどの方針を相次いで決定した＊88。そして事態が進展している満洲に関しては九月二九日に江洪杰駐日臨時代理公使を通じて、独立政権樹立運動は「中華民国領土ヲ破壊スル挙動」であると批判する口上書を提出した＊89。

一〇月一四日に再開が予定されている理事会と、南京政府による独立政権樹立運動阻止の申し入れへの対応を迫られていた日本では、幣原は事変の解決交渉の相手を南京政府、もしくは東北政権とし、満蒙新政権との交渉は前二者が応じない場合に限定する腹であったが＊90、政府レヴェルでの意思決定は難航を極めていた。一〇月一日の閣議では居留民の"security"に見込みがつき次第撤兵、原状回復をなすという大体方針を決定したものの＊91、次回理事会までに軍を附属地内に撤兵させて直接交渉に入るべきとする幣原に対して、事実上の保障占領を目論む陸軍の南陸相が満洲の現状を理由に懸案解決前の撤兵に反対して両者の溝渠は埋まらず、幣原を支持する若槻礼次郎首相に対して安達謙蔵内相は附属地外からは撤兵するが、長春、奉天に兵力を集中させて交渉をなすべきとの折衷案を示すなど閣内は分裂していた＊92。このため二九日の口上書に対する一〇月一日付回答は、満洲における政権運動への邦人関与は禁止していると説明する一方で、日本軍は「地方的治安維持機関」の整備にともなって撤兵中であり、これらによる治安回復がなされれば撤兵が促進されるとして治安維持機関の存在を歓迎するなど、具体方針の明示を避けて治安回復の重要性を強調したものとなった＊93。しかし、南京政府は派遣する接収委員との細目交渉を経た上で一四日までに日本軍の撤兵を完了させるよう求め、次いで原状回復後に事変の責任と賠償に関する交渉を行ない、その上で懸案解決をはかることとし、幣原が期待を示した治安維持機関は日本の使嗾によって永久占領を意図してつくられたものであるとして、これを否認した＊94。

南京政府が日本との対決姿勢を強めていった背景には、国内政情との関係があった。まず九月二九日の南京・広州両政府の妥協を協議する南北和平会議の予備会議において、両政府代表は南北政府統一弁法の成立を待って蒋介石は下野する、広州政府も和平本会議開会と同時に政府解消を通電することで一旦は合意した＊95。しかし、広州政府が本会議前の蒋下野を強く求めたのに対して＊96、蒋は広州派単独での政権運営は困難であることを見越した上で、新政府を広州派単独政権にするなら下野するが、さもなければ広州派は政府を解消して南京政府に合流するか、南北和平本会議で合作を協議するかのいずれかを選択すべきと迫り＊97、一〇月五日には「外交緊急」の際に政治の空白は許されないとして速やかに和平本会議広州側代表を派遣するよう求めた＊98。さらに翌六日には張学良に対して、連盟に全幅の信頼は置けないが、これに解決の責任を負わせることで中国の国際的地位を維持して日本の対中圧力の軽減をはかるべきと電報し、一二日の演説では「世界的公理」と「国際公法」を通じて日本に抵抗する方針を表明した＊99。

つまり、南京政府は対日直接交渉に色気を持つ広州政府に対する優位を占めた状態で合作政府を樹立するためにも、既定方針である抗日と国際的解決の方針から外れる言動をなすことは許されなかったのである。

中国側の態度に関して、張群上海市長等の知日派を通じて南京政府との交渉開始の糸口を探っていた重光は、蒋介石率いる政府が存続する限り交渉の開始は極めて困難である、南北妥協が成立したとしても南京・広州両政府の根本的な対立解消には至らず、政情の混乱は避けられない、張学良も事変によって政治的に致命傷を負っていることなどから「将来ニ対スル見極メハ容易ニ付カサル」状態にあり、南京政府も日本の強硬な態度に直面して採るべき選択肢を見出せずに対外宣伝に傾注している、ここにおいて日本は「明瞭且確乎タル意思表示」をなすとともに、「民国側ノ時局ノ推移ヲ静観シ」て交渉開始の機会を待つべきとした＊100。

以上のように、幣原が満洲における独立政権樹立の動きを「局地的治安維持機関」以上のものではないと解釈し＊101、実質上の治安確保による撤兵と交渉開始の機を窺っていたのに対して、蒋は激昂する国内世論を背景に、国内的には党部を通じた民衆運動の指導を強化し、対外的には列国世論の喚起に努める姿勢を強めていた＊102。その結果、南京政府は治安維持機関を否認して一〇月一四日までの日本軍撤兵を求める一方で、政権保持のためにも国際的解決によって外交上の責任を回避しつつ、「外交緊急」を利用した国内の指導力強化を目指したが、これは日本の方針と真っ向から対立するもので問題の長期化を確実なものにした。それと同時に日本政府内部では満洲における既成事実を容認すべきとの主張が強まっていく。

三　日中両国の態度硬化――五大綱目の策定とその余波――

既述の通り日本政府による満洲事変処理方針の策定は難航していたが、陸軍を中心に新たな動きも生じていた。九月二七日、建川美次参謀本部第一部長は板垣征四郎関東軍高級参謀らにあてて、前日の政権工作中止命令は「遺憾」

であるが、軍部としては「密カニ有利ナル政権ノ迅速ニ出来上カルコトヲ希」うとし、「満蒙解《ママ》決ノ有力ナル鍵ヲ握レル」関東軍が主体となって事をすすめるよう伝達した*103。こうした参謀本部内の政権工作の画策を知った金谷参謀総長は激怒して再度工作の中止を命令、関東軍にも改めて可能な限り速やかな撤兵実施と政府方針への適合を指示したが*104、陸軍中央では依然として新政権を樹立させようとする動きがくすぶっていた。

この間、関東軍は一〇月二日に日本の保護下で独立国を建設する方針を決定*105、本庄繁関東軍司令官は、撤兵は「多数ノ敗残兵跳梁セル状況ニ於テ全ク不可能」であるばかりか、「目下勃興セル各種政権者ノ運動ヲ阻止スル事トナリ、或ハ折角対日好意ヲ表セル支那官民ノ帰趨ヲ混迷ニ陥ラシムル」ことにもなるとし、一〇月四日の声明では事変勃発後に各地で生まれた諸政権には張学良を推戴する動きはない、関東軍は超然として治安維持にあたるが、「満蒙在住三千万民衆ノ為共存共栄ノ楽土ヲ速ニ実現」するために満蒙の諸政権の統一を促進することは「善隣ノ誼」と道義上からも「緊急ノ救済策」であると表明した*106。

関東軍の動きは陸軍中央でくすぶっていた政権工作の動きを促進させる。一〇月に入ると陸軍中央は、南京政府が排日排貨を煽動して「軍事行動によらざる敵対行為」を行なっていることと、同政府と交渉してもその遷延策によって問題の長期化は避けられないとして南京政府との交渉を否定した。そして速やかな解決に持ち込むには「満蒙における実力ある政権と交渉するより外はない」が、満洲では、①張学良による錦州仮政府樹立の試み、②吉林の熙洽、③ハルビンの張景恵、④黒龍江省の万福麟、⑤奉天の袁金凱、⑥奉天、吉林より退却し、北山城子辺に集まり独立の気勢をあげている者など、各勢力が分立して群雄割拠の状態に陥っている、これに対して日本は政権工作に直接関与できないために「実力ある政権」が成立するまでには相当の時日がかかる状況にあると指摘するとともに、国境付近のソ連軍の増兵にも注意を喚起した。そして事態の長期化による日中貿易への悪影響から実業界が軟化し、その結果懸案解決の機を失うとの懸念を示して、関東軍の態度に接近していった*107。

陸軍（中央・出先）の態度が硬化しつつあった一〇月五日、「一併解決」すべき懸案に関して外務省が南京政府との間で排日空気の改善と特殊権益の確保、鉄道問題を主眼とする交渉案を提示したのに対して、参謀本部は南京政府との交渉を避け、「満蒙ニ樹立セラルヘキ新政権」との間で排日排貨の「絶対防止」、鉄道、商租権、不当課税などの「従来ノ諸懸案ノ解決」に加えて、満洲における治安維持組織の刷新と、治安維持を目的とした日本軍の自由行動を視野に入れた幅広い交渉を求めた*108。

閣内からも日増しに強まっていた中国側による排日運動への対応が手緩いと批判されていた幣原が五日、中国に対する抗議提出と華中への艦隊増派に同意するに至ったように*109、閣内でも次第に硬論の影響が強くなるなか、六日の閣議でも幣原と南が対立した。閣議後の懇談会では主要閣僚が陸軍中央の方針を是認し、満蒙新政権の樹立には日本人を関与させないが、いかなる新政権が樹立されるとしても既得権益の確保と治安維持の刷新を求めることで概ね一致した。しかし、懸案交渉の相手については井上準之助蔵相が満洲の群雄割拠状態から満蒙新政権の樹立には時日がかかるとして現存する地方政権との間で速やかな交渉開始を求めたのに対して、幣原はあくまでも解決交渉は「中央政府」との間で行ない、地方政権との交渉は細部事項に限定すべきとして対立*110、政府方針の方向性が定まるまでさらに三日を要した。

一〇月九日の閣議で南から前日の三長官会議で決定した「時局処理方案」が提出された。これは関東軍の現勢を維持し、中国中央政府との交渉は「満蒙トノ一般関係事項ニ止メ」、五日の参謀本部案と六日の主要閣僚との合意形成を基礎として、日本が「裏面的ニ援助」を与えるべき中国本部から分離した新政権との間で懸案の「根本的解決ヲ期ス」、新政権樹立前でも各地の地方機関を通じて既得権益を確保するというもので、これを受けた若槻は外務省にも方案の提出を求めた*111。そして幣原が閣議で提出した腹案は各閣僚の諒解を得て、同案に基づいて「責任アル中国代表者」との間で「数点ノ大綱ヲ協定」することで双方の「国民的感情ノ緩和」に導き、日本軍撤兵と中国側への占領地引き継ぎを行なうことを決定した。この幣原の腹案が五大綱目である*112。

五大綱目は満洲を含む中国の領土保全と極東における現状維持(第一、三項)、組織的ボイコットの抑制と排外的な教育を禁止するために「一切及フ限リノ措置」をとる（第二項）、商租、不当課税問題を視野に入れた「平和的業務に従事する在留邦人への保護（第四項）に加えて、第五項として「日本国政府及中国政府ハ両国鉄道系統ノ相互ノ関係ニ於テ友好的協力ヲ増進シ、且破壊的競争ヲ防止セムカ為メ、並ニ東北諸省内ノ鉄道ニ関シテ日本国及中国ニ現存スル条約ノ規定ヲ実行セムカ為メ、必要ナル協定ヲ南満洲鉄道会社ト東北諸省ノ関係官庁トノ間ニ遅滞ナク締結セシムヘシ」としたものであった。第二、四項は日本人の居住、営業に対して「秩序及安寧ヲ害スルカ如キ性質ヲ有セサル限リ適当且有効ナル保護ヲ与フル」というように表現こそ緩和しているが、陸軍が求めていた排日排貨の「絶対防止」や「従来ノ諸懸案ノ解決」を取り入れたものであり、特に第五項は中国中央政府との間で解決交渉を行ない、地方政権との交渉は細部にとどめるという外務省の基本ラインを維持しつつも、協定締結の相手を「東北諸省ノ関係官庁」とすることで、陸軍や井上が強く主張した現存する地方政権との間での速やかな懸案交渉開始に含みを持たせるものであった。しかし、撤兵条件に懸案の一部解決を組み込んだことは主権尊重や国際紛争の平和的解決を規定する連盟規約や不戦条約との抵触問題を招くものであった。

以上のように、五大綱目は陸軍とこれに影響された主要閣僚の意見を多く取り入れたもので、五日の外務省案の内容から大きくかけ離れたものであった。外務省からこのような案が出てきた要因として、一〇月理事会の開催是非は一〇月一〇日までに決定することになっていたことを指摘しなければならない＊113。幣原にすれば、満洲事変の討議を連盟から切り離すためにも一〇月一〇日までに日中直接交渉を開始することで事態が緩和しているとの証を内外に示さなければならなかったが、そのためにはまず事変処理方針に関する国内合意を成立させる必要があった。即ち、硬論が強くなりつつある内閣が一致できる腹案（五大綱目）を提示することで外務省のイニシアティヴによる国内合意を形成し、次いで対中交渉を行ない、速やかな日本軍撤兵に持ち込まなければならなかったのである。幣原にすれば五大綱目は外交交渉の前提となる国内合意を成立させるためのギリギリのラインだったのであろうが、このような案を出さざるを得ないところに、閣内における幣原と外務省のプレゼンス低下が表れていた。

大綱協定によって両国間の空気が緩和すれば日本軍の撤兵が可能になるとの趣旨は九日中に蒋作賓に通知され、一二日の幣原・蒋作賓会談の議題となったが、蒋作賓は陸軍の意向を反映した第四、五項に強く反発し、南京政府としては撤兵前の交渉は容認できないと反論したために*114 大綱交渉は入口で頓挫した。確かに幣原は対中交渉が極めて困難なものになると予想はしていたものの、南京・広州両政府の南北妥協交渉によって中国側の対日要求が緩和されることに期待していた*115。また、連盟に対しては「我国民的生存ノ必要条件」である条約に基づく権益が中国側の多年にわたる排日行為によって侵害されたことが事変の根本原因であり、この際禍根を絶つ必要があること、中国が直接交渉に関する措置を怠っているのは南京・広州両政府の妥協交渉が進行中であるためであり、満洲では「支那ノ常例トシテ」新政権樹立の動きがあるとの注意を喚起して日本の立場への理解を求めた*116。

南京政府では九日、前日の幣原・蒋作賓会談が不調に終わったとの報告を受けた蒋介石は、日本に対して一週間以内の撤兵実行を、連盟には期限付撤兵を含む決議を求めることとし*117、一二日には日本を世界平和の破壊者と位置づけて徹底抗日の姿勢を表明するとともに、不戦条約と国際公約を喚起する声明を発表した*118。また、山東懸案解決交渉の例に倣って第三国オブザーバー立ち会いでの直接交渉に持ち込めれば「上策」とした上で*119、五大綱目を激しく批判し、満洲における日本の特殊地位を否定して中国の主権を確定するためにも門戸開放・機会均等の原則のもとで列国と共同で経済開発をなす基本大綱の検討を外交委員会に命じ、同会の答申を受けて施肇基を通じて連盟に日本軍の撤兵監視と永久仲裁委員会の設置を求めた*120。これを受けて外交委員会は一七日に連盟による監視、関与のもとで日本軍の撤兵と懸案に関する直接交渉を行なう、交渉にあたっては中国の主権完備と日本に対する責任追及などを条件とする方針を議決した*121。さらに一九日の蒋介石、顔恵慶駐米大使（赴任前）、戴伝賢外交委員会委員長の三者会談では、①一〇日以内の日本軍完全撤兵、②日本軍撤兵と中国側による占領地接収に関係する交渉（以下、撤兵・接収交渉）は中立国監視のもとで行なう、③五大綱目に対しては武力を用いての懸案解決に反対するとともに、満洲の門戸開放・機会均等の尊重を求める、④排日取り締まりは両国間で相手国を敵視する根本原因を研究して別途処理する、⑤条約等の懸案事項も両国間で共同調査を行なうとともに連盟翼賛のもとで解決をはかることとし＊122、これをもって五大綱目に対抗しようとした。そして二〇日夜、蔣は連盟に対して前述の方針に加えて、改めて日中間の懸案を処理する「永久機関」の設置を求める訓令を発した＊123。

ここで留意したいのは、一二日の蔣介石声明が不戦条約を喚起して日本の軍事行動を批判するだけであったのが、五大綱目への対案検討過程で日本の特殊権益否定という新しい要求を加味したことである。特に蔣が英米仏三国公使に日中関係上最大の障害であり、列国と中国に著しく不評であった二一ヵ条問題に言及した上で、日本軍の撤兵と原状回復こそが交渉開始の前提条件であると強調したことは＊124、列国に対して強い同情を求めるとともに、対日外交のハードルをより高いものに設定することを意味した＊125。こうした措置は日本の強い反対にもかかわらず一五日に決定した理事会へのアメリカのオブザーバー招請を受けて、蔣がこれに続く「第二歩精神的表現」への期待を表明し＊126、積極的に在華各国使臣と接触する＊127などして外交上の成果をあげつつあるなかにおいては、南京・広州両政府による和平本会議開催を前に蔣の政治的地位を鞏固ならしめるもので、軍部と政友会を中心に若槻礼次郎内閣への批判が高まっていた日本の政情とは対象的なものがあった。

以上のように、南京政府が満洲事変の処理にあたって、これを国内の政治闘争に利用しつつ国際的解決路線を採用したことは、事変勃発直後における日本政府内部の外務省優位を生かした日中直接交渉の機を潰す結果となった上、党部を通じた排日運動の昂揚は日本の態度を硬化させた。その結果、日本では強くなってきた硬論を無視できなくなった幣原率いる外務省が陸軍の意向の一部を反映し、「東北諸省ノ関係官庁」との一部懸案の解決、即ち満蒙新政権容認に道を開くことになる五大綱目を提示するに至った。これはそれまでの日本政府内部における外務省優位を逆転させるものであったが、五大綱目を受けた南京政府のさらなる硬化と中国の政情不安の深化とが相まって、日中間の交渉はより困難なものになっていく。

四　五大綱目をめぐる日中両国の態度と一〇月理事会

錦州爆撃が行なわれた一〇月八日、幣原は連盟日本代表部にあてて、日本政府が居留民の"security"確保とともに軍を撤兵させ、日中直接交渉による事態の収拾を求めているのに対して、中国側は依然として交渉開始の意思表示をなさず、九月三〇日理事会決議に反して居留民の"security"確保を怠っている、また事変の原因も中国側の挑戦と「排日態度」にあり、これが猖獗を極めているとして「極度ニ緊張セル両国民間ノ空気ヲ緩和」し、「事件誘発ノ根本原因」を芟除するためにも、中国側は排日運動を停止して日中直接交渉に応じるべきとする方針を通知した＊128。排日運動の停止を交渉開始の前提条件としたことにはブリアン（A. Briand）仏国外相、レディング（M. Reading）英国外相とも理解を示した＊129。しかし、日本が中国との間で五大綱目の協定を求めていることに関して、ドラモンドは居留民に対する"security"の保障を条件に撤兵するという従来の日本の態度と齟齬するものであり、九月三〇日理事会決議は中国に対してではなく、連盟に対するものであるとの注意を喚起して日本軍の撤兵を待って日中直接交渉を開始すべきと批判するとともに、五大綱目の内容説明を求めた＊130。これを受けて幣原は必要方面に対する五大綱目の内示を指示したが、五大綱目が閣議諒解のレヴェルにとどまっていたこともあってアウトラインの提示に抑えた＊131。その際、第五項については「両国政府ハ破壊的競争ヲ予防シ、満洲ニ於ケル鉄道ニ関スル現存日支条約ノ規定ヲ実施スル為、日支鉄道系統ノ間ニ必要ナル取極ヲ取結ハシムルコト」として、九日の閣議で諒解を得た「南満洲鉄道会社ト東北諸省ノ関係官庁」との協定締結の一文は省いた＊132。

錦州爆撃によって一日繰り上げて再開された理事会の議長に就いたブリアンは一四日、アメリカに協力を求める一方で、①日本軍の附属地内撤兵、②中国側による占領地接収と在留邦人に対する"security"の保障状況監視を目的とするオブザーバーの派遣、③撤兵完了を待って懸案に関する日中直接交渉の開始を求めることとした＊133。また五大綱目に対しては腹心のレジェ（A. Léger）官房長とともに第五項の交渉は長期化が予想されるために撤兵交渉の範疇に入れることには同意できないとし、レディングも同様の見解を示した。一旦は条約遵守の観点から第五項を含む五大綱目に賛意を示したドラモンドも第四、五項に疑念を示したが*134、状況打開のためにも中国側による五大綱目第一～四項の承認をもって日本軍の撤兵を開始し、撤兵と併行して第五項に関する直接交渉を行なうべきとの折衷案を示した*135。

日中を除いてアメリカを加えた一七日の一三国理事会で案出された決議草案では、日本が強く反対していた撤兵期限（三週間）の設定のほか、中国側による撤兵地域での在留邦人に対する "security" 状況の監視を目的とした第三国のオブザーバーを派遣すること、日中間の懸案交渉については日本軍の撤兵完了を待たずに当局者間による鉄道協定を始めとする直接交渉の開始を勧告することとしたが、交渉にあたって山東懸案解決交渉の例に倣って中立国オブザーバーを付するか、山東交渉の例を喚起するにとどめるかは未定とした*136。だが、施肇基から連盟援助下での懸案解決をなすことが、基盤の弱体な本国政府にとって最大限の譲歩であるとの申し入れを受けると*137、一八日の一三国理事会で訂正された決議草案は連盟規約第一〇条と九ヵ国条約の義務を喚起することでトーンを強め、撤兵とこれに関する細目交渉にオブザーバーを加える、日本軍の撤兵完了を待って懸案に関する日中直接交渉を開始するとして一七日の草案よりも南京政府の要求に近いものとなったが、連盟が直接関与するのは撤兵とこれに付随する在留邦人の "security" 問題のみとし、懸案交渉は日中二国間で行なうべきとして*138 南京政府が求めている満蒙問題への関与は回避しようとした。そして、懸案の一部である鉄道問題の交渉開始を撤兵条件とする日本の態度は連盟規約第一〇条に違反しているとみる理事会内の空気と*139、大綱協定前の撤兵が認められなければ中国国内が動揺し、遂には世論に押されて対日開戦を余儀なくされかねないとの施肇基からの申し入れを背景にドラモンドも日本に譲歩を求めた*140。

これに対して幣原は、連盟の態度は日本の「極メテ重大ナル利益」が危険にさらされているという「実際」からかけ離れたもので「公平」を欠いていると批判、理事会は単に日中直接交渉を慫慂すれば足る、五大綱目に関しても日本としてはこれをもって懸案の細目を決定する意図はなく基本合意を求めているに過ぎない、第五項については在留邦人の大部分が鉄道権益に依存していることから"security"と鉄道問題は不可分の関係にあり、これに関する条約不履行が日本の国論沸騰の原因である、尊重を求めている「現存日支条約」とは北京議定書（「満洲ニ関スル日清条約」）と間島協約等を指し、中国のいう二一ヵ条要求のうち山東懸案については解決済みであり、同要求の第五号もワシントン会議で撤回した、他の事項も同会議で列国の是認を得ていると説明した上で即時、または期限付の撤兵は日本の国論沸騰を招くとして既定の要求を堅持した＊141。ここに至って理事会は効果的な対日圧力をかけられるか、否かはアメリカ次第であると判断したが＊142、そのアメリカはフーヴァー（H. C. Hoover）大統領の対日制裁反対論や国務省内の自制論＊143を背景に日中直接交渉による解決に期待し、不戦条約の発動も連盟によって行なうべきとするなど＊144消極的な態度をとったために理事会は採るべき選択肢を失いつつあった。

そして、一〇月二七日の庶民院総選挙前の帰国を求めるレディング英国外相を始め、各国代表が帰国を焦るなかでドラモンドは二〇日、ドラモンド三案と呼ばれる以下の調停案を提示した。これは、①五大綱目を九月三〇日理事会決議の範疇に入るものと解釈して直ちに日中間で撤兵と"security"に関する交渉を開始するよう勧告して理事会を三週間延期し、一一月理事会で直接交渉の結果を確認する、②もしくは中国が五大綱目の受諾を声明して理事会を三週間延期（以下、①と同じ）、③日中両国が①②とも受諾しない場合には理事会で期限付撤兵（三週間）を含む措置をなすというものであった＊145。そして、二一日夕刻の五人委員会では撤兵期限の設定と中立オブザーバー派遣について日本の同意を得ることが不可能であるとして一八日の決議草案を修正し、日中両国は速やかに日本軍撤兵と撤兵後の"security"に関する交渉に入る、一一月一二日までに撤兵・接収交渉が完了しない場合には理事会を再開する、補足勧告として南京政府が求める永久仲裁委員会の設置を付言するという決議案を準備して、ジュネーヴ時間二二日一〇時三〇分（日本時間一八時三〇分）までに日本政府の好意的回答がもたらされればこの案を採用する、さもなければ一八日の決議草案を復活、修正して公開理事会にかけるとした＊146。これに対して日本政府は陸軍中央の賛成を得た上で＊147、実際の交渉は中国側の態度にも影響されるとして理事会の再開期限を明示せず、交渉の経過を随時連盟に通知するとの条件つきでドラモンド案の①（以下、ドラモンド第一案）の受諾を訓電したが＊148、結論的にいえば、幣原の回訓がドラモンドに伝えられたのはジュネーヴ時間二二日午後で＊149、五人委員会が定めたタイムリミットには間に合わなかった。

ドラモンド三案をめぐる問題は、西田敏宏氏の研究にも詳しいが＊150、本章ではより詳細に経過を追うことで日中交渉の後援たるべき連盟自体の問題点を指摘してみたい。

ドラモンド三案の提示を前にブリアンは一九日、五大綱目の第一～四項は「至極尤モ」であり、第五項についても一七日のドラモンドの意向を受けて「支那ヲシテ条約ヲ尊重セシム」ことで折り合いをつけるべきとする芳沢謙吉連盟日本代表の見解を首肯し、ドラモンドも第五項が"security"と日中間の空気緩和に必要であることが明確になれば施肇基に同項の受諾を求めることを約した＊151。

これと前後して、芳沢は理事会首脳部に内示した五大綱目のアウトラインと一〇月九日閣議諒解の五大綱目は内容が異なることから、閣議諒解のラインで日中直接交渉を開始すれば理事会を欺いた形になる上、中国はそれを理由に交渉を遷延してさらなる紛糾を招くとして五大綱目の再考を求めていた＊152。請訓を受けた幣原は二〇日、第五項の内容を中国政府は日本に対して満洲鉄道に関する日中条約を履行する「義務」があると修正するように命じた＊153。しかしドラモンドから第一案は五大綱目第五項の内容を「条約上ノ権利尊重」に修正することで九月三〇日の理事会決議の範疇に入れるという解釈をなした「最大限度ノ譲歩」であると伝えられると＊154、幣原は第五項から鉄道問題を省いて「一般的ニ満洲ニ於ケル条約上等ノ権益ノ尊重」という表現に修正し＊155、二二日一三時三〇分からの臨時閣議でこれの事後承認を受けた。その上で、同閣議でドラモンド三案への対応が審議され、一六時（ジュネーヴ時間八時）以降にドラモンド第一案の受諾回訓を発した＊156。

一方、ジュネーヴでは二一日午前、レジェは遅くとも現地時間二二日早朝までのドラモンド三案に対する日本政府の回答を求めたが＊157、外務省がこの電報解読を終えたのは日本時間二二日一一時（ジュネーヴ時間三時）であった＊158。一連の経過を考えた時、日本政府がタイムリミットの存在が知らされていない状態で二一日夕刻にドラモンド三案の提示を受け、翌日の閣議決定を経て受諾回訓を発したことに落ち度を見出すのは酷である＊159。むしろドラモンド三案の提示後に五人委員会がタイムリミットを表示したこと、そのリミット自体も余りに急で、日本からの電報の所要時間や暗号清書等の手間を考えれば、これに応えることはほぼ不可能であったことが指摘できよう＊160。

この間、ジュネーヴ時間二一日夜、万一の日本政府の回訓延着をおそれた連盟日本代表部がレジェに第五項の修正案を内示したが、これは日本時間二二日に発電された「一般的ニ満洲ニ於ケル条約上等ノ権益ノ尊重」と修正したものではなく、中国が日本に対して一方的に鉄道に関する条約義務の履行を保証するというドラモンド三案以前のものであったため、日中両国による条約の相互承認程度の内容を期待していたドラモンド、ブリアンの反発を招いた＊161。西田氏は芳沢が旧第五項を伝達したのはミスであるとしているが、叙上の経緯から芳沢の対応は現場責任者としてやむを得ないものがあり、五人委員会が設定したタイムリミットに無理があったといえる。

そして、ジュネーヴ時間二二日一一時三〇分になって芳沢は二二日に再修正された第五項の内容を伝達するとともにドラモンド三案への回答は数時間以内にあるべき旨を通知したが、ブリアンは午前中の五人委員会において夕刻からの理事会で日本軍の期限付撤兵を主眼とした決議案の提出を決定したと告げた。なおも代表部は日本からの回訓到着を待って理事会は態度を決すべきと食い下がり、一五時にドラモンド第一案の受諾回答が着電すると、暗号解読完了を待たずにその趣旨を伝えて再考を求めたが、ドラモンドは帰国を急ぐレディング英国外相の意向も踏まえて、五人委員会の決定に基づいて一六時からの理事会で一一月一六日までの日本軍完全撤兵、占領地接収にともなう"security"状況の監視を目的とした第三国オブザーバー派遣の勧奨、日中両国政府は速やかに撤兵・接収交渉を開始する、鉄道を含む日中両国の懸案は常設的調停委員会の設置を視野に入れて、撤兵完了を待って交渉を開始するという決議案を提出した＊162。

一連の事態に追い打ちをかけていたのが、二一日朝に施肇基が「広東〔広州＝汪兆銘派〕派南京乗込ミト共ニ満洲事変ノ解決ハ愈困難トナル」という内政危機を喚起した上で、二〇日夜の南京政府訓令にある速やかな日本軍撤兵完了と第三国人を交えた調停機関の設置を求めたことに加えて＊163、二二日朝にジュネーヴに到着した二一日付ロンドンタイムスが第五項の表現を緩和する前の五大綱目の概要を報じるとともに、連盟が第五項を「条約の尊重」として受諾を求めたとしても、尊重すべき条約のなかには一九一五年日中条約が含まれているため、これを否認している中国は拒否すると論評したことを受けて＊164ドラモンド、ブリアンともに南京政府が日本案に基づく決議案を受諾する見込みが皆無であると解釈して態度を急変させたことがあった＊165。その結果、議決を急ぐ五人委員会は日本が決議案に反対しても一一月一六日まで理事会を一旦休会とし、この間にアメリカを交えて採るべき手段を検討するとして＊166既述の通り二二日夕刻の公開理事会で修正決議案を提出した。二四日の票決では賛成一三、反対は日本一国であったが、全会一致主義のために決議案は採択されなかった＊167。

これまでの研究では、決議案の票決結果から日本の国際的孤立を強調する傾向が強かったが＊168、既述の通り理事会そのものが日中両国の突き上げに揺らでいたのが実情で、レディングの帰国問題に代表されるように＊169、第三国の都合により第五項の審議が不十分なままで、理事会側の提案が――しかもその大枠を日本が受諾する決意を固めたにもかかわらず――理事会内部の事情で日本の回答を退けて強引に閉会に持ち込まれた。票決はその結果に過ぎない。さらに注意すべきは、一連の動きのなかで連盟が第五項を二一ヵ条問題と関連づけたことである。これに対して幣原は、連盟の態度は条約そのものを否認する中国側の「不法ナル主張ヲ容認スルモノ」になりかねないとして、同条約の有効性を事毎に提起すべきと訓令した＊170。この結果、一〇月二四日理事会決議案は日中両国の扞格を広げ、さらには日中双方の政情に多大な影響を与えることになるのである。

五　連盟の対日譲歩

一〇月二四日の理事会決議案は日本にとって大きな外交上のダメージであると同時に、内政面でも陸軍の賛成を得た上で五大綱目第五項をトーンダウンさせてドラモンド第一案の受諾を決定しながら首尾を得なかった若槻内閣を窮地に追いやるものであった＊171。これと前後して二三日の幣原、南、内田等による外、陸、満鉄の代表者懇談会で既定方針通り事変を契機に満蒙問題を解決する、日本軍撤兵前であっても中国との直接交渉によって居留民の"security"をなさしむ、連盟に対しては既定方針を一歩も枉げずに日本の立場を反覆説明して理解を求めるとの方針を確認し、翌二四日の閣議でも幣原は期限付撤兵を含む決議には断乎として反対すると述べた＊172。そして二五日の閣議で理事会決議の不成立を理由として中国に直接交渉開始を呼びかけることを決定＊173、二六日に発表された日本政府第二次声明では五大綱目の内容を明らかにした上で大綱と撤兵の両問題について中国との間で交渉を開始する用意があることを表明した。この時に公表された五大綱目は理事会首脳部に内示されたアウトラインを基にしたもので、相互不侵略（第一項）、中国の領土保全（第二項）、排日運動の徹底的取締（第三項）、在満邦人による「平和的業務」に対する保護（第四項）、そして第五項については一〇月理事会の経緯も踏まえて「満洲ニ於ケル帝国ノ条約上ノ権益尊重ニ関スルモノ」とした＊174。

加えて注目すべきは、満蒙権益に関する表現の変化と、五大綱目と撤兵の関係である。前者については満蒙権益を「絶対ニ之カ変改ヲ許ササル」「帝国ノ国民的生存ニ関スル権益（the rights and interests of Japan, even the most vital、または vital to her national existence)」としたように、"vital"の語を用いることでその確保を絶対のものとした。そして五大綱目と撤兵の関係については、日本軍の附属地外出兵は"security"確保を目的としたもので、軍事的威圧のもとでの懸案解決を意図したものではないと説明することで、改めて撤兵と懸案は別個の問題であるとした。だが、実際問題としてみた場合、中国の極端な国権回復運動は満蒙権益さえ破壊しようとするものであるが故に、「中国政府ノ保障ニ倚頼シ」て撤兵を行なうことは却って事態を悪化させ、「帝国臣民ノ安全ヲ危険ニ暴露スル」結果になるために、「平常関係確立ノ基礎的大綱」たる五大綱目協定が必要であるとして、大綱と撤兵の両問題は理論上別個のものとして分離するが、実際上の見地から併行して両問題の交渉をすすめるとの立場を表明した。これによって撤兵条件としての懸案の一部解決と、連盟規約や不戦条約とのバランスをとろうとしたのである。その後もしばらくは連盟をして日中直接交渉の開始を勧告させる方針のもと、代表部を通じて再度五大綱目の正当性を訴えた＊175。

これに対して理事会決議案を高く評価した蒋介石は、日本に一一月一六日までの撤兵を求めると同時に日本政府第二次声明を批判し、英米仏等の各国公使に対しては撤兵監視委員の派遣を求め、終始連盟と連繋して事変を解決する方針を表明した＊176。外交委員会も中国は既存条約を尊重して日本との係争問題は連盟規約第一三条に基づいて仲裁裁判所に付議する意向をブリアンに通知することを決定して＊177、改めて連盟規約と不戦・九ヵ国両条約を喚起するとともに撤兵前の交渉を否認して一六日までの日本軍の完全撤兵と連盟による「永久的調停機関」の設置を求めた＊178。そして一一月一日に顧維鈞を委員長とする東三省接収委員会を設置＊179、四日には日本政府に対して懸案交渉は撤兵・撤収完了後に調停委員会を通じて行なう方針を説明し、再度一一月一六日までの撤兵履行と、撤兵完了前の交渉は撤兵・接収の細目事項に限定すると申し入れることで、大綱と撤兵の両問題は実際上においても明確に分離することを求めた＊180。

この間、連盟ではブリアンが南京政府による既存条約尊重の意向表明と条約問題を仲裁裁判所に付議するという姿勢を評価し、これをもって五大綱目第五項との折り合いをつけて撤兵・接収交渉を開始するよう勧告するとともに＊181、アメリカによる対日圧力を求めた＊182。事変処理は連盟の存亡問題であり、撤兵が先決問題であるとするドラモンド＊183も日本による傀儡政権樹立を警戒する一方で、日本軍の撤兵に向けた細目交渉が開始されれば状況は好転するとして一一月一六日の撤兵期限には固執しないこととし、曖昧な態度をとるアメリカに一抹の不安を感じながらも、同国をして撤兵細目に関する日中直接交渉開始の勧告をなすよう求めた＊184。

しかし、戦争に引き込まれるおそれがある事態はことごとく回避することを基本政策として対日圧力に慎重なアメリカでは*185、スティムソン（H. L. Stimson）米国国務長官が満洲には無政府状態が存在するとして理事会が日本軍に対する撤兵期限を設定したことを批判、日本の主張する早期撤兵の困難に理解を示す一方で、現状のまま推移すれば不戦・九ヵ国両条約にも抵触するとして、山東懸案解決交渉のように中立国代表がオブザーバーとして参加する形での日中直接交渉をなすべきとした*186。また、日本に対しては条約尊重を求める五大綱目に理解を示しつつも、これを撤兵条件とするには無理があるとして、山東懸案解決交渉の例に倣って撤兵と懸案の両問題を切り離して、前者は日中二国間で、後者は第三者立ち会いのもとでの交渉をなすよう求めた*187。

南京政府の求める条約尊重と仲裁裁判所への付議を評価した二九日のブリアン勧告に対して幣原は、中国による条約尊重の表明は反古にされたことが多い上、すでに効力を発し、ワシントン会議で列国の諒解を得ている条約を仲裁裁判所の係争問題とすることは「口ニ条約ノ尊重ヲ云々シツツ実際上我方トノ条約ヲ実行セサル従来ノ遣口」であり、「直接交渉ニ依リ具体的ニ一々条約ヲ指摘シテ之カ実行ヲ確約セシムルニ非レハ到底安神《ママ》シ難」い*188、南京政府の意図は「満洲ニ関スル日支間現存条約中、支那ニトリ不利トスルモノノ廃棄ヲ図ラムトスル」ことにあると反論し、さらに第五項でいう条約について説明を求めるマルテル駐日仏国大使には、これは両国間のあらゆる条約を指し、「一九一五年ノ日支条約ハ当然之ニ包含セラルル」と答えた*189。芳沢も「厳正ナル方法ヲ以テ締結セラレタル条約」に疑義を差し挟む南京政府の態度は「全世界ノ秩序ヲ破壊スル」ものである、撤兵の前提条件はあくまでも「組織アル団体相互間ノ接触ニ於テ通常認メラルル原則ニ過キサル」五大綱目の協定であり、これは九月三〇日の理事会決議に合致するとしてブリアン勧告の拒否を通告した*190。

これに対して、ブリアンは折からの嫩江橋梁破壊事件に端を発する北満方面への事態拡大は「戦争ノ状態ノ出現」であると批判し、五大綱目交渉も相当の時日がかかるとして否定的であったが、「日本政府ニ於テ何等カ本問題ノ平和的解決方法ヲ案出セラルルニ於テハ自分トシテハ喜ンテ其ノ成立ニ努力ス」る、撤兵着手後の懸案に関する日中交渉も「出来得ル限リノ好意ヲ以テ援助スル」と述べた＊191。また、ドラモンドも決議案の撤兵期限には固執しない意を示し＊192、撤兵と"security"に関する交渉が開始されれば状況は好転するとして、山東懸案解決交渉の例に倣って撤兵・接収と懸案の両交渉を分離、併行して行なう、その際、五大綱目に関しては日中両国間の議定書として原則合意を取り付けた上で第一～四項は撤兵完了前に、第五項は撤兵完了後に交渉を開始すべきとした＊193。そして、日本に対してはブリアン勧告を拒否して撤兵と懸案の両交渉を結びつけて武力による圧迫のもとで主張貫徹を目指し、独立新政権を通じて「満洲ニ於ケル政権ニ変更ヲ加ヘントスル」態度は不戦・九ヵ国両条約に違反し、連盟規約を無視するものであると批判したものの、「条約上ノ権利確保ニ関スル主張ノ正当ナルヲ認」め、撤兵・接収交渉と併行して第五項以外の事項に関する大綱交渉を行なうことは容認するとの見解を示した＊194。

ドラモンド、ブリアンの態度は撤兵・大綱の両交渉を理論上は分離、実際上は併行してすすめるという日本政府第二次声明をきっかけに、依然として第五項に疑念を抱きつつも対日譲歩に踏み切ると同時に、撤兵期限を撤回することで先の理事会決議案を事実上反古にしたものでもあった。これは理事会決議の採択に失敗して日本の強い反発を招いた上、期待したアメリカが対日圧力に消極的であったがために一〇月二四日理事会決議案が形骸化するという危機に直面した連盟が、実現困難な期限内撤兵という一種の「理想」から、日中両国の支持を取り付け、なおかつ実行可能な実際的な措置をとることに転換したことを意味するとともに、以下に述べるように権威回復を目指す理事会首脳部と各国代表を始めとする列国の意向があった。

連盟に多大な影響力を有するイギリスでは、レディングが南京政府の接収委員派遣要請に対して列国の態度を見極めた上で当否を決定するとして消極的な態度をとる一方で、日本の満洲における経済的権益は国家存立上「死活的（vital）」とする立場に理解を示すとともに五大綱目修正第五項を評価し、条約問題における日中両国の懸隔の大きさを認めながらも、撤兵交渉の推進によって"security"が確保されれば大きな前進であるとして、このラインでブリアンやアメリカを巻き込んで日本に撤兵交渉の開始を求めるべきとした＊195。また、中国における「排外運動ノ悪辣ナル吾人モ等シク憎ム処ナリ」とするセシル（L. Cecil）連盟英国代表は、日本の軍事行動は行き過ぎとしながらも日本の面目を考慮し、日本が希望すれば撤兵後の交渉を促進するために英米仏が中国に圧力を加えて「日本側ノ正当ナル立場ヲ保障スル」との見解を示した＊196。一一月九日にレディングに代わって外相に就任したサイモン（J. A. Simon）も理事会が撤兵期限を付したことを批判するなど＊197、一〇月二四日理事会決議案当時の対応を変化させていた。フランスでも解決の糸口を見いだせないブリアンはドゥメール（P. Doumer）大統領やラヴァル（P. Laval）首相による批判を前に＊198 対応の見直しを迫られており、ムチウス（M. V. Mutius）連盟ドイツ代表も一〇月理事会が「連盟本位ノ立場ヨリノミ見タル嫌ヒハ充分ア」ったことを認めて次回理事会では実際的見地を踏まえて解決すべきと述べ＊199、シャロイア（M. V. Scialoja）同イタリア代表が「権力ノ中心モ無キ」中国に満洲における在留邦人に対する"security"の保障を求めることは不適当であるとしたほか＊200、スペイン、ポーランド、ノルウェーなどの理事国の多くも一一月一六日の理事会再開までに何らかの形で日本に歩み寄る意向を示した＊201。

一方、動向が注目されていたアメリカに関して、列国代表との連絡を強化するためにパリに派遣されていたドーズ（C. G. Dawes）駐英米国大使＊202 は松平恒雄駐英大使に対して「支那人ノ背信ヲ重ネ居ルコト、同国ニ実際政権ナキカ如キ状態ナルコト、及之ニ対シ日本ノ態度正シキコトハ篤ト承知シ居リ……『ブリアン』等カ彼是言フハ誤リ居レリ」と述べて連盟の説得にあたることを約すとともに、日本軍の一部撤兵による空気緩和と中立オブザーバー立会いでの日中直接交渉の開始を求め＊203、スティムソンもワシントン会議で中国の承認を得ることができなかった二一ヵ条問題の承認を撤兵条件とするのは不適当であるが、満洲における日本の立場は既成事実となっているとした上で、「法律的関係ヲ離レ実際的関係ヲ基礎」とした山東懸案解決交渉の例に倣って、条約に関する法律問題を棚上げにして「実際的見地ニ即シテ解決ヲ試ミ」るべきと勧告した＊204。これを受けた一二日のサイモン、ドーズ、松平の第三者会談において、サイモンは撤兵に先だって日中直接交渉を開始する、交渉が条約問題に発展して紛糾すれば条約問題は別途設置する委員会に付託する、日中交渉へのオブザーバー派遣には固執しないとのスティムソンの調停案を支持したが、松平はあくまでも"security"の保障である五大綱目協定の締結が撤兵の条件であり、条約問題は原則確認を求める程度のものであると反駁して、この日は結論に達しなかった＊205。

翌一三日にレジェは調停私案を示し、①山東懸案方式による解決、②もしくは撤兵交渉開始に先だって五大綱目の趣旨を議定書にまとめて理事会を切り抜けるべきとした。これについて芳沢はレジェ私案の②は従来からの日本の主張を受け入れたものと評価し、松平もドラモンド第一案と同様の趣旨であるとして、このラインで手を打つべきと請訓した＊206。しかし、幣原はレジェ私案の①は「全然問題トナラス」、②も「将来ニ於ケル日支関係正常化ノ基本」となすべき五大綱目に「確実ナル実行性」を持たせるためにも「厳粛ナル一条約」にすべきとして拒否を訓令した＊207。レジェ私案の②は一〇月二四日以前であれば日本にとって満足のいくものであっただろうが、結果的に日本政府の容れるところとはならなかった。これは第一に、日本政府が一〇月二四日の理事会決議案以降態度を硬化させ、一〇月事件の発生などもあって国内事情に強く拘束されるようになっていたこと、第二に、一〇月下旬から一一月にかけて中国内政が混沌の度を深め、満洲でも新政権樹立の動きが急速度で進行するなど状況が激変していたことが要因としてあげられる。特に後者は後に五大綱目が事実上撤回されることに大きく関わるので、第六、七節では中国政情の変化とこれに対する日本の情勢判断と対応について述べ、これらを踏まえて第八節で連盟における対応を論じる。

六　南北和平会議と日中直接交渉方針の破綻

これより先、日本政府第二次声明発表前日の一〇月二五日の閣議で幣原は、理事会が休会に入れば「進んで国際連盟を離れて南京政府並に地方新政権と直接交渉を開始するが適当」と述べて各閣僚の同意を得ていたように＊208、この時点では中国中央政府たる南京政府と満蒙新政権の両者との関係調整を求めていた。一一月一日の訓令では中国側との交渉が進展しないことから差し当たり自治的治安維持機関の成長に期待する、権益は満鉄等を通じて「支那人側トノ商取引ノ事実問題」として確保すべきとの方針を打ち出すと同時に、最終的には各治安維持機関が発達し、これらによる東三省連合新政権が樹立されることが「自然ノ行方」であるとして、満蒙新政権の樹立に期待を示すようになったが、独立国が形成された場合には九ヵ国条約との兼ね合いから「重大ナル紛議」を生じるとして、中国中央政府との間で満蒙新政権に関する諒解成立を希望していた＊209。その中国中央政府との交渉について、幣原は蒋作賓が張群との間で直接交渉の機を探っているとの情報を受けて内偵を命じるなど南京政府とのパイプを維持しつつも＊210、若槻とともに一〇月二八日の記者会見で進行中の南京・広州両政府による妥協交渉が成功すれば「日本にとつて相当有利に展開する」と述べて広州派の勢力拡大による中央政府の改組に期待を示した＊211。また、連盟に対しては中国の「複雑且機微」な政情と満洲における匪賊横行の実情、治安維持機関が簇立している現状への理解を求めた＊212。こうした満洲における既成事実の容認と中国中央政府に対する微妙な態度の背景には、南京・広州両政府の抗争があった。両政府による妥協交渉が蒋介石の下野問題のために膠着状態に陥るなか、両政府はともに外交の実権を握ることで国内的な優位を獲得しようとして活発な動きをみせていたが、これは次に述べるように中国政情の混乱に拍車をかけていた。

国際的解決を目指す南京政府に対して、広州政府が日中提携論に基づく解決を求めていたのは先に述べた通りであるが、広州政府は一〇月一三日、理事会再開にあわせて同会に対して日本の軍事行動と満洲での政権運動関与を批判する一方、日本が満洲における中国の主権を容認すれば権益の調整を行なう用意があるとの通電を発した＊213。通電に関して陳友仁は要人の註文で「強硬ナル言辞」を加えたものの、幣原との間で懸案交渉を行なう方針に変化はないとして、南北和平会議と併行して日本との下交渉を求めたが＊214、幣原は和平会議と南北統一政府樹立の先行きが見えないことから深入りを避けるよう訓令した＊215。

一方、蒋介石は国際的解決を主眼とする外交政策を南北和平会議の打開策として利用しようとした。これより先、蒋は孫文の「建国大綱」に根拠を求めていた自らの訓政期組織に関する事項以外はすべて譲歩するつもり＊216で和平本会議の開会と同時に下野通電を発する手筈を整えていたが＊217、訓政期組織の変革を求める広州政府の態度を敵国と結託するものと憤慨したように＊218、この一点では譲歩する意はなかった。このため、一〇月二二日に汪兆銘が示した広州側の妥協条件（外交方針の一致、政体は民主政治の完成を原則とし、政府主席には現役軍人を避けて、蒋の権力の源である総司令制を廃止する＝蒋介石の勢力排除）＊219は現在の政府組織や「根本法紀」を否認するもので、このような苛酷な要求は国難を前に国家分裂を促すものであり、広州政府の要求は日本と攻守同盟を締結して中国を攻めんとする「中華民族羞」であるとして激しく非難した＊220。さらに、蒋は対外有事に際して「一致対外之精神」を表わすことで国際世論を有利なものにし、国内世論にも安心を与えることが最優先であるとして暗に総司令制の改変を先送りしつつ、上海で行なう和平予備会議で合意が得られれば合作政府を樹立するとの方針を広州側に申し入れ、汪も政軍分離が国内結束に不可欠としながらも、上海での和平予備会議を経て南京で行なう和平本会議に臨む方針には同意した＊221。

二七日に始まった和平予備会議では二八日に当面の外交は南京政府に委ねるが、その原則、方針は来るべき本会議で協議する、日本との交渉は撤兵を待って行なうとの方針を決定したが＊222、広州側は党政改革案を提出して責任内閣制の採用、政軍分離の明確化と総司令制に代わる国防委員会の設置を求めた＊223。これに対して蒋は強い反感を抱いたが、外交一致を突破口に無条件で一一月一二日から南京・広州両政府合同の四全大会を開催し、ここで国家の根本方針を決定すべきとした＊224。しかし、三〇、三一日の和平予備会議では南京政府が突破口として期待した外交一致は、その具体方針の策定は本会議でも決定できないとの理由で先送りされ、広州派が求めていた責任内閣制の採用と党政改革案の原則承認のほか、四全大会を延期する方針が議決された＊225。ここに至って蒋が国難を前に政治の空白は許されないとして下野を否定して広州政府の党政改革案を批判すれば＊226、汪は蒋介石独裁体制を批判してその下野を求める反駁声明を発するなど＊227、南京・広州両政府の激しい非難合戦に発展した。

和平予備会議の開催を前に日本側では、重光が南京・広州両政府の熾烈な抗争から中国の「今後ハ多分混乱ノ状態ヲ重ネ行ク」だけであるとし＊228、幣原も一〇月二八日の段階では和平会議が「円満ナル解決案ニ到達スルニハ相当ノ難関アル」と予想していたが＊229、はからずもその後の展開が予想を裏付ける結果になったことで会議は「決裂ノ外ナカルヘシ」と判断するに至った＊230。

その後、和平会議は南京政府代表の一員であった張継が四全大会の南北分離開催を提案したことをきっかけに南京・広州両政府が相互に歩み寄った結果＊231、予備会議から統一会議に格上げされて再開され、七日には南京・広州両政府が個別に四全大会を開催し、同会議で提出された政府改組を始めとする提案事項は南京で開催される第四届中央執行委員会第一次会議で協議、決定する（同会委員は双方の四全大会で選出）、これによる南京政府の改組を待って広州政府を解消することで合意に達して一応の決着をみた＊232。しかし在華公館からの報告によると、最大の焦点であった党政改革問題で南京・広州両政府が何等歩み寄りをみせないまま四全大会を分離開催することは「両派ノ物別レヲ意味ス」るものであり＊233、来るべき第四届中央執行委員会も和平会議の「二ノ舞」に終わるとの観察が主流であった＊234。また、七日に両政府の和平会議代表によって発せられた通電のなかには、南京・広州両政府は連盟と不戦条約に訴える、日本に対する最後の抵抗を準備するという「外交一致」が明記されていたが＊235、それは日本と中国中央政府との直接交渉の可能性を著しく減じるものでもあった。

こうしたなか、重光は幣原が南京政府関係者とのパイプに一縷の望みをかけていたのを背景に一一月一二日に張群との会談に臨んだが、張群は中国としては国内世論と面目上の見地から対日方針を変更することはできない、五大綱目も「条約問題ノミハ困難」であり、孫文の遺訓を楯に新たに播き直すことで妥協に持ち込むしかないとして、結局は重光との私的会談を継続して空気緩和を待ちつつ、まとまるものから実際的に片付けるしかないとの見解を示し、重光もこれを首肯した＊236。また、重光・張群会談と前後して、幣原も「今次事件カ我国ノ死活問題ヲ包含シ」ている以上、中国側の「反省ヲ俟ツ外無」い、中国国内に対日直接交渉を求める気運があることは認めるが、「目下ノ内政状態ニテハ右直接交渉ノ責任ヲ執リ得ルモノ無」しと判断した＊237。ここに至って、早期に中国中央政府との間で直接交渉が行なわれる可能性は皆無に帰したのである。

七　満蒙新政権樹立方針への転換

次に満洲における既成事実の進行と中国の政情悪化を受けて、幣原を支えるべき外交官がどのような態度をとったのかについて言及する。理事会決議案の票決が行なわれた一〇月二四日、若槻は陸軍は吉会線着工までは撤兵を肯じない、中国側との「直接交渉は仲々出来ぬ。事実上やらなければ駄目。日本は進むあつて、退くことは出来ぬ」と述べたが＊238、その吉会線敷設を関東軍とともに熙洽吉林省長をして推進させようとしていたのが満鉄である。

満鉄は事変勃発直後こそ関東軍に対して抑制的であったが、一〇月六日に内田満鉄総裁が本庄関東軍司令官と会談して以降、その態度に変化が表れた。会談の席上、本庄は満蒙に中国本部から分離した新政権を樹立し、これを実質的に日本の保護下に置くことと、満鉄は中国側から各鉄道の経営委任を受けるとともに、軍と満鉄が希望する新線を建設し、主要都市間に航空路を開設することを求めた。これに対して内田は満足の意を示した上で＊239南京政府、東北政権両者との交渉を否定して樹立されるべき新政権との間で解決交渉を行なうべきとし、上京して元老の西園寺公望や牧野伸顕内大臣等の説得にあたるとともに＊240、一一月一日には熙洽との間で吉会・長大両線を始めとする新線敷設とこれらの満鉄への経営委任を含む諸契約を成立させた＊241。内田の態度は、すでにその兵力によって事変処理の主導権を握っていた関東軍に正面から反対するよりも、これを支持することで内側から事変解決の主導権を握ろうとしたものであったが＊242、こうした措置は奉天治安維持会設立の動き（同会は一一月五日発足）と相まって、満洲における既成事実を容認する動きを促進した。

日本政府内部では一〇月一六日の時点では幣原も含めて満洲における新政権樹立の動きを支持、援助しないものの、これに関する中国人の行動は阻止しないことでほぼ一致していたが、解決交渉の相手をめぐって陸軍が満蒙新政権を相手にすべきとしたのに対して、幣原は南京政府との間で大綱協定を締結し、細目事項のみを満洲官憲と交渉するとして依然不一致が存在していた＊243。しかし、二八日になって幣原は奉天と吉林における治安維持機関の成績向上を認め、東北人民一般も張学良の虐政を恨んでその帰還を望んでいないとし、一一月一日には既述のように満蒙新政権樹立への期待を示した＊244。そして六日には昭和天皇に熙洽に対して間接的援助を与えて警備をなさしめ、治安維持の見込みがつき次第撤兵可能な状況に持ち込む旨を上奏し＊245、これと前後してスティムソンとマルテルにも、撤兵は満洲各地に生まれている治安維持機関の充実による治安確立を待って踏み切るとの意向を表明した＊246。

幣原が五大綱目を撤兵条件とする従来の態度から満蒙新政権樹立をもって撤兵を先行させる方針に転換していった背景には、一〇月二四日の理事会決議案によって国内的に窮地に陥っていた若槻内閣が政権を維持するためには事変処理をめぐって妥協的な態度をとることで軍部や世論の反発を招くよりも、断乎とした態度を貫いて中央突破をはかるより外なくなっていたことに加えて、この時期までに外交官の多くが満鉄同様、現地の状勢に適応しつつ自らが解決の主導権を掌握する、あるいは中国の政治状況に落胆して満蒙新政権との交渉をなすべきとの意見が台頭していたことにも注意しなければならない。

林久治郎駐奉天総領事は、東北政権は事実上崩壊し、関東軍の指揮下で「地方維持委員会」が漸次政府の形式を整えつつあるが、軍主導の「無理解ナル施政」では中国人の信を失い、ひいては権益を喪失する恐れがあると指摘するとともに、軍に対する在満公館の職権を回復して「我満蒙発展ニ対シ永遠ノ基礎ヲ確立センカ為」にも、この際、外務系統による四頭政治の統一をなすべきと具申した＊247。本省でも守島伍郎亜細亜局第一課長が陸軍と逓信省が申し入れてきた満洲の定期航空路開設について、同方面における航空権益扶植の観点から「此際多少ノ困難ヲ忍ンテモ」軍事上の理由で航空路を開設し、これを漸次日中合弁の民間事業に移管することで懸案であった満洲・華北航空路開設の端緒にすべきとした＊248。

たびたび中国政情について悲観的な報告をしていた重光は、一〇月下旬の時点で中国の政局が安定し、連盟が日中直接交渉の開始を勧告したとしても、短期間で交渉を妥結させるのは困難である、日本としては中国の内政不安定を見越して直接交渉をなすとの建て前ですすむ一方、満洲においては「必要ナル措置ヲ講シ行クノ外ナカルヘシ」と述べていた＊249。一一月に入ると、和平会議は広州派の事実上の屈服に終わった、今後日本と広州派との交渉が可能になったとしても、満洲をめぐる日中ソ関係が不安定ななかで広州政府が求めている不侵略条約を締結することは現実離れしているばかりか、却って中国側をして日本の行動を掣肘する結果になる。また、中国側が五大綱目を受諾したとしても撤兵後の満洲における治安維持と統治のあり方をめぐって合意に達するのは困難であるとして、幣原が一縷の望みを抱いていた広州政府、もしくは南京政府との直接交渉に否定的な見解を示した。さらに今後の対策として、「日本ヲ孤立ニ陥レ世界輿論ノ圧迫ヲ以テ局面ヲ有利ニ展開セント」する南京政府の「対連盟ノ作戦」は「漸次効果ヲ挙ケツツアル」と認めた上で、部分的な撤兵実施により列国の対日感情緩和をはかるとともに、事変の根本原因である中国の条約否認とボイコットに対しては「飽迄強硬ナル態度ヲ以テ之ヲ追及スル」ことで満蒙問題と中国の実態に対する列国の理解を求めるべきとした＊250。

幣原の腹心で、外務次官、亜細亜局長として第一次幣原外交を支えた出淵勝次駐米大使も、五大綱目を基礎とした直接交渉の開始は混沌とした中国情勢から目途が立たないために早期の撤兵実現は困難である、また五大綱目の細目に至るまで中国側に承認を求めたり、条約問題で一九一五年日中条約を含めて確認を求めたりすれば妥結は不可能であるとし、解決策として連盟の面目を立てつつ五大綱目の趣旨を理事会決議に折り込むことや、撤兵交渉は南京政府が指定する使節との間で地方的に行なうことなどを求めた＊251。前外務次官で林の前任として駐奉天総領事を勤めた吉田茂駐伊大使は陸軍の行動や五大綱目を条件として撤兵を肯じない日本政府の態度を批判する一方で、直ちに撤兵や日中直接交渉を行なうことは困難であるが、中国政情の推移から蒋介石、張学良とも失脚は免れない、その結果「自然彼我直接交渉ノ途ヲ誘致スヘシ」と予想し、満洲に関しては軍事行動を自重しつつ地方有力者を指導して治安を確保し、中国中央政府の態度如何に関わらず治安状況により撤兵を断行するとの態度を明確にする、連盟に対しては満洲を「特殊地域」と主張して連盟規約所定の紛争解決手続を拒否する日本の態度は理事会の面目を蹂躙するものであり、日本の立場を悪化させているとして、この際、連盟をして中国の現地調査を行なわせ、その内政の暴状を知らしめることで日本の立場を理解させて中国の政情不安とその統一問題を喚起するとともに、中国国民の反省と覚醒を促すべきとした＊252。

こうしたなか、一一月一二日の閣議において、軍事上の名目で日本航空輸送株式会社をして大連─奉天─長春、および京城─平壌─奉天間に定期航空路を開設するとともに、時局解決交渉の進展にともなって前年一一月一八日の閣議決定の趣旨に基づき中国側当局者との間で満洲・華北における航空路を拡張することを決定した＊253。これは約一年前からの懸案で東北政権との交渉が行き詰まっていた満蒙・華北の航空路開設を前進させるもので、南京政府や東北政権の意向を考慮しない独自の対満政策実施の嚆矢となるものであった。そして同日、幣原は芳沢に対して次のような強烈な訓令を発した＊254。

中国は「世界平和ノ基礎タル諸条約ヲ組織的ニ破棄セントスル『ボリシエビキ』的外交政策」のもと第三者を利用して日本を控制しようとしている、これに屈して撤兵を先行させれば現地の混乱に加えて中国側の増長と対中外交における日本の権威失墜を招き、ひいては朝鮮統治にも重大な影響をきたす、連盟にとっての満洲事変は「体面問題」にとどまるのに対して、日本にとってのそれは「死活」「生死ノ問題ヲ意味」し、国内世論も日清・日露両戦役に優る「国家的危機」と捉えていることから、「如何ナル犠牲ヲ払フモ従来ノ主張ヲ堅持スル外ナ」い、解決にあたっては中国の混沌とした政情から直接交渉の責を負うことのできる政権の出現は困難であり、事態の長期化が予測されるなかで日本軍の撤兵を実現させるためには「支那側ノ地方的治安維持機関ノ内容充実ヲ計ラシメ」、その勢力波及を待って「自発的ニ我軍ノ附属地集結ヲ行フ外ナ」いとして、「死活的利益（vital interest）」の主張に加えて、日本は列国とともに中国革命外交による被害者であることを強調することで国際世論の支持を獲得しようとした。

以上のような日本政府の方針転換は、直接的には一〇月事件を始めとする国内政情の変化と一〇月二四日の理事会決議案が引き金であったといえるが、一方では中国の政情が混沌の度を深めているために中国中央政府との間で撤兵条件である五大綱目交渉を行なえる状態ではなく、何らかの形で満洲における地方的解決でもって現状を打開する必要が生じていたことと、満洲での新政権樹立の動きが後戻りできない段階にまで進んでいたために、幣原のブレーンたるべき外交官の多くが直接交渉に悲観的となり、現状を追認して実際的に処理することで外には連盟が求める撤兵を促進し、内には陸軍に代わって事変処理の主導権を握ろうとする傾向を強めていたことが背景にあった。ここに至って幣原の本心が那辺にあったかは別として、彼の採り得る選択肢は極めて限られたものになっていた。そして理事会再開を明日に控えた一五日、幣原は代表部に対して既述のレジェ私案の拒否とともに左記の訓令を発した＊[255]。

まず、時局収拾の要は五大綱目に関して中国側の確約を得るか、もしくは中国側があくまでも第三国の援助に期待して直接交渉を回避する場合には地方治安維持会の発達を待って日本が自主的に撤兵するかのいずれかである、前者の場合、「条約」の形態をとる五大綱目を通じて満洲に関する一切の条約、協定等の有効性について中国側の了解を得る、後者の場合は第一に、政情混乱によって「中心サヘ明確ナラサル」中国の現状から「交渉ノ相手方ヲ南京政府、又ハ其ノ承認アル地方政権ニ限ルコトハ実際問題トシテ不可能」である、第二に、「満洲ニ如何ナル政権出現スルヤハ東三省内部ノ問題」であり、理事会は「交渉相手方迄干渉スヘキ筋合ニアラス」、第三に、撤兵は五大綱目の交渉前であっても地方治安維持会の機能発揮を待って自主的に実行する、ただし南京政府によって設置された東三省接収委員会との交渉は地方治安維持会を崩壊させて混乱を招く危険性があるので回避する、最後に満洲事変は革命外交を展開する南京政府が「満洲ニ於ケル我重大権益」を覆そうと目論んだことに端を発するものである、理事会にこの実状を理解させることで実際的見地に基づく満洲事変の「包括的再検討」をなさしめるためにも、「支那ノ全般的形勢ヲ実地ニテ見聞」する連盟による視察員派遣を考慮するとした。そして理事会が再開される一六日には、南京政府に対して既存条約とこれに基づく権益を否認するために連盟や排外運動を利用する外交方針から脱却することが「最大ノ急務トス」る旨を通告＊[256]して同政府との交渉を事実上打ち切った。張学良政権に対しても広州政府が同政権を否認し、南京政府も張学良との関係を負担視するに至ったとして、これとの交渉も否定した＊257。

中国政情の混乱と国内における既成事実容認の動きとが相まって日本は右のような態度を取ったが、広州政府に対しては異なる姿勢を示した。一〇月三〇日、陳友仁は国際的解決は中国を欧米の「コロニー」化することにつながるとして批判、和平会議で南京政府と合意した「外交一致」を放棄した上で、「東亜ノ問題ハ日華両国間ニ於テ之ヲ決スヘキ」とする孫文の大アジア主義の理念に基づいて広州派中心の政府が樹立されれば日本との問題解決に取り組む、五大綱目に関しては第三項の排日運動の徹底的取締には何らかの方式を確立する、第五項の尊重すべき条約のなかに包含されている二一ヵ条問題を承認することはできないが、幣原・陳会談で言及した日中共同委員会を通じて処理するか、紳士協定によって条約上の権益を承認する、満蒙問題の善後策は既存の軍閥に代わって文人による「模範政府」を組織するという文治案を通じて処理すべきとし、さらには事変解決の障害となっている蒋介石と張学良を排除するためにも日本から広州派に対する「実質的ノ援助」を求めた＊258。これに関して幣原はリンドレー（F. O. Lindley）駐日英国大使に地方治安維持会の活動を評価し、張学良が東北に復帰しないのならばこれを相手に交渉をすることになるとの見解を示し、南京・広州両政府の妥協成立に期待を示しつつ、満洲新政権の最終形態としては広州政府が主張する民間人によるハイコミッショナー制度を支持すると述べ＊259、広州派の影響力増大による中国中央政府の改組と、これとの直接交渉を希望していた。

八　一一月理事会と幣原の五大綱目放棄

幣原から直接交渉の相手として見切りをつけられた南京政府は関東軍の黒龍江省進出問題に関して、日本は同省政府を転覆させて傀儡政権を樹立しようとしており、これは一〇月二四日理事会決議案に対する「現実ノ拒絶」で不拡大方針に反するのみならず、連盟規約第一〇条と九ヵ国条約第一条に違反するものであると批判、理事会が紛争処理の付託を受けて紛争の調査、勧告をなす規約第一五条の適用を喚起した*260。一一月八日夜に発生した第一次天津事件でも南京政府は連盟と列国に対して天津日本租界周辺に中立地帯を設置し、ここに天津駐屯の第三国の軍隊からオブザーバーを派遣するよう求めたが*261、英米仏各国公使は日本の疑念を招くことと紛争の渦中に引き込まれるのをおそれて慎重な態度をみせた*262。南京政府も列国の微妙な態度を感知していたが、依然として蒋介石は「公道正義」に訴える国際的解決の方針を堅持することとし*263、一二日に開会した南京政府四全大会の劈頭、対外的には不屈・不妥協、対内的には党を中心とした団結を強化する旨の演説をなし、一六日には「対世界各国宣言」を発して日本の宣戦布告なき「敵対行為」は連盟規約と不戦・九ヵ国両条約を破壊するものと非難して規約第一五、一六条に基づく制裁措置を求めるとともに、列国に対しては両条約の「義務」を喚起した*264。さらに蒋は事実上南京政府との交渉を打ち切った一六日の日本政府通告を批判して、自らが対日戦実行のために北上するとの意思を表明するとともに、これを機に改めて広州政府に合作を求め*265、二〇日の四全大会でも再度対外的に連盟規約、不戦・九ヵ国両条約の義務を喚起し、対内的には政府の後援としての「団結一致」を求める決議が発せられた*266。蒋にすれば、連盟における旗色が日に日に悪化していたとはいえ、政権と権力を維持するためには四全大会でアピールした「対外一致」を楯に連盟と列国に迫るより選択肢がなかった。だが、幣原は一六日に再開される理事会において、「支那側ニ反駁ノ余裕ヲ与ヘサル」ほどまでに満洲の異常な状態を強く訴えることで日本の立場に理解を求める代表部演説をなすべきと訓令したように*267、公開理事会での日中の正面衝突は不可避の形勢となっていた。

一六日に再開される理事会を前に、ドラモンドは日本と地方治安維持会との交渉は満洲の分離独立を認めることになるとして批判的であり、ブリアンとともに五大綱目第五項の条約問題を日本軍撤兵の条件とするのは不適当とした。しかし、公開の場で日中の議論が正面衝突することで議事が勢い規約第一五、一六条の理事会による紛争処理、制裁措置に発展することを回避するためにも、公開理事会は形式的なものにとどめて私的会合で実質的な審議をなすこととし、理事会での日中両国代表よる演説を中止させた*268。そして一六、一七日の日中両国を除いた一二ヵ国理事会では第五項が"security"に関するものであれば日本軍の撤兵完了前でも同項の交渉開始を認めることとし、このラインで折り合いをつけるために改めて日本政府に"security"の解釈について照会を求めることとした＊269。

これに対して、日本代表部は理事会が自己の権威保持に重きを置き、実際的な解決という名目のもとで撤兵問題に必ずしも固執しなくなったことと、ドラモンドが視察員派遣案に好感を持っているのを捉え、連盟が日中両国による五大綱目協定の締結を容認することを条件に視察員の中国派遣を認める私案を作成し＊270、一七日に杉村陽太郎連盟事務局次長を通じて撤兵は五大綱目協定の実行確認後、もしくは地方治安維持会の拡充による"security"確保を待って着手する、撤兵後の懸案交渉は満洲各地の治安維持会との間で行なうことになるとの見通しを示した。だが、ドラモンドは南満東蒙条約を含む満洲に関する一切の条約、協定等の履行を求める第五項に固執すれば交渉の長期化は確実で撤兵が遅延する、また南京政府が「反逆者」とみなしている地方治安維持会との交渉を認めるのは理事会としても困難で、かかる態度では中国をして大綱交渉の開始を受諾させるなど覚束ない、地方治安維持会による"security"確保をもって撤兵するという態度は日本が求めてきた撤兵の条件としての大綱交渉を否定するものである、むしろ"security"確保をもって撤兵するとの九月三〇日理事会決議を再確認する方が効果的であるとする一方、視察員派遣案には賛意を示して日本代表部からの正式提案を求めた＊271。ドラモンド、サイモン、セシルらはさらに対応を協議し、理事会における日中両国の正面衝突を回避しつつ視察員派遣案を協議する方針を決した＊272。翌一八日にもドラモンドは五大綱目交渉について、施肇基が承諾しないことは明らかであり、理事中にも異論があるとしてこれに関する日本の要求には応じられないが、「連盟ニ実力無キ事暴露」されることと中国側による規約第一五条の提起を阻止するためには「如何ナル窮策」でも採用するとして、大綱協定や撤兵問題とは別に、改めて連盟による視察員派遣を日本側から提案することを求め＊273、サイモンも長期化が予想される五大綱目から視察員派遣を切り離し、理事会では視察員派遣に関する審議のみを行なうべきとした＊274。そして、日本軍のチチハル進攻によって理事会内部の対日空気が急激に悪化するなかで開かれた一九日の一二ヵ国理事会では、調査委員（commission of enquiry）の派遣は中国が求める規約第一五条によるものではなく、日本軍の撤兵条件である在留邦人の"security"に関する中国側の責任を明記した九月三〇日理事会決議第三、四項に基づいた調査という形での成立を目指すこととなった＊275。

理事会による五大綱目と調査委員派遣案切り離しの動きに対して幣原は一八日、「一般民衆ノ態度ハ今ヤ過去二大戦争当時ノ状況ヲ髣髴タラシムル」ほどの「国論ノ趨勢ニモ鑑ミ」、一五日の代表部宛訓令のラインからの譲歩禁止を訓令し＊276、翌一九日二〇時四〇分発の訓電でも重ねて五大綱目を「条約」の形態でまとめるよう指示した＊277。だが、これと前後して芳沢から連盟をして日中両国に五大綱目交渉開始の勧告を発出させることは「頗ル困難」である、この際、五大綱目問題は今後の成り行きに任せ、これとは別に調査委員の派遣を求めるのが「最良ノ切抜策」とする請訓を受けると＊278、一九日の外務省首脳部会議で五大綱目は本来日中両国間の問題であることと連盟が五大綱目第五項の取り扱いに苦慮していることから、連盟に対しては五大綱目の要求を撤回して九月三〇日理事会決議を確認する、調査委員を通じて匪賊が横行する満洲の現状と中国政府の条約履行の有無、そして政府の無統制状態によって同国が近代国家の体をなしていないことなどの実状を認識させることとし、夕刻に若槻首相の了解を得た＊279。そして幣原は二〇日午前一時発の回訓で委員による調査対象を「極東ノ安寧秩序混乱ノ原因タル支那ノ全般的状況」とし、日中直接交渉への干渉や日本軍の行動監視を行なわないことを条件とした調査委員派遣案の理事会提出を命じた＊280。これに対してドラモンドは中国側が調査の対象地域を満洲に限定しようとしているものの、調査委員派遣そのものには同意する姿勢をみせていることからブリアンとともに理事会決議の成立に向けて努力することとし＊281、二一日の公開理事会で芳沢から調査委員派遣案が提出されると、中国代表を含む全代表の賛成を得た＊282。

連盟は国際紛争の平和的解決を目指す立場から撤兵と懸案交渉を切り離し、前者の優先的実現を希望していたが、日本は中国中央政府との間で懸案の地方的解決を包含する五大綱目協定を締結することを撤兵条件にしたことで問題は暗礁に乗り上げた。落としどころを模索する連盟に対して、日本が五大綱目要求を断念するにあたって一種の交換条件として調査委員派遣を通じた中国の無秩序状態の確認を求めたことは、同国の政情混乱を理由として満蒙懸案交渉の相手を一〇月九日の五大綱目旧第五項でいう「東北諸省ノ関係官庁」——在満治安維持会——とすることが最も実際的で適切であることを連盟に認めさせようとしたものでもあり、換言すれば国際協調システムを利用しつつ形を代えた旧五大綱目の実現をはかったものといえる＊280。以後、理事会は主に調査委員派遣を主眼とする決議案の策定作業に入り、日本も連盟と南京政府に対して五大綱目を持ち出すことはなかった。

九　広州政府との五大綱目交渉

日本は連盟をして五大綱目交渉開始の勧告を発出させることと南京政府との直接交渉を諦めたとはいえ、五大綱目は消滅したのではなかった。むしろ五大綱目は中国の政情を睨みながら、幣原が対中直接交渉における問題解決の相手になり得るものとして機を窺っていた広州政府との交渉条件として残った。

重光は一一月一七日の中国政情に関する報告において、南京政府の勢力は沿岸部に及ぶのみであり、「支那全般ニ亘ル現下ノ複雑ニシテ中央地方ノ統制力ノ薄弱ナルハ民国成立以来或ハ未曽有ノコト」とした上で、南京・広州両派の抗争は「支那人一流ノ個人的勢力争ヒ」であり、政局混乱の結果「最多ク有利ノ条件ヲ有シタル蒋介石モ今日トナリテハ一ノ軍事的勢力ニ過キス」「民国ノ統一的政治組織ハ見込ナシ」との悲観的な見解を示すとともに、こうした状況下で国民党が終始反対してきた南満東蒙条約の承認を含む五大綱目を受諾、履行させることは中国中央政府の存立基盤を揺るがす、かりに五大綱目協定が成立したとしても撤兵は「満洲ニ於ケル治安維持ノ見込ナクシテハ事実不可能」であり、日本の軍部が「排日ノ原動力」とみなしている張学良を満洲に復帰させることは却って紛糾の種となる。また、南京・広州両政府とも満洲への勢力注入をもって国内政治の箔にしようとしているなかで、南京政府のみを相手にして広州政府の意向を無視、あるいは「満洲住民ノ意見」を考慮せずに事をすすめるのは内政不干渉の原則にも反するとし、「満洲問題ノ解決ハ前途遠キ様思ハル」と評した＊284。

では、幣原が期待を示し、中国政局を左右すべき広州政府はどのような状態にあったのであろうか。これより先、広州政府内部では実力派の陳済棠や広西派の李宗仁などが中心となって、汪兆銘が和平会議で蒋介石の下野を先送りにしたとの批判が高まっていた＊285。こうしたなかで、和平会議代表の一人でもあった陳友仁は自己の政治基盤を維持するためにも来るべき広州政府四全大会で国際的解決を批判して倒蒋を全面に打ち出す方針を固め＊286、「自分等カ日本ト直接交渉ニ入ルカ如キ空気ヲ見セルタケニテモ蒋ハ退クヘシト信ス」と述べ、日本との直接交渉開始による政変と自派の政権掌握に自信を示し＊287、須磨弥吉郎駐広東総領事代理に対しては撤兵問題を一旦棚上げにする、日本が南京政府の承認を取り消し、これに代わって広州政府を事実上の政府として承認することを条件に対日交渉に応じると申し入れ、最大難関である五大綱目第五項に関しても既述の通り幣原・陳会談の趣旨に基づき日中両国間の専門委員会に付託することで国民世論の沈静化を待つか、日中両国間で紳士協定を締結すべきとの見解を示した＊288。これを受けて、須磨は再三にわたって幣原に広州政府に対する意思表示を求めたが＊289、幣原は広州政府の内訌＊290もあってか当否を示さなかった。

なおも陳は一一月二八日に南京政府による国際的解決は中国を国際平和維持機関としては不完全な「連盟ノ保護下ニ立タシムル」ことになると批判するとともに、満洲をそれまでの軍閥による半独立状態から近代的国家観念に基づく完全なる中国領土とするためにも「純然タル文官統治」を行なうという文治案によって解決するとの外交部声明を発表した＊291。そして、広州政府の内訌が一段落した一二月一日には対日政策は不変であるとし＊292、二日には「二十一ケ条問題ハ如何ニモ難関ナリ」としながらも、自らが南京、広州両派による南北合作政府の外交部長に就任すれば対日直接交渉を行なうとして速やかな下交渉開始を申し入れた＊293。これに対して幣原はまたも意思表示を避けたが、省内で準備された訓令案には、広州政府の承認は中国政情と「国際政局上極メテ『デリケート』ノ関係アル」ためにに当面は回避するが、広州側の中央政府掌握の可能性を考慮してこれとの連絡に努める、ただし、五大綱目を承認するのでなければ日本の国論を納得させることはできない、第五項についても「二十一ケ条問題ヲ弥縫的ニ取扱フコトハ今日トシテハ我国論ノ許サヽル所」として、広州政府の求める専門委員会への付託や紳士協定の締結は否定する方針であった*294。

幣原は広州政府が主張するハイコミッショナーによる満洲統治を希望していたように*295、広州派との事変処理を視野に入れていたが、それは広州派主導での南北合作政権（中国新政府）の樹立を待って五大綱目交渉を試みようとするものであった。しかし、蒋介石下野後に樹立された中国新政府は広州派の単独政権であった。また、中国新政府の成立と時をほぼ同じくして日本では若槻内閣の総辞職、即ち幣原外交の退陣となったために、幣原と広州政府との交渉が行なわれることはなかった。

おわりに

満洲事変に際して日中直接交渉による解決を求めた幣原にとって不運であったのは、満洲事変前からの満蒙問題解決方針をそのまま事変の処理方針に持ち込んだことであった。事変勃発直後に南京政府における満蒙問題処理の中心人物であった宋子文が当面の軍事衝突を解決するのみならず、両国の国交調整を視野に入れた日中共同委員会の設置を提案したことは、重光・宋子文間ですすめられていた日中関係の調整、満蒙問題の漸進的解決の延長線上に位置づけられるもので、これを受けて日本政府は満蒙問題一併解決の方針を決定した。だが、宋子文が南京政府による国際的解決の方針を受けて共同委員会設置案を撤回したことで日本は対中直接交渉の梯子を外された形となり、交渉相手を失ったままで満蒙問題の一併解決という困難な目標だけが残る結果となった。加えてこの一併解決は"security"確保のための出兵と懸案解決という二つの問題を包含するものであったが、陸軍が求めていた附属地外駐兵を続けた状態で満洲官憲との懸案交渉を行なうことは、不戦・九ヵ国両条約や連盟規約第一〇条との抵触問題を惹起するものであった。それでも、九月二六日に関東軍の吉林撤兵、政権工作に対する邦人の関与禁止が訓令されたように、日本政府の内部的均衡は撤兵後に懸案交渉に移るという外務省が相対的に優位にあった。

しかし、広州派との政争を抱えていた南京政府が対日直接交渉を拒否して国際的解決を求めたことは外務省優位での日中直接交渉の機を潰すばかりか、国民党を通じた組織的排日運動を昂揚させたことは必要以上に日本を刺激し、南京政府との交渉を否定して駐兵による軍事的圧力のもとで満蒙新政権との懸案解決を求める関東軍や陸軍中堅層を大いに勢いづけた。その結果、外務省優位という日本政府の内部的均衡が崩壊し、撤兵条件のなかに陸軍の求める一部懸案の地方的解決を組み込んだ五大綱目が生まれたのである。以後、幣原は中国国内の動向のみならず、日本の政治状況を睨みながら後援とすべき連盟を利用しつつ五大綱目による対中直接交渉を模索することになった。

次に南京政府の対応であるが、満洲事変勃発前の蒋介石は条約改正、治外法権撤廃という積年の外交問題を解決するためにも、共産党を掃滅して「国家之統一」を完成する安内攘外政策を最優先課題に掲げていた＊296。特に、汪兆銘と孫科に対して剿共を共通目標として広州政府の解消と統一を呼びかけたように＊297、反共で一致する広州派とは訓政をめぐる問題さえクリアできれば妥協可能な存在であった。だが、実際には訓政をめぐって蒋の下野を合作の条件とする広州派との交渉は難航しており、蒋自身が共産党、および広州政府との内訌に日本が加われば最悪の事態を迎えると述べたように＊298、内外政の行き詰まりから南京政府は崩壊の危機に直面していた。その矢先に勃発した満洲事変は初期段階では日本政府の不拡大方針もあって、全満にわたる大規模な軍事行動に発展するとは蒋とて予想できなかったであろう。逆にいえば剿共だけでは首尾を得なかった広州政府との合作を抗日による対外一致を名目に自らが主導する形で実現するにはまたとない好機であり、事実、蒋の強い指導力のもとで採用された国際的解決は一時的とはいえ広州派との妥協気運を盛り上げた。

外交面では、国際的解決は英米の対中接近を利用しつつ不平等条約体制の打破を目指すとともに、日本に対する国際的圧力を増大させた王正廷革命外交の延長線上に位置づけることができる。なかでも南京政府が最も期待を示したのは最初に関税条約の改訂に応じたアメリカであり、中国に対する各種の援助政策に力を入れている連盟であった＊299。

その連盟は中国に対する技術援助には積極的であったが、二年前の中ソ紛争にみられるように、自らの権威を揺るがしかねない政治的大事件に介入することには消極的であった。ただ蒋にとって幸運であったのは、二年前の中ソ紛争では勃発から理事会、総会の開催まで時間があったために理事会首脳部による裏面工作によって提訴を阻まれたのに対して、満洲事変は理事会、総会の会期中に勃発したことで間髪入れず提訴できたことである＊300。それまでの連盟は済南事件や中ソ紛争のような東アジアの紛争に介入することを避けていたが＊301、結果的に満洲事変の提訴が実現したことは、ヨーロッパ諸国が中心となって構築中であった連盟を軸とする国際平和体制を実質的に東アジアに初めて適用させる機会を与えることになった。この枠組のなかで蒋は、国内の硬論に押された日本が五大綱目を持ち出してきたのに対して、問題を二一ヵ条問題に飛躍させてさらなる国際的同情を得て内外に対する政策を有利にすすめようとした。しかし、南京政府による要求拡大は一〇月二四日の理事会決議案と相まって硬論が強くなっていた日本を痛烈に刺激し、五大綱目修正第五項でいう「条約上ノ権利尊重」に二一ヵ条問題を加えるという日本の要求拡大を招いた結果、日中の妥協は絶望に近い状態となるばかりか、対外一致に基づく国内統一も蒋介石政権の打倒と対日外交に色気を持つ広州政府の強硬な態度を前に行き詰まり、逆効果に終わった。

一方、仲裁者の役割を求められた連盟は五大綱目に懸念を抱きつつも、満蒙権益を「死活的利益（vital interest）」と認識し、五大綱目旧第五項にある一部懸案の地方的解決を、法理論に基づく条約尊重に修正して日本の立場に理解を求める幣原の姿勢に接近していった。しかし、レディング英国外相が早期の帰国を望んだこともあって一〇月理事会の審議が不十分となった結果、連盟は二一ヵ条問題を再燃させた状態で一〇月二四日の理事会決議案の票決に踏み切った。この決議案をもって日本が国際協調から離脱して孤立の道を歩み始める端緒とする見解もあるが、当の理事会首脳部の最大目的はヨーロッパの安全保障体制の維持とジュネーヴ軍縮会議を目前に控えた自己組織の権威保持、さらにいうならば出身国の"national interest"をいかに反映させるかにあった。そのため一〇月二四日理事会決議案が日本の強い反発を招き、アメリカの支持も得られず、さらには中国の連盟規約第一五条適用要求——連盟は大国が関係する紛争処理には無力であるという欠陥暴露——の危機に直面した理事会首脳部にすれば東アジアにおける大国で常任理事国でもある日本に決議案を押し付けることで混乱を招くよりも、連盟を中心とする国際協調関係の枠組を維持するために日本に譲歩しなければならなかった。ここを突いた日本は激しい政争のために事実上中央政府が存在しない——国際法主体としての主権国家不在——という中国の特殊な事態を強く訴えることで南京政府との直接交渉を回避し、速やかに問題を解決するには満蒙の現地政権と交渉を行なうことが実際的であると主張した。そして、この形を代えた五大綱目（特に旧第五項）の実現——在満治安維持会の成長とこれを相手にした懸案処理——を促進するためにも調査委員派遣案を提示したのである。

調査委員派遣案にあたって留意しなければならないことは、幣原が「重大且複雑ナル」中国の現状調査を通じて、「東洋ニ於ケル日本ノ地位」、ならびに中国、満洲に対する日本の立場、そして、「支那人ハ何ヲ要求シツツアリヤ、又支那人ニ対シテ何ヲ与フヘキヤ等ノ問題ノ真相」を理解させることで「連盟ノ東洋ニ於ケル活動」は「健全ナル基礎ノ上ニ置カルヘク、然ラハ即チ日本ハ欣然トシテ之ニ協力シ益々有効ニ連盟ノ支柱タル責務ヲ果シ得ル」と述べたように＊302、満洲における既成事実の容認を迫るだけの消極的なものではなかったことである。それは第二章註36でも言及した「東洋」、あるいは「極東」の平和という論理を用いることで、これに包含される中国本部と満蒙に対する日本の特殊利害関係を確保する、さらには活発化しつつある連盟の中国に対する援助事業を日本が主導するといったように、国際協調システムを利用しつつ対中外交を主導するという従来の幣原外交の延長線上にある積極的な意味を包含するものであった＊303。それはまた、中国が日本を牽制するために国際社会の動員を試みることを掣肘すると同時に、政治的混乱という東アジアの特殊性を訴えることで同地域には西欧流の国際秩序は適用できないとするアジアモンロー主義的な外交政策への潮流を形成するとともに＊304、実体と条約に基づく日本の利益を損傷しない限りは地方政権の存在を事実上容認するという、分裂期の中国に対する不干渉政策の特徴である実際重視の側面＊305を併せ持ったものであった。そして、何よりも南京政府が中国を統一することができず、事変の進展とともに政情が混乱の度を深めたことは、日本が強く主張した中国の異常な状態を裏付ける結果となり、日本の調査委員派遣案を連盟が追認する大きな要素になったのである*306。

最後に、広州派を交渉の対手に転じた五大綱目であるが、新生中国南京政府の首班となった孫科は東三省の主権回復に意欲をみせ*307、胡漢民は犬養毅首相摂外相にあてて、二一ヵ条問題を避けつつ大所高所から日中関係を打開する、満蒙問題は広州派が求める文治案によって解決すべく私的使節を簡派して交渉の端緒を開くことを求める書翰を発したように*308、中国は蒋介石が固執した国際的解決から対日直接交渉方針に転換した。これに対して犬養は広州派単独政権の将来を不安視するとともに、中国の対日世論が激昂するなかでは交渉開始は時期尚早であると返答する一方*309、萱野長知を私的使節として派遣して直接交渉開始の機を窺っていた*310。だが、既述の通り外務省は一〇月下旬以降、次第に満蒙新政権容認の動きを強めており、一九三二（昭和七）年一月六日までには陸海軍とともに満蒙を中国本部より分離、独立した統一政権による統治支配地域とし、中国側との直接交渉が始まったとしても二一ヵ条問題や排日排貨の根絶など国民党が承諾できない条件を提示することで交渉を遷延する間に既成事実を積み重ねて満蒙新政権を逐次独立国に誘導し、中国をして満蒙を断念させるよう仕向ける方針を確定していた*310。つまり、満蒙独立に向けた新政権をいかに犬養に容認させるかという段階にきており、結局犬養は萱野の帰国を命じて直接交渉による解決の道を閉じた*312。以後、満洲事変に関する日中交渉から五大綱目は姿を消し、満洲国の承認、もしくは黙認をめぐる両国間の懸案として引き継がれるのである。

*1 鹿錫俊『中国国民政府の対日政策 1931—1933』東京大学出版会、二〇〇一年、第二章、黄自進「満州事変前後における国民政府の対日政策」（『東アジア近代史』第五号、二〇〇二年）。

*2 幣原喜重郎『外交五十年』原書房、一九七四年、一七四～一七五頁、武者小路公共『外交裏小路』講談社、一九五二年、八二～九〇頁。幣原喜重郎駐米大使発内田康哉外相宛第二八三号一九二〇年六月四日（『日外』大正九年第三冊下巻、一〇九八～一一〇〇頁）。満洲事変の日中二国間交渉に関する研究としては、服部龍二氏が錦州中立地帯設置問題を中心に論じたものがある（服

部龍二『東アジアの国際環境と日本外交　1918―1931』有斐閣、二〇〇一年、二七八～二八八頁）。
＊3　代表的なものとしては、海野芳郎『国際連盟と日本』原書房、一九七二年、第五章、馬場明『日本外交史18　満州事変』鹿島平和研究所出版会、一九七三年、臼井勝美『満州事変――戦争と外交と』中央公論社、一九七四年がある。
＊4　馬場『日本外交史18』二三四～二三五頁、緒方貞子『満州事変と政策の形成過程』原書房、一九六六年、第六章、兪辛焞『満洲事変期の中日外交史研究』東方書店、一九八六年、第三章、西田敏宏「ワシントン体制の変容と幣原外交（二）――一九二九～一九三一年――」（『法学論叢』第一五〇巻第二号、二〇〇一年）。このほか、伊香俊哉氏が満洲事変に対する幣原喜重郎外相の対応を詳細に論じているが、中国や連盟内部の動向、あるいは本章の主題とする五大綱目への言及が乏しい（伊香俊哉『近代日本と戦争違法化体制――第一次世界大戦から日中戦争へ――』吉川弘文館、二〇〇二年、第四章）。
＊5　幣原外相発江洪杰駐日中国臨時代理公使宛一九三一年一〇月一日（『日満』第一巻第二冊、三二六頁）。なお、本章では一九三一年の史料を頻繁に用いるため、以下、同年の史料は年を略す。
＊6　幣原発芳沢謙吉連盟日本代表ほか宛合第六二四号「満洲事件支那側各方面態度」九月二五日（「満洲事変・善後措置関係・国民政府ノ態度」［以下、「国府」］A.1.1.0.21-3-1-1 外務省外交史料館蔵）。
＊7　枢密院会議における幣原の説明、九月三〇日（『枢密院会議議事録』第六十六巻、東京大学出版会、一九九四年、二五三～二五四頁）。
＊8　幣原は統一性を欠く中国に対して、特定勢力への支持、援助を回避する一方、南京政府成立以降も地方外交のチャンネルを維持する傾向があった〔関静雄「幣原喜重郎の『対支外交』――内政不干渉主義を中心に」、宮田昌明「外務省の『対支政策』一九二四～一九三四」（岡本幸治編著『近代日本のアジア観』ミネルヴァ書房、一九九八年）、樋口秀実『日本海軍から見た日中関係史研究』芙蓉書房出版、二〇〇二年、第二章〕。
＊9　例えば坂野潤治「『憲政常道』と『協力内閣』」（『年報近代日本研究』第六号、一九八四年）、波多野澄雄「満州事変と『宮中』勢力」（『栃木史学』第五号、一九九一年）、酒井正文「民政党の反応」、玉井清「政友会の対外強硬論」（中村勝範編『満州事変の衝撃』勁草書房、一九九六年）、菅谷幸浩「満洲事変期における政界再編成問題と対外政策――第二次若槻内閣期を中心に――」（『国史学』第一九四号、二〇〇七年）、小林道彦『政党内閣の崩壊と満州事変――1918～1932――』ミネルヴァ書房、二〇一〇年、第三、四章、小山俊樹『憲政常道と政党政治――近代日本二大政党制の構想と挫折』思文閣出版、二〇一二年、第六章。
＊10　当該期の中国外交に関しては、兪『満洲事変期の中日外交史研究』第三、五章、鹿『中国国民政府の対日政策』第二章、黄「満洲事変前後における国民政府の対日政策――蒋介石の思惑を中心に」、彭敦文『国民政府対日政策及其変化』北京、社会科学文献出版社、二〇〇七年、内政については、横山宏章「訓政独裁をめぐる国民党の政争」（『明治学院論叢』第五一三号、一九九

三年）、土屋光芳『汪精衛と蒋汪合作政権』第三、五、六章、人間の科学新社、二〇〇八年、安内攘外政策と中国政局との関係を論じたものには、横山「『安内攘外』と蒋介石の危機意識」（『明治学院論叢』第五七三号、一九九六年）、栄維木「九一八事変と中国の政局」伊藤信之訳（『軍事史学』第三七巻第二・三号、二〇〇一年）などがあるが、南京・広州両政府間の妥協交渉が外交政策の展開とどのような関係にあったのかという視点が希薄である。

*11 馬場『日本外交史18』二五九頁。

*12 西田敏宏氏によれば、日本はワシントン体制を基軸に東アジア秩序を主導しようとしていた〔西田「ワシントン体制と国際連盟・集団安全保障――日・米・英の政策展開を中心として――」（伊藤之雄、川田稔編著『20世紀日本と東アジアの形成――1867～2006――』ミネルヴァ書房、二〇〇七年）〕。

*13 宮田昌明「加藤高明内閣成立の底流と幣原外交――国際的自立と内外融和への挑戦」（『日本研究――国際日本文化研究センター紀要』第三二集、二〇〇六年）。

*14 西田「ワシントン体制の変容と幣原外交（一）」（『法学論叢』第一四九巻第三号、二〇〇一年）八〇～八一頁。

*15 前者は交渉が暗礁に乗り上げれば交渉経過を列国に内報、あるいは公表することで中国側の反省を促すと同時に、「緩急ニ応シ適当ノ自衛措置ヲ講スル」とし、後者は連盟の中国進出は大勢上やむを得ないとした上で、これを「善導」することで主導権を握ろうとしたものであった〔幣原発重光葵駐華臨時代理公使ほか合第六〇五号「満洲ニ於ケル鉄道問題打開策ニ関スル件」一九三〇年一二月一二日（*Archives in the Japanese Ministry of Foreign Affairs, Tokyo, Japan, 1868-1945*, R. S484）、幣原発沢田節蔵連盟事務局長宛第六九号五月一一日（「国際連盟対支技術的援助問題一件」B.9.7.0.8 外務省外交史料館蔵）〕。

*16 例えば、何力「中国の関税自主権の回復と日中関係（一～四）――国民政府の『連英米制日』を中心に――」（『法と政治』第五〇巻第二、三・四号、第五一巻第三・四号、第五二巻第二・三号、一九九九～二〇〇一年）、高文勝「日中通商航海条約改正交渉と王正廷」（『情報文化研究』第一七号、二〇〇三年）。

*17 「帝国議会関係雑件・議会ニ於ケル総理、外務大臣ノ演説関係」（A.5.2.0.1-2 外務省外交史料館蔵）。

*18 これらの経過については、横山『中華民国史――専制と民主の相剋――』三一書房、一九九六年、第三章、家近亮子『蒋介石と南京国民政府――中国国民党の権力浸透に関する分析――』慶應義塾大学出版会、二〇〇二年、第四、五章、林道生「汪精衛と国民政府」（小林英夫、林編『日中戦争史論――汪精衛政権と中国占領地――』御茶の水書房、二〇〇五年）、光田剛『中国国民政府期の華北政治』御茶の水書房、二〇〇七年、第一章、味岡徹『中国国民党訓政下の政治改革』汲古書院、二〇〇八年、第一章。なお、訓政期とは孫文の「建国大綱」に基づく革命プログラムの一段階で、武力で統一をはかる軍政期と民主政治の完成である憲政期への過渡期において、地方自治の整備を通じて人民の政治能力を訓導するものとされた。

＊19 土田哲夫「南京政府期の国家統合――張学良東北政権（一九二八～三一年）との関係の例――」（中国現代史研究会編『中国国民政府史の研究』汲古書院、一九八六年）、康越「中原大戦期における張学良政権と国民政府」（『現代中国研究』第一四・一五号、二〇〇四年）。

＊20 横山『中華民国史』一一一～一一二頁、家近『蒋介石と南京国民政府』一四五～一四八、一七一頁。

＊21 須磨弥吉四郎駐広東総領事代理発幣原宛第二二五号六月二〇日（「支那内乱関係一件・昭和六年反蒋運動関係・広東政府ニ対スル帝国及各国ノ態度（陳友仁来朝関係ヲ含ム）（松本記録）」［以下、「広東」］A.6.1.5.1-16-3 外務省外交史料館蔵）、宮崎嘉一中日実業株式会社大連嘱託発高木陸朗同社副総裁宛六月一六日（「支那内乱関係一件・昭和六年反蒋運動関係・閻錫山ノ態度並動静関係（閻ノ飛行機脱出問題）」［以下、「閻錫山」］A.6.1.5.1-16-5 外務省外交史料館蔵）。

＊22 土田「南京政府期の国家統合」一七一～一七二頁。

＊23 入江昭『極東新秩序の模索』原書房、一九六三年、二六四～二六六頁。

＊24 須磨発幣原宛第二三六号六月二五日（「広東」）。

＊25 重光駐華公使発幣原宛第五二七号六月一三日（「支那中央政況関係雑纂・国民党関係・中央執行及監察委員会関係・全体会議関係」A.6.1.1.2-2-2-2 外務省外交史料館蔵）。

＊26 重光発幣原宛第五四一号六月一八日（『日外』昭和期Ⅰ第一部第五巻、五六七～五六九頁）、『大公報』同月二〇日。

＊27 王家楨外交部常務次長発張学良陸海空軍副司令宛六月一七、二六、三〇日（「密電情報関係一件」A.6.1.0.5 外務省外交史料館蔵）。

＊28 須磨発幣原宛第二二五、二四一号六月二〇、二六日（「広東」）。

＊29 幣原発須磨宛第三七、三八号七月二日（同右）、幣原平和財団編『幣原喜重郎』幣原平和財団、一九五五年、四八五頁。

＊30 重光発幣原宛第六六五号七月二日（「広東」）、同第六七七号同月三日（『日外』昭和期Ⅰ第一部第五巻、七三七～七三八頁）。

＊31「幣原陳友仁会談録」（外務省編『日本外交年表並主要文書』下巻、国際連合協会、一九五五年、一七二～一八〇頁）。

＊32 例えば、治外法権撤廃交渉に際して一般交渉は南京政府との間で行なうが、「重大ナル利害関係」がある満洲と間島問題は特殊問題として留保した上で、地方実権者たる東北政権との間で「特殊ノ保障ヲ含ム地方的協定」を締結することを目指していた（「内地開放ニ関スル交渉方針実施大綱」、「中国ニ於ケル治外法権撤廃ニ関スル大綱方針案説明書」、「中国ニ於ケル治外法権撤廃ニ際シ満洲並間島ニ関シ特ニ考慮スヘキ事項ニ関スル件」四月二七日（「支那治外法権撤廃問題一件（松本記録）」B4.0.0.C/X1 外務省外交史料館蔵）」）。

＊33 幣原発重光宛第二三四号「鮮内騒擾事件」七月一一日、幣原発林久治郎駐奉天総領事第一四五号「在満鮮人問題ニ関スル過渡

期的弁法協定方ノ件」同月一六日（「万宝山農場事件」A.1.1.0.20 外務省外交史料館蔵）。

＊34 重光発幣原宛第六四三号、幣原発石射猪太郎駐吉林総領事宛第二〇号「万宝山事件解決方ノ件」七月一六、二八日（同右）、重光発幣原宛第六四一号同月一六日（『日外』昭和期I第一部第五巻、七三一〜七三二頁）。

＊35 重光発幣原宛第七九二号八月二五日着（「中国ニ於ケル水害関係雑件・漢口地方水害関係」I.6.0.0.4-1 外務省外交史料館蔵）、同第七九四、七九五号同日、および同日着（『日外』昭和期I第一部第五巻、一二三、六一一〜六一三頁）。

＊36 重光発幣原宛第九六三号九月一八日（「各国駐劄帝国大公使任免関係雑纂・中華民国ノ部」M.2.1.0.13-5 外務省外交史料館蔵）、同第一〇三六号同月二五日（「満洲事変・善後措置関係・日、支共同委員会設置問題」〔以下、「共同委員会」〕A.1.1.0.21-12-5 外務省外交史料館蔵）、矢野真参事官発幣原宛第三八九、四〇五号同月九、一六日（「蒋介石全国統一後ニ於ケル満蒙鉄道ニ関スル日、支交渉関係」A.1.1.0.1-13 外務省外交史料館蔵）、重光『外交回想録』毎日新聞社、一九七八年、九〇〜九一頁、蒋作賓『蒋作賓日記』南京、江蘇古籍出版社、一九九〇年、同月一二、一四、一六日条、同『蒋作賓回憶録』台北、伝記文学出版社、一九七二年、五二〜五三頁。

＊37 塚本清治関東長官発幣原ほか宛号外七月二四日、塚本発幣原宛親展同月三一日（「閻錫山」）。

＊38 中谷政一関東庁警務局長発堀切善次郎拓務次官ほか宛関機高支第一〇〇三〇号ノ二「閻錫山氏ヲ中心トスル北方ノ時局ニ就テ天津上田報三九」八月二七日（同右）、西田畊一駐済南総領事発幣原宛第四一七号「周秀文ノ華北時局内話報告ノ件」九月一七日（「支那地方政況関係雑纂・北支政況」A.6.1.3.1-3 外務省外交史料館蔵）。

＊39 この時期、中国では満蒙懸案交渉に関して張学良陸海空軍副司令が対日衝突を回避するために可能な限りの対日譲歩を試みようとしていたのに対して、南京政府は蒋作賓の駐日公使任命などを通じて自らが主導権を発揮しようとしていた〔高「満蒙危機と中国側の対応」（『日本福祉大学紀要——現代と文化』第一一四号、二〇〇六年）〕。

＊40 重光発幣原宛第九七四、九八四号九月一九日（「共同委員会」）。

＊41 「満洲事変作戦指導関係綴」〔以下、「指導」〕其一、九月一九日条（防衛省防衛研究所図書館蔵）。

＊42 木戸日記研究会編『木戸幸一日記』上巻、東京大学出版会、一九六六年、九月一九日条。

＊43 「指導」其一、九月一九、二〇日条、「閣議提出案」同月二〇日（「指導」別冊其二）。

＊44 「指導」其一、九月二一日条。

＊45 幣原発重光宛第三七二号「満洲事件解決方針」九月二一日（「共同委員会」）。

＊46 「中国国民党中央執行委員会第一六〇次常務会議紀録」九月一九日、「中国国民党中央執行委員会為日侵華対各級党部訓令」同月二〇日（中華民国重要史料初編編纂委員会編『中華民国重要史料初編　対日抗戦時期　緒編』〔以下、『重要史料』〕第一巻、台

北、中国国民党中央委員会党委員会、一九八一年、二七七〜二八〇頁）。
＊47 羅家倫主編『革命文献』第三五輯、台北、中国国民党中央委員会党史史料編纂委員会、一九六五年、一一九三〜一一九五頁。
＊48 王正華編『蒋中正総統档案　事略稿本』〔以下、『事略』〕第一二冊、台北、国史館、二〇〇三年、九月二〇日条。
＊49 「蒋主席招集会議決定対日方略紀事」九月二一日（『重要史料』第一巻、二八〇〜二八一頁）。
＊50 施肇基連盟中国代表発ドラモンド連盟事務総長宛九月二一日（同右、三二三〜三二四頁）。
＊51 三全権発幣原宛第六二、六七号九月二三日着（「満洲事変・善後措置関係・日支事変ニ関スル交渉経過（連盟及対米関係）」〔以下、「交渉」〕A.1.1.0.21-12-1-5 外務省外交史料館蔵）。
＊52 『事略』第一二冊、九月二二日条。
＊53 黄「満州事変前後における国民政府の対日政策」一八頁。
＊54 『事略』第一二冊、九月二二日条。
＊55 「国民政府促蒋下野通電」九月二一日（遼寧省档案館編『張学良与九一八事変（上）』桂林、広西大学出版社、一九九九年、三三〇頁）。
＊56 須磨発幣原宛第四二八、四三二号九月二〇、二二日（「満洲事変（支那兵ノ満鉄柳条溝爆破ニ因ル日、支軍衝突事件関係）」〔以下、「満洲事変」〕A.1.1.0.21 外務省外交史料館蔵）。
＊57 「指導」其一、九月二三日条。
＊58 上村伸一駐南京領事発幣原宛第五七二号、重光発幣原宛第一〇一二号九月二二日（「共同委員会」）。
＊59 「国民政府告全国国民書」九月二三日（『重要史料』第一巻、二八六〜二八七頁）。
＊60 矢野発幣原宛第四四二、四五一号九月二三、二五日（「国府」）、同第四五〇号同月二四日（「満洲事変」）、永津佐比重駐華公使館附武官補佐官発杉山元陸軍次官宛北電第九五二号同日（「満洲事変・各国ノ態度・支那ノ部」A.1.1.0.21-3-1 外務省外交史料館蔵）。
＊61 『事略』第一二冊、九月二三、二四日条。
＊62 閣議では南次郎陸相が満蒙懸案交渉を有利にすすめるためにも附属地外に出た関東軍の現勢を維持すべきとしたのに対して、幣原は日本軍が駐兵したままで行なった済南事件解決交渉が難航した前例から、懸案交渉は関東軍の附属地撤兵後に行なうべきと主張して対立していた（「指導」其一、九月二二日条）。
＊63 「関東軍機密政略日誌」〔以下、「政略」〕（小林龍夫ほか編『現代史資料』第七巻、みすず書房、一九六四年、一九一頁）。
＊64 河井弥八ほか編『昭和初期の天皇と宮中　侍従次長河井弥八日記』第五巻〔以下、『河井日記』〕岩波書店、一九九四年、九月

二二日条。
＊65「指導」其一、九月二三、二四日条。三官衙の意見は、「軍事占拠ノ範囲ニ就テ」同月二三日（「指導」別冊其二）。
＊66 二宮治重参謀次長発三宅光治関東軍参謀長宛第五五号九月二四日（「指導」別冊其一）。
＊67「指導」其一、九月二六日条、金谷範三参謀総長発本庄繁関東軍司令官宛第六三号同日（「指導」別冊其一）。
＊68 幣原発林宛第二二〇号九月二六日（「交渉」）。なお、この日の閣議で幣原は吉林駐兵が続けば外交交渉は極めて困難になるとして、陸軍が吉林撤兵を肯じなければ辞職すると述べている（「指導」其一、同日条）。
＊69「指導」其一、同九月二六日条。
＊70 三全権発幣原宛第六八号九月二三日着（「交渉」）。
＊71 三全権発幣原宛第七三、七四号九月二四日着（「同右」）。
＊72「政府発表」九月二四日（『日満』第一巻第一冊、六八〜七二頁）。
＊73 前掲、幣原発芳沢ほか宛合第六二四号「満洲事件支那側各方面態度」。
＊74 幣原発栗山茂駐仏臨時代理大使宛第一四六号一〇月一一日（「交渉」）。
＊75 よく知られるように、幣原は直接利害関係なき国で構成される「大円卓会議」では議論が空論化するとし（武者小路『外交裏小路』八二〜八八頁）、南京政府による一九二九年中ソ紛争の連盟提訴の試みに対しても、実行力を欠いている連盟を困惑させるだけとして冷ややかな態度をとっていた〔「露支紛争ニ関スル幣原外務大臣在本邦支那公使会談要録」一九二九年一一月二七日（「東支鉄道関係一件・支那側ノ東支鉄道強制収用ニ原因スル露、支紛争問題（一九二九年）・帝国ノ態度」**F.1.9.2.5-4-6**　外務省外交史料館蔵）〕。
＊76 幣原は、連盟が満蒙問題を取り上げれば日中双方の国論を刺激して却って事態を紛糾させる、日本が国際的解決に屈せば中国は「妙味」を占める、今次事変の処理は日本にとって「死活ノ問題」であることから、粘り強く連盟を啓蒙することで連盟自身の反省を促すとともに、中国をして国際的解決の無意味を悟らすべきとした〔幣原発寿府全権第一〇号九月二一日、幣原発沢田宛第一二六号一〇月二一日（「交渉」）〕。
＊77 幣原発出淵勝次駐米大使宛第一八三号一〇月一五日（同右）。
＊78 後に内田康哉外相が訪日したリットンに対して、「満洲問題ハ日本ノ『ヴァイタル、インテレスト』及自衛権ニ関係スル」ものであることから、「関係国ト相談セサルコトアルヘシ、他ノ国モ同様ノ場合ニハ同様ノ態度ヲ執リ来レリ」と述べたように〔内田発沢田ほか宛合第一五四九号「連盟調査委員ト会談ノ件」一九三二年七月一六日（「満洲事変・善後措置関係・国際連盟支那調査員関係」**A.1.1.0.21-12-2**　外務省外交史料館蔵）〕、国際協調よりも「死活的利益」を優先させる「二重基準」の存在に注意する

必要がある。
＊79　三全権発幣原宛第九一号九月二六日着（同右）。
＊80　三全権発幣原宛第九三号九月二六日着（同右）。日本側では調査員などのオブザーバー派遣は中国側による直接交渉遷延策であるとして批判していた〔栗山発幣原宛第二六七号同日（「満洲事変・各国ノ態度」A.1.1.0.21-3 外務省外交史料館蔵）〕。
＊81　幣原発寿府全権宛第二三号九月二八日（「交渉」）。
＊82　三全権発幣原宛第一一六号九月三〇日着（同右）。
＊83　幣原発三全権宛第二九、三〇号九月三〇日（同右）。
＊84　三全権発幣原宛第一二五、一二六号一〇月一日着（同右）。
＊85　三全権発幣原宛第八八号九月二五日着（同右）。
＊86　沢田発幣原宛第一三三号一〇月九日着（同右）。
＊87　『事略』第一二冊、九月二六、二九〜三〇日条。
＊88　「中央政治会議特種外交委員会第一〜四次会議紀録」九月三〇日、一〇月一〜三日（劉維開編輯『国民政府処理九一八事変之重要文献』〔以下、『重要文献』〕台北、中国国民党中央委員会党史委員会、一九九二年、一〜八、一〇〜二〇頁）。
＊89　江発幣原宛泰字第二五号九月二九日（『日満』第一巻第二冊、三二三頁）。
＊90　「指導」其一、九月二八日条。
＊91　『東京朝日新聞』一〇月二日夕刊。
＊92　原田熊雄『西園寺公と政局』第二巻、岩波書店、一九二五年、八四頁。「指導」其一、一〇月二日条。
＊93　前掲、幣原発江宛泰字第二五号。
＊94　蒋作賓駐日中国公使発幣原宛一〇月五日（『日満』第一巻第二冊、三二九頁）、矢野発幣原宛第四九七号同日（「国府」）、『事略』第一二冊、同月七、八日条。
＊95　中華民国史事紀要編輯委員会編『中華民国史事紀要　初稿　中華民国二十年（一九三一）九至十二月份』〔以下、『史事』〕台北、国史館、一九九一年、五一八〜五一九頁。
＊96　同右、五二一〜五二二頁。
＊97　同右、五三〇頁、『事略』第一二冊、一〇月二日条。
＊98　『史事』五三六頁。これに対して広州政府は蒋介石南京政府主席の下野を和平本会議開会後に先送りすることを容認して会議代表の派遣を決するとともに、蒋によって監禁されていた胡漢民同政府前立法院院長を釈放して和平会議に加えることとした

（『大公報』一〇月六、七日）。

＊99 蒋介石主席発張学良宛一〇月六日、蒋介石演説同月一二日（『重要史料』第一巻、二九一〜二九四頁）。

＊100 重光発幣原宛第一〇九六〜一〇九八、一一〇三、一一三四、一一三五号一〇月六、一三日、同月七日着（「国府」）。

＊101 幣原発松平恒雄駐英大使ほか宛合第七九四号「支那情報」一〇月六日（「交渉」）。

＊102 『事略』第一二冊、一〇月四〜六日条。

＊103 建川美次参謀本部第一部長発板垣征四郎関東軍高級参謀宛書翰九月二七日（「片倉衷関係文書」R三、国立国会図書館憲政資料室蔵）。このほか、今村均参謀本部第二課長は関東軍への連絡、指導を強化するために渡満の途上にあった橋本虎之助参謀本部第二部長らに政権工作の推進を求める電報を発している（「遠藤三郎少佐満洲事変渡満日誌」同日条、防衛省防衛研究所図書館蔵）。

よく知られるように、陸軍中央は一九三一年春以降、満蒙問題解決の重要性を喚起しており、参謀本部でも、①親日政権樹立、②独立国建設、③満蒙領有という三段階の解決要領を打ち出していた（永田鉄山刊行会『秘録 永田鉄山』芙蓉書房、一九七二年、四四一頁）。これに基づいて奉天出張中の建川美次参謀本部第一部長は勃発した満洲事変に際して関東軍の全満占領案に反対、中国主権下での親日政権を樹立するよう指導した（「政略」一八七、一八九頁、参謀本部「満洲事変に於ける軍の統帥（案）」（小林龍夫ほか編『現代史資料』第一一巻、みすず書房、一九六五年、三二六頁））。

＊104 「指導」其一、九月二八日条、金谷発本庄宛第七九号同一〇月三日（同上）。

＊105 「政略」一九七〜一九九頁。

＊106 本庄発金谷宛関参第五六四号一〇月二日（「指導」其一）、「関東軍司令部公表」同月四日（「政略」二〇〇〜二〇一頁）。

＊107 『東京朝日新聞』一〇月三日夕刊、同月五日朝刊。満洲の不安定な中国側諸軍閥の動静は本書二七六〜二七七頁にも参照。

＊108 「指導」其一、一〇月五日条。

＊109 『東京朝日新聞』一〇月六日夕刊。

＊110 「指導」其一、一〇月九日条。

＊111 同右、一〇月一六日条。「時局処理方案（決定案）」は「指導」別冊二に所収。

＊112 「閣議決定」一〇月九日（「満洲事変（松本記録）」**A.1.1.0.21** 外務省外交史料館蔵）。ただし、閣議で決定したのは撤兵の前提条件として大綱協定を締結するということであって、幣原の腹案＝五大綱目は「参考」とされ、主務大臣の管轄事項である閣議諒解のレヴェルにとどまっていた（同上、ならびに、幣原発出淵宛第一六八号同月一〇日（「交渉」）、馬場『日露戦争後の日中関係――共存共栄主義の破綻――』原書房、一九九三年、三五三〜三五五頁）。当時、政権工作に携わっていた山口重治によると、

幣原は木村鋭市満鉄理事を介して張学良との懸案交渉を企図していたという（山口重次『満洲建国――満洲事変正史――』行政通信社、一九七四年、一一六〜一一七頁）。また、陸軍中央は外務省方案との間には依然として「多クノ扞格アル」ことを認めたが、「国家首脳部ノ意見急速ニ一致ノ気運ヲ醸成シツツアリ」と評価した（「指導」其一、同月一六日条）。

*113 前掲、沢田発幣原宛第一三三号。

*114 幣原発蒋作賓宛書翰一〇月九日（『日満』第一巻第二冊、三三七〜三三八頁）、『蒋作賓日記』一〇月一二日条。顧維鈞によると、蒋作賓から報告された五大綱目の内容には土地商租権や大連の二重課税、吉会線敷設を始めとする鉄道問題などの具体的要求事項が記されている（顧維鈞ほか発張学良宛同月一三日、中国第二歴史档案館「九一八事変後顧維鈞等致張学良密電選（上）」（民国档案編輯部編『民国档案』第一号、南京、一九八五年、一〇〜一一頁）。これを五大綱目と対照した場合、前者は第四項に、後者は第五項に該当するので、蒋作賓はこの両項に強く反発したと推察される。

*115 枢密院会議において幣原は、対日提携論を唱える汪兆銘主席率いる広州政府の存在に注意を喚起、南京・広州両政府の妥協交渉は予断を許さないとしながらも、両政府の妥協によって交渉相手たり得る中央政府が生まれることへの期待を示唆していた「（枢密院会議における幣原の説明、一〇月七日（『枢密院会議議事録』第六十七巻、一〇〜一一頁）」。

*116 幣原発沢田宛第一一五、一一八、一二〇、一二一号一〇月九日（「交渉」）。

*117 『事略』一〇月九日条。八日の幣原・蒋作賓会談は、『蒋作賓日記』同月八日条、幣原発沢田宛合第八七〇号同月一一日（「交渉」）。

*118 前掲、蒋介石演説。

*119 顧維鈞発張学良宛一〇月一五日（『民国档案』第一号、一一〜一三頁）。

*120 顧維鈞発張学良宛一〇月一六日（同右、一三頁）、『事略』第一二冊、同月一五、一六日条。

*121 「中央政治会議特種外交委員会第十六次会議紀録」一〇月一七日（『重要文献』六二〜六三頁）。

*122 顧維鈞発張学良宛一〇月一九日（『民国档案』第一号、一五頁）。

*123 『事略』第一二冊、一〇月二〇日条。

*124 Minute of Interview with President Chiang Kai-shek respecting the Manchurian Crisis, October 17, *DBFP*, VIII, pp. 801-804.

*125 これ以前に一三日の公開理事会において施肇基連盟中国代表は二一ヵ条問題に言及したが、これは事変の歴史的背景を述べた芳沢謙吉連盟日本代表の演説に同問題への言及がなかったことに対する軽いジャブに過ぎなかった（Publications Dept. of the League of Nations, *League of Nations Official Journal*, 12th year, No 12, pp. 2313-2319）。

*126『事略』第一二冊、一〇月一六日条。
*127 この時期、蒋介石は各国公使、使節との接触に精力的であった（同右、一〇月一三日〜一五、一七、一九〜二一日条）。
*128 幣原発沢田宛第一一四号一〇月八日（「交渉」）。
*129 沢田発幣原宛第一三七号、松平発幣原宛第三八五号一〇月一〇日着（同右）。
*130 沢田発幣原宛第一三〇、一五五号一〇月一二、一三日着（同右）。
*131 馬場『日露戦争後の日中関係』三五三〜三五四頁。
*132 幣原発沢田宛第八六、八七号一〇月一三日（「交渉」）。この時に内示された五大綱目を九日の閣議で諒解を得たものと比較すると、九日の諒解ではボイコットと排外教育の禁止を強く求めていたのを、一三日の内示では「敵対的運動抑圧ノ為」に相互的な約定を締結するとしたことなど、全体的に抑制的なトーンになっていた。
*133 Patteson to Vansittart, October 14, *DBFP*, VIII, pp. 768. ブリアン連盟理事会議長の日本代表部宛申し入れは、沢田発幣原宛第一四七号同月一五日着（「交渉」）。
*134 沢田発幣原宛第一五一、一五二、一五九号一〇月一五、一六日着（「交渉」）、同第一七四号同月一七日（「満洲事変・善後措置関係・国際連盟ニ於ケル折衝関係」［以下、「折衝」］A.1.1.0.21-12-1 外務省外交史料館蔵）。
*135 沢田発幣原宛第一七六、一七七号一〇月一七日（「折衝」）。この際、ドラモンド連盟事務総長は第五項を「抽象的ニ条約上ノ権利尊重ノ宣言ヲ為スニ止」めるならば、これを容認する意向を示した（沢田発幣原宛第一七九号同日（同上））。
*136 沢田発幣原宛第一八八、一八九号一〇月一八日（同右）、同第一九〇、一九一号同日着（「交渉」）。
*137 Patteson to Vansittart, October 18, *DBFP*, VIII, pp. 786-787.
*138 Gilbert to Stimson 221, October 19, *FRUS, 1931*, vol. III, pp .235-236. 決議草案は、Patteson to Vansittart, 144, October 19, *DBFP*, VIII, pp.789-790.
*139 Memorandum by Viscount Cecil, October 19, *DBFP*, VIII, pp. 797-800.
*140 沢田発幣原宛第一九七号一〇月二〇日（「折衝」）。
*141 幣原発沢田宛第一一〇、一一五、一一六号一〇月一七、一八日、幣原発松平宛第二〇六、二〇八号同月一八、二〇日（「交渉」）。
*142 Memorandum by Viscount Cecil, October 19, *DBFP*, VIII, pp. 797-800.
*143 クリストファー・ソーン『満洲事変とは何だったのか——国際連盟と外交政策の限界——』上巻、市川洋一訳、草思社、一九九四年、第五、六章。

＊144 Stimson to Peck 96, October, 21, *FRUS, 1931*, vol. III, pp. 280-281.

＊145 沢田発幣原宛第二〇四、二〇五号一〇月二〇日（「折衝」）。

＊146 Patteson to Vansittart 156, October 22, *DBFP*, VIII, pp. 809-810. 五人委員会は九月二二日の理事会議長宣言に基づいて設置された満洲事変の審議にあたる小委員会で、英仏独伊西各国代表で構成されていた〔前掲、三全権発幣原宛第六八号、同第六七号九月二三日着（「交渉」）〕。

＊147 『西園寺公と政局』第二巻、一〇四頁。

＊148 幣原発沢田宛第一三三号一〇月二二日（「交渉」）。

＊149 Record of Interview, October 22, *DBFP*, VIII, pp. 818-820.

＊150 西田「ワシントン体制の変容と幣原外交（二）」一一八〜一二〇頁。

＊151 前掲、沢田発幣原宛第一九七号。芳沢の見解は、沢田発幣原宛第一九五号一〇月一九日（「折衝」）。一七日のドラモンドの意向は、前掲、沢田発幣原宛第一七九号。

＊152 沢田発幣原宛第一九六号一〇月一九日（同右）。

＊153 幣原発沢田宛第一二一、一二二号一〇月二〇日（「交渉」）。

＊154 前掲、沢田発幣原宛第二〇五号。同電は二一日午前に（同上）、ドラモンド三案を記した沢田発幣原宛第二〇四号は二一日の夕刻に着電した〔同電には二一日午前着電と記録されているが、幣原発沢田宛第一二九号（一〇月二二日、同右）には二一日夕刻に接到したと記されている〕。なお、「条約上ノ権利尊重」は前掲、沢田発幣原宛第一九六号におけるブリアンの発言である。

＊155 前掲、幣原発沢田宛第一二六号。この際、五大綱目協定は「東洋平和ヲ将来ニ確保」するための最小限度のものであると付言した。

＊156 閣議決定から回訓発電までの経過は、『東京朝日新聞』一〇月二三日付朝刊、夕刊、同月二四日夕刊を参照。

＊157 沢田発幣原宛第二一四号一〇月二一日（「折衝」）。同電報は午後発電と記録されている。なお、この時の会談でレジェ官房長は二二日中の開催を予定していた秘密理事会までの回答を求めたが、芳沢の説得を受けてタイムリミットを二二日午前に修正していた（同上）。

＊158 前掲、幣原発沢田宛第一二九号。

＊159 幣原は二二日、ドラモンド三案に対する回訓について、「本件ハ帝国ノ死活ニ関スル重大問題」であり、「慎重熟議ヲ要」することから、発電は早くても二二日夕刻、場合によっては二三日にずれ込む可能性があるとの注意を喚起していた（同右）。

＊160 なお、幣原はジュネーヴにおける「急速度」の交渉進展に対して代表部からの電報が「遅着甚シ」い上に、回訓発電には「慎

重ノ考慮」が必要であるとして、連盟にこの事情を理解するよう求めていた〔幣原発沢田宛第一二二号一〇月二〇日（「交渉」）〕。

＊161 Record of Interview, October 22, *DBFP*, VIII, pp. 818-820; 沢田発幣原宛第二二二号同月二三日（「折衝」）。

＊162 前掲、沢田発幣原第二一九号、同第二一六号一〇月二三日（「折衝」）、決議案は、沢田発幣原宛第二一七号同日（「交渉」）。

＊163 ただし、ドラモンドは南京政府の求める調停機関設置に否定的であった〔沢田発幣原宛第二一三号一〇月二一日（「折衝」）〕。

＊164 沢田発幣原宛第二二六号一〇月二三日（同右）、タイムスの記事は、*The Times*, October 21.

＊165 前掲、沢田発幣原宛第二一九、二二六号、同第二三〇号一〇月二四日（「折衝」）。

＊166 Patteson to Vansittart 159, October 22, *DBFP*, VIII, pp. 810-811.

＊167 沢田発幣原宛第二三三号一〇月二四日（「折衝」）。議決直後、ブリアンは日本代表の一票を除いて全会一致で決議案は採択された述べ、票決結果から道義的効力を強調したが、後述するように決議案が形骸化すると、決議は採択されなかったという態度に転じた〔東泰助「国際連盟おける全会一致の原則」（『国際関係論の総合的研究――一九八三年度版――』一九八四年）八九～九〇、一一八頁〕。

＊168 例えば、西田「ワシントン体制の変容と幣原外交（二）」一一九～一二〇頁、臼井『日中外交史研究――昭和前期――』吉川弘文館、一九九九年、四五頁。

＊169 イギリスでは庶民院の総選挙を目前に控えて国内問題に忙殺されていたこともあって、満洲事変への関心は低かった〔川端末人「満州事変とイギリスの対日宥和政策――挙国連立内閣の内政と外交――」（『大阪学芸大学紀要（人文科学）』第一一号、一九六二年）一一頁、浅野和生「満州事変勃発と英国議会」（『法学研究』第六八巻第一号、一九九五年）〕。

＊170 幣原発沢田宛第一四三号一〇月二四日（「交渉」）。

＊171 『西園寺公と政局』第二巻、一〇四～一〇五頁。江木千之枢密院顧問官は「寿府ニ於ケル帝国ノ失策」と述べている（一〇月二八日『枢密院会議議事録』第六十七巻、一二六頁）。

＊172 『東京朝日新聞』一〇月二四日朝刊、夕刊。

＊173 『河井日記』一〇月二五日条。

＊174 「政府発表」一〇月二六日（『日満』第一巻第二冊、三五七～三六一頁）。第五項は鉄道問題のみに限らず、一般的字句を用いる方が有利と判断して修正した〔幣原発出淵宛第二一五号同月二七日（「交渉」）〕。

＊175 幣原発沢田宛第一三九号一〇月三〇日（「交渉」）。

＊176 『事略』第二二冊、一〇月二五～二七日条、Johnson to Stimson, October 26, *FRUS, 1931*, vol. III, pp. 330-331, Lampson to Reading 304, October 27, *DBFP*, VIII, pp. 825-826;「中央政治会議特種外交委員会第二十五次会議紀録」同月二九日（『重要文

献』八九～九〇頁）。

*177 「中央政治会議特種外交委員会第二十三次会議紀録」一〇月二七日（『重要文献』八一～八四頁）、南京政府のブリアン宛覚書は、沢田発幣原宛第一五七号同日（「折衝」）。

*178 『事略』第一二冊、一一月二日条、上村発幣原宛第七〇一号同日着（「国府」）。

*179 『事略』第一二冊、一一月一日条、矢野発幣原宛第六〇二、六〇四号同月一、二日（「国府」）。一一月九日に公布された東三省接収委員会組織規程第一三条には、各国政府が派遣するオブザーバーを受け入れることが明記されていた（「国民政府公報」第九二一号、二八頁）。

*180 蒋作賓発幣原宛泰字第一二九号一一月四日（『日満』第一巻第二冊、三七三～三七四頁）。

*181 ブリアン発芳沢宛書翰一〇月二九日（『日満』第一巻第三冊、四四二～四四四頁）。

*182 Briand to Claudel, October 29, *FRUS, 1931,* vol. III, pp. 344. なお、英仏両国もアメリカを引き入れて日本を説得する方針に合意していた（Reading to Tyrrell 295, Tyrrell to Reading 240, October 29, 30, *DBFP,* VIII, pp. 842-845）。

*183 沢田発幣原宛第一五六、一七四号一〇月二七、三一日（「折衝」）。

*184 Drummond to Cadogan, October 31, November 2, *DBFP,* VIII, pp. 862-863, 868-871; Gilbert to Stimson 274, November 2, *FRUS, 1931, vol. III,* pp. 352-354.

*185 ソーン『満州事変とは何だったのか』上巻、二〇二～二一四頁。

*186 Memorandum by the Secretary of State, October 29, Stimson to Claudel, November 4, *FRUS, 1931,* vol. III, pp. 342-343, 369-370.

*187 出淵発幣原宛第四二二号一一月五日着（「交渉」）。ネヴィル駐日米国臨時代理大使発幣原宛 "Memorandum" 同日（『日満』第一巻第三冊、七七～八一頁）。

*188 幣原発沢田宛第一三九号一〇月三〇日（「交渉」）。

*189 幣原発芳沢宛第一七五号一一月五日（同右）。

*190 幣原発沢田宛第一五四号「満洲事変（連盟関係）」一一月七日、「芳沢理事ヨリ『ブリアン』氏宛返翰」同日公表（「折衝」）。

*191 沢田発幣原宛第一九五号一一月七日（同右）。

*192 沢田発幣原宛第一六三号一〇月二九日（同右）。

*193 Drummond to Cadogan, October 30, November 2, 4, *DBFP,* VIII, pp. 862-863, 868-870, 875-876.

*194 沢田発幣原宛第二〇〇、二〇二号一一月八、九日（「折衝」）。

*195 Rreading to Lampson 327; Rreading to Tyrrell 295, October 29, *DBFP*, VIII, pp. 842-844.
*196 松平発幣原宛第四三五号一一月五日（「折衝」）。
*197 Daws to Stimson 434, November 11, *FRUS, 1931*, vol. III, pp. 426-427.
*198 芳沢発幣原宛第三七七号一一月一〇日（「満洲事変・各国ノ態度」）。
*199 小幡酉吉駐独大使発幣原宛第一四九号一一月一三日（「折衝」）。
*200 吉田茂駐伊大使発幣原宛第一七三号一一月一四日（同右）。
*201 例えば、河合博之駐波公使発幣原宛第二七号一一月六日着、大田為吉駐西公使発幣原宛第六五号同月一三日着、武者小路公共駐瑞公使発幣原宛第四四号同日着（「交渉」）。
*202 Stimson to Daws 327, November 11, *FRUS, 1931*, vol. III, pp. 422.
*203 松平発幣原宛第四五八号一一月一一日（「折衝」）。
*204 出淵発幣原宛第四四三、四四六号一一月一〇、一一日着（「交渉」）。
*205 松平発幣原宛第四六六号一一月一三日着（同右）。ブリアンはスティムソン米国国務長官の調停案に検討を約していた（沢田発幣原宛第二四二号同月一六日（「折衝」））。
*206 沢田発幣原宛第二二九号一一月一三日、松平発幣原宛第四七二号同月一四日（「折衝」）。
*207 幣原発沢田宛第一九三号「満洲事変（連盟関係「レジエ」提案）」一一月一五日（同右）。
*208 『東京朝日新聞』一〇月二五日夕刊。
*209 幣原発桑島主計駐天津総領事宛第八一号「宣統帝ノ擁立運動関係」一一月一日（「満洲事変ニ際スル満蒙独立関係一件」［以下、「独立」］A.6.2.0.1 外務省外交史料館外務省外交史料館蔵）。
*210 幣原発重光宛第四五三号「満洲事変（国民政府ノ態度）」一〇月三一日（「国府」）。
*211 『東京朝日新聞』一〇月二九日夕刊。
*212 幣原発沢田宛第一三四、一三九号一〇月二八、三〇日（「交渉」）、幣原発沢田ほか宛合第一二〇三号「東北政情ニ関スル件」同月二八日（「独立」）。
*213 須磨発幣原宛第五一九号一〇月一五日着（「交渉」）。
*214 須磨発幣原宛第五二〇号一〇月一五日着、幣原発沢田ほか宛合第一〇四四号同月一八日（同右）。
*215 これと同時に幣原は、日本国内の張学良に対する強い反感から、張学良の失脚を誘導すべく裏面工作をなすべきと訓令した［幣原発重光宛第四四〇号「対広東及対張学良態度」一〇月二三日（「満洲事変ニ際スル満蒙独立関係一件・帝国ノ態度」

A.6.2.0.1-2 外務省外交史料館蔵）」。

＊216 邵元冲『邵元冲日記（1924 — 1936年）』上海、上海人民出版社、一九九〇年、一〇月二二日条。

＊217 『事略』第一二冊、一〇月一五日条、蒋介石の下野通電案は、『大公報』同月一六日。

＊218 『事略』第一二冊、九月三〇日条。

＊219 『大公報』一〇月二七日。

＊220 『事略』第一二冊、一〇月二二、二三日条。

＊221 『大公報』一〇月二六日、蒋介石発汪兆銘広州政府主席ほか宛同月二四日（同上、同月二七日）。

＊222 『事略』第一二冊、一〇月二八日条、『大公報』同月二九日

＊223 『大公報』一一月一日。

＊224 『事略』第一二冊、一〇月二八日条、『邵元冲日記』同月二九日条、『史事』六四九～六五〇頁。

＊225 『大公報』一〇月三〇、三一日。

＊226 『事略』第一二冊、一一月二日条。

＊227 『史事』六八六～六八八頁。

＊228 重光発幣原宛第一一七四号一〇月二二日着、林《ママ》［重光］発幣原宛第一一七八号一〇月二三日着（「国府」）。

＊229 幣原発芳沢ほか宛合第一二〇二号「支那情報」一〇月二八日（「交渉」）。

＊230 幣原発松平ほか宛合第一二七〇号「最近支那政情ニ関スル件」一一月三日（「独立」）。

＊231 『事略』第一二冊、一一月六日条、『大公報』同月七日、『史事』七〇三～七〇四頁。

＊232 国聞週報編『国聞週報』第八巻第四五期、上海、文海出版社、一九八五年、四～五頁、『史事』七三〇～七三二頁。

＊233 村井倉松駐上海総領事発幣原宛第七七七号「時局情報」一一月六日（「支那内乱関係一件・昭和六年反蒋運動関係・和平関係」［以下、「和平関係」］A.6.1.5.1-16-7 外務省外交史料館蔵）。

＊234 田代皖一郎駐華公使館附武官発二宮宛支第七四二号一一月一〇日（同右）。

＊235 『国聞週報』第八巻第四五期、四～五頁、『史事』七三〇～七三二頁、村井発幣原宛第七八六号一一月八日（「和平関係」）。

＊236 重光発幣原宛第一二七六号一一月一三日（「国府」）。

＊237 幣原発来栖三郎駐秘露公使宛第三〇号一一月一二日（「交渉」）。

＊238 原田熊雄『西園寺公と政局』別巻、岩波書店、一九五六年、一二八頁。

＊239 「政略」一二〇三～一二〇四頁、関東軍司令部「内田満鉄総裁に対する本庄関東軍司令官よりの懇談事項要旨」一〇月六日（「事変

勃発より建国に至る間に於ける関東軍司令官の内外指導要領」其一、防衛省防衛研究所図書館蔵）。

＊240 本庄発金谷宛関参第六四四号一〇月八日（「指導」其二）、『東京朝日新聞』同月一三日夕刊、『西園寺公と政局』第二巻、九三〜九七、九九頁。

＊241 「吉林省関係鉄道契約、覚書及往復文書」（「村上義一文書」R二、雄松堂書店、二〇〇三年）。

＊242 『西園寺公と政局』第二巻、九六〜九七頁。

＊243 同右、九八〜九九頁。

＊244 幣原発沢田ほか宛合第二二〇三号「東北政情ニ関スル件」一〇月二八日（「独立」）、前掲、幣原発桑島宛第八一号。

＊245 伊藤隆ほか編『牧野伸顕日記』中央公論社、一九九〇年、一一月八日条。

＊246 幣原発芳沢宛第一七五号一一月五日、幣原発出淵宛第二三七号同月九日（「交渉」）。

＊247 林発幣原宛第一一〇八号一〇月二五日（「満蒙行政統一関係一件」A.5.3.0.1 外務省外交史料館蔵）。

＊248 「奉天大連間航空路開設ニ関スル件」一〇月一四日（「満蒙及北支那ニ於ケル本邦航空事業関係一件」［以下、「満蒙北支那」］ F.1.10.0.7 外務省外交史料館蔵）。

＊249 前掲、重光発幣原宛第一一七四号。この際、重光葵駐華公使は蒋介石が国内政況からも抗日を標榜する必要に迫られているのに対して、広州政府の目的は蒋の下野とその同盟者である張学良の勢力転覆であり、同政府の対日直接交渉論も「内政上ノ目的貫徹ノ手段」に過ぎないので、今後の情勢次第では南京政府と妥協して「全国的ノ排日」に転じる可能性もあるとして、広州政府との関係は深入りは避けるべきと述べていた（同上）。

＊250 重光発幣原宛第一二三一号一一月六日着（「国府」）。

＊251 出淵発幣原宛第四二〇号一一月四日着（「交渉」）。

＊252 吉田発幣原宛第一六五号一一月七日（「折衝」）。吉田茂駐伊大使の「支那政情調査委員」派遣意見は、吉田発幣原宛第一四一、一四二号一〇月一〇、一二日着（「交渉」）。

＊253 閣議決定の情報は一一月一二日の陸軍省よりの電話、閣議稟請案は、南・幣原・小泉又次郎逓相発若槻礼次郎首相宛閣議稟請陸満密第四五号「満蒙航空路設定ニ関スル件」同月九日（「満蒙北支那」）。前年の一一月の閣議決定は、幣原首相代理発幣原外相・小泉宛内閣逓甲第八、九号一九三〇年一一月一八日（同上）。

＊254 幣原発芳沢ほか宛合第一四二七号一一月一二日（「交渉」）。

＊255 幣原発沢田宛第一九四号「満洲事変（連盟関係）」一一月一五日（「折衝」）。

＊256 幣原発蒋作賓宛亜一普通第一〇五号一一月一六日（同右）。

＊257 幣原発沢田宛第二〇三号「満洲事変（連盟関係）」一一月一七日（同右）。

＊258 幣原発沢田第二〇四号一一月一七日（「交渉」）。

＊259 Lindley to Simon 227, November 14, *DBFP*, VIII, pp. 904.

＊260 「中央政治会議特種外交委員会第三十三次会議紀録」一一月六日（『重要文献』一〇九～一一〇頁）、沢田発幣原宛第一九三、二〇六号同月七、一〇日（「折衝」）。

＊261 『事略』第一二冊、一一月一三、一四日条、顧維鈞発張学良宛同月一三日（『民国档案』第一号、二一頁）、沢田発幣原宛第二四六号同月一七日着（「交渉」）。

＊262 顧維鈞発張学良宛一一月一三日（『民国档案』第一号、二一頁）。

＊263 『事略』第一二冊、一一月一一日条

＊264 同右、一一月一二、一六日条。

＊265 同右、一一月一七、一九日条。蒋介石の北上宣言は連盟における空気悪化に対して列国の注意を引き付けることが目的で、実際の軍事行動は意図していなかった〔顧維鈞ほか発張学良同月二三日（中国第二歴史档案館「九一八事変後顧維鈞等致張学良密電選（下）」民国档案編輯部編『民国档案』第二号、南京、一九八五年、三頁）〕。

＊266 『重要史料』第一巻、三〇七～三〇八頁。

＊267 幣原発沢田宛第一八九、一九〇号「満洲事変（連盟関係）」一一月一五日（「折衝」）。

＊268 Drummond to Cadogan, United Kingdom Delegate to Foreign Office 129, November 15, 16, *DBFP*, *VIII*, pp. 910-911, 913-915; 沢田発幣原宛第二五一号同月一七日（「折衝」）。

＊269 Campbell to Vansittart 165, United Kingdom Delegate to Foreign Office 137, November 16, 17, *DBFP*, *VII*, pp. 908, 917-918.

＊270 前掲、沢田発幣原宛第二五一号、同第二五五号一一月一七日（「折衝」）。代表部私案は、沢田発幣原宛第二五二号同日（同上）。

＊271 沢田発幣原宛第二六〇号一一月一七～一八日（同右）。

＊272 Minute communicated by Sir Eric Drummond, November 17, *DBFP*, *VIII*, pp. 925-927.

＊273 沢田発幣原宛第二六五号一一月一八日（「折衝」）。なお、施肇基は一八日に日本軍の撤兵がなされない限り、日本の満洲保護領化政策に急変する可能性がある五大綱目交渉を開始することや、撤兵の代償として二一ヵ条問題の「再署名」をなすことはできないとの立場を明らかにし〔沢田発幣原宛第二七三号同月一九日（同上）〕、一七日の一二ヵ国理事会でもシャロイア伊国代表は日中の係争問題を仲裁裁判所に付議すべきと述べていた（United Kingdom Delegate to Foreign Office 137, November 17,

DBFP, VIII, pp. 917-918)。

＊274 沢田発幣原宛第二六四号一一月一八日（「折衝」）。

＊275 Record of a Private Meeting of the Council on November 19, *DBFP, VIII*, pp. 931-934.

＊276 幣原発沢田ほか宛合第一五五三号「満洲事件（国内事情）」一一月一八日（「折衝」）。

＊277 幣原発沢田宛第二一五号「満洲事変（大綱協定関係）」一一月一九日（同右）。

＊278 この電報は日本時間一九日午前の着電と記録されている〔沢田発幣原宛第二六六号一一月一八日（同右）〕。

＊279 『東京朝日新聞』一一月二〇日朝刊。

＊280 幣原発沢田宛第二一七号「満洲事件（サイモン案）」一一月二〇日（「折衝」）。

＊281 沢田発幣原宛第二八六、二九二号一一月二〇日（同右）。一方、施肇基は頻りに連盟規約第一五条を適用させようと運動していたが、ドラモンド、ブリアン、あるいはドーズ駐米英国大使等の説得に遭っていた〔沢田発幣原宛第二九七、三〇二号同月二二日着（「交渉」）〕。

＊282 この際、施肇基は速やかな撤兵完了と戦闘行為の停止の二点を留保する意向を示した〔沢田発幣原宛第三〇三号一一月二二日着（「交渉」）〕。

＊283 これに関して、幣原は「理論ハ別トシ実際問題トシテ」日本の支持、了解なくして東北の政権者が同地に入ることはできないし、中国では南京・広州両政府とも張学良の東北復帰に反対しているがために撤兵に関する交渉の相手を見出すことができない、こうした理論では律しきれない状況下で撤兵を実現させるためには満洲の治安維持担当者と協定するか、治安回復を待って踏み切るしかないが、実情に通じていない欧米の政治家に対する説明が困難であるとしていた（前掲、幣原発沢田宛第二〇三号）。

＊284 重光発幣原宛第一二九四、一二九五号一一月一七日（「折衝」）。

＊285 須磨発幣原宛第六四四号一一月二五日（「支那中央政況関係雑纂・国民党関係・国民党全国代表会議関係」A.6.1.1.2-2-1 外務省外交史料館蔵）。

＊286 須磨発幣原宛第六〇六号一一月一四日（「和平関係」）。

＊287 この際、陳友仁広州政府外交部長は広州政府との交渉は日本が「死活問題トスル満洲問題ノ解決ニ極メテ有利」と付言している〔須磨発幣原宛第六一四号一一月一八日（同右）〕。

＊288 同右、および前掲、幣原発沢田宛第二〇四号、同第二〇五号一一月一七日（「交渉」）。

＊289 須磨発幣原宛第六三六、六四六号一一月二二、二五日（「和平関係」）、須磨「満洲時局対策要綱」同月二一日（須磨未千代編『須磨弥吉郎外交秘録』創元社、一九九三年、一三六～一四八頁）。

＊290　この間、広州政府内部では和平会議で蒋介石の下野を先送りにした汪兆銘（改組派）、孫科（文治派）に対して李宗仁（広西派）や陳済棠（実力派）からの批判が高まり、一時は分裂の様相を呈したが、胡漢民等の斡旋によって改組派を追い出した形で内訌は一応の終結をみた〔幣原発松平ほか宛合第一八六一号「最近支那政情ニ関スル件」一二月六日（「独立」）〕。

＊291　須磨発幣原宛第六五七号一一月二八日（『日満』第一巻第二冊、四三八〜四三九頁）。

＊292　須磨発幣原宛第六六八号一二月一日（「和平関係」）。

＊293　須磨発幣原宛第六七九号一二月三日（「満洲事変・善後措置関係・直接交渉関係」〔以下、「直接」〕A.1.1.0.21-12-3 外務省外交史料館蔵）。

＊294　幣原発須磨宛訓電案「対広東政策」（同右）。なお、松本記録に所収されている同訓電案には、一二月五日の日付が付されている（「広東」）。

＊295　Lindley to Simon 227, November 14, *DBFP, VIII*, pp. 904.

＊296　高素蘭編註『事略』第一二冊、台北、国史館、二〇〇四年、七月二四日条。

＊297　同右、八月四日条。

＊298　『事略』第一二冊、九月一五、一六日条。

＊299　詳しくは、海野『国際連盟と日本』第四章を参照。

＊300　後に松岡洋右が首席代表として連盟総会に臨んだ際に随員を勤めた土橋勇逸は、満洲事変の勃発が連盟理事会、総会の時期に合致していなければ、局面は大きく違っていたであろうと回想している（土橋勇逸『軍服生活四十年の想出』勁草書房、一九八五年、一八七頁）。

＊301　海野『国際連盟と日本』一三四〜一四二頁。

＊302　幣原発沢田宛第二七六号一二月三日（『日満』第一巻第三冊、七二四〜七二六頁）。

＊303　幣原は連盟の対中技術援助事業に対して、「東洋ノ和局」を紛糾させないという論理で、連盟に中国の実状を理解させ、中国に対して「現実ノ知識ト協力ノ便宜」を持つ日本に協力を仰がせようとしていた（前掲、幣原発沢田宛第六九号）。

＊304　これらについては、井上寿一『危機のなかの協調外交――日中戦争に至る対外政策の形成と展開――』山川出版社、一九九四年、冨塚一彦「『連盟脱退ノ根本義』と日本外務省における『東亜』概念の生成――国際会議における『東亜』問題討議への拒否方針を中心に――」（『國學院大學日本文化研究所紀要』第九二輯、二〇〇三年）、同「一九三三、四年における重光外務次官の対中国外交路線――『天羽声明』の考察を中心に――」（『外交史料館報』第一三号、一九九九年）、武田知己『重光葵と戦後政治』吉川弘文館、二〇〇二年、同「日本外務省の対外戦略の競合とその帰結　一九三三〜一九三八」（『年報日本現代史』第一六号、

二〇一一年)、戸部良一『外務省革新派　世界新秩序の幻影』中央公論新社、二〇一〇年)、熊本史雄『大戦間期の対中国文化外交——外務省記録にみる政策決定過程——』吉川弘文館、二〇一三年、一五三~一五六頁。

*305 関「幣原喜重郎の『対支外交』」、宮田「外務省の『対支政策』」、樋口『日本海軍から見た日中関係史研究』第二章。

*306 例えば、ブリアンは満洲事変を通常の独立国間の紛争として扱うことはできないとし(United Kingdom Delegate to Foreign Office 142, November 18, *DBFP, VIII*, pp. 927-931)、調査委員の派遣をもって理事会を終結に持ち込んだのは、中国は統一も秩序維持もできないという実状が判明したことによると説明した〔芳沢発犬養毅外相宛第四八三号一二月一九日(「満洲事変・各国ノ態度」)〕。

*307 上村発犬養宛第八五八号一二月一八日(「国府」)。

*308 須磨発犬養宛第七二二号一二月一九日(「直接」)。

*309 犬養発須磨宛第六三、六四号「犬養総理ノ胡漢民ニ対スル伝言」一二月二四日(同右)。

*310 犬養発重光宛第一号「萱野氏南京側ト話合ノ件」一九三二年一月三日(同右)。

*311 陸海外協定案「支那問題処理方針要綱」一九三二年一月六日(「政略」三四二~三四四頁)、「萱野ニ関スル件」(「直接」)。

*312 犬養発重光宛第二号「萱野退去方ニ関スル件」一九三二年一月五日(「直接」)。

第六章
一九三一年一二月国際連盟理事会決議の成立過程
――錦州中立地帯設置問題との関係を中心に――

はじめに

一九三一（昭和六）年一〇月二二日、連盟理事会において一一月一六日までに附属地外にある日本軍の撤兵を求める決議案が上程された。二四日の票決は日本の反対によって決議案の採択に失敗したものの、一三対一という票決結果から日本は国際的に孤立したといわれた*1。しかし、日本の強い反対によって決議案が履行されなかったことは連盟の威信に関わる問題となり、一一月一六日に再開された理事会では日本に譲歩して実のある決議――調査委員の派遣を主眼とする一二月決議――を成立させることに最大限の努力を払うことになった*2。だが、ここで問題となるのは、一一月末に突如発生した日本軍の錦州進攻問題との関係である。有利な理事会決議の成立を最優先課題とする日本にとって錦州問題は二義的なものであったが、南京政府が錦州進攻を未然に防ぐために英米仏監視のもとで錦州に中立地帯を設置するよう求めたことで、錦州問題が障害となって理事会決議の採択が難航するのである*3。

錦州問題に関しては、臼井勝美、服部龍二両氏の研究に詳しい*4。しかし、臼井氏は結論部で当時の日本にとっての最大課題は連盟調査委員の中国派遣問題、即ち理事会決議採択問題であったことを認めながらも、理事会決議と錦州問題がどのような関係を持っていたのかという視点を欠いている。また、中立地帯の設置に必要な日中両軍の撤兵範囲をめぐって日本と理事会が激しく対立していたことは分かるが、最終的に日本と理事会の間でどのように問題が決着したのか、もしくはしなかったのかについて答えていない*5。服部氏は錦州問題を英米協調の枠組のなかで東アジア国際秩序を回復する最後の機会であったとしているが、英米や連盟がどこまでこの問題に協力的であったのかが不明確である。

そもそも連盟を始めとする多国間国際機構では各国の利害相違から議論が錯綜しがちであり、今日においても決議などの国際合意を成立させるにあたっては、実際の国際関係を配慮して妥協的な解決をはかることが少なくない。満洲事変に際しても、小国は不戦条約や連盟規約といった平和保障条約に対する信頼が揺らぐことを防ぐためにも、普遍的な規範に基づく「原則擁護」論を展開したのに対して、連盟に多大な影響を持つ英仏を中心とする大国は複雑で特殊な満蒙問題については政治的見地から日本に一定の同情と理解を示した「実際的解決」を求めたことが知られている*6。こうした見地に立てば、日本と理事会首脳部の相互諒解を背景として成立した一二月決議は「実際的解決」の見地に基づいた措置の一つといえる。だが理事会内部ではドラモンド (J. E. Drummond) 連盟事務総長、ブリアン (A. Briand) 同理事会議長ら首脳部は満洲事変に関する議論が連盟規約第一五、一六条による制裁に発展することを回避するためにも公開理事会は形式的なものにとどめ、実質的な審議は大国の私的会合で行なおうとしていたのに対して、議論から閉め出された形となった小国代表の不満が増大していた*7。「原則擁護」を呼びかける小国勢力が無視できないものになりつつあるなかで起草された一二月決議の採択過程を錦州問題とあわせて論じることは、原則と実際の間に揺れる国際平和体制を含む国際協調システムの対応能力をはかるモデルケースになるのである。

本章では以上の問題意識に基づき、日本が求める調査委員派遣を主眼とする理事会決議の採択が軌道に乗りつつあるなかで突発的に発生した錦州問題とこれに対する理事会の対応、そして当事国たる日中両国の動向を分析することを通じて、理事会決議と錦州問題がいかなる関係にあったのかを明らかにすると同時に、日中両国が各々の立場から外交政策の後援装置として利用しようとした国際協調システム＊8の問題点を論じる。

一　中国調査委員派遣の決定と日本、中国、国際連盟

国際間の武力紛争に対して戦闘行為の停止を第一とし、しかる後に当事国間、もしくは連盟による現地調査や居中調停、斡旋をなす方針をとっていた連盟は＊9、満洲事変に際しても、まずは日本軍の附属地内撤兵を求めた。これに対して日本は、前章で指摘した通り、治安が極度に悪化しているなかで在留邦人の生命財産と日本にとって死活的な権益を守るためには日本軍の駐兵が不可欠である、撤兵は九月三〇日理事会決議で明記された在留邦人の生命財産の安固（以下、"security"）が中国側によって確保されることが前提であり、それは五大綱目の確約を意味するとして、理事会に五大綱目に基づく日中直接交渉開始の勧告を求めてきたが、打開策を見出せないまま一一月一六日の理事会再開を迎えようとしていた。

一一月一五日、幣原喜重郎外相は事変の原因は「支那革命外交ノ暴状」にあることを理解させて満洲事変の「包括的再検討」をなさしめるためにも、理事会から視察員を中国に派遣させてもよいとする訓令を発した＊10。これに対して理事会首脳部は南京政府が求めている連盟規約第一五条の適用を回避するとともに、日本が提案している視察員の派遣を妥協点として決議採択に持ち込むべく、一八日に連盟日本代表部に調査委員派遣案の提出を求めた＊11。

幣原は一一月二〇日午前一時発の訓令で、調査対象を中国全土とし、日中直接交渉への干渉や日本軍の行動監視を行なわないことを前提とする調査委員派遣案の理事会提出を指示するとともに、同委員会は英仏有力者と日中両国人で構成する、中国に関する「正確ナル認識ヲ得ル」ためにも「総括的問題」、即ち、「支那ニ近代的機能ヲ発揮シ得ヘキ統一政府ノ存在セサルコト」と中国各地の排外排貨運動、および条約履行能力を中心とした中国と列国の関係についての調査を軸に、中国の全般的状況の調査を行なおうとする決議案の作成を命じた＊12。これに対して連盟日本代表

部は二〇日、幣原訓令のラインでは中国はおろか、日本に妥協的なドラモンド連盟事務総長、サイモン（J. A. Simon）英国外相を除いた各国代表の同意を得られるかは疑問であるとして、中国の条約履行能力や各地の排外運動、在留外国人の保護状況の調査という具体的な条件は理事会首脳部との諒解にとどめて、決議文は日中間の懸案がもたらす国際的影響の調査という「抽象的且包括的字句」でまとめる、連盟規約第一五条の適用を回避するためにも決議文に規約第一一条の条文を援用することで第一五条に基づく調査との差別化をはかるべきとした＊13。

これと前後して連盟はブリアンの発議に基づき、調査委員の活動中は理事会の斡旋によって日中両国が休戦に入ることを求めた＊14。しかし幣原は、日本軍の行動は中国全土にわたる排日運動の拡大と中国側の匪賊操縦による鉄道沿線地帯の撹乱といった「挑発ニ対スル自衛措置」である、理事会が中国側の挑発に対して抑制措置を講じずに日本軍の行動を掣肘しようとするのは「本末顛倒」であり、このような状況下で休戦をなすことは「我方カ如何ナル挑発ニ遭ヒ、如何ナル危険ニ曝サルルモ手ヲ拱イテ坐視セヨト謂フニ異ラス」として強いトーンで反対の意思を表明した＊15。

休戦案に対する日本の拒否と、あくまでも日本軍の撤兵を最優先課題とする中国側との板挟みになっていた理事会は何等かの形で戦闘行為停止に関する字句を決議に挿入することで妥結の道を探るとともに＊16、ドラモンドも中国側が調査の対象地域を満洲に限定しようとしていることを考慮して、調査対象を中国と日本の関係（relations entre la Chine et le Japon）」とするよう求めたが＊17、幣原は「極東平和撹乱ノ原因」は中国の革命外交であるので、中国と列国の関係調査が要になると反論、さらに調査委員は日中交渉と「軍事的措置（military measure）」に干渉するものではない旨を決議案に明記すべきと訓令した＊18。特に前者は中国の革命外交によって列国が被害を受けているという事実と、既存条約の遵守という法理論を重視する幣原の姿勢を反映したものであった。

公開理事会を目前に控えた二一日午前、ドラモンドは日本案への対案を提示した＊19。その内容は、調査委員は日中間で行なわれる「いかなる交渉も妨害しない」として日本に歩み寄りをみせる一方、調査対象を「国際平和と良好な二国間関係の妨げとなっている脅威」とし、幣原が求めている調査委員による軍事的措置への干渉防止に対しては「軍事行動（the movements of the military forces）に対する監督を行なわない」との一文を設けることで、作戦行動以外でとった措置に対する調査に含みを持たせ、さらに日中両国は希望事項の調査を委員長に求めることができるという一項を加えた。だが、幣原は委員による調査の除外対象を「軍事行動」とした場合は、すでに軍が行なっている旧東北政権に対する塩税や軍需品の差し押えなどの「軍事上ノ必要ニ基キ執リタル各般ノ措置」に批評を加える「我方ニ取リ甚タ不利」なものとなって軍部を刺激する上、調査委員会自体が満洲事変の「包括的再検討」のための中国視察という当初の目的を外れて連盟規約第一五条に基づく調査であるとの誤解を招く、希望事項の調査申し出も、日本軍の措置に対する中国側による無用の問題提起を招く「有害無益」なものになると批判した＊20。

一方、南京政府は一一月一六日に開会した中国国民党第四次代表大会（以下、四全大会）を通じて連盟規約第一五、一六条による制裁発動を求めるとともに、蒋介石主席も内外の世論を喚起することを目的として、対日戦実行のために北上するとの意思を表明していた＊21。特に蒋は調査委員派遣案を日本の「陰謀」と批判し＊22、特種外交委員会（以下、外交委員会）も日本軍の撤兵期限が設けられない限り調査委員派遣には賛成できないとした＊23。しかし、ブリアンが決議に撤兵期限を明記しないが、三～四ヵ月以内には撤兵が実現するとの見通しのもとで調査委員派遣案への同意を求めていることと、公開理事会が目前に迫っていることから、顧維鈞元北京政府外交総長、宋子文財政部長、戴伝賢外交委員会委員長の三者が協議して、とりあえず施肇基連盟中国代表をして対案提出の権利を留保させることで対応するとした＊24。

一一月二一日に開かれた公開理事会では芳沢謙吉連盟日本代表より調査対象を中国の全般的情勢とし、日中直接交渉への干渉や日本軍の行動監視を権限外とする調査委員の派遣が提案された。これに対して施肇基は日本軍による敵対行動の停止と速やかな撤兵完了を希望したが、理事会は調査委員派遣案そのものは中国を含む各国理事の賛成を得たとして＊25決議案の作成作業を本格化させた。二二日昼にドラモンド、ブリアン、サイモンによって作成された決議草案は*26、撤兵を強く求める中国側にも配慮して、九月三〇日理事会決議を再確認した上で、日本軍の附属地内撤兵を促進するためにも日中両国は必要な措置をとる（第一項）、満洲における事態悪化に鑑みて日中両国政府は各々の軍司令官に積極的軍事行動の抑制を命じるとともに、理事会はさらなる事態悪化を避けるために必要な措置をとる（第二項）、日中両国と各理事国は事態に関して継続的に理事会に報告する（第三項）、理事会は事態の特殊性に鑑み、日中両国間の係争問題の最終的、根本的解決に寄与するために三名の委員を任命し、現地で日中間の平和を脅かした国際関係の影響を調査して理事会に報告させる。ただし、同委員は日中間の交渉や「軍事行動」を監視するものではない。委員の人選については、日中両国人を調査委員に加えた場合は報告書の作成の段階で紛糾を招きかねないと懸念するドラモンドの意向*27を背景に日中両国人を正規の委員でなく補助員（assessor）として加える（第四項）こととした*28。

その後、理事会側は対日譲歩を牽制すべく中国国内世論の動向に注意を喚起していた施肇基からの申し入れを受けると、中国の同意を得るためにも日中両国による希望事項の調査申し出を議長宣言に格下げする形で残すとともに、調査委員の最終報告書提出まで長時日がかかることを考慮して、決議に際して行なうべき議長宣言案のなかに必要に応じて中間報告を提出するという一項を設けた*29。一方では日本にも配慮して調査委員は「軍事行動に対する監督を行なわない」との一文を「軍事的措置を妨げるものではない」と修正したが*30、二三日の一二ヵ国理事会で日本軍駐兵を認めるような表現を避けるべきとのコルバン（E. Colban）連盟諾威代表やマダリアガ（S. Madariaga）同西国代表ら小国側の意向を受けて、理事会に対する事態の報告義務を日中両国によるもの（第三項）と各理事国によるもの（第四項）の二項に分離し、旧第四項を第五項とした上で調査委員は「日本軍の附属地内撤兵を遅延させるものではない」とする一文を第五項に加えた*31。そして、一〇月二四日理事会決議案の不履行と事変の長期化、拡大によって連盟の実行力に疑問を抱きつつある世論の動向も踏まえて、週末（二七日）までの閉会を視野に*32同日中に修正された決議草案を日中両代表部に手交した*33。この際、ドラモンドは調査委員の報告次第では日本軍による匪賊討伐を容認する――完全撤兵には固執しない――との含みを持たせた＊34。

これに対して幣原は二三日、日中両国による調査委員に対する希望事項の調査申し出には「一層ノ注意ヲ要スル」とした上で、第三者による「軍事的措置」への批評は軍部や国内世論の沸騰を招くとの懸念を示したが、委員が「軍事的措置」に「批評（appreciation）」、もしくは「判断（judgement）」を下さない旨を明文化すれば決議・議長宣言両草案に同意するとした＊35。そして二四日の閣議では、決議草案第二項にある政府から軍司令官に対する命令発出は統帥権に抵触するおそれがあることから削除、もしくは修正を求めるとともに、満洲に匪賊が横行している実情に鑑みて居留民の"security"確保を目的とした匪賊討伐権の留保を条件に草案を原則受諾する方針を決定した。そして外務省は陸軍と調整の上で＊36 第一項と第五項追加文にある撤兵に関する重複表現の削除・修正、天津事件や中国側の排日運動に鑑みて第二項でいう事態の範囲を理事会案の"events in Manchuria"に加えて"and in other parts of China"にまで広げる、また、匪賊討伐は「警察的行為」で第二項の事態悪化防止義務の例外であるとして決議、もしくは議長宣言に匪賊討伐権の留保を挿入すべきとする回訓を発した＊37。

日本の調査委員派遣案に対して南京政府は二二日、中立国監視のもとで最短期間内での日本軍撤兵を求めるとともに、連盟規約第一六条による制裁措置と満洲問題に関する国際会議の招集に注意を喚起するよう訓令した＊38。満洲問題に関する国際会議は蒋介石臨席のもとで開催された二一日の外交委員会＊39 で決定した満洲事変処理に関する南京政府の対案であり、同日中に顧維鈞からジョンソン（N. T. Johnson）駐華米国公使と施肇基経由で理事会開催地のパリに滞在しているドーズ（C. G. Dawes）駐英米国大使に伝達された＊40。その内容は、①速やかな日本軍の敵対行動停止と二週間以内の撤兵、連盟とアメリカによる中立委員監視のもとでの日本軍撤兵と中国側による占領地の接収、撤兵後は中国側が在満邦人の"security"を保障する、②日中両国は連盟規約、不戦・九ヵ国両条約の義務を尊重することを改めて声明する、③接収に関する日中直接交渉に第三国オブザーバーを加える、④連盟とアメリカを始めとする関係各国による国際会議を開催し、連盟規約、不戦・九ヵ国両条約の趣旨に基づく極東の平和維持と満洲における共同経済開発を促進するというもので、従来からの国際的解決の思想を色濃く反映したものであった。特に後者を連盟ではなくアメリカ使臣に通知したのは、連盟はアメリカの態度如何に左右されるとの判断に基づいて＊41、対米工作に注力することで劣勢にあった外交関係を打開しようとしたものであった。だが、スティムソン（H. L. Stimson）米国国務長官は南京政府の対案には実行不可能な条項が含まれていると批判、満洲事変は最終的には日中両国の直接交渉によって解決すべきとする一方、「西欧世界」による近代的な紛争調停措置の実行となる調査委員の派遣は国際的にも先例になるとして南京政府に理事会決議草案を受諾するよう勧告した＊42。

この間、南京政府は二三日の理事会決議草案に対して、中立オブザーバー監視のもとでの期限付撤兵を加えることを受諾の条件とし＊43、施肇基も調査委員派遣は日本軍の撤兵が前提であり、調査対象も満洲に限定すべきと「哀訴嘆願」したが、決議成立を急ぐ理事会側の説得に遭っていた＊44。追い詰められた施肇基は二五日、アメリカに拒否された満洲問題に関する国際会議案を一部修正した上でドラモンドとブリアンに通知したが＊45、調査委員の派遣によって事変処理を理事会から分離することに全力を注いでいたドラモンド、ブリアン、サイモンなど理事会首脳部＊46の反応は冷ややかであった＊47。そして二五日の一二ヵ国理事会で再度修正された決議草案第五項では、調査委員は九月三〇日理事会決議にある日本の自主的撤兵の権利を害するものではない旨を追記することで＊48撤兵促進のための直接的な圧力を否定、次いで決議草案の要旨を公表し、アメリカもこれを支持する声明を発表した＊49。こうした動きは国際的解決に「生死を賭けている中国政府」＊50を外交的に孤立させるだけでなく、国内からの蒋介石下野要求を前に、内部で亀裂が生じていた南京政府＊51を窮地に追い込むものであった。

以上のように、南京政府が求める国際的解決に対して国際社会は日本の提案した調査委員派遣によって理事会打ち切りに傾斜していたが、ここで急浮上してきたのが錦州問題である。

二　錦州中立地帯設置問題

錦州問題に国際的耳目が集まったのは、一一月二〇日に日本軍が張学良陸海空軍副司令の臨時政府がある錦州方面の東北軍に対して攻撃を計画しているとの報道がなされたことに始まり*52、ドラモンドやスティムソンは調査委員の派遣によって事変解決の光明がみえてきた矢先に攻撃が行なわれれば理事会は態度を一変させることになり、調査委員派遣案も水泡に帰しかねないとの懸念を示した*53。幣原は錦州攻撃に関する報道は事実無根であるが、錦州には満鉄沿線の撹乱をはかっている馬賊等の別働隊が集中して日本軍を刺激しているために、中国側の「挑発的態度」を座視することはできないとして自衛行動の留保と注意喚起に努める一方、日中間の衝突を回避するためにも連盟から中国軍の遼西地方集中に対する警告を発出するよう求めた*54。これに対してドラモンドは自衛権の留保に若干の不安を抱いたものの、ブリアン、セシル（L. Cecil）連盟英国代表ら連盟首脳部やドーズは安堵の色をみせた*55。

一方、南京政府では二四日、外交部長に就任した顧維鈞が蒋介石、宋子文、戴伝賢との協議を経て、英米仏三国の公使に錦州における中立地帯の設置を打診した。これは事変の最終的解決をみるまでの間、日中間の衝突を回避するための暫定措置として、日本が英米仏に対して警察を含む錦州の中国側統治機関の原状を維持し、同方面に進出しないという満足な保証（guarantee）を与えれば、日本が求めている錦州方面の中国軍撤兵に応じるというものであったが*56、関係国の態度は冷淡であった。幣原は中立地帯設置案に対して、誠意があるならば中国側から自発的に撤兵すべきとし、重ねて錦州方面に兵力を使用する意がないことと、連盟から中国への警告発出に理解を求め*57、スティムソンも中国軍の錦州駐兵こそ日中間の衝突を招きかねないとして同国軍の自発的撤兵を希望した*58。

この間、施肇基は二四日夜、セシルに中国軍撤兵の条件として中立国軍の錦州派遣を求めたが*59、翌二五日の一二ヵ国理事会でブリアンは中国軍の錦州撤兵を求めるとともに、新たな衝突が発生すれば理事会による平和解決への努力が無益になるとして日中両国に対して錦州問題に注意を喚起する声明を発し、施が求めていた中立国軍の派遣は錦州問題に関する日中両国の調停にオブザーバーを付する用意があるとの声明に替えられた＊60。以上のように理事会首脳部は比較的日本に妥協的な態度を示してはいたが、チチハル出兵などの異常事態が続けば決議草案に関する中国への説得が難航して一〇月理事会のような形勢逆転もあり得るとの懸念もあったように、理事会内部の空気は必ずしも日本に有利なものではなかった＊61。

外交委員会は二六日、前日公表された理事会決議草案に対して撤兵期限の長短は施肇基に一任する一方で、連盟が撤兵期限を撤回、もしくは事態拡大を防止する義務を怠れば決議を保留して連盟規約第一六条による制裁を喚起することとし＊62、錦州問題でも重ねて中立国軍の派遣を求めた＊63。つまり、日本の求める調査委員派遣を主眼とする決議案成立の可能性が高まるなか、中国軍の錦州撤兵に対する国内の反対に直面して困難な立場にあった南京政府は＊64、当面の間、目指すべき国際的解決を撤兵期限の設定（期限は問わない）と錦州問題に矮小化し、その達成を外交的勝利の一端としてアピールすることで国内的な窮地を脱しようとしたのである。

相反する日中両国の主張と理事会内部のバランスを考慮しなければならない立場にあったブリアンは錦州からの中国軍撤兵と同時に日本軍の附属地内撤兵を求めたが、匪賊討伐の必要性についての理解を求める日本の反対に遭うと「支那ヲシテ安心セシメ好結果ヲ齎」らすためにも日本から九ヵ国条約に基づく中国領土保全に関する声明を発出するよう説得を試み＊65、ドラモンドも日本の求める決議草案修正事項中、統帥権に関わる事項以外の修正には消極的な態度を示した＊66。そして二六日の一二ヵ国理事会では、各理事国に対して錦州中立地帯設置に関するオブザーバーの派遣を求め、決議案に関しては南京政府の態度を原則受諾と解釈した上で、最終案作成に向けて、小国側の調査委員増加と自らの参加を求める割り込み運動といった「徒ニ議論ニ時ヲ空費シ非実際的」な議論に傾いている一二ヵ国理事会から決議案起草作業を分離するためにも起草委員会を組織することとし、公開理事会の開催も週明け（三〇日）以降にずれ込む見通しとなった＊67。

決議採択のみならず錦州問題の処理をも試みようとする理事会に対して幣原は二七日、事変の最終的解決は日中直接交渉によることと、九月三〇日理事会決議の範囲を越えないという前提のもとで調査委員派遣を提案したにもかかわらず、決議草案が中国説得のために「当初ノ趣旨ヨリ次第ニ離脱シ」始めていると批判した＊68。特に錦州へのオブザーバー派遣は、日中両国によって設置される中立地帯を監視下に置くもので、満洲問題に第三者の介入を認めないという日本の方針にも抵触するとして反対したが、中立地帯の設置そのものは諒として、中国軍の山海関以西への撤兵を条件に、在留邦人の"security"と日本軍が危殆に陥るような「深刻な緊急事態」が発生しない限りは錦州に出兵しない旨を声明することと、中立地帯設置に関する細目交渉を中国地方官憲との間で行なう用意があることを表明した＊69。そして陸軍中央の同意を取り付けた幣原は、二八日に張学良との間で中立地帯設置に関する交渉の開始を、顧維鈞に対してはこれに関する非公式の申し入れを行なうよう訓令した＊70。これは錦州問題でも連盟をして日中直接交渉による解決を勧告させることで理事会と日中交渉を分離する、即ち、日本の「死活的利益（vital interest）」に関わる満洲事変の処理にあたっては第三者の容喙を拒否するという従来方針の延長線上にある措置であった。

日本の交渉開始の申し入れに対して張学良は南京政府の訓令が未達であるとしながらも原則同意の意向を示したが＊71、顧維鈞は錦州からの中国軍撤兵後に「深刻な緊急事態」発生を理由とした日本軍の錦州進出を目論んだ「陰謀」であるとし、日本から英米仏に対してなすべき保証の抹殺は認められないとして＊72理事会が提案した中立国オブザーバー派遣案の承認を求めた。だが、重光葵駐華公使は「瑣末ノ点」に過ぎないオブザーバー派遣に固執するよりも、幣原が現地の切迫した状況を考慮し、国内的な困難を排して大局的見地から中立地帯設置案の骨子を受諾したことを強調して中国側の理解を求めた＊73。この間、宋子文と顧維鈞は張学良に対して、直接交渉では日本の要求が苛酷なものになる、日中両国軍撤兵後の日本軍進出に備えるためにも連盟が派遣するオブザーバーによる交渉斡旋が要であると強調し＊74、施肇基もブリアンに重ねて中立国軍の錦州派遣を要求した＊75。しかし、ブリアンは戦争に発展する可能性を回避できれば理事会を「一ト先打切」って事変処理から手を引く方針であり＊76、ドラモンドも錦州の事態はそれほど切迫したものではないとして、錦州問題のかたが付けば一二月二日頃には理事会も一段落を告げるであろうとの見通しを示した＊77。

二九日、ブリアンが錦州問題の落としどころとして英米仏に対する日本の錦州不進出の保証を求めたのに対して、芳沢は受け容れることはできないとして議論になったが、第三者の介入を排することを条件に中国側地方当局との間で中立地帯設置に関する交渉を開始するというブリアン宛幣原書翰を理事会で公表することをもって保証に代えることでドラモンド、ブリアン、レジェ（A. Léger）官房長の諒解を得た＊78。そして翌三〇日にドラモンドは錦州問題に関する日本案を大筋で認めて中国に同案の受諾を勧告する、錦州における日中衝突さえ防止できれば残る問題は決議案のみとなる、九月三〇日理事会決議の範囲を越える中国側の注文は一切却下して週末（一二月四日）までの閉会を目指すと述べたことで＊79 南京政府は窮地に追い込まれた。

決議に関して、施肇基は二七日、日本軍の附属地内撤兵を強調する内容に修正すべきであり、議長宣言についても調査委員が中国に到着するまでの日本軍撤兵完了を希望するが、それまでに日本軍の附属地内撤兵の条件である在留邦人の"security"問題が満足な解決に達していない場合は同委員会がこれを第一に検討するよう求め＊80、翌日の起草委員会でも議長宣言草案にあった中間報告を決議に格上げした上で、調査委員の中国到着時に日本軍が撤兵していなければ理事会に"security"問題に関する報告をなすとこととして事実上の撤兵期限を設定し、あわせて錦州問題とは別に附属地からの日本軍の撤兵監視を目的とした連盟オブザーバーの派遣を決議に挿入するよう求めた＊81。これを受けた同日の一二ヵ国理事会は撤兵期限を施提案に沿ったものにした上でオブザーバー派遣を議長宣言に盛り込むこととし＊82、ドラモンドも撤兵期限の明確化は障害であるとして中国側に譲歩を求める一方で、オブザーバー派遣による紛争の拡大防止と撤兵促進に期待を示した＊83。

しかし、幣原は二九日、オブザーバー派遣などの九月三〇日理事会決議を超える「撤兵ニ対スル強圧ヲ意味」する部分の削除、もしくは修正（第一項）と、"and in other parts of China"の追記によって中国の混乱状態を強調し、統帥権に抵触する箇所を修正する（第二項）、最終的、根本的解決は日中両国によってなされることを明文化するとともに、軍事的措置としてなされた既成の施設に対する干渉を防止し（第五項）、議長宣言での匪賊討伐権の留保を求めた*84。当初起草委員会と一二ヵ国理事会は軍事行動と警察行動の区別が困難であることから決議に匪賊討伐権を挿入することには難色を示していたが*85、日本の強い希望を受けて、満洲では政府組織が崩壊しているという「例外的状況」を理由に、討伐に際してオブザーバーを随伴させることを条件にこれを認めることとした*86。匪賊討伐権の容認＝日本軍の完全撤兵の望みが絶たれたことで追い詰められた施肇基は、中立国オブザーバーによって日本軍が錦州から遼河東岸に撤兵したことが確認されれば撤兵期限を明示しない決議案を受諾する用意があると声明し*87、スティムソンも日本が錦州へのオブザーバー派遣を容認すれば中国は決議から期限付撤兵を放棄するとして日本の再考を求めた*88。

錦州問題が理事会決議採択問題と深くリンクされるようになるなか、一二月一日の一二ヵ国理事会で決議・議長宣言の両草案が承認された*89。この決議草案は第一項のオブザーバー派遣を削除、第二項の統帥権に関わる条文を修正し、日本案の **"and in other parts of China"** と理事会案の **"in Manchuria"** をともに削除する、第五項で日本の要求通りに最終的解決は日中両国に委ねることと調査委員は一方の国の軍事的措置に干渉しないことを明記したが、コルバン、マダリアガら小国代表の要求を反映して調査委員の人数を五名とし、中国側の要求に基づき、調査委員の中国到着までに撤兵が完了していなければ同委員は理事会に勧告を含む中間報告をなす*90、新たに設けられた第六項には三〇日の起草委員会で施肇基が一月中旬の理事会招集を求めたことを反映して*91、理事会を明年一月二五日に再開することを明記した。また、議長宣言草案では匪賊討伐にオブザーバーを随伴させることとしたが*92、これに対して松平恒雄駐英大使と吉田茂駐伊大使は迅速な対応が求められる匪賊討伐にオブザーバーを付するのは不可能と批判し、幣原も反対を表明した*93。

施肇基が決議案受諾の条件とした錦州問題について、一旦問題が俎上にあがった以上は未解決のままで閉会することができない立場にあった理事会は*94、二日の一二ヵ国理事会で中国が求める錦州問題に関する日中交渉へのオブザーバー参加は拒否したが、錦州における日中両軍の撤兵地帯を明確化してほしいとの要望は容れ、日本に対して中国に中立地帯に関する日中交渉の開始を勧告するためにも撤兵地帯の限界（特に遼河東岸）と中立地帯設置に関する細目の照会を求めた＊95。これは錦州へのオブザーバー派遣の代替案というべきもので、日本側の意向を確認した上で再度一二ヵ国理事会に諮って閉会にこぎつけようとするものであった＊96。一方、南京政府は連盟に対して一二月一日の決議草案を受諾する意向を申し入れたが＊97、錦州問題については中立国による保障のもとで緩衝地帯を設置する、日本軍が同地に進攻した場合には抵抗するとの方針を決定し＊98、あくまでも国際的解決の路線を堅持しようとした。

こうしたなかで重光は一二月二、三日の両日にわたって顧維鈞と会談した＊99。重光は幣原が国内の「多大ノ困難ヲ排除」して中立地帯の設定に応じたことと、一旦錦州に向かった日本軍が撤兵したこと＊100は中国が求める英米仏への保証よりも「意義深キ」保証である、今度は中国側が「誠意及保障」を示す番であるとして、再度錦州からの中国軍撤兵を求めた。しかし顧は一一月三〇日の重光との意見交換が錦州中立地帯設置に関する直接交渉であると報道されたことが世論の激しい反発を招いて政府は困難な状況に置かれているとした上で、中国としては日本からなすべき英米仏への保証を最重視するが、三国のなかにはその程度の保証では実効性に乏しいとして否定的な見解を示した国もあると説明することで「暗ニ今日ニ於テハ右中立地帯設定案ハ自然消滅セリトノ意ヲ含マセ」（重光）るとともに、錦州からの中国軍撤兵と日本軍の附属地内撤兵とを交換条件にすることを打診した。これに対して重光は錦州の中国軍撤兵と日本軍の附属地内撤兵は別問題である、すでに張学良は中立地帯設置に原則同意の意思を示しており、日本軍も大部分は附属地内に集結していると反論するとともに、匪賊討伐権や自衛出兵という日本の留保条件への理解を求めた。そして、満洲の主権は中国側にあることを認めながらも、満洲の「今日尚混沌タル有様」からすぐに問題を全面的に解決することは困難であるとして、中立地帯設置によって日中両国間の空気を改善した上で漸次満洲問題全般に関する交渉に移るべきとの見解を示したが、顧維鈞は外交委員会で報告すると答えるにとどまった。そして会談直後の五日、南京政府は国内世論の激昂を理由に錦州問題に関する日本案の拒絶を訓令した＊101。

国内事情から錦州問題への態度を硬化させたのは日本も同じであった。幣原が内報していた錦州不進攻に関する機密情報を手違いからスティムソンが記者団に公表してしまったことに端を発する「軍機漏洩問題」は錦州にある張学良政権の覆滅を不可欠とする参謀本部や陸軍省の一部将校を勢いづかせ、これに押された陸軍首脳部は中立地帯設置の前提条件は張学良政権の駆逐と満蒙新政権への行政機関委譲であるという強硬論を唱えるに至った＊102。

重光・顧維鈞会談が不調に終わったことと陸軍の硬化を受けて幣原は一二月三日、錦州問題に関する南京政府との交渉を打ち切る一方で、錦州問題の「実際ノ利害関係者」である張学良に対して、治安撹乱の根源とみられている中国軍と県レヴェルの組織を除いた行政機関を山海関以東に撤退させることと、日本軍は「緊急重大ナル事態」が発生しない限り小遼河以西に進出しないことを主眼とする暫定協定の締結を求めた＊103。これは、態度を硬化させていた陸軍の要求を受けて錦州政府の事実上の撤退という強硬な条件を加える反面、難航が確実な南京政府との交渉を避け、一旦は中立地帯設置に原則同意を示した張学良との間で交渉をすすめることで早期の理事会決議成立を導こうとしたものであった。また、ドラモンドとブリアンに対しては、錦州の撤兵地帯はおおよそ錦州と山海関の間とする、同問題の解決は理事会ではなく日中両国間で行なう、理事会はこの交渉を促進するために中国側を慫慂するにとどめるべきと申し入れることで再度理事会と錦州問題の切り離しをはかった＊104。

そして幣原は四〜五日にかけて決議・議長宣言への対案を訓令し、調査委員に中国到着時に勧告をなす権限を与えることや匪賊討伐にオブザーバーを随伴させるなどの案は日本側の主張を「全然無意義ナラシメ」るものであると批判した上で、「最終的譲歩案」としてこれらの撤回、修正を求めた＊105。だが顧維鈞は四日、国内世論の激昂を理由に錦州問題に関する日本案の拒絶を訓令し＊106、施肇基もブリアンとドラモンドに中立地帯の設置は第三国軍隊による保障がなければ同意し難い、錦州問題は中立国オブザーバーを加えた交渉で解決すべきと申し入れた＊107。

以上のように、調査委員による中間報告・勧告、ならびに匪賊討伐権、さらには錦州問題の処理方法について日中の意見が衝突し、仲介者たる連盟も日中の板挟みになっており、理事会内部でもドラモンド、ブリアン、セシルなどの首脳部に対してマダリアガを中心とする小国勢力*108との間で調査委員の人数や匪賊討伐権をめぐって意見の扞格が目立つようになっていく。

三　錦州問題の行方と理事会閉会

中国では一一月中旬以降、内政の混乱に拍車がかかっていた。これより先、一一月七日の南京・広州両政府代表による上海和平会議では両政府は別個に四全大会を開催し、その後南京で開催する第四届中央執行委員会での協議、決定を待って南京政府の改組と広州政府の解消、両政府の合流を行なうとの合意が成立していた*109。

広州政府は一一月一八日に四全大会を開会させたが、政府内部では汪兆銘主席（改組派）、孫科常務委員（文治派）等に対して陳済棠政府委員ら武人を中心とする実力派が対立関係にあった*110。このため二三日の会議では和平会議を主導した改組、文治両派に不満を持つ実力派が中心となって上海和平会議の決定を覆して蒋介石、張学良の党席永久剥奪と蒋が政軍両権を放棄しない限り南京政府との合作を否定することを決したが*111、これに反発した孫科や陳友仁広州政府外交部長ら数十名の四全大会代表が一時的に香港に脱出をはかり*112、和平会議後も上海にとどまっていた汪兆銘も、あくまでも和平会議の決定と蒋の北上支持を表明して、南京政府に接近する姿勢をみせるなど*113内訌が表面化した。

南京政府でも国際的解決の成果が芳しくなかったために、政府幹部の中からも蒋の北上阻止とその下野を求める動きが顕著になりつつあった。しかし、蒋は中国としての国内一致と対日積極姿勢をアピールするために改めて自らが北上するとの意思を表明するとともに、政権基盤を強化すべく広州政府の内訌を承知の上で同政府要人の入京を求めることで*114その切り崩しを試みた。これと前後して内訌が続いていた広州政府では胡漢民前南京政府立法院院長の斡旋により一二月一日になって前月二三日の決定を解消し*115、五日にようやく四全大会宣言を採択して閉会*116、蒋の下野を前提とした政府改組問題を協議すべく孫科と陳友仁を派遣した*117。

上海和平会議の決定に従えばこれで第四届中央執行委員会に移らねばならなかったが、南京政府の四全大会宣言*118が国難を前に対外一致を強調することで蒋介石への権力集中を正当化したのに対して、広州政府のそれは日本の行動を非難しつつも、政軍分離と孫文の遺訓に基づいて内外政をすすめるとして間接的に蒋を批判するものであった。このため、政権続投により国内統一の実をあげると同時に満洲事変の国際的解決をはかることを最優先とし、陳友仁等の対日直接交渉方針を売国行為と批判していた蒋*119は容易に政府改組、広州政府との合作を肯じなかった。むしろ国際的解決の枠組を通じて、より有利な錦州問題の処理と理事会決議を成立させることで政権の保持、浮上をはからなければならなかった。しかし、南京政府が決議案中の撤兵期限に関する要求を取り下げるなどの「大譲歩」をなした*120、錦州問題でも対日直接交渉を開始したと報じられたことに対して上海抗日救国会や同商会が中立地帯設定と対日直接交渉拒絶の通電を発するなど、世論の激しい批判にさらされていた*121。顧維鈞は錦州に中立国オブザーバーを派遣して日中交渉を斡旋するという一一月二六日の一二ヵ国理事会の決定を支持しているとして弁明に努めたが*122、顧は施肇基とともに責任をとって辞職すべきとの声が高まり、南京政府は激昂する世論を前に選沢肢を失いつつあった*123。

南京政府の生命線となった錦州問題に関して、四日夜、矢野真参事官との会談に応じた張学良は錦州政府撤退要求に不信感を顕わにした。交渉の先行き困難と判断した矢野は湯爾和東北辺防軍司令長官公署参議に側面運動を試みた。これに対して湯は張学良に日中衝突回避の誠意があることを説明するとともに、錦州政府としては、この際、満洲問題全般に関する交渉の開始を希望すると申し入れたが*124、日本国内では錦州政府が撤退に応じないばかりか、匪賊の活動を使嗾しているとの不満が高まっており*125、七日には陸軍が中立地帯を提案した中国側が「不誠意」な態度をとっている間に匪賊の活動が活発化してきたとして、軍自身の自衛と居留民の安全確保、満洲全般における治安維持のために錦州方面への匪賊討伐を再開する意向を示した＊126。

武力衝突の危険性が高まっていた七日午前、幣原は満洲問題全般に関する交渉は目下の両国政情から不可能である、中立地帯の設置が当面の危機を防止する唯一の方法であるとして、張学良の「一大決心」を求めた＊127。これに対して湯は同日午後、自らの説得もあって張学良が軍を山海関以西に撤兵させることに同意したと伝えるとともに、錦州政府の撤退まで要求すれば交渉決裂は必至であるが、日本が求めるならば中立地帯設置に関する協定交渉を秘密裡に行なうと返答した＊128。幣原はこの措置を「機宜ニ適スル」ものと評価した上で、「日支間ニ議論スルコトハ自発的撤兵ノ趣旨ニ矛盾」するのみならず、交渉の長期化と万一の事態を招きかねないとし、錦州政府の撤退や協定交渉への言及を回避しつつ、「先ツ断然撤兵シテ日支両軍衝突ノ危険ヲ一掃」すべきとして＊129国内的には陸軍が強く求めていた錦州政府の撤退を事実上棚上げにし、対外的には理事会決議採択の最大の障害となっていた錦州問題の幕引きを狙った。これによって、残るは錦州問題を日中間の問題として処理するというラインで理事会を説得するのみとなった。

理事会内部ではコルバンやマダリアガ、ムチウス（M. Mutius）連盟ドイツ代表など、小国勢力を中心に撤兵に関する表現や大国主導で構成されつつある調査委員の人選などに強い抵抗を示しており、ブリアンやセシルなどの首脳部は困難な議事運営を強いられていた＊130。このため「当方［日本］ノ意ヲ汲ミ急速事ヲ運」ぼうとしていた理事会首脳部としても、中立地帯の範囲に関する一二月二日のドラモンド照会に対する明確な回答を得ない状態で日本が求める錦州問題に関する日中直接交渉を慫慂することには否定的であった＊131。しかし、理事会の長期化に痺れを切らしていたドラモンドは中国に対して錦州へのオブザーバー派遣に固執すれば決議の成立は覚束ない、日本は当初の顧維鈞案に基づいて理事会に錦州に進攻しないとの保証を与えたにもかかわらず、中立地帯設置を提案した中国自身が軍を撤兵させていないと批判、錦州へのオブザーバー派遣も日本政府の同意を得ることは不可能であるとして中国側に譲歩を求めた＊132。そして四日の一二ヵ国理事会では日本政府から撤兵地帯について満足な回答を得られれば、南京政府に対して錦州問題に関する日中直接交渉を勧告することを決定し*[133]、これを受けた連盟日本代表部は理事会首脳部の意を容れて撤兵地帯東端を大遼河にすべきと請訓した*[134]。

錦州問題とともに、理事会の山場となっていたのは匪賊討伐権と調査委員による中間報告・勧告の是非であるが、前者については理事会内部には明文化への強い反発があり、文言をめぐる起草委員会の議論も「空論」に傾いていた*[135]。ここにおいてドラモンドは「馬鹿々々シキ空理論ノ上下ニ時ヲ空費」させないためにも、匪賊の出没が「普通」となっている満洲で日本軍に討伐権を認めるのは撤兵の有無にかかわらず当然であるとの解釈のもと、匪賊討伐権の留保を決議・議長宣言から切り離して日本の留保宣言として記録にとどめる、中間報告・勧告については、調査委員が九月三〇日理事会決議にある在留邦人の"security"に関する報告をなすことは権利であり、義務であるとして日本の理解を望むとした*[136]。

これを受けて開催された五日の起草委員会の席上、伊藤述史連盟事務局次長は決議・議長宣言に対する日本の対案を説明した。理事会側は匪賊討伐にオブザーバーを付することは不可能であるとの対案に理解を示したが、匪賊討伐という例外的措置の明文化を避けるためにも日本の一方的留保宣言とする、調査委員の中間報告・勧告についても、撤兵期限や軍事的措置への干渉は意図していない、「勧告」の語が日本政府の誤解を招いたのであればこれ削除するとし、伊藤も調査委員は九月三〇日理事会決議の履行状況を確認するとの内容に修正するべきとする私案を提示した*[137]。続いて行なわれた一二ヵ国理事会では早期に錦州問題を解決して七、八日には理事会を閉会に持ち込むべく努力することとしたが*[138]、「満洲問題ノ例外的性質」を認めることで議論を打ち切って「実際的解決」をはかろうとしているブリアンを始めとする首脳部は、理事会内部の根強い反発を抑えて起草した決議・議長宣言の両草案が日本の「強キ反対ヲ受ケ」ていることと、もう一方の当事国である中国の内政が渾沌として「全ク当ニナラサル」状態であることから、この際、日中いずれかの反対により決議が成立しなかったとしても「世界ノ公論」に訴えることで理事会に区切をつけるとの決意を固めつつあった*[139]。また、ドラモンドとセシルは中国軍が錦州撤兵を履行しないことが日本軍の錦州進出の理由づけになるとして中国に対する警戒感を顕わにするようになっていった＊140。こうした理事会首脳部の動向は、中国への反感が日増しに高まっていく様相を浮き彫りにしていた。

一連の動きに対して幣原は六日、中国側は日本軍の錦州撤兵をみて増長している、錦州にある中国軍は敗残兵、匪賊、便衣隊等を別働隊として活用することで満洲各地の治安を撹乱し、さらには約一〇万におよぶ関内東北軍の前衛となっていることから、これとの衝突は大規模戦闘や関内への戦火拡大を惹起するおそれがある、撤兵地帯の東端を大遼河とした場合には隣接する熱河省からの匪賊侵入を容易ならしめて却って事態の紛糾をもたらすとして切迫した事情を訴えるとともに、撤兵地帯の東端は地形的にも小遼河とするのが適当とした。加えて理事会が開催されている「巴里ノ如キ遠隔ノ地ニ於テ」細目を協議することは「非実際的」である、理事会はこの際細目に拘泥せず「戦禍防止ノ第一義ニ立脚シテ一日モ速ニ支那側ヲ説得」することが「最急務」であると強調した＊141。決議・議長宣言に関しても七日、調査委員の中間報告は「排日等支那側ノ事態拡大行為」をも指摘することができるとして五日の起草委員会で提示された伊藤私案のラインで処理する、匪賊討伐権も他国代表から異議、留保を出さないとの同意を事前に得ることを条件に、満洲の治安が回復するまでの例外的措置として留保を宣言することとした＊142。

閉会を急ぐ理事会側は七日、依然として日本軍による錦州進攻の可能性に懸念を抱きながらもブリアン、セシルの主導によって九日には最終的な措置をとるための公開理事会を開くとの方針を決定した＊143。錦州問題もドラモンド、セシルともに決議採択と中立地帯に関する交渉を別個ものと解釈する＊144ことで理事会終結を容易ならしめようとした。だが、錦州進攻が行なわれれば、「世界平和確保ノ責ヲ任」ずる「連盟ノ根底ハ茲ニ一大動揺ヲ受ケ」る（ブリアン）との強い懸念を背景に＊145、七日の一二ヵ国理事会では撤兵地帯東端を小遼河にすれば、日本軍を錦州方面に前進させることとなり同地進攻の準備行動になりかねない、このような連盟の権威と決議の採択に向けた動きに壊滅的な打撃を与えかねない要求を中国政府に勧告することは不可能であるとして、ブリアンから芳沢に撤兵地帯の再考を求める書翰を送付するとともに、東京の各国代表を通じて説得を試みることとした＊146。ドラモンドも中国軍の錦州撤兵後に日本軍が同方面に進出し、その結果、満蒙新政権が樹立されるようなことになれば、理事会は「単ニ日本側ノ手先ニ使ハルル」結果になるとして日本の小遼河撤兵論を批判し、改めて撤兵地帯の東端を大遼河として日本軍の駐兵を極力鉄道沿線に限定することを求めた＊147。

理事会会期のタイムリミットが迫る八日、一二カ国理事会で①決議、②議長宣言、③日本の匪賊討伐留保宣言の各草案が決定、遅くとも一〇日までの票決を目指すこととした＊148。①では一月二五日に理事会を再開するとの第六項がそのまま残ったが、調査委員の中間報告は「勧告」の語を省いた上で②に挿入する、③の匪賊討伐権は「日本側ノ正当」な行為と認めながらも、討伐が全満に及べば満洲を日本の保護領にするに等しいとの理事会内の空気を反映して附属地外の討伐は日本軍が駐兵する地方に限定すべきとした＊149。以上のように、理事会側は撤兵地帯を大遼河とすることを条件に錦州問題を理事会から分離し、決議採択問題では匪賊討伐権を駐兵地に限って容認するという日中の折衷案によって討議の打ち切りを狙った。

これに対して幣原は九日、重ねて中国側の撤兵履行を求めるとともに、撤兵地帯を大遼河にまで拡大すれば、日本軍撤兵をみて増長している中国側が「日本ニ対スル重大ナル脅威」と化して却って軍事衝突を招く、中国側の警察力では匪賊に対して無力なために居留民は襲撃の憂き目に遭う、ブリアンは中国軍撤兵の跡を追って日本軍が進出することを懸念しているが、「何等ノ必要ナクシテ故ラニ錦州附近ニ進出シ進駐スルカ如キハ全ク考量シ居ラス」と確言した＊150。そして錦州撤兵地帯の東端は小遼河とする方針を堅持する、匪賊討伐留保宣言も、満洲各地に散在する多数の居留民を保護するためには「日本軍隊ノ臨機出動ニ待ツノ外ナ」い、留保宣言への異議防止に関する事前諒解についてては中国側の異議、留保は不問にするが、他国代表が中国の留保に賛成、支持を表明しないことの事前諒解を取り付ける、調査委員の中間報告に関しては「日本軍ノ撤退ニ期限ヲ附スルモノニ非ス」との但書を加えるべきとの「最終的譲歩案」を訓令した＊151。

日本の錦州問題最終回答に対してセシルは不満を洩らし、ブリアンも中国に日中直接交渉を勧告できる内容ではないと難色を示したが、九、一〇日の一二ヵ国理事会ではさらなる措置をとることはできないとして錦州問題の取り扱いを断念*[152]、決議採択問題もドラモンド、ブリアンは匪賊討伐権留保宣言に関する日本側の希望と中間報告への但書挿入を容認することで妥協した*[153]。いわば、理事会は早期閉会という目的達成のために決議・議長宣言のみならず、最も難航が予想された錦州問題の処理をも実質的に放棄して日本に全面的譲歩をはかったのである。

理事会決議の採択を目前に控えていた頃、中国の政局も大詰めを迎えていた。錦州問題が世論の激昂を招いたことで進退両難に陥っていた蒋介石は打開策として、挙国一致の実をなすためにも南京政府四全大会の決議に基づいて国民党員のみならず、軍将領、実業団体、学界、学生団体など各方面の代表を網羅した国難会議を一六日より開催し、ここで非常時の方針一切を議決すると発表*[154]、その一方で内政への対応を理由に公約である北上実施をかわしつつ、錦州撤兵地帯に関する主張貫徹によって国内の紛糾を回避しようとした*[155]。外交面では顧維鈞が中国は挙国一致で日本の匪賊討伐権留保に反対している、日本が留保宣言を行なえば理事会で反駁声明を発するとの訓令を発し*[156]、宋子文もアメリカが対日経済制裁に踏み切るか、満洲問題に関する国際会議を開催するなどの態度を示せば日本の不法活動を停止させるだけでなく、南京政府も転覆を免がれることができるとしてその援助を求めた*[157]。

だが南京政府の期待も空しく、一〇日夕刻に開催された公開理事会で調査委員派遣を含む決議が全会一致で採択され、連盟日本代表部も匪賊討伐権の留保を宣言した。これに対して施肇基は反駁声明をなしたが、各国代表の支持を得られないばかりか、セシルのほか、グァテマラ、ペルー、パナマ、ポーランド等の小国代表が匪賊討伐を例外的措置として認める旨を表明した*[158]。また、錦州問題も議長宣言のなかでブリアンが、錦州方面の日本軍が撤兵したことと中国側に攻勢の意がないことが確認されたとして、「理事会ハ敵対行為カ引続キ停止セラルヘキコト、及撤兵地ヲ公然設立スル迄モナク両国ノ正式ノ約束ハ一切ノ新ナル衝突ヲ防止スルニ充分ナルヘキコトヲ固ク期待ス」ると述べたことで一応の幕引きがなされた*[159]。

このような結果は中国側を失望させ、外交政策を非難するデモの拡大や広州政府による蒋介石下野要求などが相まって、南京政府内部でも蒋の下野を求める動きが活発化したが、蒋自身は訓政期から軍政期に後退してでも自らが実権を掌握することが中国を救う道であるとして政権保持に固執した＊160。だが、汪兆銘が二〇日までに蒋が下野しなければ上海に派遣している広州政府代表を引き揚げるとの通電を発するなど＊161、広州政府による対決姿勢の強化を前に、一六日からの国難会議の開催が不可能に陥ることを懸念した蒋は一四日に下野を決意し、翌日にこれを発表した＊162。

以上のように、蒋は自らが容認した錦州中立地帯設置問題の失敗によって国際的解決の限界を悟り、翌年一月二八日の政権復帰後は「一面抵抗・一面交渉」といわれる外交方針に転換するのである＊163。

おわりに

本章で論じたように、錦州中立地帯設置問題は日本にとって理事会決議を成立させるための側面支援に過ぎなかったが、南京政府にすれば英米仏などを巻き込んだ中立地帯を設置することで国際的解決の一端を成功させ、これをもって国内における政治的危機の打開を目指したものであった。これに対して理事会は一旦は中立地帯の設置に賛成した。この点では中立地帯の設置を訴えた南京政府の外交は一定の成果をあげたといえるが、ブリアンが満洲事変は「時間が完全に解決する」と述べ＊164、日中両国に最終決議・議長宣言両案を提示した一二月八日には、満洲において新しい軍事衝突が発生したとしても予定通り一〇日までには決議の票決に踏み切るとの意思を示したように＊165、調査委員の派遣によって事変処理に窮していた理事会を休会に持ち込むとともに、激昂する国内世論を抱える日中両国に冷却期間を与えようとしていた理事会の流れを変えるだけの力は持っていなかった。

理事会の期限を定めて一気に閉会に持ち込むということでは、一〇月理事会で帰国を急ぐレディング（M. Reading）英国外相の意向を踏まえて審議不十分のままで票決を試みた＊166一〇月二四日理事会決議案と類似した措置とみることもできる。しかし、一〇月二四日決議案との相違は、一〇月理事会が中国の政情悪化を避けるためにも南京政府に一定の配慮を示したイギリスの影響力が大きかったのに対して[167]、一一月理事会は前回決議案が不成立に終わったことが連盟の権威を揺るがしたという見解の上に立って理事会首脳部が対日妥協に踏み切っていたことである[168]。いわば理事会は、一旦は好感を示した南京政府による錦州中立地帯設置案に関する協議を強引に打ち切って決議の採択と閉会に持ち込む、即ち蒋介石政権の運命よりも、理事会の権威保持を優先したのである。

ここで留意すべきことは、たびたび問題となった連盟内部の大国と小国の関係である。冒頭で述べたように、理事会首脳部は議事が勢い連盟規約第一五、一六条による制裁措置に発展することを回避するためにも実質的な審議は大国の私的会合を通じて行なおうとしたが、これが小国代表の反発を招いていた。日中両国の相反する要求に加えて小国勢力からの圧力に直面していたセシルが日本軍による錦州攻撃が行なわれれば激昂した世論をかかえている中国は宣戦を余儀なくされ、日本もこれに対抗して戦争に発展する、その結果、連盟とこれに協力してきた英仏のプレゼンスは著しく低下すると懸念していたように[169]、理事会首脳部は事変処理に直接的な関係を持つことを回避しながらも、自己の面目を保ちつつ早期に事変を処理しなければならなかった。もっといえば、ジュネーヴ軍縮会議やローザンヌ会議を目前に控えて関係各国の駆け引きが活発化するなか、英仏は今後の政治日程を有利にすすめるためにも自らが理事会を主導して事変の戦争発展を防ぐと同時に、決議採択という成果をあげる必要があった。これに対して、スペインを始めとする小国勢力は連盟を通じて問題を処理する点では理事会首脳部と共通していたが、大国主導の理事会運営に掣肘を加えると同時に、決議内容に自らの意向を反映させることで自国のプレゼンスを拡大することに重きを置いていた。この結果、満洲事変の討議を通じて大国と小国の不協和音が次第に目立ち始め、第一次上海事変以降の連盟の議論に大きな影響を与えることになるのである。

南京政府が国際的解決の突破口として期待したアメリカに関して、スティムソンは中国に対する錦州撤兵勧告を求める日本を批判した上で、日本軍による錦州進攻が行なわれればそれは九ヵ国・不戦両条約に違反する行為となり、アメリカ世論による非難は必至であると警告し*170、錦州問題を切り捨てて閉会に持ち込もうとする理事会の態度を遺憾として会期延長を求めたように*171比較的中国に理解ある態度を示していた。しかし、当初南京政府が求めていた錦州中立地帯設置のための英米仏に対する日本からの保証獲得については、切迫した状況から保証に関する交渉をなす余裕はない、中国軍の速やかな撤兵こそ優先すべきとしたように*172、その要求を鵜呑みにするものではなかった。またよく知られるように、対日経済制裁を求めるスティムソンに対して制裁に慎重なフーヴァー（H. C. Hoover）大統領やパリに派遣されたドーズなど、アメリカは強圧措置への根強い反対をかかえていた*173。翌年一月七日には日本軍の錦州進攻を直接のきっかけとしてスティムソンドクトリンが発表されたが、これとて外交上の措置を求める上院*174と国内における対日制裁への根強い反対という板挟みのなかで案出されたもので、その後の対応も通牒や演説を通じた消極的な意見表明にとどまった*175。アメリカの国策レヴェルで考えた場合、孤立主義の強い風潮のなかでは対日制裁や満洲に関する国際会議の開催に応じることはできず、顧維鈞や宋子文の懇願を切り捨てる結果となった。アメリカの対応は国際的には普遍的価値観に基づく理念外交によるアピールを通じて自国のプレゼンスを示し、国内的には世論の歓心を買うことに注力するものであったといえる。

以上のように、連盟やアメリカの対応は連盟規約・不戦条約に代表される国際平和体制の維持という大義名分を掲げながらも、その実は各々の"national interest"の追求や権威保持を最優先としており、これに大国主導の議事に不満を持つ小国勢力の反撃が加わって、議論は複雑性を増していた*176。これは幣原が問題に直接の利害関係を持たない国で構成される「大円卓会議」では議論が「空論」に陥ると評したように*177、国際平和体制の限界を示すものであった。最終的に日本の意図に沿う形で理事会決議の成立に持ち込むことができたのは東アジアにおける唯一の列強国であり、常任理事国である日本の国際的地位と大国のなかでは半ば常識化していた中国の政治的混乱、さらには国際協調よりも優先されるべき「死活的利益（vital interest）」の概念を巧みにアピールすることで、権威保持に走っていた理事会首脳部を説得した粘り強い外交の成果でもあった。

だが、翌年一月に日本軍の錦州進攻が実施され、続いて第一次上海事変が発生したことは、前年の理事会では水際で抑えられていた小国の発言力を急激に増大させ*178、小国の意向を無視できなくなった大国も「原則擁護」論に傾いた*179。そして一九三三（昭和八）二月二四日、連盟総会は満洲の特殊事態と、日本が中国、満洲に対して「死活的利益」＝"vital interest"を有していることを認めながらも、満洲国を否認する報告書を採択*180、反発した日本は連盟脱退を選択した。しかし、その後イギリスがバンビー、リース・ロス両ミッションを通じて満洲国を承認、ないし黙認する意をみせたように、「実際的解決」のラインは完全に消滅したわけではなかった。それはまた、大国の"vital interest"が関わる問題を前に「原則擁護」と「実際的解決」の狭間でゆれる国際協調システムの脆弱性を示すものであった。

＊1　例えば、臼井勝美『日中外交史研究——昭和前期——』吉川弘文館、一九九九年、四五頁、西田敏宏「ワシントン体制の変容と幣原外交（二）——一九二九〜一九三一年——」（『法学論叢』第一五〇巻第二号、二〇〇一年）一一九〜一二〇頁。
＊2　前章参照。
＊3　海野芳郎『国際連盟と日本』原書房、一九七二年、二〇〇頁。錦州で大規模な軍事衝突が発生し、これが列国の権益が集まっている天津に波及すれば、日本の事変処理方針が根底から覆される危険性があった（馬場明『日本外交史18　満州事変』原書房、一九七三年、二八九頁）。
＊4　臼井『日中外交史研究』第三章、服部龍二『東アジア国際環境の変動と日本外交　1919—1931』有斐閣、二〇〇一年、二八一〜二八四頁。
＊5　理事会決議採択の障害となった匪賊討伐権問題に注目が集まっているためか、錦州問題落着経緯への言及が希薄であるのは、海野、馬場、臼井各氏のほか、満洲事変研究の先賢といえる、島田俊彦「満洲事変の展開（一九三一〜一九三二年）」、斎藤孝「米・英・国際連盟の動向（一九三一〜一九三三年）」（日本国際政治学会太平洋戦争原因究明部編『太平洋戦争への道』第二巻、朝日新聞社、一九六二年）にも共通している。
＊6　大国の「実際的解決」論と小国の「原則擁護」論については、リットン報告書の審議過程に焦点をあてた小林啓治『国際秩序の形成と近代日本』吉川弘文館、二〇〇二年、第五章のほか、佐藤尚武監修『日本外交史14　国際連盟における日本』原書房、

一九七二年でも指摘されている。

＊7 Drummond to Cadogan; United Kingdom Delegate to Foreign Office 129, November 15, 16, 1931, DBFP, VIII, pp. 910-911, 913-915; 沢田節蔵連盟事務局長発幣原喜重郎外相宛第二五一号同月一七日（「満洲事変・善後措置関係・国際連盟ニ於ケル折衝関係」〔以下、「折衝」〕A.1.1.0.21-12-1 外務省外交史料館蔵）、クリストファー・ソーン『満州事変とは何だったのか』上巻、市川洋一訳、草思社、一九九四年、二四〇〜二四四頁。なお、本章でも一九三一年の史料を頻繁に用いるため、以下、同年の史料は年を略す。

＊8 満洲事変に対して連盟やアメリカによる外交的圧力を求めた南京政府の「国際的解決」については、鹿錫俊『中国国民政府の対日政策 1931—1933』東京大学出版会、二〇〇一年、黄自進「満洲事変前後における国民政府の対日政策」（『東アジア近代史』第五号、二〇〇二年）を参照。また、駐華公使を勤めていた重光葵は回想録において、中国と満洲を分離した形で満洲事変を「国際的に解決したいと考えていた」と述べている（重光葵『外交回想録』毎日新聞社、一九七八年、一四九頁）。この意味では、日中両国は目指す方向性は違っても、ともに満洲事変を「国際的」な方法で解決しようとしていたといえる。

＊9 佐藤『日本外交史14』一〇頁、石井摩耶子「国際連盟と満州事変——イギリス外交を中心にした素描——」（『歴史教育』第一五巻第二号、一九六七年）五七頁。

＊10 幣原発沢田宛第一九四号「満洲事変（連盟関係）」一一月一五日（「折衝」）。

＊11 沢田発幣原宛第二六〇、二六四、二六五号一一月一七、一八日（同右）; United Kingdom Delegate (Paris) to Foreign Office, November 18, *DBFP*, VIII, pp. 923-925. なお、連盟規約第一五条には理事会が紛争の解決条件と勧告を含む調査報告書を作成、公表することができるとしている。

＊12 幣原発沢田宛第二一七号「満洲事件（サイモン案）」一一月二〇日（「折衝」）。

＊13 沢田発幣原宛第二八三、二八四号一一月二〇日（同右）。

＊14 休戦案はブリアン連盟理事会議長が「険悪ナル空気ヲ改善」するのが目的であると説明したように〔沢田発幣原宛第二九二号一一月二〇日（同右）〕、撤兵に固執する中国側に対する説得と理事会内部の政治バランスに配慮しただけの具体案を欠いた曖昧なもので、ドラモンド連盟事務総長、セシル連盟英国代表ともにこれに固執する意はなかった〔Record of a Private Meeting of the Council on November 19, *DBFP, VIII*, pp. 931-934; 沢田発幣原宛第二八二、二八六号同月一九、二〇日（「折衝」）〕。

＊15 幣原発沢田宛第二二三号一一月二一日（「満洲事変・善後措置関係・日支事変ニ関スル交渉経過（連盟及対米関係）」〔以下、「交渉」〕A.1.1.0.21-12-1-5 外務省外交史料館蔵）。

＊16 Tyrrell to Lampson 4, November 20, *DBFP*, VIII, pp. 937; Shaw to Stimson 773, November 21, *FRUS, 1931*, vol. III, pp.

523-527.

＊17 沢田発幣原宛第二八六、二九二号一一月二〇日（「折衝」）。訂正決議案は、同第二八五号同日着（「交渉」）。

＊18 幣原発沢田宛第二二一、二二二、二二六号一一月二一日（「交渉」）。

＊19 沢田発幣原宛第二九八号一一月二二日着（同右）。ドラモンドの対案は、同第二九九号同日着（『日満』第一巻第三冊、六二五～六二六頁）、第三〇〇号同日着（「交渉」）。

＊20 幣原発沢田宛第二三二、二三三号一一月二三日（「交渉」）。

＊21 前章、二〇一～二〇一頁。

＊22 王正華編『蒋中正総統档案　事略稿本』〔以下、『事略』〕第一二冊、台北、国史館、二〇〇三年、一一月二〇、二一日条。

＊23 顧維鈞ほか発張学良陸海空軍副司令宛一一月二一日〔中国第二歴史档案館「九一八事変後顧維鈞等致張学良密電選（上）」（民国档案編輯部編『民国档案』第一号、南京、一九八五年、二三～二四頁）〕。

＊24 顧維鈞発張学良宛一一月二一日（同右、二四、六三頁）。

＊25 沢田発幣原宛第三〇三、三〇五号一一月二三日着（「交渉」）。

＊26 Shaw to Stimson 784, November 23, *FRUS, 1931*, vol. III, pp. 545-547. この時の決議・議長宣言両草案は、Shaw to Stimson 779, November22, *Ibid,* pp. 536-537.

＊27 沢田発幣原宛第二八六号一一月二〇日（「折衝」）。

＊28 ドラモンドは決議案第四項について、日中両国間の係争問題（issue）という「漠然ト広汎ナル語」を用いることで満洲事変のみならず、革命外交やボイコットにまで調査対象を広げ、「最終的、根本的解決」の語をもって中国全般の調査が必要であるとの意を含めたとし、さらに中国の「特殊な状況」を明記することで「暗ニ規約ヲ其侭ニ適用スルノ不適当ナルヲ示シ」たと説明している〔沢田発幣原宛第三五四号一一月二七日着（「交渉」）〕。

＊29 Shaw to Stimson 777, November 22, *FRUS, 1931*, vol. III, pp. 529-530; 沢田発幣原宛第三一〇号同月二三日着（「交渉」）。

＊30 沢田発幣原宛第三一七号一一月二四日着（「交渉」）。

＊31 Record of a private meeting of the Council on November 23, *DBFP*, VIII, pp. 947-948; Shaw to Stimson 784, November 23, *FRUS, 1931*, vol. III, pp. 545-547. 決議草案追加文は、Shaw to Stimson 790, November 23, *Ibid*, pp. 550; 沢田発幣原宛第三二七号同月二四日着（「交渉」）。

＊32 Shaw to Stimson 784, November 23, *FRUS, 1931*, vol. III, pp. 545-547; Record of a private meeting of the Council on November 23; Tyrrell to Simon 174, November 23, 25, *DBFP*, VIII, pp. 947-948, 951-952.

＊33 沢田発幣原宛第三三二号一一月二四日着（「交渉」）、Shaw to Stimson 791, November 24, *FRUS, 1931*, vol. III, pp. 551-552. この時手交された決議案文は、沢田発幣原宛第三二〇、三二七、三三二号同日着（「交渉」）からなる。

＊34 沢田発幣原宛第三三三号一一月二四日着（「交渉」）。

＊35 幣原発沢田宛第二三六号一一月二三日（同右）。

＊36『東京朝日新聞』一一月二六日朝刊。

＊37 幣原発沢田宛第二四四号一一月二五日（「交渉」）。匪賊討伐権に関する決議案文は、同第二四五号同日（同上）。

＊38 顧維鈞ほか発張学良宛、顧維鈞発張学良宛一一月二一、二三日（『民国档案』第一号、二四、六三頁）。

＊39 顧維鈞ほか発張学良宛一一月二二日（同右、二四頁）、『事略』第一二冊、同日条、「中央政治会議特種外交委員会第四十七次会議紀録」同日（劉維開編輯『国民政府処理九一八事変之重要文献』〔以下、『重要文献』〕台北、中国国民党中央委員会党史委員会、一九九二年、一四七～一五一頁）。

＊40 顧維鈞発張学良宛一一月二二日（『民国档案』第一号、二三～二四頁）、Johnson to Stimson November 22, *FRUS, 1931*, vol. III, pp. 533-534. なお、ドーズ駐英米国大使は理事会開催中、各国代表と連絡をとるためにパリへの出張命令を受けていた（Stimson to Daws 327, November 11, *Ibid*, pp. 422）。

＊41 Johnson to Stimson, November 22, *Ibid*, pp. 527-528.

＊42 Stimson to Shaw 589, November 23, *Ibid*, pp. 547-549; 顧維鈞発張学良宛同月二四日〔中国歴史第二档案館「九一八事変後顧維鈞等致張学良密電選（下）」（民国档案編輯部編『民国档案』第二号、南京、一九八五年、三～四頁）〕

＊43 顧維鈞ほか発張学良宛一一月二四日（『民国档案』第二号、三頁）、「中央政治会議特種外交委員会第四十九次会議紀録」同日（『重要文献』一五五～一五七頁）。

＊44 Shaw to Stimson 791, November 24, *FRUS, 1931*, vol. III, pp. 551-552; 沢田発幣原宛第三三六号同月二五日着（「交渉」）。

＊45 沢田発幣原宛第三四六号一一月二六日着。対案テキストには同案を拒否したアメリカに関する言及が省かれていた〔同第三四七号同日着（「交渉」）〕。

＊46 ドラモンド、ブリアン、サイモン英国外相は日本に対する期限付撤兵の強要を避けつつ、調査委員派遣をもって理事会を終結に持ち込もうとしていた〔沢田発幣原宛第三二六号一一月二四日着（同右）〕。

＊47 例えば、南京政府の対案に対してサイモンは「現実よりも論争に熱中している感がある」と評して中国側の説得を訓令し(Simonto Lampson 159, November 27, *DBFP*, VIII, p. 964)、実効力ある解決を目指すブリアンも同案を握り潰した〔沢田発幣原宛第三六三号同二八日着（「交渉」）〕。

＊48 沢田発幣原宛第三五一号一一月二六日着（「交渉」）。同日の一二ヵ国理事会議事は、Tyrrell to Simon 175, November 25, *DBFP*, VIII, pp. 954; Shaw to Stimson 804, November 26, *FRUS, 1931*, vol. III, pp. 566-568.
＊49 Shaw to Stimson 805, November 26, *FRUS, 1931*, vol. III, pp. 568. 理事会決議草案の要旨とアメリカの声明文は、Shaw to Stimson 798, November 25, *Ibid*, pp. 561.
＊50 Sze to Drummond, November 18, *League of Nations Official Journal*, 12th year, pp. 2552.
＊51 『事略』第一二冊、一一月二四日条。
＊52 沢田発幣原宛第二九一号一一月二〇日（「錦州事件」A.1.1.0.21-32 外務省外交史料館蔵）。
＊53 沢田発幣原宛第二八六号一一月二〇日（「折衝」）、Memorandum by the Secretary of State, November 22, *FRUS, 1931*, vol. III, pp. 534-535; 出淵勝次駐米大使発幣原宛第五〇二号同月二三日着（「交渉」）。
＊54 幣原発沢田宛第二三七、二四〇号一一月二四日（「交渉」）。
＊55 Drummond to Simon, November 24, *DBFP*, VIII, pp. 951; 沢田発幣原宛第三三九号同月二五日着（「交渉」）、同第三四〇号同日着（『日満』第一巻第三冊、六五九頁）。
＊56 顧維鈞発張学良宛一一月二四日（『民国档案』第二号、三～四頁）、北平情報処発国民政府外交部宛同月二八日（羅家倫主編『革命文献』第三四輯、台北、正中書局、一九六四年、一一一五～一一一七頁）、Johnson to Stimson, November 24, *FRUS, 1931*, vol. III, pp. 558; Lampson to Simon 338, November 25, *DBFP*, VIII, pp. 954-955.
＊57 幣原発重光葵駐華公使宛第四七八号「満洲事件（十一月二十五日英大使来訪ノ件）」一一月二五日（「錦州事件」）、幣原発沢田第二四六号同日（『日満』第一巻第三冊、六六一～六六二頁）。
＊58 Stimson to Peck 120, November 25, *FRUS, 1931*, vol. III, pp. 564-565.
＊59 Tyrrell to Simon 174, November 25, *DBFP*, VIII, pp. 951-952.
＊60 Shaw to Stimson 805, November 25, *FRUS, 1931*, vol. III, pp. 566-568. 錦州問題に関する日中両国への注意喚起は、Shaw to Stimson 806, November 25, *Ibid*, pp. 569.
＊61 沢田発幣原宛第三四四、三五二号一一月二六、二七日着（「交渉」）。
＊62 「中央政治会議特種外交委員会第五十一次会議紀録」一一月二六日（『重要文献』一六二頁）。
＊63 Shaw to Stimson 811, November 27, *FRUS, 1931*, vol. III, pp. 573-574.
＊64 Johnson to Stimson, November26, *Ibid*, pp. 570.
＊65 沢田発幣原宛第三五五号一一月二七日着（「交渉」）。ブリアンの腹心レジェ官房長は中国軍の錦州撤兵を中国側に取り次ぐ場

合、同国から日本軍の附属地内撤兵を要求され、その結果、理事会は困難な立場に陥ると懸念していた（前掲、沢田発幣原宛第三四四号）。

＊66 沢田発幣原宛第三五四号一一月二七日着（「交渉」）。

＊67 Tyrrell to Simon 178, November 26, *DBFP* VIII, pp. 959-960, Shaw to Stimson 807, November 26, *FRUS, 1931*, vol. III, pp. 571-572; 沢田発幣原宛第三五九、三六〇号同月二七、二八日着（「交渉」）。起草委員会は当初、ブリアン（仏）、セシル（英）、マダリアガ（西）、コルバン（諾威）の各代表で構成されていた（Tyrrell to Simon, 178, November 26, *DBFP*, VIII, pp. 959-960）。

＊68 幣原発沢田宛第二五九号一一月二八日（「交渉」）。

＊69 幣原発沢田宛第二五三、二五六号、幣原発沢田ほか宛合第一七三〇号一一月二七日（同右）。

＊70 幣原発矢野真参事官宛第一〇七号「天津事変」一一月二七日、幣原発重光・矢野宛合第一七四三号「顧維鈞ノ三国公使ニ対スル談話ニ関シ我方ヨリ支那側へ非公式申入ノ件」同月二八日（「錦州事件」）。

＊71 張学良発蒋介石主席ほか宛一一月二九日（『民国档案』第二号、六頁）。

＊72 顧維鈞発張学良宛一一月二九日（同右、七頁）。

＊73 重光発幣原宛第一三五五号一一月三〇日～一二月一日（「満洲事変・善後措置関係・直接交渉関係」［以下、「直接」］A.1.1.0.21-12-3 外務省外交史料館蔵）。

＊74 顧維鈞ほか発張学良宛一一月二九日（『民国档案』第二号、七頁）。

＊75 Shaw to Stimson 811, November 27, *FRUS, 1931*, vol. III, pp. 573-574.

＊76 この際、レジェは理事会［首脳部］は満洲事変の「特殊的性質ニ付正シキ認識」を有しており、これに基づく「実際的解決」を目指している、アメリカもこれを支持しているとして、ブリアンとともに速やかな理事会打ち切りを「切望」した〔沢田発幣原宛第三六三号一一月二八日着（「交渉」）〕。

＊77 沢田発幣原宛第三六二号一一月二八日着（同右）。

＊78 沢田発幣原宛第三八五号一一月三〇日着（同右）、Shaw to Stimson 818, November 29, *FRUS, 1931*, vol. III, pp. 590-592. 幣原発ブリアン書翰は前述 *Ibid*, pp. 591, および、沢田発幣原宛第三八一号同月二九日着（「交渉」）。幣原喜重郎外相は保証に関する沢田第三八五号の内容を追認し、理事会において日本が一方的に錦州への不進出を声明することとした〔幣原発沢田宛第二七一号一二月一日（同上）〕。

＊79 沢田発幣原宛第三八九、三九〇号一二月一日着（「交渉」）。

＊80 Shaw to Stimson 811, November 27, *FRUS, 1931*, vol. III, pp. 573-574.
＊81 Tyrrell to Simon 184, November 28, *DBFP*, VIII, pp. 972-973.
＊82 Shaw to Stimson 816, November 28, *FRUS, 1931*, vol. III, pp. 586-587.
＊83 Tyrrell to Lampson 13, November 28, *DBFP*, VIII, pp. 973-974.
＊84 幣原発沢田宛第二六二～二六五号一一月二九日（「交渉」）。
＊85 Shaw to Stimson 819, November 30, *FRUS, 1931*, vol. III, pp. 592-594; 沢田発幣原宛第三八七号一二月一日着（『日満』第一巻第三冊、七〇一頁）、同第三九三号同月二日着（「交渉」）。
＊86 Tyrrell to Simon 186, November 30, *DBFP*, VIII, pp. 975-976; Shaw to Stimson 823, November 30, *FRUS, 1931*, vol. III, pp. 601-602.
＊87 Shaw to Stimson 821, November 30, *FRUS, 1931*, vol. III, pp. 598; 芳沢発幣原宛第四四二号一二月二日着（「交渉」）。
＊88 Memorandum by the Secretary of State, November 30, *FRUS, 1931*, vol. III, pp. 596-598.
＊89 Shaw to Stimson 827, December 1, *Ibid*, pp. 609-611; Tyrrell to Simon 189, December 1, *DBFP*, VIII, pp. 977-979; 沢田発幣原宛第三九四、四〇一～四〇三、四〇七号同月三日着（「交渉」）。
＊90 Tyrrell to Simon 186, *DBFP*, VIII, pp. 975-976; Shaw to Stimson 822, November 30, *FRUS, 1931*, vol. III, pp. 598-600.
＊91 Shaw to Stimson 822, November 30, *FRUS, 1931*, vol. III, pp. 598-600.
＊92 沢田発幣原宛第三九三、三九四号一二月二日着（「交渉」）。
＊93 幣原発沢田宛第二七三号一二月二日、沢田発幣原宛第三九八、四一一号同月二、三日着（同右）。
＊94 沢田発幣原宛第四二一号一二月五日着（「交渉」）。
＊95 Tyrrell to Simon 191, December 2, *DBFP*, VIII, pp. 979-980; Shaw to Stimson 834, December 2, *FRUS, 1931*, vol. III, pp. 614-616; 沢田発幣原宛第四〇八号同月三日着（「交渉」）。
＊96 沢田発幣原宛第四一三号一二月四日着（「交渉」）。
＊97 Shaw to Stimson 841, December 4, *FRUS, 1931*, vol. III, pp. 617-620.
＊98 「中国国民党中央執行委員会政治会議第二九七次会議紀録」一二月二日（『重要文献』二〇一～二〇五頁）。
＊99 重光発幣原宛第一三六六、一三七八号一二月二、四日（「直接」）。
＊100 関東軍は第二次天津事件が発生すると直ちに山海関に援軍を派遣したが、陸軍中央は遼河以東への撤兵を厳命してこれを後退させた〔詳細は、「関東軍機密政略日誌」（小林龍夫ほか編『現代史資料』第七巻、みすず書房、一九六四年、二七八～二七九

頁)、ならびに「満洲事変に於ける軍の統帥(案)」(稲葉正夫ほか編『現代史資料』第一一巻、みすず書房、一九六五年、四二二〜四二七頁)を参照〕。
＊101『事略』第一二冊、一二月四日条。
＊102「軍機漏洩問題」については、板野潤治『近代日本の外交と政治』研文出版、一九八五年、第三部第一章、服部『幣原喜重郎と二十世紀の日本――外交と民主主義』有斐閣、二〇〇六年、一六五〜一七二頁、小林道彦『政党内閣の崩壊と満州事変――1918〜1932――』ミネルヴァ書房、二〇一〇年、二一〇〜二一六頁に詳しい。
＊103 幣原発矢野宛第一一三、一一四号「錦州問題」一二月三日(「錦州事件」)。
＊104 この際、幣原は張学良陸海空軍副司令率いる錦州政府は治安撹乱の根拠地になっているので、これに対する策動停止の要求が錦州政府の撤退に発展することもあり得ると付言して万一に備えた〔幣原発沢田宛第二七七号一二月三日(「交渉」)〕。
＊105 幣原発沢田宛第二八〇〜二八五号一二月四、五日(同右)。
＊106『事略』第一二冊、一二月四日条。
＊107 **Shaw to Stimson 845, December 5,** ***FRUS, 1931*****, vol. III, pp. 621-622;** 沢田発幣原宛第四二六号同月六日着(「交渉」)。
＊108 マダリアガ連盟西国代表はスペインの国際的地位を向上させるためにも小国勢力の結集をはかろうとしていた〔安田圭史「満州事変問題におけるスペイン第二共和制アサーニャ内閣(一九三一〜一九三三年)の対日本外交」(『イスパニア図書』第九号、二〇〇七年)〕。
＊109 国聞週報社編『国聞週報』第八巻第四五期、上海、文海出版社、一九八五年、四〜五頁、朱匯森主編『中華民国史事紀要　初稿　中華民国二十年(一九三一)九至十二月份〔以下、『史事』〕台北、国史館、一九九一年、七三〇〜七三二頁。
＊110 須磨弥吉郎駐広東総領事代理発幣原宛第六五九号一一月二九日(「支那内乱関係一件・昭和六年反蒋運動関係・和平関係」〔以下、「和平関係」〕**A.6.1.5.1-16-7** 外務省外交史料館蔵)、幣原発松平恒雄宛駐英大使ほか宛合第一八六一号「最近支那政情ニ関スル件」一二月六日(「満洲事変ニ際スル満蒙独立関係一件」**A.6.2.0.1** 外務省外交史料館蔵)。
＊111 須磨発幣原宛第六四〇号一一月二四日(「支那中央政況関係雑纂・国民党関係・国民党全国代表会議関係(地方大会ヲ含ム)」〔以下、「全代」〕**A.6.1.1.2-2-1** 外務省外交史料館蔵)。
＊112 前掲、幣原発松平宛ほか第一八六一号、須磨発幣原宛第六四四号一一月二五日、吉田丹一郎駐香港総領事代理発幣原宛第一五〇号同日(同右)、須磨発幣原宛第六五九号同月二九日(「和平関係」)、『大公報』同月二六日。
＊113 村井倉松駐上海総領事発幣原宛第八五三号「時局情報」一一月二六日(「和平関係」)。
＊114『事略』第一二冊、一一月二四、二九日条。汪兆銘はこれに好意的な回答をなすとともに、蒋介石南京政府主席の進退は来る

べき第四届中央執行委員会に委ねると答えた（『大公報』一二月一、四日）。

*115 同右、一二月三日、『国聞週報』第八巻第四八期、五頁。

*116 須磨発幣原宛第六九四号一二月六日（「全代」）、同第六九五号同日（「和平関係」）、『史事』九六七～九七〇頁、『国聞週報』第八巻第四九期、一頁。

*117 『大公報』一二月四～六日。

*118 『事略』第一二冊、一一月二〇日条、中華民国重要史料初編編纂委員会編『中華民国重要史料初編　対日抗戦時期　緒編』第一巻、台北、中国国民党中央委員会党委員会、一九八一年、三〇八頁。

*119 『事略』第一二冊、一一月二九日、一二月四、六日条。

*120 『大公報』一二月二日。

*121 村井発幣原宛第八七五号一二月四日（「直接」）。

*122 『大公報』一二月五日。

*123 顧維鈞ほか発張学良宛一二月五日（『民国档案』一〇～一一頁）、『大公報』同月六日。

*124 矢野発幣原宛第七一六号一二月五日（「直接」）、同宛第七二〇号同月六日着（「錦州事件」）。

*125 『東京朝日新聞』一二月六、七日朝刊。

*126 南次郎陸相発本庄繁関東軍司令官・香椎浩平天津軍司令官宛陸満第三三九号一二月六日（「指導」其二）。

*127 幣原発矢野宛第一二〇号「満洲事変（錦州問題）」一二月七日（「錦州事件」）。

*128 矢野発幣原宛第七二六号一二月七日（同右）。

*129 幣原発矢野宛第一二三、一二四号「満洲事変錦州問題」一二月九日（同右）。

*130 例えば、Shaw to Stimson 827, 833, 846, December 1, 2, 5, *FRUS, 1931*, vol. III, pp. 609-613, 622-625; 沢田発幣原宛第四〇五号同月三日着（「交渉」）。

*131 沢田発幣原宛第四二三号一二月五日着（「交渉」）。ドラモンドの照会は、前掲、沢田発幣原宛第四〇八号。

*132 Tyrrell to Lampson 23, December 3, *DBFP*, VIII, pp. 980-981.

*133 Tyrrell to Simon 196, December 4, *Ibid*, pp. 981-982; Shaw to Stimson 841, December 4, *FRUS, 1931*, vol. III, pp. 617-620. 日本に対する通知は、沢田発幣原宛第四二四号同月五日着（「交渉」）。

*134 沢田発幣原宛第四二五号一二月五日着（「交渉」）。

*135 沢田発幣原宛第四一一、四一四号一二月三、四日着（同右）。

*136 前掲、沢田発幣原宛第四一四号、Tyrrell to Lindley 23, December 4, *DBFP*, VIII, pp. 983-984.

*137 United Kingdom Delegate to Simon 160, December 5, *DBFP*, VIII, pp. 985-988; 沢田発幣原宛第四三〇号同月六日着（「交渉」）。伊藤私案は、沢田発幣原宛第四三一号同日着（同上）、幣原訓令は、前掲、幣原発沢田宛第二八〇～二八五号。

*138 Shaw to Stimson 847, December 5, *FRUS, 1931*, vol. III, pp. 625-626.

*139 沢田発幣原宛第四三五号一二月七日着（「交渉」）。

*140 Tyrrell to Simon 198; Tyrrell to Lampson 28, December 6, *DBFP*, VIII, pp. 989-991.

*141 幣原発沢田宛第二八六号一二月六日（「交渉」）。

*142 幣原発沢田宛第二八八、二八九号一二月七日（同右）。

*143 Shaw to Stimson 855, December 7, *FRUS, 1931*, vol. III, pp. 633-635.

*144 Tyrrell to Lampson 28, December 6, *DBFP*, VIII, pp. 991; Shaw to Stimson 853, December 7, *FRUS, 1931*, vol. III, pp. 630-632.

*145 前掲、沢田発幣原宛第四三五号。

*146 Shaw to Stimson 855; December 7, *FRUS, 1931*, vol. III, pp. 633-635; Tyrrell to Simon 200, December 8, *DBFP*, VIII, pp. 996-997; 沢田発幣原宛第四三八号同日着（「交渉」）。ブリアン書翰は、Shaw to Stimson 854, December 7, *FRUS, 1931*, vol. III, pp. 632-633, および、沢田発幣原宛第四三九号同月八日着（「交渉」）。

*147 沢田発幣原宛第四五一号一二月八日着（「交渉」）。

*148 Tyrrell to Simon 204, December 8, *DBFP*, VIII, pp. 999; Shaw to Stimson 857, December 8, *FRUS, 1931*, vol. III, pp. 642-645; 沢田発幣原宛第四五八、四六〇、四六一号同月九日着（「交渉」）。

*149 ただし、駐兵する場所や期間を曖昧にすることで伸縮性を持たせた〔沢田発幣原第四四九号一二月九日着（「交渉」）〕。

*150 幣原発沢田宛第二九五号一二月九日（同右）。

*151 これとともに幣原は、「我国ノ死活ニ関スル」満洲事変の討議を通じて、理事会の多数に屈して「我方ノ正当ナル主義ヲ枉クル」ことは国内での「由々敷事態」を招くのみならず、対外関係にも「極メテ不利ナル状況ヲ招来スル」として、「極東ニ於ケル帝国ノ正当ナル地位ヲ確認」することを求めた〔幣原発沢田宛第二九八、二九九号一二月九日（同右）〕。

*152 United Kingdom Delegate to Simon 165, 166, December 9, 10, *DBFP*, VIII, pp. 1001-1004; Shaw to Stimson 867, December 9, *FRUS, 1931*, vol. III, pp. 654-656.

*153 沢田発幣原宛第四七四号一二月一一日着（「交渉」）。

*154 『大公報』一二月一〇、一一日。

*155 顧維鈞ほか発張学良宛一二月八日（『民国档案』第二号、一一頁）、『事略』第一二冊、同日条。

*156 顧維鈞発張学良宛一二月九日（『民国档案』第二号、一三頁）。

*157 Peck to Stimson, December 8, *FRUS, 1931*, vol. III, pp.647-648.

*158 沢田発幣原宛第四七五、四七六号一二月一一日着（「交渉」）。

*159 沢田発幣原宛第四七七号一二月一一日着（同右）。

*160 『事略』第一二冊、一二月一一、一二日条。

*161 『大公報』一二月一一日。

*162 『事略』第一二冊、一二月一三〜一五日条。

*163 「一面抵抗・一面交渉」については、鹿『中国国民政府の対日政策』第二章、土屋光芳『汪精衛と蒋汪合作政権』人間の科学新社、二〇〇四年、第六〜八章を参照。

*164 Shaw to Stimson 847, December 5, *FRUS, 1931*, vol. III, pp. 625-626.

*165 Shaw to Stimson 860, December 8, *Ibid*, pp. 648-649.

*166 沢田発幣原宛第二一九号一〇月二三日（「折衝」）。

*167 ソーン『満州事変とは何だったのか』上巻、一九八〜一九九頁、小林『国際秩序の形成と近代日本』一六二〜一六五頁。

*168 前章、ならびに、ソーン『満州事変とは何だったのか』上巻、第六章。

*169 Cecil to Simon, December 8, *DBFP*, VIII, pp. 1000-1001.

*170 Memorandum by the Secretary of State, December 7, *FRUS, 1931*, vol. III, pp. 629-630.

*171 Memorandum of Trans-Atlantic Telephone Conversation, December 10, *Ibid*, pp. 663-668.

*172 Stimson to Peck 120, November 25, *Ibid*, pp. 564-565.

*173 これに関しては、ソーン『満州事変とは何だったのか』上巻、二四五、二五三〜二六五頁、池井優「満州事変とアメリカの対応――スチムソンの対日政策――」（『法学研究』第三九巻第一〇号、一九六六年）、井口治夫「アメリカの極東政策――ハーバート＝C・フーヴァーと日米関係」（伊藤之雄、川田稔編著『環太平洋の国際秩序の模索と日本――第一次世界大戦後から五五年体制成立――』山川出版社、一九九九年）など。

*174 Memorandum by the Secretary of State, January 2, 1932, *FRUS, 1932*, vol. III, pp. 1-2.

*175 満洲事変当時のスティムソン米国国務長官の動向は、池井優「満州事変とアメリカの対応」を参照。

＊176 東泰助氏は連盟が第二次世界大戦を防止できなかったのは連盟の制度に欠陥があったためではなく、多くの加盟国が利己的な行動をとったためであると指摘している（東泰助「国際連盟おける全会一致の原則」（『国際関係論の総合的研究――一九八三年度版――』一九八四年）一一三頁）。

＊177 武者小路公共『外交裏小路』講談社、一九五二年、八二～八八頁。

＊178 一九三二年三月五日に始まった連盟臨時総会では連盟を主導してきたイギリスなどの大国に対して数で勝るスペインや中南米諸国等の小国勢力が「最優勢」を占め（三代表発芳沢謙吉外相宛第二三四号一九三二年三月九日着（「交渉」））、一一日に採択された決議も連盟規約第一五条を喚起する小国側の意向を色濃く反映したものとなった（三代表発芳沢宛第二七六号同月一二日着（同上））。なお、吉田茂駐伊大使は自国中心の立場から論難する小国代表に対して日本は「大国とし而の Prestige の一朝にして失墜」し、「全く被告の感」があったと述べている（吉田茂発牧野伸顕宛書翰同月二二日（「牧野伸顕関係文書」国立国会図書館憲政資料室蔵））。

＊179 リットン報告書の提出から日本の連盟脱退に至るまでの経緯について論じた小林啓治氏は、英仏を中心とする大国勢が満洲問題は複雑で特殊なものであることから、「原則」を厳格に適用するよりも、同情と理解に基づく調停による解決＝「実際的解決」を求めたのに対して、小国勢は満洲事変を例外扱いすることで平和保障条約への信頼が揺らぐことを防ぐためにも、ヨーロッパ国家間を律している普遍的な規範に基づいて極東問題を処理すべきとする「原則擁護」論を展開した。そして、最終的には日本と小国勢の板挟みになったイギリスを中心とする大国勢が普遍性を訴える小国勢の主張を無視できなかったと論じた（小林『国際秩序の形成と近代日本』第五章）。また、宮田昌明氏は小国勢の影響力だけでなく、イギリスは満洲国の存在を事実上容認した上で連盟脱退後の日本との関係調整に含みを持たせていたと指摘している（宮田昌明「満州事変と日英関係」（『史林』第八二巻第三号、一九九九年））。これは後にイギリスがバンビー、リース・ロス両ミッションを通じて満洲国を承認、ないし黙認する意をみせたことにつながる（井上寿一『危機のなかの協調外交――日中戦争に至る対外政策の形成と展開――』山川出版社、一九九四年、二三〇～二五〇頁）。結局のところ、大国は東アジア政策を展開するにあたって、日本の意向を完全に無視することはできなかったのである。

＊180「国際連盟調査委員会報告書」、同英文（『日満』別巻、一四六～二四七、二五四頁、pp.128, 132）。

第七章　満洲事変におけるハルビン進攻
——北満政権工作との関係を中心に——

はじめに

欧露と沿海州を連絡するシベリア鉄道の建設に際して、ロシアは当初ザバイカル地方から沿海州を結ぶ黒龍江沿岸鉄道の建設を計画していたが、同線の工事が困難、かつ長期化が見込まれることから、その代替として一八九六（明治二九）年に露清密約を締結して清国から満洲を横断する東支鉄道の敷設権を得た。ハルビンを分岐点として東に綏芬河、西は満州里、南は旅順というように満洲をT字状に縦横断する東支鉄道の存在は、建設中のシベリア鉄道とともにロシアの極東進出を大きく推進するもので、日露戦争の一要因となった。

さらに、解氷期に限られるといはいえ、ハルビンはその沿岸を通る松花江を中心とする河川交通路を通じて吉林、チチハルの沿岸、さらには極東ロシア最大の都市であるハバロフスクと連絡するなど、北満における中心地としての価値を有していた。日本は日露戦争での辛勝の結果、長春以南の鉄道と関東州租借地の割譲を受けたものの、ロシアによる満洲経営の中心である東支鉄道とその心臓部たるハルビンは、従前通りロシアの権益として残った。このため、日本陸軍は対露再戦に際しては速やかに東支鉄道の分岐点であるハルビンを奪取することでロシア本国と沿海州の交通線を遮断し、続いてウラジオ要塞を攻略することを基本方針としていた＊1。

その後、ロシアは対日再戦を視野に入れて一九一六（大正五）年に黒龍江沿岸鉄道を開通させて東支鉄道本線に次ぐ沿海州への連絡線を確保したが＊2、それ以降も日本陸軍は対露戦時にはハルビンで主作戦、沿海州・北樺太方面に支作戦を展開する計画を保持するとともに、満蒙五鉄道敷設問題に代表されるように、対露作戦と不可分の関係にある満蒙の鉄道網整備を中心とする戦略的優位の確立を目指した＊3。

一九二八（昭和三）年頃からは四洮線の開通を受けてハルビンに一部兵力を集中しつつ、ザバイカル方面から東進してくるソ連軍に対してチチハル付近で会戦を挑む方針に転換したものの＊4、ハルビン付近に展開するソ連軍に緒戦で殲滅的打撃を与えることは「対露作戦ノ特質並ニ東北四省民ノ操縦ヨリ見テ得策」とされたように＊5、ハルビンは依然として北満作戦を展開する上での最重要都市であることには変わりがなかった。

つまり、満洲事変の勃発と同時に関東軍がハルビン進出と全満の制圧を目指したのは、北満におけるソ連の勢力圏を無力化することで北方の安全確保を意図したものであったが、陸軍中央（以下、中央）は内外の情勢に配慮して親日政権を樹立する政権工作の推進を指導したために北満を版図に含む満洲国建設の経緯は紆余曲折をたどった＊6。本章が論証の対象とする北満進出の端緒となったのが一九三一（昭和六）年一一月のチチハル進攻である。これは関東軍が初めて東支鉄道の線を越えたという点では画期的であったが、中央はこれを一回限りの北満作戦として同地の占拠を認めなかったために、本格的な北満進出は翌年二月のハルビン進攻に持ち越された。先に述べたように、北満制圧を不可欠とする関東軍にとってハルビンは垂涎の地であり、ここを掌握することに事変の成否がかかっていた。

これまでの北満進攻に関する研究では、竹内桂氏がハルビン進攻によって日本軍は満洲の主要都市を支配下に収めたとしているが、北満進攻全般における同地占拠の持つ意味と、政権工作や後の満洲国建国との間でどのような意義を持つのかという視点を欠いている＊7。政権工作に関しては、古屋哲夫氏が関東軍が満蒙領有から満洲国建国に転換していった経緯を、また浜口裕子氏は一連の政権工作をめぐる中国人の動向について詳細な研究を発表しているが、ともに政権工作と併行して行なわれていた軍事作戦との関係が希薄である*8。

いうまでもなく、戦争には政戦両略の一致が求められる。満洲事変において、中央は内外に対する政治的配慮から軍事行動を抑制するために政権工作を指導し、関東軍も将来戦の策源地と資源を獲得するためにも、在来の地方機関を通じた善政主義によって中国人民の支持を得て「満蒙地方ヲ確実ニ我勢力下ニ置ク」ことを目指した*9。つまり、これまで希薄であった軍事作戦と政権工作の連関という視点は、関東軍の北満進攻問題とともに、満洲事変の進行過程を分析する上で重要な意味を持つのである。

以上の問題意識に基づき、本章では政戦両略の一致という観点から、関東軍が北満進攻にあたって重視したハルビンを中心に、中央と関東軍の認識差異と中国側諸軍閥の動向に留意しつつ軍事作戦と政権工作の連関を分析する。これによって政権工作の有効性を検討するとともに、満洲事変全般におけるハルビン進攻の意義を明らかにする。

一　満洲事変の勃発と北満進出問題

北満とは第一次日露協約に基づくロシアの勢力範囲であり、その最大の都市で北満の大動脈たる東支鉄道の中心地であるハルビンは松花江上流の東岸に位置し、地理的には吉林省に属していた。ハルビンは一九九八（明治三一）年に鉄道本線と松花江が交差する利便性から東支鉄道の拠点に選定され、ロシアが駐兵権、警察権を含む「絶対的且排他的行政権」を行使していた東支鉄道の附属地として一八九八（明治三一）年より開発が始まり、一九〇七（明治四〇）年には東支鉄道長官、および同本社監督のもとでロシア主導の市制が実施された。一方、鉄道建設等の労働者として使役されていた中国人は附属地外の伝家甸に集住して中国人街を形成していたが、同一九〇九（明治四二）年に清国側が伝家甸を中心とする附属地外の地域に吉林省賓江県を設置したことで、ハルビンには二つの行政区分が並存することになった。

ロシア革命後、中国側は駐兵、警察、司法などの諸権利を相次いで回収し、東支鉄道附属地を「東省特別区」と総称して一九二二（大正一一）年には回収した諸権利を統括する東省特別区行政長官公署を設置した。当初、同長官は東支鉄道沿線の守備権を持つ護路軍総司令を兼務し、その地位は督軍、省長と同等とされたように強大な権限と財力を有したが、一九二五（大正一四）年に特別区と護路軍が分離され、行政長官に王樹翰吉林省長、総司令には張作相吉林省督軍が就任した＊10。しかし王樹翰が長官の職を去ると同職は奉天系の干冲漢、張煥相、張景恵が占めた。これに対して張作相や熙洽吉林省軍参謀長は省財政を鞏固なものにするべく東省特別区を廃止して吉林省管下に治めることを求めたが＊11、東省特別区が吉林・黒龍江両省を通貫しているために省との権利関係が極めて複雑であるとして、張景恵長官の主張に基づき引き続き特別行政区画として東北行政委員会の管轄下に置かれた＊12。

冒頭で述べたように、陸軍にとってハルビンは北満作戦における最重要拠点の一つであり、満洲事変の中心人物である板垣征四郎関東軍高級参謀や石原莞爾同軍参謀も対ソ戦略を重視していた。石原は龍門、墨爾根、海拉爾付近に作戦の根拠を設け、ソ連軍の攻勢に対して三〜四個師団を動員して内線作戦をとることを基本戦略とし＊13、満蒙を領土化することで「露国ノ東進ハ極メテ困難トナリ……我国ハ此処ニ初メテ北方ニ対スル負担ヨリ免レ」ることができるとし、軍部もしくは関東軍が主動して満蒙問題解決の動機をつかむべきとした＊14。板垣も第一次五ヵ年計画によって軍事力を増強し、一九二九（昭和四）年の中ソ紛争以降、満洲における勢力を急速に拡大させているソ連＊15を軍事的にも将来的な脅威として認識する一方、東北政権にはその東漸をとどめるだけの実力がないとして、日本は速やかに満蒙問題を解決して北満に勢力を伸張させることによってソ連の東進を掣肘するとともに、中国に対する指導の位置を得るべきとした＊16。

こうした見解を背景に、関東軍では事変発生の際にはハルビン、チチハルなどの北満主要都市を制圧して各地に軍政庁を開設するとしたが、東省特別区を始めとする従来の東三省行政区画の廃止は困難として当面はこれを存置することとした＊17。以上のように、関東軍では一九三一年春頃までに満蒙の領有、もしくはこれを中国本部から分離した保護国とすることを視野に入れて、北満を含む満蒙問題を積極的に解決すべきとする気運が高まっていた＊18。

中央においても、参謀本部は一九三一年春の師団長会議で満蒙問題の重要性を喚起するとともに、第一次五ヵ年計画後のソ連が日本にとって「一大脅威」となることを見越した情勢判断を発表した＊19。これを基に四月一五日に策定された対策では満蒙問題解決の要領として、①親日政権樹立、②独立国建設、③満蒙領有の三段階を打ち出し＊20、六月一九日には省部代表による委員会が「満蒙問題解決方策大綱」を作成するなど＊21、次第に満蒙問題解決への熱意を増していた。この頃に想定された満蒙問題解決の時期について、今村均参謀本部第一部第二課長は後年、一九三二（昭和七）年春であったと回想しているが、同時代に近い一九三一年一一月一六日付二宮治重参謀次長発本庄繁関東軍司令官宛書翰では、同年春頃に「両三年の間に」満蒙の事態に関して国内外の理解を得るとともに、「対支米露の作戦準備を整へ」た上で「好機を捉へて断然起つ如くする」との方針を確立したとあるように、中央にとって満蒙問題の解決とは一九三五（昭和一〇）年前後を目途に漸進的に行なうものであった＊22。特に武力行使はソ連との軍事衝突に発展する可能性もあって南次郎陸相、小磯国昭軍務局長、二宮ともに慎重な態度をとっており＊23、対ソ作戦そのものも、九月一四日からの特種兵棋演習で検討するという予定で研究段階にあった＊24。

こうした状況下にあった八月、来るべき関東軍の武力発動に関して中央から事前の諒解を得るために上京した花谷正奉天特務機関員に対して、根本博支那班長、橋本欣五郎露国班長は即行に否定的な見解を示し、建川美次参謀本部第一部長、二宮もできるだけ関東軍の主張貫徹に努力するとしながらも具体的な同意は与えず＊25、小磯に至ってはソ連との衝突を恐れて「飽く迄も平和的に解決を図る」ことを断言した＊26。この間、陸軍内部では中村大尉事件を端緒として打通線と四洮線の連絡を遮断するなどの「復仇手段」によって「帝国ノ対支権威ヲ確立シ今後ニ於ケル満蒙諸懸案解決」を有利にしようとの動きもあったが、昭和天皇がこれに否定的だったこともあって実力行使は見送られた＊27。

以上のように、関東軍が第三国による妨害には「武力抗争ヲ辞セサルノ断乎タル決心」のもとで「機会ヲ自ラ作」

ってでも速やかに満蒙問題を解決すべきとしたのに対して＊28、中央は数年かけて万全な態勢を整えた上で解決すべきとし、対ソ戦備を意識した第二次軍制改革も緒についたばかりであった＊29。このため、「謀略」に関与する関東軍一部将校と中央の間で満蒙問題の解決時期や占領範囲についての明確な一致を欠いたままで九月一八日夜の満洲事変勃発を迎えるのである。

九月一九日未明、奉天郊外の武力衝突によって日中両軍が交戦状態に入ったと判断した本庄関東軍司令官は速やかな第二師団主力の奉天集中と同地にある東北軍への攻撃を命じ、作戦の成功と朝鮮軍の増援意向を受けて関東軍の持論たる「満蒙問題の根本的解決」に傾き＊30、夕刻にはこれを機に全満の治安維持の任にあたるべきとして三個師団の増援を具申するとともに＊31、この「絶好の時機に」満蒙問題を解決すべく、情勢の変化に応じて、機を失せずに吉林やハルビンなど中枢都市を制圧すべきとした＊32。関東軍の矢継ぎ早の対応に対して、奉天に出張中の建川は情勢判断対策の第一段階である中国主権下での親日政権を樹立すべきとして、二〇日には「東支線の性質と現下一般の情勢に鑑み」長春以北への出兵禁止、吉林、洮南に打撃を与えるとともに愛新覚羅溥儀を盟主とした親日政権の樹立を提議し、本庄諒解のもとで中央にこの旨を具申した＊33。

一九日午前、日中両軍が交戦状態に入ったとの報告を受けた中央は「関東軍今回ノ行動ハ全部至当ナリ」として、これをもって「満蒙問題ノ解決ノ動機トナス」方針を確定したが、その解決とは条約による既得権益の確保で、全満の軍事占領には及ばないこととし＊34、夕刻には関東軍に閣議で決定した不拡大方針の遵守を命じた＊35。そして、二〇日には満蒙問題の「一併解決」に向けた交渉の担保にするためにも関東軍を旧態に復帰させない、兵力増派は機をみて閣議に諮るという基本方針を決定した＊36。日本政府もこれを機に満蒙問題を「一併解決」する方針を決定したが、あくまでも不拡大方針を基礎とし、関東軍を旧態に復させるか、現状を維持したままで解決交渉を開始するかでは議論が二分して結論に達していなかった＊37。この結果、初動段階における中央の関東軍に対する指示が直接軍政と満蒙領有を否定するだけ＊38の曖昧なものにとどまったために、関東軍は具体的な方向性を示した建川の指導に基づいた新政権樹立構想に転換し*39、日本の保護下で溥儀を頭首とする新政権を樹立する、各地方の治安維持には「従来宣統帝派ニシテ当軍ト連絡関係ヲ有ス」る者の中から吉林省に熙洽、熱河は湯玉麟、東辺道地方は干芷山、北満については洮索地方に張海鵬、ハルビンは張景恵をそれぞれ起用する方針を打ち出した*40。

これと前後して、関東軍が二一日に独断で吉林派兵に踏み切ったのに対して日本政府、中央ともにこれを追認したが*41、ハルビン進出は容易に実現しなかった。本庄は排日運動や中国側敗残兵などによる情勢悪化を懸念した大橋忠一駐ハルビン総領事や百武晴吉ハルビン特務機関長による関東軍出動要請を受けて、吉林軍の武装解除が終了次第、第二師団をハルビンに転進させようとしたが*42、軍事行動は一段落したとする中央は諒解なくハルビンに派兵すべからざる旨を訓電するとともに*43、関東軍への連絡、指導を強化するために橋本虎之助参謀本部第二部長の満洲派遣を決定した*44。

これに対して関東軍は機を失すれば日本の権益を失うだけなく第三国の勢力伸張を招く、ソ連は一九二九年中ソ紛争で日本が不干渉の態度をとることを確認してから武力行使に踏み切ったことなどから、「周到なる用意と疾風迅雷的作戦に依りて彼に隙を与へざるに於ては蘇国は消極的作戦に終始せん」として再三にわたって迅速なハルビン派兵を請求した*45。だが、東支鉄道寛城子駅の輪転材料が北方に移送され、これに代わる輸送の目処が立たず*46、二四日には中央から部隊を満鉄沿線に引き揚げる、ハルビンに「万一急変」が発生しても同地への派兵は許可しない旨の厳命が下ったことで*47、関東軍の北満進出は政権工作によることを余儀なくされた。

そのハルビンの軍憲に対して、張学良東北辺防軍司令長官は二二日に日本軍が進攻してきた場合には衝突を避けて安全地帯に退避すべき旨を命じていたが、日本軍がハルビン派兵に踏み切らないのをみると、二四日に同地軍憲へ旧態復帰を命じた。これによって護路軍は逐次ハルビンに帰還し、市内でも「排日思想漸次再ヒ台頭」して不安が増大していた*48。

二　満洲事変の拡大と北満政権工作

九月二二日、政権工作に関する中央からの謀略開始の指示を受けた関東軍は熙洽と張海鵬に連絡をとるとともに、在奉中の張景恵に独立を促したことで北満政権工作が始まった。また、関東軍は香椎浩平天津軍司令官に溥儀やその側近である羅振玉等の保護を依頼し、羅振玉も熙洽、張海鵬との連絡、および溥儀の引き出しを諒解した。さらに二六日の幕僚会議では二八日に熙洽をして独立宣言を出さしめ、これに続いて張景恵、張海鵬、干芷山を独立させる方針を決定した＊49。関東軍が張景恵を推したのは、彼は兵権を有していないものの、旧派の首領、親日派の一人であり、対ソ関係からも日本との提携を望んでいたことと、張学良政権下でも東省特別区行政長官として一定の地位を保持していたために、溥儀の擁立や黒龍江省における親日政権樹立を目指した張海鵬工作での仲介役を期待されていたことによる＊50。

その張景恵はハルビンを安定させれば奉天に乗り込んで「東四省ノ政務ヲ把持セントスル堅キ決心」を持ち＊51、二七日には自らが会長となって東省特別区治安維持会を組織した。しかし同会委員八名中四名が国民党の党務特派員、もしくは「党部排日家」で、王瑞華も「学良直系」であり＊52、丁超に至っては熙洽の日本軍に対する不抵抗姿勢を厳しく批判し、その袂を絶ってハルビンで抗日運動に参加するとともに＊53、張景恵を動かして張作相の再起と引き出しに腐心していたように＊54、ハルビンの治安維持会は微妙な政治的均衡の上に成り立っていた。このため、関東軍の期待とは裏腹に、張景恵は全局の収拾にあたっては東北政権で張学良に次ぐ地位にあった張作相を推戴する意を示し＊55、治安維持会成立の通告も「中央より離れて独立する意味稍不明確」なものとなるなど＊56、今後の態度が不安視されていた。

張作相は張学良から東北辺防軍司令長官代理に任命されると＊57、一〇月六日に熙洽の吉林省政府を否認してハルビンに自己の吉林省臨時政府を組織することとし＊58、九日には護路軍総司令の職を丁超に譲り＊59、張景恵に対してハルビンの治安維持会否認と、引き続き東省特別区行政長官としての職務遂行を命じた＊60。こうした状況から「景恵ノ地位ハ頗ル不安定」で、ハルビンの政情は「前途全ク見据付カサル状態」となり、黒龍江省への進撃を期待された張海鵬も北進をためらっていた＊61。また、奉天・吉林両省も「張学良ノ掣肘ヲ受ケ……東北新政権樹立ハ益々困難ニ陥ル」ことが予測され＊62、満洲全体が「群雄割拠ノ形勢」に陥って日本が傍観的態度をとれば諸勢力は漸次消滅する状況に陥った＊63。

これより先、九月二六日の外、陸、拓三省会談の結果、各省は政権工作への邦人関与を厳禁する旨を訓電した＊64。しかし、建川は関東軍幕僚に、今村は橋本班に、それぞれ秘密裡に中国人発意による新政権を迅速に樹立することを求める一方＊65、南は本庄宛の私信で政権運動への関与厳禁を指示するなど対応に齟齬が生じたことで中央・橋本班ともに関東軍の疑念を招いた＊66。その関東軍は樹立すべき新政権は中国から分離独立させ、実質的に日本がこれを掌握することが「絶対要件」であり、そのためにも日本に依頼しようとする者には協力する意向であるが、日本が不鮮明な態度をとれば好感を示しつつある中国官民を困惑させるばかりでなく、ソ連に北満進入の機会を与え、ひいては対ソ国防を「難局」に陥らしむとして断乎たる決意を示すことを具申＊67したが中央はこれを退けた＊68。だが、関東軍は一〇月四日に張学良政権を否認し、速やかな満蒙統一政権の樹立を歓迎するとした「関東軍司令部公表」を発表し＊69、八日には張学良の臨時政府がある錦州を爆撃して決意を示した。六日の本庄司令官と内田康哉満鉄総裁の会談を契機に社をあげて関東軍を支援するようになった満鉄も＊70、親日的態度をみせる熙洽を相手に懸案解決の端緒をつかもうとして、関東軍と連繋して督促した結果、一〇月三〇日に熙洽との間で吉敦・吉長両線の合併と吉会線未成区域、および長大線の敷設とこれらを満鉄の委託経営とすることで合意した＊71。関東庁も関東軍に対して政権工作に関する取り締まりを手加減する旨を約すなど＊72、関東軍は在満機関との連繋を深めていった。

一〇月一五日になって、再三にわたる関東軍の支援と催促を受けていた張海鵬はようやく北上を開始したが＊73、黒龍江省軍による嫩江橋梁破壊で北進を阻止された。これと前後して張作相が政情の混乱が続くハルビンの自派要人に熙洽への不服従を命令したことで、吉林省首脳者中には熙洽、張作相の両者に対して「二股式態度」をとる者も現れたように*74、北満政権工作の頓挫は東省特別区、奉天・吉林両省にも波及し、中国人間に各政権に対して日和見的態度をとる動きがみられるようになった*75。

こうしたなか、関東軍は黒龍江省主席代理に就任した馬占山がソ連から兵器等の援助を受けており、ソ連も馬を通じて影響力を拡大しようとしていると観測したが、東支鉄道に累を及ぼさない限りソ連軍が越境することはないとの判断に基づき*76、「重大ナル決意」を中央に求めた*77。中央もソ連が介入する可能性は低いと判断していたが*78、疾風迅雷的作戦によってソ連の介入を防ぐとする関東軍に対して、政府の不拡大方針のもとで対ソ作戦回避を主眼とした対ソ判断を行なっていた中央との間では北満進出をめぐる深刻な意見対立が生起していた*79。この間、政府は重ねて新政権樹立に日本人を関与させない*80、満洲における中国の主権は認めるが、事変解決のためには両国間の感情の緩和が最前提である、そのためにも満鉄と東北関係官庁との間で満洲鉄道に関する既存条約を実行するために必要な協定を締結するとした五大綱目を中国側が受諾すれば、日本軍を満鉄附属地内に撤兵させることとした*81。これを受けて中央は一〇月八日の「時局処理方案」に基づいて、満洲の主権は形式的に中国中央政府に属するが実質は独立国とすべき新政権との間で満蒙問題の解決交渉を行なう方針のもと*82、白川義則軍事参議官を渡満させた。だが、関東軍は「宗主権ヲ明確ニ断タサレハ支那人ノ特性トシテ時日ノ経過ト共ニ再ヒ物議ヲ醸ス」として*83、新政権は中国中央政府から絶縁させ、日本の武力と内面的支持を背景に連省統合による独立新国家にするべきとして*84、新政権に対する中央と関東軍の懸隔の差は埋まらなかった。

一〇月二七日、石原から日本軍を黒龍江省に誘引すべきことを申し渡されていた林義秀チチハル特務機関長は*85、黒龍江省政府に対して一一月三日までに嫩江橋梁加修工事を完了させなければ軍掩護下で満鉄が修理にあたる旨を通告した*86。これに対して中央は外務省と連繫して張海鵬の実力強化、馬占山買収等の裏面工作によって平和裡に北満経略をすすめることを指示する一方で*87、万一を考慮して嫩江以北への進攻禁止、橋梁加修後は速やかに撤兵することを条件に嫩江支隊の派遣を許可した＊88。だが、四日に大興付近で嫩江支隊が黒龍江省軍の攻撃を受けたことで戦端が開かれると、関東軍はソ連の後援を受けて敵対行為をとる黒龍江省軍に対して消極的態度をとれば軽侮の念を増長させ、満蒙経略にも悪影響を及ぼすとしてこれに一撃を加えることを具申したが＊89、中央は臨参委命を発して嫩江以北への出兵を厳禁した＊90。これに対して関東軍は抵抗姿勢をみせる黒龍江省政府の態度は吉林、ハルビン、さらには満鉄沿線にも波及して「地方政権動揺ノ徴」を招いていることから、「此ノ際時機ヲ失セス斉斉哈爾迄出兵シ満洲全体ニ於ケル事態ノ確立ニ資スル」べきとし＊91、馬占山の下野と黒龍江省軍のチチハル撤兵、ならびに洮昂線安全確保のために日本軍が同線チチハル駅に進出することを求めるとともに、第二師団の出動を命じたが＊92、中央は外務省と協議の上で馬占山に二五日までのチチハル城と東支鉄道以南からの撤兵を求めると同時に、関東軍の軍事行動を自衛に限定し、万一戦闘が発生しても東支鉄道の使用やチチハルの占拠を禁止する旨を指示した＊93。

なおもチチハル進攻を急ぐ関東軍は「多数ノ支那軍集結シ我軍ヲ脅威シツツアル状勢ニ鑑ミ」て＊94馬占山に一六日正午までの前記要求に対する回答を要求したが、一七日になってもたらされた回答は関東軍の要求を拒絶するものであったために、政略上の見地と黒龍江省軍の攻勢企図旺盛との判断から、「自衛上断然攻勢を執る」として第二師団に黒龍江省軍の撃滅とチチハル攻略を命じた。そして馬軍を撃破した第二師団が一九日にチチハルに入城した＊95ことによってハルビンでは排日気分が一掃され、「平和裡に北満経略を進め得る見込み十分」となり＊96、一旦は対日態度が悪化していた吉林方面でも状況が大きく好転した＊97。

チチハル進攻に成功した関東軍は一九日に張景恵と丁超をして黒龍江省に親日政権を樹立させ、軍は指導と監視にとどめてチチハルには駐兵しない方針を決定した＊98。関東軍が張景恵を省主席に起用しようとしたのは、彼が日本と在満中国側当局との緩衝材の役割を果たしていたことと、省長に就任させることで将来の重用に備えて箔をつけさせるためであり＊99、丁超に兵権を委ねようとしたのは、彼が北満第一の実力家であり、「日本ノ傀儡」視されている張海鵬よりも好都合と判断したことによる＊100。だが丁超は次第に日和見的な態度に変化し＊101、チチハルに新政権を樹立する予定であった張景恵も、日本軍がチチハルから退き、馬占山が海倫に対抗政府を樹立すれば窮地に陥るとして馬の懐柔を求めた＊102。関東軍においても、黒龍江省民が威服している馬占山の声望を無視できないとの判断もあってこれを懐柔することとした＊103。

これと前後して、中央は急遽渡満させた二宮や臨参委命等を通じてチチハル付近から歩兵約一個聯隊以外の兵力を速やかに撤収する、残置した部隊も二週間程度で撤収させることを厳命したのに対して、本庄やハルビン特務機関は直ちに主力の撤兵を行なえば馬占山への圧力が弱まり、丁超なども態度を豹変させて北満は再度動揺を来たすとして中央との間で鋭い意見対立を惹起していたが、折からの天津事件が拡大したことで天津軍の救援を優先した関東軍がチチハルに二個大隊を残置し、第二師団主力を遼西方面に転進させようとしたことでチチハル撤兵問題は一旦霧消した。だが関東軍主力が撤兵を開始するや馬占山は海倫に仮政府を樹立し、黒龍江省軍主戦派の徐宝珍等もチチハル奪還のために挙兵した。これに対して関東軍が混成第四旅団を急派したことや、張景恵、張学良双方との連絡を保持して去就を鮮明にしていなかった馬占山による徐等への説得などによってことなきを得たものの＊104、時を同じくしてハルビンで反熙洽政権樹立の策動を行ないながら張景恵に掣肘され＊105、郊外の賓県に逃れて臨時政府を樹立していた反吉林派の策動が再度活発化したように＊106、北満の政情は混沌としたものになっていった。

これはチチハルも例外ではなく、同地治安維持会は財政を東省特別区に吸収される不安から張景恵のチチハル入りに難色を示していた＊107。だが、関東軍は治安維持会を説得して張景恵のチチハル入りを容認させ＊108、一二月七日には本庄の軍使として板垣が海倫の馬占山を訪問し、馬側より中国中央政府や張学良から独立して張景恵を黒龍江省主席に推戴する、国防は日本軍に委任するとの言質を得た＊109。その直後に馬はハルビンの張景恵を訪問して絶対服従を誓約するとともに、省内の反対分子を整理した後、再度ハルビンに入って省政府樹立に向けた最終調整を行なうこととした＊110。帰朝した二宮等の報告を受けた中央でも現地の状況を踏まえて、一二月一五日には必要の時期までチチハルに一部部隊を駐留させることを認めた＊111。

しかし、馬占山は対日主戦派や党部の意向を無視できず*112、張景恵も依然として張学良との連絡を保つなど、張景恵、馬占山の「態度共ニ混沌トシテ補捉シ難」いものがあった*113。この状況を打開するためにも板垣は再度の張・馬会談を求めたが両者とも消極的であるばかりか、馬占山は張景恵を新国家中央に推戴することで黒龍江省からの引き離しをはかろうとした*114。しかし板垣やハルビン特務機関の粘り強い説得を受けた張景恵は将来的に省長を馬占山に委譲することを条件に、翌年一月三日に中国から独立した黒龍江省政府の樹立と自らの省長就任を宣言した*115。また、これより先、関東軍は張景恵との間で一二月一日に航空合弁事業契約を、同二八日には東支鉄道西部線と並行する黒龍江省鉄道の敷設とこれの満鉄への経営委任に関する覚書に調印し*116、満鉄も熙洽との間で山本・張協約の一部を含む満蒙五鉄道の建設と満鉄による経営請負についての諒解を取り付けるなど*117、着々と東支鉄道包囲網の構築と権益確保に努めた。

三　ハルビンの内訌と同地への進攻

満蒙新政権について、中国本部からの独立を曖昧にしつつ日本の実勢力を拡張し、漸次これを独立国に導くべきとする中央に対して*118、「支那人ノ特性トシテ目的ヲ明確ニセスンハ結局其行動徒ニ揣摩憶測ヲ擅ニシ、各種ノ工作頓挫スル」と批判する関東軍の間では依然として相容れないものがあったが*119、一九三一年一二月一三日に犬養毅内閣が成立し、荒木貞夫が陸相に就任して以降、中央の態度に変化がみられた。なかでも同二三日の「時局処理要綱案」では、北満を含む満蒙を「支那本部ヨリ分離独立セル一政府ノ統治支配地域トシ、逐次帝国ノ保護的国家ニ誘導」するためにも軍の威力下で各種の政策を推進する、ソ連との関係悪化は避けるが将来の緊張に備えた準備に着手し、満蒙を中ソに対する国防の第一線と位置づけて駐満兵力を増加する方針を打ち出した*120。そして翌年一月六日には陸海外三省間で満蒙を逐次一国家に誘導し、駐満兵力を三個師団以上とする方針を協定するなど、新国家樹立に向けて急速に舵を切った*121。そして、リットン調査団来訪前の二月中旬から三月上旬までに各省代表者からなる政務委員会を通じて建国準備をなし、民意の形式で溥儀を首脳とした独立新国家を建設する、国防は同国から日本に委託するという関東軍の案*122に荒木は基本同意を与え、真崎甚三郎参謀次長とともに現地で既成事実をつくることによって内閣の追認を受けることとした*123。これを受けて、関東軍も張景恵を政務委員長とし、臧式毅、熙洽、馬占山を政務委員に任命する方針のもとで紀元節を目途とした新国家建設の準備に入った*124。日本の支持を背景に東三省政府最高機関樹立の主導権掌握を目指していた張景恵は奉天・吉林両省政府との連携を強化するとともに*125、一月六日には黒龍江省政府における馬占山との合作を成立させ、翌七日にはチチハルで省長就任式を挙行したが、巨額の税収を確保できる特別区行政長官の地位を保持するためにも省政府の政務を吉祥に委任してハルビンに退いた*126。しかし、これは熙洽との間で深刻な対立を招く*127。

熙洽の勢力は反吉林派の策動もあって一〇月下旬頃までは吉長線沿線に及ぶのみであったが*128、関東軍のチチハル進攻を機に勢力を拡大させると*129、ハルビンの特別区廃止、もしくは吉林系官僚がこれを統治する「大吉林主義」によって多年の宿望であるハルビンの回収を目指すようになった。そして関東軍後援のもと*130、熙洽は反吉林派やこれと裏面で連絡をとっている丁超に服従を求めた*131。

この頃、反吉林派の討伐を目的とした熙洽の北伐をめぐって、関東軍内部では曖昧な態度をとっている張景恵よりも積極的な姿勢をみせる熙洽を支持する声も強かったが、重用に備えて厚遇してきた張景恵を失脚させるわけにも行かず、その「機微なる作用関係は筆紙に尽し難」きものとなっていた。しかし最終的には北伐がある程度進展すればハルビンに戦火が及ぶ前に平和裡に解決するとの楽観的な見通しのもと、双城付近までの吉林軍北進を希望して北伐支持の処置を与え、吉林軍も干琛澂を総司令として一九三二年一月五日に北伐を開始した*132。

北伐開始の報によって動揺の度を深めた賓県政府は張景恵、馬占山を介して熙洽との妥協を模索した。斡旋に乗り出した張景恵*133は賓県政府の解消によって北伐を掣肘しようとしたが、張作相はこれに難色を示した。一八日に吉林軍が楡樹を占領すると賓県政府は張景恵の諭旨に従って政府の解消、熙洽への服従を決定したが＊134、張作相は賓県政府とその軍隊は東省特別区行政長官公署に隷属すべきとした。これに反発した熙洽は武力解決の決心を固めて二一日に吉林軍の北上を再開させた＊135。吉林軍がハルビンを目前にした二五日、張景恵は吉林軍のハルビン進攻を回避するために東省特別区行政長官の職を辞し、丁超に代わって干琛澂を護路軍総司令に任命するなど各機関の幹部を吉林系要人に代え、特別区も撤廃する意思を固めたが＊136、反吉林派は吉林軍による撤退要求を拒絶して二六日に伝家甸を占領した。翌二七日、対抗する吉林軍の伝家甸進入によって両軍の武力衝突が発生した際、戦闘に巻き込まれた日本軍将校一名と日本人四名が殺害されたために、大橋総領事とハルビン特務機関はともに居留民保護のために日本軍の出動を要請した＊137。これを受けた関東軍は中央にハルビンへの歩兵二個大隊派遣の許可を求め＊138、二八日未明に中央からの承認電を受けると、直ちに長谷部支隊を編成した＊139。だが関東軍の意図は居留民の保護だけでなく、万一吉林軍が敗退すれば熙洽の「吉林省ノ根底動揺ヲ見ル」のみならず＊140、北満経略が根底から覆されるという政略的見地を含んだもので、両軍の決戦が予想される二八日中に長谷部支隊をハルビンに進出させれば、その威力によって反吉林派最大勢力の丁超を吉林軍に帰順させることができるという武力調停にあった＊141。

これとともに関東軍は二七〜二八日にかけて東支鉄道に輸送協力を求めたが、李紹庚同鉄道理事長代理はソ連が厳正中立の態度をとっていることを理由にこれを拒否し、クズネツオフ（S. M. Kuznesov）副理事長も本国政府に指示を仰ぐと返答するにとどまり＊142、二八日朝にはハルビン出動の命令を受けた長谷部支隊による鉄道使用要請も東支鉄道寛城子駅長に拒絶された。このため同支隊は満鉄による協力のもと、吉林軍が駅構内に抑留していた輪転材料を利用して輸送を強行したが、東支鉄道従業員の逃亡や罷業などの間接的輸送妨害により北上が遅延していた＊143。これと併行してハルビン特務機関は丁超に撤退を求めたが、丁超は撤退を拒否するとともに、日本軍のハルビン進出中止、もしくは延期を求めた＊144。以上のことから関東軍は反吉林派がソ連と通謀して日本軍の北上を遅滞させることで吉林軍を撃破しようとしていると判断、二九日になって丁超に新国家の要職を付与することでその懐柔を試みようとしたが＊[145]、関東軍の東支鉄道強行使用を敵対行為とする丁超＊[146]を含む反吉林派は、張景恵の地位を否認して夕刻までに市内の主要機関を接収した＊[147]。

　このため本庄は長谷部支隊のみの北上では危険をともなう、政情を安定させるためには丁超が服従したとしてもハルビンへの入城が不可欠であると判断し、丁超が誠意を示さない場合にはこれを攻撃する、ハルビン占拠後は追撃作戦を実施しない、東支鉄道に対しては中立の態度で臨むことを条件に第二師団主力のハルビン出動を下令した＊[148]。事態を重くみた中央もやむを得ない場合には丁超を排除する、「蘇国ニ対シテハ我北満経略ヲ順調ナラシムルタメ彼ヲシテ容喙ノ機会ヲ与ヘサルニ努メ」るとして、速やかな第二師団主力の北上によって政変に終止符を打とうとする関東軍の行動を容認した＊[149]。だが反吉林派がハルビン周辺の兵力を増加して戦意を昂揚させていたのに対して吉林軍は戦意を喪失して撤退中であり＊[150]、丁超も二九、三〇日の大橋総領事とハルビン特務機関による撤退勧告を拒絶し＊[151]、三一日未明には北上中の長谷部支隊に攻撃を加えた＊[152]。この形勢をみた張学良は二月一日、丁超と馬占山にハルビンの固守を命じ、ハルビンでも李杜を総司令とする吉林自衛軍と丁超を長とする治安委員会が組織され、反吉林派の対抗姿勢が鮮明となった＊[153]。丁超等から度重なる慫慂を受けた馬占山も各機関に対して日本軍に攻撃を加える旨を通電し、黒龍江軍もチチハル奪還作戦のため進軍を開始するなど＊[154]、北満の政情は急激に悪化していった。

　こうした事態を受けて、妥協の余地なしと判断した関東軍は、丁超が下野しない限りは断乎膺懲すべき旨を通告した＊[155]。一方、関東軍の東支鉄道強行使用をみたソ連側では二九日、カラハン（L. M. Karakhan）外務次官、グズネツオフともに東支鉄道の中国側幹部が日本軍の輸送に異存なき限り、ソ連政府としては異議なき旨を表明するなど「何処迄モ弱腰」な態度をみせ＊[156]、これをみた李紹庚も三〇日に日本軍の輸送に同意した＊[157]。そして二日朝に東支鉄道との間で南部線における輸送協定を締結した第二師団＊[158]の主力が北上を開始し、五日午後までに反吉林派を潰走させてハルビンに入城した＊[159]。これによって態度を豹変させた馬占山は多門二郎第二師団長にこれまでの行動を弁明するとともに、「日本ト徹底的ニ合作スル意志変化ナシ」と言明した＊[160]。特に「北満ノ政情安定スル迄」第二師団のハルビン駐留を決定したことは＊161、李紹庚が「旧軍閥」からの脅威が去ったとしてハルビン・チチハル間の日本軍の東支鉄道利用を承認するなど「従来ノ極端ナル親露排日的態度ヲ急変」させたように＊162、北満における日本のプレゼンスを飛躍的に増大させたのである。

関東軍はハルビンに入城した二月五日から連日新国家建設幕僚会議を開催して建国準備を急ぐとともに、板垣が中心となって二月一六〜一七日にかけて奉天で臧式毅、熙洽、張景恵、馬占山等の各省首脳を招致した建国会議を開催し、一八日には東北行政委員会の設置と独立が宣言された。そして三月一日の満洲国建国に至るのである＊163。依然として内訌が残っていたハルビンでは東省特別区を残置するものの、市制は対ソ関係からも特別な施策が必要であるとして関東軍統治部直轄の特別市とすることに落ち着いた＊164。

おわりに

関東軍が対ソ戦略の見地から速やかな北満制圧を目指したのに対して、中央は政権工作による進出を規定した。だが北満では奉天・吉林両省と異なり日本軍が主要都市を直接制圧せず、政権工作に依存したことで実力の空白が生まれていた。その結果、ハルビンでは関東軍が期待をよせた張景恵だけでなく、張学良系、張作相系、国民党等の様々な勢力の角逐を許し、その政治的混乱は奉天・吉林両省にも波及した。チチハル進攻は行き詰まった政権工作の打開を期待させるものであったが、二個大隊程度の残置兵力では政権工作の決定打とならず、張景恵、馬占山による黒龍江省をめぐる妥協工作も難航した。この頃、本庄は三〜四年後には衝突するであろうソ連を意識して「南北満洲ヲ打ツテ一丸トシタル解決ハ絶対ニ必要」として＊165、「作戦上ノ見地」から吉会、呼海、斉克各線を接続させ、満鉄本線と四洮・洮昂両線を連絡することで東支鉄道に圧力をかけてソ連勢力の駆逐をはかろうとしたように＊166、一九三一年一二月の時点では、関東軍としても北満進出は漸進的に行なう方針であった。

こうしたなかでチチハル進攻を機に日本への依存度を増していた熙洽は反吉林派を打倒するだけでなく、多年の宿望であるハルビン回収を目指した。関東軍はハルビンまで戦火が及ばないとの楽観的な情勢判断のもと熙洽の北伐に期待したが、ハルビン回収に対する熙洽の意志が固く、張作相のもとでの奉天系を中心とする反吉林派の抵抗も予想以上に激しかったこと*167で両軍の軍事衝突を惹起、その結果、すでに日本側との間で権益伸張に関する契約を締結していた熙洽、張景恵の政治生命の危機、ひいては二月中旬を目標とした満洲新国家建設を根底から破壊しかねない状況となった。つまり、東北諸軍閥を統御するためにも実力を誇示すべきとした関東軍に対して、武力行使を回避し、中国人を利用する謀略を「最良策」として、東三省地方政権との間で権益の拡張と実勢力の伸張をはかった上で独立国家に導くという*168実力をともなわない中央の政権工作は、却って軍閥間の内訌を表面化させるという根本的な欠陥をかかえていたのである。

この危機において、既に早期の満洲事変処理を決意している荒木陸相が枢密院で「満洲ニ於ケル帝国軍ノ行動ハ勢張学良ノ勢力ノ及ヒシ範囲ニ及ハサルヲ得サルナリ……一度自衛権ヲ発動セシメタル以上其ノ目的ヲ達成シ、皇軍ノ威信ヲ保ツ必要上機先ヲ制スルノ必要アル」と述べたことが一定の理解を得ていたように*169、東京では当初は慎重であったハルビン進攻を容認する空気が醸成されていた。これを背景に関東軍がハルビンに入城した当日、本庄自身が「荒木兄御配慮ノ新三省中央機関樹立ノ事モ大ニ焦慮致居候モノヽ、哈市旧軍憲連ノ反抗事件等突発シ熙洽、馬占山、張景恵等モウロタヘ居リ……自然ニ延引止ムナキ次第ニ御座候、併シ我政府部内ノ空気モ承知致居候ニ付、遅クモ本月下旬（哈市ノ事ナラハ本月上旬ニ何トカ相成候筈ニ有之候）迄ニハ確定セシムヘク存居候」と記したように*170、関東軍のハルビン入城は同地をめぐる政治的混乱を一気に解決し、満洲国建国に向けた政権工作に一定の目処をつけるものであった。

以上のように、一九三一年一二月以降は関東軍、荒木、真崎のラインで北満を含めた新国家建設の方針を確定させていた陸軍にとって、ハルビンの政変は不意の事態であったとはいえ、これを機に同地への進攻作戦を実施し、さらには同地を占拠して北満に楔を打ち込むことにより満洲国建国に向けた流れを決定づけた。

もう一つ指摘すべきことは、在満兵力の増派問題である。関東軍の兵力増派は満洲事変の劈頭に本庄が三個師団の増派を求めたことに始まるもので、東京でも既述の通り一九三二年一月になって陸海外三省間で事変後の在満兵力を三個師団以上とすることで合意していたが、兵力の改編時期については、兵力不足にあえぐ関東軍が匪賊討伐のためにも二月下旬から三月上旬までは越境出兵中の朝鮮軍増派部隊の保持を希望したのに対して、中央は第二次軍制改革と議会対策、さらには連盟総会の開催という内外政への配慮から一月下旬までに増派兵力の一部を原駐地に引き揚げるべきとするなど、両者の見解には依然懸隔の差があった＊171。

こうしたなかで、一月二九日に遠藤三郎参謀本部第一部第二課員はハルビン派兵の断行とソ連に対して軍事的均衡をとるためにも二個師団を増派すべきと具申したが、丁超の懐柔に一縷の望みをつないでいた中央首脳には容れられなかった＊172。しかし、二九日のハルビン政変、日中両軍の武力衝突が発生するに至って中央は二月一日に関東軍が求めていた一部部隊の撤退延期を認めた＊173。同時に、二月下旬以降にこれらの部隊を帰還させるにあたって速やかに第八、十の二個師団を増派するとしたことは＊174、全満の治安維持にあたるためには三個師団を必要としていた関東軍の要望に応えるものであった。

ただし、実際の増派は内外世論と議会対策等の観点から荒木を始め陸軍省が渋っていたように＊175、すぐには実現しなかった。この間ハルビンを逃れた丁超が東支鉄道東部線沿線の一面坡を攻撃したことに対して関東軍は実力で反吉林派を追撃することを決し、東支鉄道には東部線による軍事輸送を求めた＊176。だが、南満ではリットン調査団の来満と前後して匪賊の活動が活発化していたため＊177、関東軍は万一のソ連介入を防ぐためにも同国を牽制しながら南北満洲の匪賊を討伐する必要があるとして、再三にわたって兵力増派を求めた＊178。そして三月二四日になってようやく中央は北満の現有兵力を保持する必要を認めた上で、関東軍に所要兵力を問い合わせる電報を発し＊179、四月五日をもって二個師団ほかの増派が上奏、裁可された＊180。

つまり、関東軍が不調であった政権工作を補う意味を含んでそれまで回避してきたハルビンに進攻したことは、「満洲各地ノ情勢ハ若シ万一其一部ニ破綻ヲ生センカ、直ニ全満ニ波及セントスル不安ナル情況」にあって*181、南北満洲を安定化させるためも関東軍の兵力増派——北満も含めた実力による全満の制圧——を必然のものとした。換言すれば、関東軍は事変の劈頭から主張し続けていた実力による北満進出によってソ連を牽制し、さらには動揺をみせがちな諸軍閥を統一して満洲国建国への道を開いたのである。その後、馬占山は再度離反するものの、関東軍が満洲国から国防と治安維持の委任を受け、駐満兵力も増強しているなかでは、その影響力は限定されたものにとどまった。

最後に、関東軍の北満進出により対日脅威を強く意識したソ連は東欧諸国との間で不可侵条約を締結して西側の安全を確保する一方、極東の軍備を大幅に増強した。この結果、極東における日ソの軍事的均衡が崩れたことで北満制圧による北方の安全確保という関東軍の意図が破綻し、満洲をめぐる日ソ関係は新たな局面を迎えるのである。

*1 陸軍省編『明治天皇御伝記史料　明治軍事史』下巻、原書房、一九六六年、一五六三〜一五六四頁。
*2 防衛庁防衛研修所戦史室『戦史叢書8　大本営陸軍部〈1〉昭和十五年五月まで』朝雲新聞社、一九六七年、二二二頁。
*3 同右、二七八〜二八〇、二八八〜二九〇頁。
*4 同右、二九三〜二九四頁、防衛庁防衛研修所戦史室『戦史叢書27　関東軍〈1〉対ソ戦備　ノモンハン事件』朝雲新聞社、一九六九年、六一〜六二頁、参謀本部「昭和四年度帝国陸軍作戦計画訓令別冊」一九二八年（防衛省防衛研究所図書館蔵）。
*5 ここに引用したのは一九三〇年の関東軍の北満参謀演習旅行における史料で、ソ連軍が東部国境からハルビンに進攻し、緒戦で撃破された東北軍は決戦の意図を放棄して退嬰的態度をとるなか、関東軍は速やかに北満を領有して沿海州への攻勢作戦を準備することを想定していた〔「北満現地戦術行動並研究関係書類綴」（「片倉衷関係文書」R二九、国立国会図書館憲政資料室蔵）〕。
*6 満洲事変中の陸軍の動向に関する代表的な研究としては、島田俊彦「満州事変の展開（一九三一〜一九三二年）」（日本国際政

治学会太平洋戦争原因研究部編『太平洋戦争への道』第二巻、朝日新聞社、一九六二年）、緒方貞子『満州事変と政策の形成過程』原書房、一九六六年、馬場明『日本外交史18　満州事変』鹿島平和研究所出版会、一九七三年、臼井勝美『満州事変――戦争と外交と』中公新書、一九七四年、白石博司「研究資料89 RO―6H 満洲事変における戦争指導」（防衛庁防衛研修所、一九八九年）、小林道彦『政党内閣の崩壊と満州事変――1918～1932――』ミネルヴァ書房、二〇一〇年。

＊7　竹内桂「満洲事変における北満政策」（『年報日本現代史』第六号、現代史料出版、二〇〇〇年）。このほか、北満進攻に関しては白石仁章氏がチチハル進攻の過程を論じている〔白石仁章「チチハル進攻問題の再検討――嫩江橋梁破壊事件からの拡大過程を中心に――」（『外交史料館報』一三号、一九九九年）〕。

＊8　古屋哲夫「『満洲国』の創出」（山本有造編『「満洲国」の研究』緑蔭書房、一九九五年）、浜口裕子『日本統治と東アジア社会――植民地期朝鮮と満洲の比較研究――』勁草書房、一九九六年、第二章。また、渋谷由里氏は奉天をめぐる動向を明らかにしている〔「『九・一八』事変直後における瀋陽の政治状況――奉天地方維持委員会を中心として――」（『史林』第七八巻第一号、一九九五年）〕。

＊9　「満洲占領地行政の研究」（「片倉衷関係文書」東京大学教養学部蔵）。

＊10　東省特別区とハルビン市の沿革は、弓場盛吉『東支鉄道を中心とする露支勢力の消長』上・下巻、南満洲鉄道株式会社、一九二八年、槙田猷太郎『東省特別区行政一般』南満洲鉄道株式会社、一九三〇年、越沢明『哈爾浜の都市計画　1898―1945』日本経済評論社、一九八八年、上田貴子「1926年哈爾濱における自治権回収運動と地域社会地域エリートと国際性」（『Ex Oriente』第五号、二〇〇一年）、曲暁範「中東鉄道及びその附属地と近代における中国東北地域の都市化」（『環日本海研究年報』第八号、二〇〇一年）を参照した。

＊11　永井清駐長春領事発田中義一外相宛公第二一二号一九二八年七月三〇日「東省特別区撤廃問題ニ関スル件」（「東省特別区関係雑件」**A.4.2.3.5** 外務省外交史料館蔵）。

＊12　八木元八駐ハルビン総領事発幣原喜重郎外相宛普通第八八九号「東省特別区ノ省組織問題ニ関スル件」一九三〇年八月二〇日（同右）。

＊13　石原莞爾関東軍参謀「関東軍満蒙領有計画」一九二九年七月（角田順編『石原莞爾資料（増補）――国防論策篇――』原書房、一九九四年、四二～四五頁）。

＊14　石原「満蒙問題私見」一九三一年五月（同右、七六～七九頁）。なお、本章の註記では頻繁に一九三一年の史料を使用するため、以下、同年の史料は年を略す。

＊15　例えば、中谷政一関東庁警務局長発堀切善次郎拓務次官ほか宛関機高外第八三五号ノ二「在満ソ連邦領事館ノ活動状況（昭和

五年十二月現在）（関東軍参謀部報）」二月一三日（『関東庁警務局資料』R五、国立国会図書館憲政資料室蔵）。

＊16 板垣征四郎関東軍高級参謀「軍事上より観たる満蒙に就て」三月（小林龍夫ほか解説『現代史資料』第七巻、みすず書房、一九六四年、一四〇頁）、同「満蒙問題ニ就テ」五月二九日（稲葉正夫ほか編『太平洋戦争への道　別巻資料編』朝日新聞社、一九六三年、一〇一～一〇七頁）。

＊17 「満洲占領地行政の研究」。

＊18 関東軍参謀部「〔参謀本部昭和六年度〕情勢判断ニ関スル意見」、同「〔参謀本部昭和六年度〕対支謀略ニ関スル意見」、関東軍司令部「満蒙問題処理案」春（『石原莞爾資料』七三～七五、七九～八一頁）。

＊19 「師団長会議ニ於ケル第二部長口演別冊」四月一日（上原勇作関係文書研究会『上原勇作関係文書』東京大学出版会、一九七六年、六四八～六五六頁）。

＊20 「参謀本部歴史」第二二巻（防衛省防衛研究所図書館蔵）、永田鉄山刊行会『秘録　永田鉄山』芙蓉書房、一九七二年、四四一頁。

＊21 『大本営陸軍部〈1〉』三〇六頁、今村均『今村均回顧録』芙蓉書房、一九七〇年、一八八～一八九頁。

＊22 二宮治重参謀次長発本庄繁関東軍司令官宛書翰一一月一六日（「満洲事変作戦指導関係綴」〔以下、「指導」〕其二、防衛省防衛研究所図書館蔵）、小林『政党内閣の崩壊と満州事変』三二七頁

＊23 小磯国昭『葛山鴻爪』小磯国昭自叙伝刊行会、一九六三年、五二九頁。

＊24 ただし、満洲事変で中止になった（「参謀本部歴史」第二二巻）。

＊25 花谷正「満州事変はこうして計画された」（『別冊知性』第五号、河出書房、一九五六年）四三～四四頁。

＊26 小磯『葛山鴻爪』五三一～五三二頁。

＊27 馬場『日本外交史18』八二～八五頁。陸軍の「復仇手段」は、「中村事件今後ノ処理案」九月一五日（「指導」別冊其二）

＊28 前掲、「〔参謀本部昭和六年度〕情勢判断ニ対スル意見」（『石原莞爾資料』七三～七四頁）。

＊29 本書、第四章参照。

＊30 参謀本部「満洲事変に於ける軍の統帥（案）」〔以下、「統帥」〕（小林龍夫ほか編『現代史資料』第一一巻、みすず書房、一九六五年、三〇六～三一〇頁）。

＊31 本庄発南次郎陸相・金谷範三参謀総長宛関参第三七六号九月一九日（同右、三一〇～三一一頁、ならびに「指導」其一）。

＊32 「統帥」三一〇～三一三頁。

＊33 片倉衷「関東軍機密政略日誌」〔以下、「政略」〕（『現代史資料』第七巻、一八七頁）。

＊34「指導」其一、九月一九日条。
＊35 金谷発本庄宛第一五号九月一九日（「指導」別冊其一）。
＊36「指導」其一、九月二〇日条、「閣議提出案」同日（「指導」別冊其二）。
＊37「指導」其一、九月二一、二二日条。
＊38 南発本庄宛陸第二〇九号九月二一日（「指導」別冊其一、「統帥」三二六〜三二七頁）。
＊39 本庄発関参第四〇七号九月二二日（「統帥」三二七頁）、白石「満洲事変における戦争指導」五〇〜五一頁。
＊40 関参第四一一号「満蒙問題解決策案」九月二二日（「政略」一八九頁）。
＊41「政略」一八八頁、「指導」其一、九月二二日条。
＊42「統帥」三一八〜三一九頁、大橋忠一駐ハルビン総領事発幣原宛第一九九号九月二一日（「満洲事変（支那兵ノ満鉄柳条溝爆破ニ因ル日、支軍衝突事件関係）」［以下、「満洲事変」］ A.1.1.0.21 外務省外交史料館蔵）。
＊43 金谷発本庄宛第四五号、二宮発三宅光治関東軍参謀長宛第四二号九月二二日（「指導」別冊其一）。
＊44「指導」其一、九月二二日条、「遠藤三郎少佐満洲事変渡満日誌」［以下、「渡満」］同月二五日条（防衛省防衛研究所図書館蔵）。
＊45「統帥」三二〇〜三二二頁。
＊46 満鉄は再三にわたる関東軍のハルビン派兵にともなう輸送協力要請を拒否していた〔林久治郎駐奉天総領事発幣原宛第六六七、七一六号九月二〇、二二日、内田康哉満鉄総裁発幣原宛第二号同月二二日（「満洲事変」）〕。
＊47 二宮発三宅宛第五五号、金谷発本庄宛第五七号九月二四日（「指導」別冊其一）。
＊48 関東軍参謀部「満洲事変情報綴」九月二五、二七日、一〇月三日条（防衛省防衛研究所図書館蔵）。
＊49「政略」一九一〜一九三頁、片倉衷『戦陣随録』経済往来社、一九七二年、三六〜三七、四一〜四三頁。なお羅振玉は事変前から親日的な姿勢をとり、復辟にも積極的であった（愛新覚羅溥儀『わが半生「満洲国」皇帝の自伝』上巻、小野忍ほか訳、筑摩書房、一九七七年、二〇二〜二〇三、二四六〜二四七、二六五頁、森克己『満洲事変の裏面史』国書刊行会、一九七六年、二九九〜三〇〇頁）。
＊50「統帥」三五四〜三五五頁、片倉『戦陣随録』一一二頁、大橋発幣原宛機密第七六一号「特別区内邦人土地問題等ニ関シ張景恵トノ会話内容報告ノ件」七月四日（「哈爾賓特別市関係雑件」A.4.2.3.6 外務省外交史料館蔵）、同第一八九号一〇月四日（「満洲事変ニ際スル満蒙独立関係一件」［以下、「独立」］ A.6.2.0.1 外務省外交史料館蔵）。関東軍は張景恵を介して張海鵬に黒龍江省進撃のための兵器を供給するなどしていた（「政略」一九三〜一九四、一九六〜一九七、一九九頁）。
＊51 大橋発幣原宛第二三三号九月二五日（「独立」）。

＊52　大橋発幣原宛第三四二号一〇月一五日（同右）。治安維持会各委員の性格については、外務省情報部編『改訂　現代支那人名鑑』東亜同文会調査部、一九二八年を参照した。
＊53　馮占海「日軍侵占長春、吉林経過」（『文史資料選輯』第二輯、一九六〇年）一九、二一頁。
＊54　「大橋私見」（「村上義一文書」R三、雄松堂書店、二〇〇三年）。
＊55　大橋発幣原宛第二六三号九月二八日（「独立」）。
＊56　「政略」一九四頁。治安維持会成立の通告は、大橋発幣原宛公信第一〇八六号機密「東省特別区治安維持会ノ成立ニ関スル張景恵ノ通告ニ関スル件」九月二九日（「独立」）。
＊57　矢野真参事官発幣原宛第四九九号一〇月六日（『日満』第一巻第一冊、四一九〜四二〇頁）。
＊58　児玉友雄朝鮮軍参謀長発二宮宛朝参報第二一一号一〇月九日（「独立」）。
＊59　大橋発幣原宛第三二七号一〇月一二日（同右）。
＊60　「満洲事変情報綴」一〇月一日条。
＊61　前掲、大橋発幣原宛第三四二号。
＊62　塚本清治関東長官発幣原宛公信関機高支第一一八三八号一〇月八日「時局ニ関スル政治策動」（「独立」）。
＊63　高橋正衛解説『林銑十郎　満洲事件日誌』みすず書房、一九九六年、一〇月六日条。
＊64　幣原発林宛第二二〇号九月二六日（「満洲事変・善後措置関係・日支事変ニ関スル交渉経過（連盟及対米関係）」**A.1.1.0.21-12-1-5** 外務省外交史料館蔵）。
＊65　「渡満」九月二七日条、建川美通参謀本部第一部長発土肥原賢二奉天特務機関長ほか宛書翰同日（「片倉衷関係文書」R三、国立国会図書館憲政資料室蔵）。
＊66　「政略」一九五〜一九七頁。
＊67　同右、一九五〜一九六頁、「統帥」三三〇〜三三一頁、本庄発金谷宛関参第五六四号一〇月二日（「指導」其一）。
＊68　金谷発本庄宛第七九号一〇月三日（「指導」其一）。
＊69　「政略」二〇〇〜二〇一頁。
＊70　「統帥」三三三〜三三六頁、片倉『戦陣随録』四七〜五一頁、林久治郎『満州事変と奉天総領事——林久治郎遺稿——』原書房、一九七八年、一二六〜一三一頁。
＊71　「吉長吉敦合併並新線敷設承諾経緯」（「村上義一文書」R二）、石射猪太郎駐吉林総領事発幣原宛第一五六、一七一号一〇月二八日、一一月九日（「吉会鉄道関係一件」**F.1.9.2.7** 外務省外交史料館蔵）。

＊72「政略」一九八頁。
＊73 同右、二一〇～二一一頁、「統帥」三五七頁。
＊74「満洲事変情報綴」一〇月一七日条。
＊75 大橋発幣原宛第四七二号一一月五日（「独立」）。
＊76「統帥」三五八、三六五～三六六頁。
＊77 三宅発二宮・杉山元陸軍次官宛関参第七九〇号一〇月二〇日（「政略」二二五～二二六頁）。
＊78 参謀本部第二課「時局ニ伴フ対蘇策案」一〇月八日（「指導」別冊其二）。
＊79 白石「満洲事変における戦争指導」一二一～一二七頁。
＊80「指導」其一、一〇月九日条。
＊81「閣議決定」一〇月九日（「満洲事変（支那兵ノ満鉄柳条溝爆破ニ因ル日、支軍衝突事件関係）（松本記録）」A.1.1.0.21 外務省外交史料館蔵）。
＊82「統帥」三三七頁、「関東軍ニ伝達スヘキ事項」一〇月一八日（「指導」別冊其一）、「時局処理方針案」は「指導」別冊其二に所収。
＊83 片倉関東軍参謀発荒木貞夫教育総監部本部長・今村参謀本部第一部第二課長ほか宛「新満蒙国家建設ニ関スル考察」（「片倉衷関係文書」R一六、国立国会図書館憲政資料室蔵）。
＊84「満蒙問題解決の根本方策」一〇月二四日（「政略」二三二～二三三頁、「統帥」三三七～三三八頁）。
＊85 林義秀「建国当初に於ける黒龍江省の回顧」［以下、「回顧」］（『現代史資料』第一一巻、六四五頁）。
＊86「統帥」三六〇頁。
＊87 同右、三六六～三六七頁、幣原発林・大橋宛合第一二三八号一〇月三一日（『日満』第一巻第一冊、四五九頁）。
＊88 金谷発本庄宛第一〇八号一一月二日（「指導」別冊其一）。
＊89 本庄発金谷宛関第九九五号一一月六日（同右）。
＊90 金谷発本庄宛第一二〇、一二一号一一月五、六日（同右）。
＊91 林発幣原宛第一二五二号一一月一一日（『日満』第一巻第一冊、五二一～五二二頁）。
＊92「政略」二六〇、二六三～二六四頁。
＊93 二宮発金谷宛第一三号一一月一三日（「指導」其二）、南発本庄宛陸満第二〇八号同日、金谷発本庄宛第一四〇、一五〇号同月一四、一七日（「指導」別冊其一）。

*94 森島守人駐奉天総領事代理発幣原宛第一二九四号一一月一五日（『日満』第一巻第一冊、五五〇～五五一頁）。
*95 「政略」二六六～二六八、二七一～二七二頁、「統帥」三九〇～三九五頁。
*96 「統帥」四〇一頁。
*97 三宅発二宮宛関第四九号一一月二二日（『日満』第一巻第一冊、五八九頁）。
*98 「政略」二七一～二七二頁。
*99 大橋発幣原宛第七一五号一二月三日（「黒龍江松花江航行権関係一件」F.1.6.0.8 外務省外交史料館蔵）、「回顧」六六二頁。
*100 大橋発幣原宛第六二八号一一月一八日（「独立」）。
*101 「政略」二七二～二七四頁。
*102 大橋発幣原宛第六三九号一一月一九日着（『日満』第一巻第一冊、五七六～五七七頁）、同第六四七号同月二〇日（「独立」）、「政略」二七四～二七五頁、「統帥」四〇一頁。
*103 「政略」二七四頁、「回顧」六六五頁、関東軍参謀部関統発第二二六号「行財政経済旬報（昭和六年十二月第一旬）」（「片倉衷関係文書」東京大学教養学部蔵）。
*104 「政略」二七四～二八一頁、「統帥」三九九～四〇七頁。
*105 「満洲事変情報綴」一〇月二一、二九日条、大橋発幣原宛第三二六、四三一、五〇八号同月一二、二八日、一一月七日（「独立」）。
*106 「政略」二七九～二八〇頁、「統帥」四〇五頁。賓県政府の樹立は、遼寧省档案館編『奉系軍閥档案史料彙編』第一二冊〔以下、『奉系』〕南京、江蘇古籍出版社、一九九〇年、四五八頁、張学良発国民政府宛電一〇～一一月上旬（畢万聞主編『張学良文集』第一巻、北京、新華出版社、一九九二年、五一三頁）。
*107 上野良亟第二師団参謀長発板垣宛「発電綴」（『現代史資料』第一一巻、七一一頁）、「政略」二八二頁。
*108 大橋発幣原宛第七一四号一二月三日着（『日満』第一巻第一冊、六一一～六一二頁）。
*109 大橋発幣原宛公信機密第一二九一号「関東軍板垣参謀卜馬占山卜ノ会見状況ニ関シ報告ノ件」一二月一一日（『日満』第一巻第一冊、六一九～六二三頁）、「統帥」四一〇～四一一頁。
*110 大橋発犬養毅外相宛第七五八号一二月一五日着（「独立」）
*111 金谷発本庄宛第二〇一号一二月一五日（「指導」其二）、「統帥」四〇七頁。
*112 大橋発犬養宛第七九二号一二月二八日（『日満』第一巻第一冊、六二八～六二九頁）。
*113 「満洲事変情報綴」一二月一九日条。
*114 「政略」三三二、三三六頁。

＊115 「回顧」六六六頁。張景恵の独立宣言は、『奉系』五五三頁。
＊116 大橋発幣原宛第七二一号一二月四日着（「満蒙及北支那ニ於ケル本邦航空事業関係一件」F.1.10.0.7 外務省外交史料館蔵）、「黒省関係鉄路協定」同月二八日（「村上義一文書」R二）。
＊117 大橋発幣原宛第七三二号一二月七日（「満洲諸鉄道経営及建設ニ関スル日、満両国契約関係一件」F.1.9.2.80 外務省外交史料館蔵）。
＊118 前掲、二宮発本庄宛書翰、南発陸満第一五五号一一月五日（「統帥」四一三～四一四頁）。
＊119 本庄発金谷宛関参第一六号一一月七日（「指導」其二）。
＊120 省部協定第一案「時局処理要綱案」一一月二三日（「指導」別冊二）。
＊121 「支那問題処理方針要綱」一九三二年一月六日（「政略」三四二～三四五頁）。
＊122 同右、三三二～三三五頁。
＊123 森『満洲事変の裏面史』二九八～二九九頁、伊藤隆ほか編『真崎甚三郎日記』山川出版社、一九八六年、一九三二年一月一四日条。
＊124 「政略」三六一～三六二、三六七頁、「統帥」四八六～四八七頁。
＊125 大橋発犬養宛第七号一九三二年一月三日（「独立」）、「政略」三三九頁。
＊126 大橋発犬養宛第二一号一九三二年一月八日（「独立」）、「政略」三三五頁。
＊127 中谷発堀切ほか宛関機高第一三八三五号「日支衝突事件ト管内治安維持ノ概況」［以下、「治安」］第七一報、一二月一〇日（「関東庁警務局資料」R二〇、国立国会図書館憲政資料室蔵）。
＊128 「統帥」四一二頁。
＊129 一一月初旬には吉林省下四二県中一二県（「行財政経済旬報」）が、一二月中頃には一九県が熙洽に、一三県が賓県政府に服従していた（中谷発堀切ほか宛関機高第一四一六五号「治安」第七五報一二月一五日（「関東庁警務局資料」R二〇））。
＊130 「政略」二七五、二七七頁。
＊131 「満洲事変情報綴」一二月一〇日条。
＊132 「政略」三三二、三五一～三五二頁、「統帥」四九三～四九四頁、片倉『戦陣随録』一一二、一一九～一二〇頁。
＊133 「統帥」四九二～四九三頁。
＊134 中谷発堀切ほか宛関機高第四一一、五三〇号「治安」第一〇〇、一〇五報一九三二年一月一六、二二日（「関東庁警務局資料」R二一）。

*135 陸軍省調査班「哈爾賓附近の戦闘に就て」五〜七頁、一九三二年（防衛省防衛研究所図書館蔵）。
*136 『東京朝日新聞』一九三二年一月二六日、『大公報』同月二七日。
*137 「哈爾賓附近の戦闘に就て」七〜八頁、「統帥」四九三、四九五頁、欧米局第一課「日『ソ』関係」（外務省外交史料館蔵）。
*138 本庄発閑院宮載仁参謀総長・荒木陸相宛関参第三五五号一九三二年一月二七日（「指導」其三）。
*139 真崎甚三郎参謀次長発本庄宛第三七号一九三二年一月二八日（「指導」別冊其一）、「政略」三六〇頁、「統帥」四九七頁。
*140 『林銑十郎　満洲事件日誌』一九三二年一月二九日条。
*141 「統帥」四九五、四九七〜四九九頁。なお、ハルビン周辺の吉林軍の兵力九〇〇〇に対して反吉林派は八〇〇〇、うち丁超の兵力は三〇〇であった（同上、四九八頁）。
*142 「統帥」五〇一頁、「政略」三六〇頁、「日『ソ』関係」。
*143 「日『ソ』関係」、「政略」三六二〜三六三頁、「統帥」四九九〜五〇一、五〇三〜五〇五頁、南満洲鉄道株式会社編『満洲事変と満鉄』上巻、原書房、一九七四年、七三頁。
*144 「日『ソ』関係」、「政略」三六二頁。
*145 「統帥」五〇二〜五〇四頁。
*146 中華民国史事紀要編輯委員会編輯『中華民国史事紀要（初稿）・中華民国二十一年一至六月份』〔以下、『史事』〕台北、国史館、一九八九年、二〇二頁。
*147 『東京朝日新聞』一九三二年一月三〇日。張景恵はハルビン特務機関に逃げ込み、その保護を受けた（同上）。
*148 「政略」三六二〜三六三頁、「統帥」五〇四〜五〇六頁。
*149 真崎発本庄宛第四〇号一九三二年一月三〇日（「指導」別冊其一）。
*150 「統帥」五一一〜五一四頁。
*151 『史事』二一六〜二一八頁。
*152 「統帥」五〇九頁、「政略」三六五頁。
*153 「哈爾賓附近の戦闘に就て」一三〜一四頁、『大公報』一九三二年二月三日。
*154 「統帥」五一六〜五一八頁、馬占山の通電は、『奉系』五六九〜五七一頁。
*155 「政略」三六六頁、「統帥」五一〇〜五一一、五一三〜五一四頁。
*156 大橋発芳沢兼吉外相宛第八一号一九三二年一月二九日、広田弘毅駐ソ大使発芳沢宛第六一号同月三〇日（「東支鉄道関係一件」F.1.9.2.5 外務省外交史料館蔵）。なお、関東軍はソ連は国内事情から利権保護のための出兵は不可能との情報を得ていた（「統

帥」五〇七頁）。
＊157 「日『ソ』関係」。
＊158 田代重徳駐長春領事発芳沢宛第三三号一九三二年二月二日（「東支鉄道関係一件」）。
＊159 「統帥」五一六頁、「哈爾賓附近の戦闘に就て」一七～一九頁。
＊160 三宅発真崎宛関参第一九八号一九三二年二月八日（『日満』第二巻第一冊、三六〇～三六一頁）。
＊161 本庄発閑院宮・荒木宛関参第五三六号一九三二年二月九日（「政略」三八〇頁）。
＊162 大橋発芳沢宛第一四二号一九三二年二月一〇日（「東支鉄道関係一件」）。
＊163 「政略」三七八～三八六、三九一～三九二頁、満洲国史編纂刊行会編『満洲国史　総論』満蒙同胞援護会、一九七〇年、二〇二～二〇九頁。
＊164 「政略」三八三頁、山口重次『満洲建国――満洲事変正史――』行政通信社、一九七五年、二八五～二八九頁。満洲国史編纂刊行会編『満洲国史　各論』満蒙同胞援護会、一九七一年、一七六頁。
＊165 本庄発荒木宛書翰一二月一四日（「荒木貞夫関係文書」R三〇、東京大学大学院法学政治学研究科附属近代日本法政史料センター原資料部蔵）。
＊166 本庄発内田宛関統発第二四三号一二月一六日「関東軍司令官ノ満鉄総裁ニ対スル要望」（「村上義一文書」R二）。
＊167 浜口『日本統治と東アジア社会』七四～七五頁。
＊168 前掲、二宮発本庄宛書翰一一月一六日。
＊169 『枢密院会議議事録』第六十七巻、一九三三年一月三〇日、東京大学出版会、一九九四年、二三〇～二三二頁。
＊170 本庄発荒木・真崎宛書翰一九三二年二月五日（「真崎甚三郎関係文書」R九、国立国会図書館憲政資料室蔵）。
＊171 「政略」三三七～三三八頁。
＊172 「遠藤三郎中将日誌（昭和七年上半歳）」一九三二年一月二九日条（防衛省防衛研究所図書館蔵）。遠藤三郎参謀本部第一部第二課員の意見書は、「哈市派兵敢行ヲ絶対必要トスル意見」同日（「指導」其三）。
＊173 真崎発三宅宛第四五号一九三二年二月一日（「指導」其三）。これより先、中央は一月二五日に臨参命第一三号で野戦重砲兵大隊、独立野戦重砲兵中隊等増派部隊の一部原隊復帰を命じていた〔閑院宮発本庄宛第三三号同年一月二五日（同上）〕。
＊174 「哈爾賓方面ノ情勢ニ応スル処置」一九三二年二月一日（「指導」其三）。
＊175 「指導」其三、一九三二年三月二二日条、および、同日後記。
＊176 「政略」三八九～三九〇頁。

＊177 橋本虎之助関東軍参謀長説明（『真崎甚三郎日記　昭和七・八・九年一月～昭和十年二月』一九三二年六月二三日条）。
＊178 三宅発真崎宛関電第四二二号、関参第五五号一九三二年三月一八、一九日（「指導」別冊其一）。
＊179 真崎発三宅宛第九九号一九三二年三月二四日（同右）。これに対して本庄は三～四個師団の増派を求めた〔本庄発真崎宛関参第一〇五号同月二五日（同上）〕。
＊180 「指導」其四、一九三二年四月五日条。
＊181 本庄発閑院宮宛関参第八六六号一九三二年四月二五日（「指導」別冊其一）。

終　章

一　幣原外交の課題――縦軸と横軸の交錯――

幣原喜重郎は第二次世界大戦後の一時期、国際協調外交をすすめ、日本国憲法を創出した理想主義者としてのイメージが流布されたことがあった。しかし本書でもみてきた通り、実際に彼がとった行動は新外交の理念に進んで呼応する理想主義的なものではなかった。むしろ、各国が利己的な態度をとる傾向が強く＊1、そのために満足に機能しなかった多国間による集団安全保障体制には低い評価しか与えず＊2、後年の首相時代の日本国憲法戦争放棄条項に関しても、マッカーサー（D. MacArthur）連合国軍総司令官に「誰も follower とならない」と述べたように＊3、リアリズムに基づいて行動してきた人であり、またそれは、「外交政策継続主義」と相まって、日本外務省が長年推進してきた現実主義、実際的外交の姿勢＊4を継承するものでもあった。その結果、「冷静なる利害の判断」を基調とする幣原外交なるものは明治以来の "national interest" をいかに擁護するのかという縦軸に重心を置いたものとなった。そして外交上の手段として既存の国際法秩序を援用するとともに、「時勢の進歩」として無視できなくなった第一次世界大戦後の多国間による国際協調システムの枠組に順応しつつ、これを利用しようとしたのである＊5。

確かに幣原の「理屈詰メ」はヒューズ（C. E. Hughes）米国国務長官を辟易とさせたが＊6、その基本姿勢は法を可変的なものとして、法と実体に溝が生まれた時は社会目的や実体に合わせて法を柔軟に運用する一九二〇～三〇年代のアメリカで提唱された「リアリズム法学」＊7に近いものがあった。

また、明治以降の日本外交は北清事変に代表されるように*8、日本の基本国策を西欧国際社会の要望に適合させ、国際協調と日本の"national interest"確保を両立させてきたところに一つの特徴があり、幣原も外務次官、外相時代を通じて、ワシントン体制への加入とその運用の妙で国際協調と"national interest"の均衡をとってきた。そして、ワシントン体制という法的には東アジアにおける列国の利害関係を一律対等に扱う枠組のなかで日本の既定方針たる中国に対する中心的な役割の確立と満蒙権益を維持、拡張するにあたって、同文同種や地理的近接性といった説得力を欠きがちな無形の要素よりも経営、施設という有形の要素を重視し、国際社会に現実に存在する利害関係を喚起することで東アジアでの実質的な主導権を確保しようとした。また、有形の要素によって促進された日本の経済的勢力という実体を基盤にして満蒙権益の確保と再編、中国との関係強化を試みる形で、明治末年以来の日本の基本国策を継承、発展させてきたのである。幣原は国際法概念と実体としての経営、施設を巧みにリンクさせ、これらを擁護するためには戦争も辞さないとの強い国家意思を示す"vital interest"の言葉と概念を用いることで国際社会を牽制するという三段構えの論法で「生存権」を含む満蒙権益を確保しようとしたのである。

第一次世界大戦後、連盟に代表される国際平和体制形成の動きが促進された。これに対して日本を含む主要国は主権国家の「自己保存権」から派生してきた伝統的な"vital interest"擁護の概念と、国際平和体制のバランスをいかにとるのかを外交政策上の課題の一つとした。西田敏宏氏のいう「二重基準」である。

だが、序論註34で触れたように現在の国際社会においても領域外に対する先制的武力行使の是非は完全に解決したとは言い難い。ましてや、戦間期は「侵略」が道義的に非難されることはあっても、それが完全に「違法化」、あるいは「犯罪化」される段階には至っておらず、他方では主権国家の最上の権利であった「自己保存権」の延長線上にある"vital interest"の防衛が自衛権の行使として容認されると考えられており、新外交の象徴というべき集団安全保障体制、国際平和体制も現在よりも未成熟な状態にあった。

このような過渡期において、しかも徐々に政治的な混乱が深まりつつある東アジアと、国際平和体制を中核とする国際協調システムの発展に曙光を見出している欧米諸国という、洋の東西で対象的な環境と秩序が存在する国際社会のなかにあって、"vital interest"、特にその核心をいかにして擁護するのかということは机上の法律論ではなく、現実に迫られた問題であった。この縦軸と横軸の交錯というべき問題は日本の満洲事変、イギリスのスエズ戦争に代表されるように、いずれは相互矛盾を引き起こさずにはいられない宿命を有していた。しかも、満洲事変以前には両者の交錯による矛盾が生じた場合のテストケースといえる事態は発生していなかった*9。

では、第二次幣原外交を強く規定した縦軸（核心部分を中心とした日本の"vital interest"の擁護）に対する脅威となった国際環境の変化というべき横軸（＝①中国問題、②ソ連問題、③ヨーロッパと東アジアにおける国際環境と秩序の相違、およびその影響）が、満蒙をめぐる政治的大事件を通じてどのように不適合を起こし、アジアモンロー主義的な外交政策に変化するに至ったのか。次節では横軸からの脅威が日本に与えた影響を明らかにし、その上で第二次幣原外交期に発生した縦軸と横軸の交錯が持つ意味を論証する。そして最後に幣原が追求した縦軸に主眼を置く外交姿勢が満洲事変後の日本外交の潮流にいかなる歴史的影響をもたらしたのか、それが日米開戦の理由となった東アジアにおける日本の生存、死活問題へとどのように理論的に発展していったのかを述べる。

二　横軸からの脅威と縦軸に基づく日本外交

①中国問題

第一章で指摘した通り、幣原は第二次外相初期には南京政府を「密接（close）」な関係にある中国の正統政府と認識し、当初は同政府を通じて日本の「生存権（the right to exist）」を含む「最重要ナル権利利益（essential rights and interests）」である満蒙権益を確保しようとしていた。具体的には中国を主体に引き上げようとする英米を始めとする列国の対中政策に順応しつつ、治外法権撤廃問題をリードすることで中国に対する列国外交の主導権を掌握するとともに、日中関係を改善させた上で満蒙権益を確保しようとした。だが、この構想を実現するには満蒙を含む南京政府による鞏固な中国統一がなされることが前提であり、これが崩れれば軍閥割拠時代の地方外交を併用した対中外交に後戻りする可能性があった。

第二章で論じたように、一九二九年中ソ紛争に際して当初幣原は中国の正統政府たる南京政府を通じて和平斡旋を試みたが、紛争の長期化と中国国内の政情混乱を前に東北政権とソ連との直接交渉――地方外交による解決――を示唆するに至ったことは、不安定な政情から地方外交にも注意を払わなくてはならない対中外交の複雑性を示すものであった。その後、一九三〇（昭和五）年五月に英米に遅れながらも中国との関税条約改訂を成功させたことは、日本がワシントン体制の枠組のもとで中国の主体化を目指している列国と同じ立場に追いつくもので、本格的な対中交渉を推進させる機運を導くものであったが、南京政府の勢力は沿岸部に及ぶのみで*10、間もなく勃発した中原大戦によって南京政府との交渉は停頓を余儀なくされた。

幣原は中原大戦で樹立された北平臨時国民政府を承認しなかったものの、「地方的事項ニ関シテハ従来同様新政府トモ交渉スルノ外ナカルヘシ」として*11、実際上の見地からこれとの交渉を容認した。一九三〇年九月の張学良の和平通電に代表される南京政府と東北政権の接近によって内戦の大勢は決したが、幣原は南京政府と東北政権の関係は各々の勢力範囲建設に向うという分治合作のラインに落ち着くとの予測のもと、同年一二月に始まった満蒙懸案交渉を満鉄と東北政権による実務交渉＝事実上の地方外交の形で推進することとし、さらには好転してきた南京政府との関係を「見セシメ」に利用することで有利に交渉をすすめようとした*12。その後、幣原は第五章冒頭で指摘したように、広州臨時政府の樹立を機に広州派との間で満蒙問題解決を行なうという選択肢を用意する一方で、南京政府に対してはその対日外交の先鋒が緩んでいるのを捉えて小幡アグレマン問題を解決し、満洲事変の勃発直前には張学良も含めた重光・宋子文ラインを利用した満蒙問題解決への道をつけようとした。これは中央外交と地方外交を融合させて満蒙問題を解決しようとする第一次外相末期の対満方針を軸としながらも、中国の政情を巧みに捉えて地方外交を併用しつつ権益を確保しようとしたものであった。満洲事変に際しても、当初は南京・広州両政府の動向を見極めて対応しようとし、後には満蒙新政権の承認に傾いていったが、これも中国主権下での新政権承認で、実際上の見地から地方外交を併用してきた従来路線の延長線上にあるものであった。

幣原外交のもとで推進された対中外交は中央政府を相手にすることを理想としながらも、中国には確立した中央政府が存在しないという現実から地方外交を用いざるを得なかった。その意味では幣原外交は実際的であったが、同時に一九二九年中ソ紛争や満洲事変で中央政府＝南京政府を等閑にした対中外交という結果をもたらしたのである。

また、中国の政情混乱は満洲事変を挟んで中国は特殊な国家であるとの日本側のイメージを増幅させ、やがて国際法主体である主権国家としての能力と資格を欠くが故に、中国に対して既存の国際法や秩序を適用することはできないという中国＝非国家論を導いた＊13。加えて、満洲事変期の国内政治闘争との関わりのなかで生まれた中国の国際的解決路線は、日本をしてかつての三国干渉や露清密約、またはパリ講和会議やワシントン会議で波紋を呼び起こした山東問題に代表される中国による以夷制夷的な外交を想起させるもので、"vital interest"である対中関係のみならず、その核心部分である満蒙問題（満洲国）を揺るがしかねないものと判断させるに至るのである＊14。

②ソ連問題

日本が国際協調システムの有用性に限界を感じたのは、出先関東軍が起こした満洲事変によってである。だが重要なことは、事変勃発の翌日、一九三一（昭和六）年九月一九日に本庄繁関東軍司令官がこれを機にハルビンの制圧＝北満を含む満洲全域を日本の勢力下に入れるべきと具申したように、来るべき対ソ作戦に備えるという要素があったことである＊15。ここに「四頭政治」をからめた「ソ連問題」の存在を指摘することができる。

外務省はソ連に対する世界的な緊張緩和外交の潮流もあって、ソ連を東アジア秩序の一因子として取り込むべく国交樹立と懸案解決を通じた宥和政策を試みたが、有時の対ソ作戦を担う陸軍はソ連を将来的な脅威として相容れないものとみていた。ここで発生した一九二九年中ソ紛争に象徴されるソ連による軍事的脅威の本格化は、ソ連に対する警戒心を深める陸軍と緊張緩和外交を推進していた外務省の溝渠を深化させ、東京と在満官憲との間でも内訓第四号をめぐる問題を発生させた。

東京と在満官憲の認識差異の最たるものが陸軍中央と関東軍の関係である。一九二九年中ソ紛争の「衝撃」を受けた陸軍では、一九三五（昭和一〇）年頃を目途に万全な対ソ戦備を整えるべきとする陸軍中央と、速やかな実力行使こそが満洲に対するソ連の介入を防ぐとする関東軍の方針分化を招いた。その後、陸軍中央は東北政権の対ソ脅威認識を逆用し、ソ連を対象とした「日支兵器同盟」を成立させるべく東北政権への軍事援助を試み＊16、その一環として東北政権の空軍育成を援助すべく奉天派遣航空団を編成したが、石原莞爾関東軍参謀は張学良との対決が先決であると述べて批判的で＊17、満洲事変では北満進出をめぐって抑制的な陸軍中央に対して関東軍の急進論が衝突した。

最終的には、実力をもって治安維持にあたる関東軍につられる形で外交官を含む在満官憲も次第に満蒙問題の一併解決、さらには満蒙新政権樹立論に傾斜するが、これには二つの要因があった。第一には、内田康哉満鉄総裁が満洲事変を「日露戦ノ総決算」と位置づけ＊18、林久治郎駐奉天総領事も満蒙問題解決のために四頭は断固たる態度をとることで「完全に意見の一致を見た」と述べたように＊19、出先官憲が多年の、しかも暗礁に乗り上げていた諸懸案を解決する好機と判断したこと、第二には、内田や林が関東軍による既成事実の構築を機に、関東軍の行動を追認する一方で、来たるべき新体制に対していかに主導権を発揮するのかという観点から在満機関の改革に乗り出そうとする、「虎穴に入らんとせば虎児を得ず」式の動きであった。つまり、四頭は個々の利害関係をめぐって対立点を内包しながらも、ともに満蒙問題の解決に影響力を発揮するということでは一致していた。こうした出先主導の動きが当初は南京政府との間で問題を解決させようとした幣原の満洲事変処理方針を転換させる一因となり、後には「現地解決方式」の発達と統制システムの欠陥とが相まって日中戦争の要因となった出先サイド主導の華北分離工作に発展していったのである＊20。

③ヨーロッパと東アジアにおける国際環境と秩序の相違、およびその影響

第一章で述べたように、第一次世界大戦後のヨーロッパで試みられていた集団安全保障体制の構築は制裁よりも予防措置に重きを置いており、普遍的秩序としての一般化も難航していた。このため、地域的集団安全保障の枠組を積み上げることによって地域の安定、ひいては全世界の安定を目指すという漸進的な方法での国際平和体制の発展を模索することになった。戦争違法化の一画期となった不戦条約も、発生した国際紛争に対する制裁手段を世論の圧力という無形の要素に依存する理念偏重の条約であった上、東アジアでは地域的集団安全保障の枠組が構築できるだけの国際環境が整っていなかった。こうした時に発生したのが一九二九年中ソ紛争と満洲事変である。満洲事変の当事国たる日中両国はともに国際協調システムを自国外交の後援装置と位置づけていたが、その運用のあり方が大きく異なっていたために東アジアの一紛争は世界的な問題に発展した。

中国の場合、孫文亡き後に国民党を掌握した蔣介石は同党主流派の出身ではなかったために、自らの権力を確実なものとするためには孫文の遺訓を楯に、その後継者としての実をあげなければならなかった。それは国内的には訓政期体制の構築、外交面では連盟を中心とした新外交の枠組を利用した不平等条約体制を打破する動きとして表れた＊21。不平等条約撤廃や連盟における非常任理事国の議席獲得の試みは国内での蔣介石独裁体制の構築と不可分の関係にあり、他方では新外交の旗手であるアメリカとの関係を重視しつつ国別交渉方式によって列国の足並みを乱して成果をあげる革命外交を推進した。そして満洲事変では国際的解決になみなみならぬ努力を傾注し、事変後も以夷制夷ともいえる戦略によってアメリカを引き込んで対日戦争での勝利を勝ち取った＊22。

これに対して、日本も伝統的に国際社会との関わりを重視していた。幕末から明治初頭にかけての日本は、政治、軍事、経済の各分野において圧倒的な実力を持っていた欧米諸国に対抗するよりも、自らを「文明国」化して欧米諸国を中心とする国際秩序のなかに入ることで独立を維持するという現実的な道を選んだ＊23。その後も日英同盟を基軸に東アジアにおける国際的地位を確保し、アメリカの台頭をみて同国を加えたワシントン体制の成立に協力、そし

てワシントン体制の運用を通じて中国に対する新たな列国の利権獲得や国際共同管理を防ごうとし＊24、また日本の主導権を確保すべく立ち回った。即ち、日本は積極的に国際協調の枠組に順応し、これを外交政策の後援装置として活用することで国際社会を生き抜き、その地位を向上させてきたのである。それは第二次幣原外交期においても、一九三一年四月に重光葵駐華公使が日本の権益を排除しようとする中国側による「抗日排日の直接行動」の実態を予め連盟や列国に理解させておくことで、「行き詰まり」＝日中両国の衝突に備えて国際社会の支持を確保すべきという「堅実に行き詰まる」方針を求めて幣原の理解を得たことや＊25、満洲事変で国際社会に対して日中直接交渉による解決への理解を求め、後にはリットン調査団を通じて満洲の現状を追認させるという独自の国際的解決を模索したことに継承されている。ただし、日本の場合、伝統的に列国の好意的斡旋、後援は歓迎するが、日本にとって「密接」「特殊」、そして「緊切」"vital"な東アジア問題は主体的に解決することを前提としていた。

例えば、日露戦争に際して「最モ恐ルヘキハ他国ノ干渉」として戦争、講和は日露二国間の問題に限定することを大前提とし＊26、講和を中国に関係する列国共同の国際会議で処理しようとしていたローズヴェルト（T. Roosevelt）米国大統領＊27を説得して日露両国の直接交渉による講和談判をなすべきとの勧告を引き出し＊28、日中戦争においても広田弘毅、宇垣一成、松岡洋右、豊田貞次郎、東郷茂徳といった歴代外相はともに第三国による和平勧告や橋渡しは期待しても、その詳細な和平条件にまで干渉されることには一貫して拒否し続けてきた＊29。また、パリ講和会議で日本全権は「サイレントパートナー」と揶揄されたが、これもまた、日本が直接利害関係を持たない「純欧州」「純阿弗利加」といった問題に関与すれば、却ってヨーロッパ列国をして極東問題に「無用ノ容喙ヲナサシムル端ヲ開ク虞アリ」という見地に基づく外交戦略の延長線上にあったといえる＊30。

以上のように、東アジアでは国際平和体制に基づく地域的集団安全保障の枠組が構築されていないばかりか、中心となるべき日中両国の国際協調システムの運用方法も、中国が国際紛争に際して列国を引き込むことで自国に有利な国際環境を作り上げることを重視していたのに対して、日本は東アジアにおける自国の"vital interest"を確保することを目的として自らが主体的に行動する、わけてもその核心部分たる満蒙問題への列国の干渉を防止するために必要な国際理解を獲得することに主眼を置いていた。この国際協調システムに対する日中両国の運用方法の相違は一九二九年中ソ紛争への対応でも表れたが、満洲事変で正面衝突を惹起したことで国際社会に大きな波紋を呼び起こした。

南京政府が満洲事変の連盟提訴に成功したことは、普遍的価値観に基づいてヨーロッパを中心に形成されつつあった国際協調システムの中核として期待された国際平和体制を初めて東アジアの紛争に適用させるものでもあったが、日本は"vital interest"の概念に加えて、ヨーロッパと東アジアにおける国際環境と秩序の相違をもって強く応酬、ドラモンド（J. E. Drummond）やブリアン（A. Briand）といった連盟理事会首脳も実際政治の見地から日中両国の妥協を試みたが、英仏等の大国を中心とするヨーロッパ秩序に不満を持つスペインやノルウェーなどの小国勢力が大国に対抗するためにも連盟規約の原則論を盾にした対応を迫ったことで問題はさらに複雑なものになった。苦しい議事運営を強いられた理事会首脳部は調査委員を派遣することで窮境を打開しようとしたが、その際、日本にとって強力なカードとなったのが本書が指摘した「中国問題」、特に中国政情の混乱であった。それは第五章で述べたように、調査委員を通じて統一された中国という擬制を否定し、中国は主権国家としての要件を欠いているという現実と特殊性を認識させることで満蒙新政権の承認は軍閥が割拠する前近代的国家で起きている事象に対する実際的で、かつやむを得ない措置であることを認めさせるためのものであった。換言すれば、理念的な新外交の枠組が完全に定着するに至らず、"vital interest"の擁護を前提とした上で国際協調をなすという「二重基準」が常態化していた当時の国際社会を背景に＊31、「密接」「緊切」"vital"な東アジア問題は主体的に解決するという日本の伝統的な外交政策の上に立って、国際協調システムを利用して日本が東アジア政策を主導するというそれまでの幣原外交の路線を継承し、その実現を目指したものであった。また、連盟においても中国中央政府の脆弱性と「異常」な政情についてブリアンやセシル（L. Cecil）らが一定の理解を示し、リットン報告書でも「世界平和ニ対スル脅威」と評されるなど＊32、中国の政情不安は最も国際的コンセンサスが得られやすい事項でもあった。
しかし、中国による国際平和体制の逆用というべき国際的解決路線の登場は、幣原がとろうとしていた縦軸と横軸の均衡回復の障害となる。その結果、国際協調システムが横軸からの重大な脅威に変質していったのである。

小括

一九二九年中ソ紛争では理想主義的な不戦条約や連盟の集団安全保障体制は実際的機能を発揮せず、その未成熟さを証明したのに対して、幣原は次善の策とはいえ、実際的見地に基づいて中国の現状に即した地方外交による和平調停を成功させた。その後、中国の政情混乱もあって南京政府との関係を改善させた上で満蒙問題に着手する二段階方式を断念、来るべき満蒙問題の処理に向けて「堅実に行き詰まる」方針のもと、国際世論を日本の味方につけるべく内外への諒解工作を試みる。その発想は、"vital interest"の擁護に必要な「適当ノ自衛措置」をとるにあたって、未成熟とはいえ、その存在が無視できないものとなっていた国際平和体制と、その整備を急ぐ国際協調システムに対して万一の実力行使への理解を求めるもので＊33、日中間の紛争解決をこれの判断に委ねる意はなかった。また、それは当時の国際環境や「自衛権」解釈の動向と照らし合わせれば"vital interest"の擁護という縦軸と、横軸の一つである国際協調システムのバランスをとる唯一の手段というべきもので、「実際的政治家」＊34としては妥当な判断であったという評価も可能なのではなかろうか。

ただ幣原にとっての誤算は内外に対する諒解工作が緒についていない段階で、ソ連の台頭に刺激された関東軍による想定外ともいえる武力行使が実施されたこと、それも満鉄線爆破という局地的事件——かりに日本の説明した通り中国軍の仕業であったとしても（著者は関東軍一部将校による謀略を否定しないが）——をきっかけに、またたく間に在留邦人の"security"確保という名目のもとで広範囲にわたる軍事行動に発展、さらに撤兵条件として満蒙問題の一部解決を盛り込んだ五大綱目が登場したことは、日本が領域外に対する度を越した武力行使を行なったというイメージを国際社会に与えるのに十分であった。欧米諸国、特に連盟による集団安全保障体制の確立を自国安全保障上の"vital interest"とみなしている小国を中心とする「安全の消費国」にすれば、いかなる理由であれ日本の領域外武力行使を容認することはできなかった。なおも幣原は日本の"vital interest"擁護に一定の理解を示す大国を中心とする理事会首脳部が事変介入に消極的であるのを捉え、満洲と中国本部の無政府状態を強く訴えることで調査委員の派遣を実現させ、実際的解決に持ち込む端緒を開いた。幣原は関東軍による軍事行動と国論の硬化、横軸からの脅威といった様々な要素に翻弄されながらも縦軸に基づく外交政策の継続を追求し、横軸の矛盾――特に中国問題、ヨーロッパと東アジアにおける国際環境と秩序の相違――を突くことで国際協調とのバランス回復を試み、一定の成果をあげた。つまり、縦軸に基づく"vital interest"の擁護を絶対的な使命と位置づけ、新外交時代の安全保障体制たる国際平和体制の適用に留保を加えつつ、国際協調システムを後援装置として活用するという基本姿勢は最後まで変化しなかったのである。

しかし、幣原外交退陣後の日本は満洲国を承認したことで連盟との関係を悪化させ、これに対して英仏は自らの利害に基づきヨーロッパにおける政治的安定を優先させて小国勢力と妥協、日本の連盟脱退やむなしとの態度をとった。日本にすれば、国家の最も基本的な権利であり、義務でもある「自己保存権」「生存権」に基づく行動に掣肘を加えるような国際平和体制とその延長線上にある国際協調システムという、第一次世界大戦後の多国間体制のなかに残ることはその国家的生存を脅かすという論理になる＊35。ここに至って、幣原が国際社会を説得すべく強く訴えた満洲と中国本部の無政府状態の存在や、東アジアとヨーロッパにおける環境と秩序の相違、さらには中国に対する利害関係の軽重という問題は、日本の脅威と化した国際協調システムとの関係を断絶するための連盟脱退の理由に転化し、天羽声明に代表されるその後の日本外交を規定する新たな縦軸に変化していくのである。

ここで比較してみたいのは、フランスの教唆と英仏の共謀、そしてこれに呼応したイスラエルの軍事侵攻によって始まったスエズ戦争（一九五六年）におけるイギリスの態度である。イスラエルとエジプトの間で始まった戦争に対してイギリスは、フランスとともに"vital interest"であるスエズ運河を確保すべく最後通牒を発して軍事介入を行ない、イスラエル軍の撤退と英仏の介入阻止を求める国際連合安全保障理事会決議案には拒否権を行使、日本も満洲事変では事実上の拒否権の発動といえる連盟総会決議への反対投票を行なった。つまり、両者ともに自らの行為を"vital interest"擁護のためのものと位置づけ、国際社会の干渉を阻止しようとしていたわけだが、最終的に日本は撤退と満洲国放棄を肯せず連盟を脱退したのに対して、イギリスはアメリカを中心とする国際社会の圧力に屈して停戦、"vital interest"であった中東権益と大国としての地位と権威を喪失することになったが、国際社会の枠組のなかに残った*36。近似した動機を持ちながら異なる結果を選択したのには内外情勢の相違によるところが大きい。

日本の満洲事変は"vital interest"の擁護と国際平和体制という「二重基準」が国際社会のなかに生まれ、後者の未発達と前者優位の観念が色濃く残るなかで両者が交錯する初めてのケースであったのに対して、スエズ戦争は様々な法的、政治的問題をかかえながらもニュルンベルク、東京という二つの戦争裁判が行なわれた後で*37、「侵略」は「違法」であり、「犯罪」を構成するというイメージが国際社会に形成されつつあった。

また、"vital interest"の構成要素には国民感情も含まれるが*38、この見地からは次のような指摘ができる。イギリスがスエズから撤退した直接の原因はポンドの急落や石油カードを握ったアメリカによる実際の圧力であったが、それとともに、国内では与党保守党に対して野党労働党が戦争介入に反対していた上、介入に対する世論の厳しい批判が存在していた。これに対して日本の場合、国内では僅か二十数年前の日露戦争の記憶が色濃く残っていた上、政界では満蒙権益の確保を自明のものとする二大政党（政友会と民政党）が激しく対立しており、満蒙問題の処理を誤れば国内政治上、致命的な失点になりかねなかった。事実、幣原は関東州租借地や満鉄回収といったことは「如何ナル政府ニ於テモ斯カル要求ヲ考量スルノ余地ナキ」と述べ*39、一九三一年一二月一三日に成立した政友会を中心とする犬養毅内閣と「軟弱」と揶揄された幣原外交を擁した旧民政党政権への信任投票にもなった第一八回衆議院議員総選挙（一九三二年二月二〇日）では改選四六六議席中、民政党は一四六議席（前回総選挙では二七三議席）、政友会は三〇一議席（前回一七四議席）を獲得、選挙区内一位当選による議席獲得に至っては民政党六議席に対して政友会は一〇五議席を獲得、政友会が占める議席の割合は六四・五九％にのぼり、いわゆる翼賛選挙（一九四二年四月三〇日、翼賛政治体制協議会推薦議員が三八一議席、改選議席中八一・七五％を獲得）を除けば、第二次世界大戦後も含む日本憲政史上最大規模となる勝利を収めた＊40。

加えて満洲事変の場合、国際社会は武力制裁はおろか、経済制裁すら行なわなかった。英米仏の慎重な態度からしても、日本にとって最大の脅威は実施されることはないであろう国際平和体制による制裁ではなく、満蒙権益が危機にさらされているという現実と、「ソ連問題」によって増幅された軍部を含む縦軸の維持を絶対視する国論にあったのである＊41。従来以上に縦軸に強く規定されることになった幣原外交は、国際平和体制の確立を模索する一方で"vital interest"の擁護を容認する余地がある「二重基準」が存在する国際社会のなかで、東アジアにおける唯一の安定勢力である日本の立場を利用しつつ、"vital interest"の擁護に対する国際社会の理解を獲得することで日本の満蒙権益擁護と国際協調を両立させるという、それまでの日本外交の基本路線を忠実に実行しようとした。しかしそれは、国論に押されてより強い態度で縦軸の優先を求めるようになった日本と、横軸の一つである国際平和体制を優先するレヴェルには達していないが、小国勢力との関係から日本以上に国際平和体制を含む国際協調システムとのバランスに注意するようになりつつあった欧米諸国との間で"national interest"の方向性にズレが生じたことを意味する。ズレが些細なものであれば第一次世界大戦直後の連盟加盟やワシントン体制への順応といったものに近い形で適応できたのかも知れないが、問題の対象は日本の「vital interest の核心」である満蒙問題であった。

日本にすれば「vital interest の核心」が問題になった以上、採ることができる選択肢は実際に幣原が訴えたように、一旦は欧米諸国が直接、間接に認めた日本の"vital interest"としての満蒙特殊権益の存在に改めて理解を求めつつ、満蒙の地方的政権樹立という日中間の中間的な解決と、「二重基準」を利用した国際平和体制との妥協を模索するしかなかった。この意味では幣原外交は内外の困難な状況のなかで最大限の努力をしたといえるが、ナショナリズムの高揚を背景に失地回復を求める中国や、連盟による集団安全保障体制の完成を"vital interest"とみなしている多数の小国勢力を納得させられるものではなかった。その後、出先官憲の主導によって満洲国が誕生、期待されたリットン調査団も日本にとっての中国本部と満蒙は「死活的利益(vital interests)」であることは認めたものの、列車爆破を受けた軍事行動は「自衛権」の行使とは認められない、日本が「満蒙問題解決ノ唯一ノ方法」(内田康哉外相)として承認に踏み切った満洲国も傀儡国家と認定、解決策としての国際管理を提案した*42。"vital interest"を維持するために必要とした満洲国の存在を否認された日本は連盟を脱退、"vital interest"の概念を用いて国際協調システムを逆用することで縦軸と横軸のバランス調整を試みるという幣原の路線は失敗に帰した。

最後に、横軸よりも"vital interest"とその核心の擁護という縦軸に基づく外交を優先した幣原の姿勢が、満洲事変後の日本外交の潮流にどのような理論的影響を与えたのか、これについて本書なりの見解をまとめてみたい。

三　幣原外交の歴史的連続性――"vital interest"の拡大――

一九三三(昭和八)年二月二〇日、内田康哉外相はリットン報告書に基づく総会決議が採択されれば連盟脱退を断行すべく総会からの代表引き揚げを訓令したが、その翌日、連盟脱退後も「亜細亜ニ退キ欧米諸国トノ関係ヲ疎略ニスルノ趣旨ニハアラス」として、極東に「利害関係」を有する諸国との間で「必要ノ協調」をはかるよう求めた*43。

確かに、満洲事変後の日本外務省は欧米諸国による東アジアへの政治的干渉を防止すべく九ヵ国条約の持つ利害関係国を一律対等に扱う概念に強い拒否感を示し*44、ワシントン会議以降の東アジア情勢は中国問題を中心に「根本的ニ変化」した結果、「国際会議又ハ多辺的条約ニ依リ支那問題ノ処理解決セムトスル企図カ完全ニ失敗ニ帰シタ」として同条約の機能は喪失したとみなしたが*45、国際世論を刺激しかねない九ヵ国条約の無効論は避けて「自然消滅ニ導ク」べきとしたように*46、欧米諸国との正面衝突は努めて回避しようとした。つまり、満洲事変後も縦軸に基づく"vital interest"の擁護と国際協調を両立させるという従来からの基本方針の継続を試みていたわけだが、結果的には周知のように日本と欧米諸国との関係が悪化していく。その背景には第一に、連盟脱退の理由にもなった中国の特殊性や中国に対する利害関係の軽重、第二には、日本の"vital interest"の安全を保障できない国際平和体制と国際協調システム＝多国間体制への低い評価という、幣原外交からの理論的連続性が存在していた。この観点に立って幣原に代表される日本にとっての国際協調外交と、広田弘毅、重光葵に代表されるアジアモンロー主義的外交の理論上の比較を行なうことで、幣原外交の歴史的連続性を検討する。

「vital interestの核心」の拡大

満洲事変後のアジアモンロー主義的な外交政策の特徴を簡潔にいい表すならば、第一に、主権国家としての能力を欠いている中国にはその特殊性から既存の国際法、秩序を適用することは困難である。第二に、連盟や第三国による援助は中国の内部的混乱を助長し、中国をめぐる国際関係も悪化させるので、東アジアには同地域における唯一の安定勢力である日本を中心とする秩序を建設すべきである。そして第三に、秩序建設にあたっては防共概念などを利用して国際協調の回復をはかる一方、日中の関係強化を通じて中国から欧米の政治勢力を排除しようとしたものということになる。そのアジアモンロー主義的外交政策の中心的人物は広田外相から対中政策の具体的措置を任されていた重光外務次官である＊47。

満洲事変前には幣原外交の旗手といわれた重光は＊48 事変後、中国は「政治的ニ崩壊」しており「社会的ニモ亦経済的ニモ漸次崩壊ノ一途ヲ進ミツツア」る、今後も統一政府が樹立される可能性は極めて低く、「支那ノ将来ハ見込ナシ」と酷評したように＊49、満洲事変を挟んで主権国家としての体をなさない特殊な国というイメージ――これは重光に限ったものではなかったが――を増幅させた。そして、極東には「無統制」な状態にある中国と「全然思想及政治上ノ組織ヲ異ニスル」ソ連が存在していることから、ヨーロッパに比して「遥ニ後レタル国際関係ニ立テル極東ノ事態ハ今俄ニ欧州並ノ理想的平和条約、若クハ組織ニ適合セシムルニハ不適当」であるとした＊50。

加えて、満洲国を日中何れの領土にもせず独立国にするという満洲事変に関する日本の「中間的解決方法」に対抗する中国は欧米諸国から軍事顧問や飛行機、武器などの人的、物的援助を受けている、こうした「以夷制夷」的な外交政策は、列国の中国における「政治的利権ヲ伸張」するだけでなく「日支関係ヲ悪化」させ、さらには「内乱ノ助長」をも招く東アジアの撹乱要因であると批判、日中の「宥和提携」を通じて欧米の政治的勢力を駆逐することで中国が「他国ノ管理下」、もしくは「他国ノ援助ヲ得サルヘカラストセハ其他国ハ即チ日本」であることを国際社会に認めさせようとした＊51。そして外務省は中国の以夷制夷的な外交政策を警告する意味を含んでいた天羽声明＊52に関する説明のなかで、門戸開放・機会均等の原則は支持するが、日本の地理的環境から東アジアにおける平和と秩序の維持は日本の「国家存立上最モ重キヲ置ク」もので「特殊ノ関心」、あるいは「最も死活的な関心（most vital concern）」があると改めて喚起するとともに、この関心は「数年来ノ東亜ニ於ケル事態ノ変遷ニ鑑ミ一層深メラレタリ」と述べた＊53。

つまり、重光のアジアモンロー主義的外交政策は、幣原外交から引き継いだ"vital interest"としての中国と同国の政情不安という特殊性、さらには東アジアとヨーロッパにおける環境と秩序の相違、あるいは第二次幣原外交期に垣間見られた東洋平和に対する責任という観点を発展させる形で欧米諸国の東アジアに対する政治的干渉を防ぎ、日本がその指導的地位を占めるべきという理論に基づくものであった。そして満洲事変に際して南京政府が持ち出した国際的解決路線と、その延長線上にあるとみられていた宋子文財政部長を中心とする第三国との連繫を深めようとする動きを日本の「vital interest の核心」である満蒙問題（満洲国）を揺るがすものと判断し、満洲事変前は一定の妥協が可能であった中国本部との問題にもより硬直した態度をとるようになった。いわば、日本の「vital interest の核心」を擁護するためには主権国家としての能力を欠いている中国を撹乱する第三国の容喙を排除しなければならない、そのためにも幣原が主張し続けていた中国と最も利害関係が深く、特別な関係にある日本を中心とする東アジア地域秩序を構築すべきであるという、「vital interest の核心」の拡大というべき理論が付加されたのである。

幣原の国際協調外交と重光に代表されるアジアモンロー主義的な外交とを比較した場合、幣原は機能面で多くの問題を抱える国際平和体制の適用には慎重な態度をとる一方で、国際協調システムの逆用を試みた。即ち、ワシントン体制を始めとする多国間国際協調の枠組のなかにあって、欧米諸国の東アジアに対する政策の優先順位が相対的に低かったのを捉えて、日本は現実の問題として東アジアに「死活」「密接」「緊切」な関係を有していることを主張し、これを梃子にして東アジア国際政治の主導権を握ろうとした。これに対して重光は、利害関係を一律対等に扱う概念を持つ多国間による国際協調の枠組は中国の以夷制夷的な外交政策に利用される上、"vital interest"に関する日本の主張も通らなくなるとし、利害関係の軽重を国際社会に訴えた幣原の理論を発展させ、日本の死活問題という見地から国際平和体制に加えて、国際協調システム＝第一次世界大戦後の国際社会の大勢であった多国間体制に対しても明確に一線を引いた。それが重光のいう多国間集団機構（collective system）に代えて各国ごとに異なる東洋に対する利害関係を突く国別交渉方式、即ち個別の手段（individual method）である＊54。それはまた、幣原外交以前には対中・満政策を遂行するための後援装置であった国際協調システムが、事変後には日本の国策遂行を阻害する対立概念として捉えられるようになったことを意味した。

付言すると、国内的には外務省と陸軍、あるいは東京に対する関東軍、天津軍という出先サイドとの認識格差を調整し、対外的には日中提携と欧米諸国との関係修復を試みた防共外交も＊55、ソ連を"vital interest"である中国に対するさらなる撹乱要因と位置づけたもので＊56、この論理は日中戦争に対する国際社会の干渉を防止するためにも援用された。日本政府および外務省は日中戦争を中国国民党が中央政権の獲得、強化のために「赤化勢力ト苟合シテ反日侮日」を激化させ、これが「爆発点」に達した結果であるとして、共産主義勢力による中国撹乱を戦争の原因の一つと位置づけた。次に戦争は日中両国の「生存ニ重大関係ヲ有スル」という"vital"な問題であるが故に、「東亜」に「利害関係ヲ有セサル国ヲモ含ム多数国ノ会議ニ依リ之カ解決ヲ図ルハ却ツテ事態ヲ紛糾セシメ」るとして、中国が試みていた国際的解決を否定、共産主義勢力の浸潤などで東アジア情勢が「九国条約成立当時トハ著シク異レルモノ」になったとして九ヵ国条約への疑義を公式に提起した。そして第三国による攪乱要因を排して日中二国間による根本的な国交調整を行なうとして*57、拡大した「vital interest の核心」を確保するためにも、改めてアジアモンロー主義的な態度を表明したのである。

多国間体制への失望

国際平和体制を含む国際協調システムは多国間体制と言い換えることもできるが、幣原はこうした枠組は「空論」を闘わせるだけで、日本にとって「迷惑至極」なものになると批判した*58。これと同様に広田、重光も多国間体制には低い評価しか与えていなかった。重光は先に言及した通り日本の"vital interest"を擁護するどころか、これを妨害しかねない存在とみていたし、広田も中国の提訴を受けた連盟が日中戦争の措置をなすにあたり九ヵ国条約締約国会議の開催を求めたことや、同会議の開催に際して英米は自らが招請国になるのを避け、招請国となったベルギーも英米の要請に基づいた招請の形式をとったことをもって、各国は問題処理の「責任ヲ転嫁」していると評した*59。つまり、幣原のいう「空論」を闘わせるだけで無力な多国間体制観が日本外交の底流に流れ続けていたのである。

多国間体制への低い評価は近衛文麿の国際認識につながる。近衛が東亜新秩序声明を発して九ヵ国条約を事実上否認した背景には、日本の決意と態度次第で英米は妥協するとの判断があった*60。近衛の態度は多国間体制が機能していないことと、連盟脱退によって国際社会に強い決意を示した日本に対してイギリスが満洲国の存在を事実上容認する姿勢をみせたこと*61の裏返しであったといえるが、結果的には各国の抗議を招いて*62日米開戦理由の一つである東アジア秩序をめぐる原則論の対立を用意した*63。また、東亜新秩序声明と時を同じくして連盟に対する協力終止を声明したことは、国際社会をして日本は独伊と同じ現状打破国であるとのイメージを持たせたのである*64。

一方、中国の国際的解決も必ずしも有効な外交政策とはいえなかった。連盟は満洲事変を起こした日本に対して何等制裁を加えることができなかったし、日中戦争でも国際的解決を模索した蒋介石自身、国際社会を思うようにコントロールできないことに苛立ちを感じていた＊65。というのも、欧米諸国は日中戦争の勃発を契機に日本への圧力を強めていたが最大の関心事はナチスが台頭するヨーロッパ情勢であり、彼等の"vital interest"も東アジアには存在していなかった。事実、米英はヨーロッパ、アジアの二正面作戦を好まず、対日戦争を避けることを最良の選択肢としており＊66、反全体主義という大義名分を掲げながらも、実際は国際政治上の"interest"に基づいた対応を試みていた。中国が戦勝国の列に加わることができたのは国際情勢の変化が幸いした結果というべきであろう。

日本では多国間体制に対する幣原の低い評価がそのまま受け継がれており、その体制も各国が自己の利害に基づいて行動するが故に機能不全に陥っている以上、日本と欧米諸国の間で東アジア秩序をめぐる原則論が対立していても、相互の"vital interest"が抵触しない限りは一定の妥協は可能ということになる。それが日中戦争中に有田八郎外相が試みた門戸開放主義の修正要求や揚子江開放、天津租界などの具体案件の交渉を通じた東亜新秩序の事実上の容認を求める外交姿勢として表れるのである＊67。

"vital interest"の拡大と日米開戦の論理

東アジアに対する第三国の干渉を拒否するという論理は、日満中を根幹とする「帝国ノ存立ニ欠クヘカラサル」東亜新秩序に姿を変え＊68、さらには第二次世界大戦の影響を受けて空白化しつつあった東アジア植民地の再編問題を背景に締結された日独伊三国同盟にも反映された。それがナチスの「生存圏」という言葉を逆用した「大東亜」の指導権確保＝独伊による「大東亜」に対する干渉阻止であり、松岡洋右外相は日本の勢力範囲容認を渋るドイツとの交渉を成功させるべく同国との提携関係を対英米軍事同盟レヴェルにまで引き上げることで妥結に持ち込んだ＊69。

「大東亜新秩序」というさらなる日本の"vital interest"の拡大は独伊への牽制という意味では成功したが、この時すでにアメリカはナチス・ドイツによる西ヨーロッパ制圧を自国の"vital interest"である西半球に対する直接の脅威とみなして参戦に傾斜していた。ここに至って初めて日米の"vital interest"が接触するのである。

これと前後して一九四〇（昭和一五）年一一月三〇日締結の日華基本条約で防共駐兵が明記された*70。先述したように日本にとっての「防共」は国内的には満洲事変後の東京と出先、あるいは外務省と陸軍の関係を調整する機能を持つ国内における"vital interest"の構成要素でもあった。首相となる東条英機は防共駐兵を「心臓」とし、これすら譲歩することは「降伏」を意味する、駐兵なき中国からの全面撤兵を行なえば同国の治安状態は悪化し、満洲国の存在や朝鮮統治も危機に瀕すると述べ、東郷外相も日中戦争での犠牲の成果を無視するアメリカの要求を甘受することは「日本トシテハ自殺ニ等シ」いと申し入れたように、防共駐兵は日米交渉の大きなネックとなったのである*71。

一九四一（昭和一六）年秋、日米の相互誤解とアメリカによる対日石油禁輸の実施で日米関係は急速に緊張の度を深め、両国の交渉は佳境の段階に入っていた。

日米間で最後まで懸案として残ったのは、周知のように日独伊三国同盟における自衛権発動の解釈、中国からの撤兵、中国を含む太平洋における通商無差別の適用であった。三国同盟の解釈問題は日本の"vital interest"とは直接の関わりがないので細かく触れないが*72、日本は撤兵問題に関して、安定を欠く中国の国内政情はしばしば「国際的紛争」を惹起し、悪化する治安は経済関係にも響くという見地から「日本ノ存立其ノモノニ直接甚大ナル影響ヲ及ホス」、中国を舞台とする「重大ナル事態発生」を未然に防ぐためにも一定の地域と期間の駐兵継続が不可欠である、また、中国との間で「ヴァイタリー」な関係を有する日本としては国際軍隊による治安維持案は受諾できないとの基本的立場を堅持し*73、通商無差別についても、大東亜共栄圏構想との整合性をとるために通商無差別を原則的に承認した上で、アメリカのモンロー主義を喚起しつつ「一国存立上必須ノ要求ハ先ツ其ノ隣接地域トノ関係ニ於テ相互ニ充足調整セラルル」とすることで、多年にわたって日本が主張し、国際社会でも行なわれている地理的近接性に基づく特殊関係を留保しようとした*74。

その後、日本は甲案で通商無差別の原則が将来「全世界ニ適用セラルル」ことを条件に日中両国の「地理的近接ノ事実ニ依ル緊密関係」に基づく特殊関係を自ら否定したが*75、これに対してハル（C. Hull）米国国務長官は通商無差別の全世界的実施に先だって、速やかに日米両国が中国を含む太平洋全域で通商無差別の原則を適用すべきとする試案を提示した*76。東郷は世界的にみて通商無差別が現実に行なわれていないなかで「支那ニ於テノミ本原則ヲ適用セントスルコトハ非実際的」であり、「支那ニ於ケル本原則ノ適用ハ世界ニ於ケル本原則ノ適用ノ度合ニ応シテ之ヲ行ハントスルモノナリ」と応酬し*77、交渉を援助するためにアメリカに急派されていた来栖三郎大使も通商無差別の適用による急激な経済機構の変革は却って中国に動揺をもたらすとして再考を求め、通商無差別が「集団機構的」なものに発展し、多数決によって日本の要求を"vote down"（＝否決）するような体制に応じることはできないと反論したが*78、アメリカはハルノートを通じて通商無差別の無条件適用、中国からの全面撤兵、多辺的不可侵条約の締結を要求したことで日米交渉は事実上終了した*79。

日本政府は一二月六日付の対米覚書のなかで、多辺的不可侵条約の締結は「集団的平和機構ノ旧構想ヲ追フ……東亜ノ実情ト遊離セルモノ」であり、中国からの「全面撤兵ノ要求ト云ヒ、或ハ通商無差別原則ノ無条件適用ト云ヒ、何レモ支那ノ現実ヲ無視シ東亜ノ安定勢力タル帝国ノ地位ヲ覆滅セントスルモノ」と批判した*80。

つまり、縦軸に基づいて日本の「vital interest の核心」たる満蒙権益を擁護するという明治以来の日本外交の基本方針は幣原外交を通貫するものであったが、第二次外相期に顕在化した横軸からの脅威（中国問題、ソ連問題、ヨーロッパと東アジアにおける国際環境と秩序の相違、およびその影響）に対して縦軸とのバランス調整に失敗したことは、縦軸と横軸の乖離を促進した。その結果、"vital interest"の擁護を最優先に掲げる日本外交は硬化した国論を背景に、脅威の度を増した横軸に対応するためにも"vital interest"とその核心部分を中国本部、さらには「東亜」「大東亜」にまで拡大させる。そして一九四一年一一月末に至って、国内の秩序が著しく不安定であるがために第三国によって撹乱されがちな中国（中国問題）において、防共駐兵（ソ連問題）を行なうことは「東亜ノ安定勢力」としての立場からも不可欠であり、また、満洲事変を経て限界が露呈した「集団的平和機構」や「東亜ノ事態ヲ紛糾ニ導キタル最大原因ノ一タル九国条約」といった多国間による国際協調システムを東アジアに適用することは容認できないという結論が導き出されるのである（ヨーロッパと東アジアにおける国際環境と秩序の相違、およびその影響）。

特に明治以来の日本の"vital interest"とその核心の擁護、そしてこれに深い関わりを持つ東アジア秩序めぐる問題が日米開戦の理由になったことは、縦軸の概念に基づき「日本の地位を外から認めさせる」という方針のもと＊81、横軸の一つでもある国際協調の枠組を利用し、これと両立させながら東アジア問題を主導しようとしてきた日本の伝統的な外交政策が破綻したことを意味した。再び日本の"vital interest"擁護と国際協調のバランスという問題が解決するのは、ソ連と対立する米英によって日本が西側陣営の共同防衛体制のなかに組み込まれ、その任務が本土防衛に限定されたことで大規模な攻撃兵力が不要になり、経済的にもアメリカから資源と市場の供給を受けるようになるのを待たなければならなかった＊82。ここに至って日本の"vital interest"は中国大陸から日米関係に転化するのである。

最後に、今後の課題を提起しておきたい。本書は第二次幣原外交期を中心として日本の「vital interest の核心」をめぐる外交問題をその起源と理論的な側面に絞った影響を含めてその歴史的意味を含めて論じてきたが、中国との「密接」「緊切」"vital"な関係と並んで日本が事ある毎に喚起してきたのは東アジアの地域秩序問題であった。

北清事変と日英同盟の締結を通じて東アジアの平和と秩序維持の担当者としての地位を獲得した日本は、日露開戦や韓国併合、第一次世界大戦参戦の大義名分を「極東」「東洋」の平和維持に求めた＊83。また、第一次世界大戦中にヨーロッパ派兵を求められた際には、陸軍は輸送上の困難から、海軍は日本の主力艦隊の存在そのものが「東アジアにおける平和の保障の強い要因」であり、同地域の非常事態に備えることは日英同盟の義務を全うする所以であるとして派兵を謝絶した＊84。その後も東アジア唯一の列強国としての意識と、中ソ両国の不安定状態を背景に日本が東アジア秩序の維持に責任を持つべきという意識は第二次幣原外交期を含めて随所に現れ＊85、第二次世界大戦末期においても、連合国の国際連合構想は画一的な集団安全保障体制で、強力を背景とした大国による独裁であると非難し、「実情ニ即シタル地方的安全保障」を求めて東アジアに対する普遍的秩序の適用を留保しようとしたことにもつながる*86。こうした概念は、幣原が目指した日本の東アジアにおける中心的役割、あるいは満洲事変後の東アジアの安定勢力を自任するアジアモンロー主義的な外交政策と深い関わりを持つものであろう。

このように考えると、日本にとっての"vital interest"の確保という問題と、東アジアの平和と秩序維持の担当者としての国際的地位は表裏不可分の関係にあったのではないか。このような観点に立つ時、いかに日本が国際協調と両立させつつ、東アジアにおける発言権を確保、拡充していったかについて、本書では詳しく触れることができなかった経済問題のほか、軍部や外務省内の動向などの国内問題とあわせて論じなければならないが*87、紙面の都合上別稿に譲ることとして一まず稿を閉じる。

*1　東泰助氏は連盟が第二次世界大戦を防止できなかったのは制度に欠陥があったからではなく、加盟国の多くが利己的な行動をとったためと指摘している（東泰助「国際連盟における全会一致の原則」（『国際関係論の総合的研究――一九八三年度版――』一九八四年）一一三頁）。

*2　幣原喜重郎は国際法と現実の両面から集団安全保障体制の欠点を指摘していた。法的には連盟の安全保障体制が強制力を欠いていたことと全会一致主義の問題であったが、現実面では各国は"national interest"というべき自らの利害関係に基づいて行動することを踏まえ、国際紛争の解決は直接の利害関係国同士でなすべきで、そうでない国が協議に加われば各国の意図が交錯して却って紛糾するとした（武者小路公共『外交裏小路』講談社、一九五二年、八二～八八頁、幣原喜重郎駐米大使発内田康哉外相宛第二八三号一九二〇年六月四日（『日外』大正九年第三冊下巻、一〇九八～一一〇〇頁）。また、第二次世界大戦後の安全保障についても、現実問題として国際社会が「自国の将兵を犠牲にして日本を守って呉れることは有り得ない」、有事におけるアメリカの対日援助も同国の「利害」に基づいて行なわれるもので、国際連合の存在とは関係がないと述べている（「四長老会談の件」における幣原談話、一九四七年九月三日（『日外』サンフランシスコ平和条約・準備対策、二八一～二八四頁））。

*3　進藤栄一ほか編『芦田均日記』第一巻、岩波書店、一九八六年、一九四六年二月二二日条。服部龍二氏は幣原首相がマッカーサー連合国軍総司令官に示唆したとされる戦争放棄は「理想論」としての意見表明であって、憲法の条項に組み入れることは想

定外であったと指摘している（服部龍二『幣原喜重郎と二十世紀の日本――外交と民主主義』有斐閣、二〇〇六年、二二四～二三一頁）。

＊4　入江昭『日本の外交――明治維新から現代まで』中央公論社、一九六六年。

＊5　幣原「外交管見」一九二八年一〇月一九日、慶應大学における講演（「幣原平和文庫」R七、国立国会図書館憲政資料室蔵）。

ここに、本書がしばしば言及した内田康哉との比較が可能になる。幣原、内田とも日本の"vital interest"の擁護を絶対視していたことでは一致しているが、内田は「連盟ノ存在ヲ考慮スヘキ」（リットン）という観点に対して、「我方ニ於テ飽迄強硬ニ之ヲ主張セハ其ノ目的ヲ達スルコト不可能ナラサルヘシ」と述べるなど、"vital interest"の概念に基づく「二重基準」を貫徹しようとした〔内田発沢田節蔵連盟事務局長ほか宛合第一五四九号「連盟調査委員ト会談ノ件」一九三二年七月一六日（「満洲事変・善後措置関係・国際連盟支那調査員関係」**A.1.1.0.21-12-2**　外務省外交史料館蔵）、内田発連盟代表宛第五号一九三三年一月一七日（「満洲事変・善後措置関係・国際連盟ニ於ケル折衝関係」〔以下、「折衝」〕**A.1.1.0.21-12-1** 外務省外交史料館蔵）〕。

これに対して幣原は第二章註36、第五章結論部でも触れたように、東洋平和を始めとする普遍的価値観に貢献するという論理を持ち出そうとした。これは中国に対する「共存共栄」とならんで、新外交時代にあって日本の"vital interest"である対中・満政策を再編するための新しい論拠になり得るもので、それはまた、最優先すべき日本の「利害」と「時勢の進歩」である国際協調システムを巧みに融合させようとしたものでもあった。しかし、一九二九年中ソ紛争の調停が実際の効果を重視した裏面の橋渡しに終始したことで東洋平和への貢献という論理は大々的に表明されずに終わった。そして幣原にとって突発的であった満洲事変では国内の硬論を背景に死活的な権益を確保するための五大綱目を高調したが、地域の平和、安定といった価値観を本格的に持ち出したのは連盟調査委員派遣を求めた一九三一年一一月二〇日以降で、後出しの感は否めなかった。

＊6　小林道彦ほか編『内田康哉関係資料集成』第一巻、資料編一、柏書房、二〇一二年、三九四頁。

＊7　藤倉皓一郎「リアリズムの法理論」（八木鉄男編『現代の法哲学理論』世界思想社、一九七一年）、徳永賢治「リアリズム法学の一考察」（『沖縄法学』第三六号、二〇〇七年）。

＊8　北清事変への日本の対応については、斎藤聖二『北清事変と日本軍』芙蓉書房出版、二〇〇六年を参照。

＊9　"vital interest"に関する問題ではないが、石井菊次郎連盟日本代表がコルフ島事件でイタリアが何らの利益を得られなかったことと、小国を中心とする多数の連盟加盟国の反発を買ったことは「山師的政事屋ニ好手ノ教訓ヲ提供」したと述べている程度である〔連盟総会代表発伊集院彦吉外相宛第四三号一九二三年九月一三日（『日外』大正十二年第三冊、三八〇～三八二頁）〕。

＊10　幣原発松平恒雄駐英大使ほか宛「支那政局概観報告ノ件」一九二九年一二月二八日（「牧野伸顕関係文書（書類）」R三三、国立国会図書館憲政資料室蔵）。

＊11 「北方政府樹立ニ対スル我方態度ニ関スル件」一九三〇年九月一六日（「支那内乱関係一件・蒋介石ニ対スル反感騒擾関係・北方政府組織関係・帝国ノ態度」A.6.1.5.1-10-8-1 外務省外交史料館蔵）。

＊12 幣原発林久治郎駐奉天総領事宛第六号一九三一年一月一七日（*Archives in the Japanese Ministry of Foreign Affairs, 1868-1945*, R. S484）。

＊13 熊本史雄氏は日本のアジアモンロー主義的な「東亜」概念を、中国を主権国家としてみなさない見解を基にして、日本の特殊的地位の正当性を説いたものとしている（熊本史雄『大戦間期の対中国文化外交――外務省記録にみる政策決定過程――』吉川弘文館、二〇一三年、二三二～二三九頁）。この時期、アメリカと中南米諸国との間で国家の権利と義務についての協定が結ばれたが、その第一条には国際法上の「国家」の必要条件として、国民と領域の外に、政府の存在と外交上の能力を明記している（Convention on Rights and Duties of States, Signed at Montevideo, December 26, 1933, *FRUS, 1933*, vol. IV, pp. 214-218）。即ち、日本からすれば確立された中央政府を持たない中国は主権国家の要件を欠いており、国際法主体として認めるには難があったということになる。

＊14 重光葵は、満洲事変で「最モ重要デ……死活ノ問題」が認められなかったことが転機となって日本は国際協調路線から脱却し、自主外交を選択したと述べた（重光葵『我外交ノ基調』ニ就テ」一九三四年五月一日（「重光大使ノ欧州政局報告」A.2.0.0.X1 外務省外交史料館蔵））。また、連盟に代表される多数国による集団機構（collective system）をやめなければ、中国による以夷制夷的な外交によって日本は「他国ト争ハナケレハナラヌ時代カ来ル」と述べ、急変する国際情勢に対応できずに限界を露呈した欧米諸国による現状維持機関でもあった多国間集団機構（collective system）に代えて、個別の手段（individual method）を通じた「協和外交」によって中国の以夷制夷的な外交政策を抑制して日中関係を「正道」に導くべきと訴えた（重光「我外交陣容ノ充実改善ニ就テ」一九三五年三月二一日（外務省「一般執務提要」第一号、外務省外交史料館蔵））。

＊15 参謀本部「満洲事変に於ける軍の統帥（案）」（小林龍夫ほか編『現代史資料』第一一巻、一九六五年、三一〇～三一三頁）、本庄繁関東軍司令官発荒木貞夫陸相宛書翰一九三一年一二月一四日（「荒木貞夫関係文書」R三〇、東京大学大学院法学政治学研究科附属近代日本法政史料センター原資料部蔵）。

＊16 拙稿「満洲事変前の奉天兵工廠をめぐる日中関係――『日中兵器同盟』と深沢暹による武器売り込み運動――」（『国史学』第一八六号、二〇〇五年）。このほか、小林道彦氏も南京政府と東北政権に対する宥和措置の一環としての「日支兵器同盟」に言及している（小林道彦『政党内閣の崩壊と満洲事変――1918～1932――』ミネルヴァ書房、二〇一〇年、二一八～二三四頁）。

＊17 防衛庁防衛研修所編『戦史叢書52　陸軍航空軍備と運用〈1〉昭和十三年初期まで』朝雲新聞社、一九七一年、三二四～三二八頁。

＊18　前掲、本庄繁発荒木宛書翰。
＊19　『東京朝日新聞』一九三二年一一月一四日朝刊。
＊20　「四頭政治」を統一した陸軍、特に満蒙問題で主導権を握った関東軍が来るべき対ソ戦作戦準備のためにも華北分離工作に傾注した結果、東京に対する関東軍、天津軍という出先サイドとの認識格差が顕在化していた〔防衛庁防衛研修所戦史室『戦史叢書8大本営陸軍部〈1〉昭和十五年五月まで』朝雲新聞社、一九七六年、三六〇～三六一頁、芳井研一「華北分離工作の背景」（『人文科学研究』第七一輯、一九八七年）〕。
＊21　家近亮子『蒋介石と南京国民政府――中国国民党の権力浸透に関する分析――』慶應義塾大学出版会、二〇〇二年、第三、四章、同「蒋介石と日米開戦――『持久戦』論の終焉――」（『東アジア近代史』第一二号、二〇〇九年）九五頁。
＊22　家近「蒋介石と日米開戦」、何力「中国の関税自主権の回復と日中関係――国民政府の『連英米制日』を中心に――」（『法と政治』第五〇巻第二、三号、第五一巻第三・四号、第五二巻第二・三号、一九九九～二〇〇一年）、鹿錫俊『中国国民党の対日政策　1931―1933』東京大学出版会、二〇〇一年、同「世界化する戦争と中国の『国際的解決』戦略――日中戦争、ヨーロッパ戦争と第二次世界大戦――」（石田憲編『膨脹する帝国　拡散する帝国――第二次大戦に向かう日英とアジア――』東京大学出版会、二〇〇七年）、同「日独伊三国同盟をめぐる蒋介石多角外交――中国指導者の内面から見た太平洋戦争への転換点――」（『年報日本現代史』第一六号、二〇一一年）。高文勝氏は済南事件において日本を牽制すべく連盟提訴とアメリカとの提携を試みたことが国際的解決路線の起点になったと指摘している〔高文勝「済南事件をめぐる国民政府の対応」（『日本福祉大学研究紀要――現代と文化』第一一二号、二〇〇五年）〕。
＊23　例えば、入江『日本の外交』二六～二九頁。また、一九世紀における国際法主体としての「文明国」と日本の「文明国」化については、筒井若水「現代国際法における文明の地位」（『国際法外交雑誌』第六六巻第二号、一九六八年）、小林隆夫「ヨーロッパ国家系の変動と日本の入欧」（『中京大学教養論叢』第三九巻第一号、一九九八年）を参照。また酒井一臣氏は「文明国標準」という視点から国際協調外交を分析している（酒井一臣『近代日本外交とアジア太平洋秩序』昭和堂、二〇〇九年）。
＊24　イギリスによる利権拡張や中国の国際共同管理問題を再燃させた臨城事件と日本の対応については、酒井『近代日本外交とアジア太平洋秩序』第七章、馬場明『日中関係との外政機構研究――大正・昭和期編――』原書房、一九八三年、第四章を参照。イギリスは臨城事件の善後策として中国交通部鉄道総局に外国人が監督する鉄道管理局の設置を求めたが、日本はイギリス案を外国人による中国国有鉄道の実質的な経営関与を許すものであるとして警戒、「華府会議ノ精神ヲ尊重スル」見地と、中国に対する「接壌国トシテ政治上経済上特殊緊密ナル関係」にある立場から再考を求めた〔「閣議決定」、内田外相発埴原正直駐米大使宛第四三七号一九二三年八月二四日（『日外』大正十二年第二冊、五四五～五四九頁）〕。

＊25　重光葵『外交回想録』毎日新聞社、一九七八年、八一～八二頁。

＊26　「閣議決定」一九〇三年一二月三〇日（『日外』第三十六巻第一冊、四一～四五頁）。

＊27　金子堅太郎「米国大統領会見始末」一九〇七年七月九日（『日外』日露戦争V、七〇八～七一〇頁）。

＊28　グリスカム駐日米国公使発小村寿太郎外相宛一九〇五年六月九日（同右、二三五～二三六頁）。管見の限りでは、第三国による干渉問題や講和の方式を含めて、小村寿太郎の戦時外交を詳述したものは、外務省編『小村外交史』原書房、一九六六年、三六五～四五九頁ぐらいである。なお、日露講和会議を直接交渉とするか、列国会議にするかという問題については、別稿で論じたい。

＊29　例えば、「在京独逸大使ニ対スル回答案」一九三七年一二月二一日、「日支和平交渉ニ関スル件」一九三八年八月六日、陸海外三省協議決定「重慶和平交渉ノ件」同年一〇月一日、外務省「対重慶和平予備交渉準備要項」同月二日（『日外』日中戦争第一冊、二一八～二一九、三六二～三六八、五七六～五七八頁）、「松岡大臣『オット』独逸大使会談要領」一九四〇年八月一日（『日外』第二次欧州大戦と日本、第一冊、一八八～一九三頁）、松岡洋右外相・クレーギー駐日英国大使会談同年九月一六日（『日外』日中戦争第四冊、三〇六四頁）、松岡発野村吉三郎駐米大使宛第三六五号一九四一年七月一五日、豊田貞次郎外相発野村宛第四四八、五九五号同年八月五日、九月二五日（『日外』日米交渉上巻、一四六～一五〇、一九六～一九七、三六八～三七一頁）、東郷茂徳外相発野村宛第七五五、八一六、八二二号同年一一月一〇、二三、二四日（同下巻、九四～九五、一七二～一七三、一七七～一七八頁）。研究としては、日米開戦直前の松岡洋右、豊田貞次郎、東郷茂徳三外相について論じた波多野澄雄「対米開戦と中国問題」（『東アジア近代史』第一二号、二〇〇九年）がある。

この問題に関連して、吉田茂駐英大使はイーデン英国外相との会談のなかで、日本国民は三国干渉やワシントン・ロンドン両海軍軍縮会議で第三国から干渉と圧力を受けたと感じ、国際会議に対する「偏見」を抱いているがために、九ヵ国条約会議で日中戦争の和平勧告が出されたとしても日本政府としては受諾することはできないと述べている〔吉田茂駐英大使発広田弘毅外相宛第八三八号一九三七年一〇月三〇日（『日外』日中戦争第三冊、一六七三～一六七五頁）〕。

＊30　例えば、「日独戦役講和準備委員会決議及説明案（四）」（第二十四回会議、一九一六年五月三一日）における資料。このほか、同様の趣旨は、「第十五回会議」「第十九回会議」（同年三月一五日、四月二六日）でそれぞれ決議され〔「講和準備調査委員会・日独戦役講和準備委員会会議録」2.3.1.2-2 外務省外交史料館蔵〕、講和会議に対する訓令でも日本が直接「利害関係」を持たない問題への容喙を戒めている〔内田外相発珍田捨己駐英大使宛第七〇二号一九一八年一二月二六日（『日外』大正七年第三冊、六六六～六六七頁）〕。

著者はこうした面も含め、意外と実証的に検証されていない問題として、第一次世界大戦の参戦からパリ講和会議にかけて日本が国家としてどのような戦後の世界、東アジア像を想定していたのか、それに向け連合与国に対していかなる布石を打ったのか、あるいは打とうとしていたのかについて体系的に論述したいと考えている。なお、日独戦役講和準備委員会の委員長を務めたのは幣原であったことと、日本のが「純然タル欧州ノ政治問題」に介入することは第三国の極東問題に対する容喙を招くという発想が外務省内に残っていたこと〔堀内謙介駐米大使発有田八郎外相宛第九七一号一九四〇年六月二六日（『日外』第二次欧州大戦と日本、第二冊上巻、四五七～四五八頁）〕を付言しておく。

＊31 西田敏宏「ワシントン体制と国際連盟・集団安全保障――日・米・英の政策展開を中心として――」（伊藤之雄、川田稔編著『20世紀日本と東アジアの形成――1867～2006――』ミネルヴァ書房、二〇〇七年）。

＊32 「国際連盟調査委員会報告書」（『日満』別巻、二五頁）。また、マクマリーは自身の回想録のなかで、中国は政治的、経済的組織が未成熟な「単なる人間の寄り集まり」であるが故にしばしば混乱を招いたと評している（アーサー・ウォルドロン編著『平和はいかに失われたか――大戦前の米中日関係　もう一つの選択肢――』衣川宏訳、北岡伸一監訳、原書房、一九九八年、九五、二〇六～二〇七頁）。

＊33 幣原発重光駐華臨時代理公使ほか宛合第六〇五号「満洲ニ於ケル鉄道問題打開策ニ関スル件」一九三〇年一二月一二日（*Archives in the Japanese Ministry of Foreign Affairs, 1868-1945*, R.S484）。

＊34 幣原「外交管見」。なお、不戦条約の主唱者でもあるケロッグ米国国務長官は、世界各国は紛争の解決を国際裁判所に委ねるような「思想的段階」に達していないと述べている（Frank B. Kellogg, *The Settlement of International Controversies by Pacific Means: An Address by the Honorable Frank B. Kellogg*, Washington, Government Printing Office, 1928, pp. 7）。

＊35 前掲、「『我外交ノ基調』ニ就テ」、「我外交陣容ノ充実改善ニ就テ」。

これに関連して、井上寿一氏は中国、満洲問題をめぐって国際社会との軋轢が増していくのを回避するためにも、連盟から「協調のための脱退」を行なったと指摘している（井上寿一『危機のなかの協調外交――日中戦争に至る対外政策の形成と展開――』山川出版社、一九九四年、第一章）。

＊36 スエズ戦争とイギリスの対応は、佐々木雄太『イギリス帝国とスエズ戦争――植民地主義・ナショナリズム・冷戦――』名古屋大学出版会、一九九七年、第四、五章、瀬岡直『国際連合における拒否権の意義と限界――成立からスエズ危機までの拒否権行使に関する批判的検討――』信山社、二〇一二年、第四章を参照。スエズ戦争はイギリスにとって国際連合脱退の可能性すら示唆する程の重大問題であったが（Aldrich to Dulles 2917, November 26, 1956, *FRUS, 1955-1957*, vol. XVI, pp. 1196-1197）、軍事介入の根拠は"vital interest"の擁護ではなく、スエズ運河地帯を中心とする地域の安定に求めた。これは幣原が第二次外相期に"vital interest"擁護のために援用を試みた「東アジア」「極東」の安定に共通するものといえるが、この論理は英仏軍に代

わって地域の安定を担う国連緊急軍の設置＝国際連合の介入を許す根拠にもなった。

＊37 二つの戦争裁判については、日暮吉延『東京裁判の国際関係——国際政治における権力と規範——』木鐸社、二〇〇二年、清水正義『「人道に対する罪」の誕生——ニュルンベルクという裁判の成立をめぐって』丸善プラネット、二〇一一年を参照。

＊38 **Donald E. Nuechterlein, *United States national interests in a changing world*, Lexington, University Press of Kentucky, 1973, pp. 35-37.**

＊39 「幣原外務大臣張継会談要領」一九二九年九月五日（「帝国ノ対支外交政策関係一件」**A.1.1.0.10** 外務省外交史料館蔵）。

＊40 公明選挙連盟編『衆議院議員選挙の実績——第1回～第30回——』公明選挙連盟、一九六七年、三八〇～三九一頁。

＊41 幣原は、「我国ノ死活ニ関スル」問題で屈することは国内で「由々敷事態」を招く、それよりも国際世論の指導、啓発を通じて列国をして「極東ニ於ケル帝国ノ正当ナル地位ヲ確認」させるべきとした〔幣原発沢田宛第二九八号一九三一年一二月九日（「満洲事変・善後措置関係・日支事変ニ関スル交渉経過（連盟及対米関係）」**A.1.1.0.21-12-1-5** 外務省外交史料館蔵）〕。また、内田も国民は「国ヲ焦土ニシテモ此〔満洲国承認〕主張ヲ徹スル」決心を持っていると答弁している（「第六十三回帝国議会衆議院議事録」第三号、一九三二年八月二五日）。この日の議会演説で内田は満蒙を「帝国ノ生命線（**first bulwark of Japan**）」と述べたが〔内田議会演説、同日（「帝国議会関係雑件・議会ニ於ケル総理、外務大臣、演説関係」**A.5.2.0.1-2** 外務省外交史料館蔵）〕、この言葉は対外的には多用されなかった。

＊42 「国際連盟調査委員会報告書」、同英文（『日満』別巻、二四六～二四七、二五四頁、**p.128,132**）。内田の言明は、前掲、内田議会演説。満洲事変解決策としての国際管理問題については、等松春夫「満洲国際管理論の系譜——リットン報告書の背後にあるもの——」（『国際法外交雑誌』第九九巻第二号、二〇〇一年）を参照。

＊43 内田発連盟代表宛第四五号「連盟対策」一九三三年二月二〇日、同第五三号「二月二十日閣議決定取扱方ニ関スル件」同月二一日（「折衝」）。

＊44 冨塚一彦「『連盟脱退ノ根本義』と日本外務省における『東亜』概念の生成——国際会議における『東亜』問題討議への拒否方針を中心に——」（『國學院大學日本文化研究所紀要』第九二輯、二〇〇三年）一五三～一五六頁。

＊45 広田発斎藤博駐米大使宛合第一一九号「四月二十九日附米国覚書ニ関スル件」一九三四年五月一八日（「帝国ノ対支外交政策関係一件」）。

＊46 「華府九国条約ニ関スル件」一九三六年三月三一日（「一般執務提要」第一号）。なお、広田弘毅外相はこれを「九国条約ニ対スル根本方針」と述べている〔広田発来栖三郎駐白大使第九二号一九三七年一一月一一日（『日外』日中戦争第三冊、一六七七頁）〕。

＊47 これらについては、熊本『大戦間期の対中国文化外交』二三二～二三九頁、井上『危機のなかの協調外交』、冨塚「『連盟脱退ノ根本義』と日本外務省における『東亜』概念の生成」、同「一九三三、四年における重光外務次官の対中国外交路線――『天羽声明』の考察を中心に――」（『外交史料館報』第一三号、一九九九年）、酒井哲哉『大正デモクラシー体制の崩壊――内政と外交』東京大学出版会、一九九二年、武田知己『重光葵と戦後政治』吉川弘文館、二〇〇二年、同「日本外務省の対外戦略の競合とその帰結　一九三三～一九三八」（『年報日本現代史』第一六号、二〇一一年）、戸部良一『外務省革新派　世界新秩序の幻影』中央公論新社、二〇一〇年）を参照。

なお、内田も対中援助にあたって列国を排斥する意はないが、「支那国内ノ安定ヲ希望シ且極東平和ノ責任ヲ有スル」日本の立場から、「日本ヲ経由シテ行フカ、又ハ少ク共日本ノ支持ノ下ニ列国協調シテ行フヘキ」であるとし、中国の以夷制夷的な外交政策を掣肘するためにも、中国と列国に対して日本の立場を「熱心且執拗……ニ徹底」することで「日本ノ方針ニ基ク東洋平和ノ確保ヲ期スル」とした〔内田発有吉明駐華公使宛第一三七号一九三三年七月二八日（『日外』昭和期Ⅱ第一部第二巻、五七四～五七六頁）〕。

＊48 幣原以上に中国に宥和的な満洲事変前の重光の対中外交姿勢については、武田『重光葵と戦後政治』第一部第一章、服部龍二『東アジア国際環境の変動と日本外交　1918―1931』有斐閣、二〇〇一年、二六二～二七八頁、小池聖一『満州事変と対中国政策』吉川弘文館、二〇〇三年、第五～八章を参照。

＊49 重光の意見書草稿「覚」（「重光葵関係文書」一Ｂ―〇四、憲政記念館蔵。重光篤氏の好意で当文書を閲覧することができた。謹んで謝意を申し上げる次第である）。当該期の重光の外交思想に関する研究としては、武田『重光葵と戦後政治』第一部第二章、小泉憲和『重光葵と昭和の時代　旧制五高で学んだ外交官の足跡』原書房、二〇一〇年、第二章がある。なお、本書第五章でしばしば引用した重光の報告は、彼の中国観が変容する一端を示しているといえよう。

＊50 重光外務次官「軍縮会議関係」一九三三年九月（『日外』一九三五年ロンドン海軍会議、六～九頁）。

＊51 前掲、重光の意見書草稿、および一九三三年七月一五日のメモ（「覚」）、広田発斎藤ほか宛合第三七四号「最近日支関係ニ関スル件」一九三四年四月九日、「対支政策ニ関スル重光次官口授」同年一〇月二〇日（「帝国ノ対支外交政策関係一件」）、武田『重光葵と戦後政治』九一～九二頁。重光が強く警戒した蔣介石の「以夷制夷」戦術については、家近『蔣介石の外交戦略と日中戦争』岩波書店、二〇一二年に詳しい。

＊52 南京政府は連盟を通じた対日制裁の実現に失敗したばかりでなく、国共内戦と関東軍の熱河進攻という内憂外患の結果、当面の対日妥協を余儀なくされたが、その後も列国の援助を獲得して国力を培養し、国際情勢の転換を待とうとしていた（鹿『中国国民政府の対日政策』第五～七章）。こうした動きを背景に、宋子文ら「欧米派」が中心となって米中棉麦借款を成立させ、連盟

を始めとする国際的援助の獲得を目指していたことは天羽声明に至る日本の政策潮流の一部を形成していた〔井上『危機のなかの協調外交』第三章、冨塚「一九三三、四年における重光外務次官の対中国外交路線」、後藤春美「国際連盟の対中技術協力とイギリス　一九二八～一九三五年――ライヒマン衛生部長の活動と資金問題を中心に――」（服部ほか編著『戦間期の東アジアの国際政治』中央大学出版部、二〇〇七年）〕。

＊53 広田発斎藤ほか宛合第四六六号「非公式発表問題ニ関スル件」一九三四年四月二六日、広田発斎藤宛第一三〇号「四月二十九日附米国覚書ノ件」同年五月一八日（「帝国ノ対支外交政策関係一件」）。

＊54 前掲、「我外交陣容ノ充実改善ニ就テ」。

＊55 防共外交については、酒井『大正デモクラシー体制の崩壊』第二部第三章、井上『危機のなかの協調外交』第五～七章、武田「日本外務省の対外戦略の競合とその帰結」、樋口秀実『日本海軍から見た日中関係史研究』芙蓉書房出版、二〇〇二年、補論二を参照。

＊56 広田三原則では「外蒙等ヨリ来ル赤化勢力」を日中両国の「共通ノ脅威」と位置づけたが、その論理はソ連の軍備増強や「赤化宣伝」が「支那ノ混乱ヲ助長」するという撹乱要因として捉えたものであった〔重光「国際関係ヨリ見タル日本ノ姿」一九三五年八月一日（「重光大使ノ欧州政局報告」）。広田三原則は、広田発有吉ほか宛合第六八八号同年九月二八日（「帝国ノ対支外交政策関係一件」）〕。

　また、ドイツとの防共協定締結の論理も、コミンテルンの第七回大会以降、中国共産党を通じた抗日人民戦線が活発化していることに加え、ソ連による極東軍備拡大と「赤化工作」は日満両国に対する直接的脅威となるのみならず、日本の「東亜政策」遂行を妨害しているという「最モ緊切重大」な問題への対応であった〔荒井報告員の説明、一九三六年一一月二五日（『枢密院会議議事録』第八十五巻、東京大学出版会、一九九五年、二二五～二二七頁）〕。

＊57 「帝国政府声明」一九三七年八月一五日（『日外』日中戦争第一冊、七八～七九頁）、「支那ノ連盟提訴ニ対スル外務当局ノ見解」同年九月一五日、「十月二十七日帝国政府回答」、「九国条約会議不参加ニ関スル帝国政府ノ声明」同年一〇月二七日（『日外』日中戦争第三冊、一五七六～一五七七、一六五八～一六六三頁）。

　九ヵ国条約については、その後、宇垣一成外相が見直しを提起したものの〔宇垣一成外相発日高信六郎駐上海総領事宛第九五〇号一九三八年六月二〇日（同右、一七四四～一七四五頁）〕、列国との関係悪化を招きかねない「否認」を表明することは避け、既定方針である「自然消滅」に導くとし〔条約局第三課「九国条約国会議対策」一九三七年一〇月一三日（同上、一六二八～一六二九頁）、東亜局第一課「事変ニ関連セル各種問題」一九三八年五月二七日（同第一冊、二九二～二九三頁）〕、一九四〇年七月二七日になって「我方指導ノ下ニ機ヲ見テ先ツ支那政府ヲシテ否認手段ヲトラシム」との方針が打ち出された〔欧州戦対策審議

会委員会幹事会決定「帝国外交方針案」一九四〇年七月二七日（『日外』第二次欧州大戦と日本、第二冊上巻、四七～五三頁）。
＊58　武者小路『外交裏小路』八二～八八頁。
＊59　「九国条約国会議ニ関スル外務長老懇話会（覚）」一九三七年一〇月二二日（『日外』日中戦争第三冊、一六四六～一六五一頁）。
＊60　庄司潤一郎「日中戦争の勃発と近衛文麿『国際正義』論——東亜新秩序への道程——」（『国際政治』第九一号、一九八九年）。
＊61　日中戦争直前にイギリスが試みたバンビー、リース・ロス両ミッションには満洲国を承認、ないし黙認する意図があった。イギリスの対日宥和姿勢や両ミッションについては、井上『危機のなかの協調外交』第六章、波多野「リース・ロスの極東訪問と日本——中国幣制改革をめぐって——」（『国際政治』第五八号、一九七八年）、木畑洋一「日中戦争前史における国際環境——イギリスの対日政策・一九三四年——」（『教養学科紀要』第九号、一九七六年）、三谷太一郎「国際金融資本とアジアの戦争——終末期における対中四国借款団——」（『年報近代日本研究』第二号、一九八〇年）、細谷千博『両大戦期の日本外交』岩波書店、一九八八年、第四章、益田実「極東におけるイギリスの宥和外交（一）——対日中関係をめぐる議論と対応　一九三三～三九年」（『法学論叢』第一三〇巻第一号、一九九一年）を参照。
＊62　例えば、グルー駐日米国大使「昭和十三年十二月三十日附十一月十八日附ノ我方ノ回答ニ対スル復答」、クレーギー駐日英国大使発有田宛一九三九年一月一四日、アンリ駐日仏国大使発有田宛同月一九日（『日外』日中戦争第三冊、一八四六～一八四七、一九五〇～一九五五、二二四六～二二五一頁）。
＊63　原則論の対立に関連して指摘しておかなければならないのが、日本のアジアモンロー主義とアメリカのモンロー主義の比較である。両者はともに"vital interest"や「自己保存権」と密接な関わりを持つ概念であり、日本のそれは東亜新秩序に、アメリカのそれも主義の拡大と普遍化という意味で、現代につながる国際主義の系譜を生み出した（例えば、中嶋啓雄『モンロー・ドクトリンとアメリカ外交の基盤』ミネルヴァ書房、二〇〇二年、第六章）。しかし両者には以下の相違点があった。
第一に、アメリカがラテンアメリカ諸国の反発を和らげるために一九三〇年代以降、多国間条約を巧みに利用しようとしたのに対して（草野大希『アメリカの介入政策と米州秩序——複雑システムとしての国際政治』東信堂、二〇一一年、四一二～四一九頁）、日本は本文で指摘した通り多国間による国際協調システムからの脱却を目指していた。第二は経済的側面で、ハル米国国務長官がアメリカのモンロー主義は政治的安全を目的とするものであるが、日本のモンロー主義は経済面での排他的、独占的利益を求めるものと批判、これに対して、堀内謙介駐米大使はアメリカがモンロー主義概念を拡張させつつあることを批判するとともに、国家の安全は経済上の安定を含むと応酬した〔堀内謙介駐米大使発有田宛第五九三号一九四〇年四月二〇日（『日外』第二次欧州大戦と日本、第二冊上巻、五三二～五三四頁）〕。後者に関して、アメリカの多年にわたるカリブ諸国への介入の背景には濃厚な経済関係があったのも事実であるが、あくまでもモンロー主義の論拠を政治、軍事問題に求めたのに対して、日本のモ

ンロー主義は石井・ランシング協定や新四国借款団事業の満蒙への適用留保の論拠となった経済的な死活関係を強調するものでもあった。これに総力戦体制の構築や門戸開放主義への修正要求が加わり、門戸開放原則をめぐるアメリカとの衝突に発展したといえる。

＊64 宇佐美珍彦国際会議事務局長兼駐寿府総領事発有田宛第三一四号一九三八年一一月三日（『日外』日中戦争第三冊、一七七八～一七七九頁）。

＊65 蒋介石は日中戦争勃発から間もない頃、多数国が「自身利害打算」によって動くために日本に対する「反侵畧」陣営の形成ができないと洩らしている（葉健青編註『蒋中正総統档案　事略稿本』第四一冊、台北、国史館、二〇一〇年、一九三八年一月一日条）。

＊66 福田茂夫『アメリカの対日参戦　大概政策決定過程の研究』ミネルヴァ書房、一九六七年、アントニー・ベスト「イギリスの対日政策とヨーロッパ戦争（1939―41年）」（細谷編『太平洋戦争』東京大学出版会、一九九三年）。

＊67 例えば、井上勇一「有田の『広域経済圏』構想と対英交渉」（『国際政治』第五六号、一九七七年）、佐道明広「欧州大戦勃発直後における対外政策の模索――阿部内閣期の外交政策立案過程を中心に――」（『東京都立大学法学会雑誌』第二九巻第一号、一九八八年）、永井和『日中戦争から世界戦争へ』思文閣出版、二〇〇七年、第二章、服部聡「有田八郎外相と『東亜新秩序』」（『戦間期の東アジア』）。

＊68 有田発グルー宛「昭和十三年十一月十八日ノ十月六日附米国側申入ニ対スル旧来ノ観念乃至原則ヲ以テ新事態ヲ律シ得ストノ回答」一九三八年一一月一八日（『日外』日中戦争第三冊、二二二九～二二三二頁）。

＊69 日本は独伊との提携強化にあたって相互に「生存圏」を尊重するとのラインで検討をすすめていた。例えば、前掲、欧州戦対策審議会委員会幹事会決定「帝国外交方針案」、「日独伊提携強化案」一九四〇年七月一二日、「日独伊提携強化ニ関スル件」同月三〇日、四相会議決定「日独伊枢軸強化ニ関スル件」同年九月四日（『日外』第二次欧州大戦と日本、第一冊、一七二～一七三、一九三～一九八、二一〇～二一四頁）。河西晃祐氏は日独伊三国同盟にはドイツの東アジア進出を牽制する意味もあったと指摘している（河西晃祐『帝国日本の拡張と崩壊――「大東亜共栄圏」への歴史的展開』法政大学出版局、二〇一二年、第五章）。このほか、服部聡『松岡外交――日米開戦をめぐる国内要因と国際関係』千倉書房、二〇一二年、第三章を参照した。

＊70「日本国中華民国間基本関係ニ関スル条約」一九四〇年一一月三〇日（『日外』日中戦争第二冊、一一三四～一一四三頁）。
　防共駐兵の由来についてまとまった研究はないが、その淵源は日中戦争が拡大し、出先軍部の発言力が拡大するなかで開かれた一九三七年一二月二一日の閣議で決定した対中和平条件に挿入された華北、華中、内蒙の保障駐兵に求めることができる〔前掲、「在京独逸大使ニ対スル回答案」。同案の策定、および和平方針決定の経緯は、高橋久志「日華事変初期における陸軍中枢部

――不拡大派の挫折から汪兆銘工作へ――」（『年報近代日本研究』第七号、一九八五年）一九三～二〇三頁、戸部良一『ピース・フィラー――支那事変和平工作の群像――』論創社、一九九一年、七六～一〇〇頁を参照）。これが「共同防共」を訴えた東亜新秩序声明の実体を定めたものされる「日支新関係調整方針」で公式に華北、蒙疆における防共駐兵として規定された〔御前会議決定「日支新関係調整方針」一九三八年一一月三〇日（『日外』日中戦争第一冊、四三一～四三五頁）。同方針の策定経緯は、戸部『ピース・フィラー』第六章を参照〕。

＊71 閣議、御前会議における東条英機の説明、一九四一年一〇月一四日、一一月五日（稲葉正夫ほか編『太平洋戦争への道　別冊資料集』朝日新聞社、一九六三年、五三三～五三五、五六五～五六六頁）、東郷発野村宛第七五七号同年一一月一〇日（『日外』日米交渉下巻、九七～九九頁）。

日米交渉最終段階での防共駐兵問題は、森山優『日米開戦の政治過程』吉川弘文館、一九九八年、第六、七章を参照。戸部良一氏は日中間で最も主張の懸隔があったのは、華北の特殊地域化とともに、駐兵の是非であったと指摘している（戸部『ピース・フィラー』三六八～三七三頁）。

＊72 日本政府は日独伊三国同盟における自衛権を拡大解釈しない＝アメリカの"vital interest"が関わる米独戦争には介入しないとの態度をとっていた〔例えば、御前会議決定「帝国国策遂行要領」一九四一年一一月五日（『日外』日米交渉下巻、七五～七七頁）〕。なお、三国同盟締結時の交換公文では同盟に基づく自衛権の発動は「三締約間ノ協議ニ依リ決定」とあり、文言に曖昧さが残っていたが、日本は自主的に参戦可否を決定できるとの見解をとっていた〔オット駐日ドイツ大使発松岡宛一九四〇年九月二七日、「日独伊三国条約締結ニ関スル外務大臣説明案」（『日外』第二次欧州大戦と日本、第一冊、二四二～二四七、二五二～二五三頁）〕。

＊73 豊田発野村宛第五九一号一九四一年九月二三日（『日外』日米交渉上巻、三六四～三六五頁）。よく知られるように、交渉の最終段階で作成された甲案には駐兵地域を蒙疆、華北、海南島とし、駐兵期間は概ね二五年とした〔東郷発野村宛第七二六号同年一一月四日（『日外』日米交渉下巻、七〇～七二頁）〕。

＊74 豊田発野村宛第五〇三、五〇九、六一四号一九四一年八月二六、二八日、九月三〇日（『日外』日米交渉上巻、二五三～二五九、三八八～三九〇頁）。

＊75 前掲、東郷発野村宛第七二六号。

＊76 ハルの試案には中国の経済開発に関する国際協力案も包含されていた〔野村発東郷宛第一〇九六、一〇九七、一一〇六号一九四一年一一月一五、一六日（同右、一二六～一三七頁）〕。

＊77 東郷発野村宛第七八四号一九四一年一一月一七日（同右、一三九～一四〇頁）。

＊78　野村発東郷宛第一一三一、一一五九号一九四一年一一月一八、二三日（同右、一五三～一五五、一七三～一七四頁）。
＊79　野村発東郷宛第一一九三、一一九四号一九四一年一一月二七日（同右、一九四～一九七頁）。
＊80　東郷発野村宛第九〇二号一九四一年一二月六日（同右、二三七～二五一頁）。
＊81　入江『日本の外交』三五頁。
＊82　柴山太『日本再軍備への道――1945～1954年――』ミネルヴァ書房、二〇一〇年、五八〇頁。なお、アチソン米国国務長官の顧問としてサンフランシスコ平和条約の締結に貢献したダレスは、日本を自由主義諸国にコミットさせるためにも、日本に安全保障とともに「経済的保障（economic assurances）」を与えることを課題の一つとしていた（**Dulles to Acheson, December 8, 1950, *FRUS, 1950*, vol. VI, pp. 1359-1360**）。
＊83　「宣戦詔勅」一九〇四年二月一〇日（『日外』日露戦争Ⅰ、一四二～一四五頁）。「韓国併合に関する条約」一九一〇年八月二二日（外務省編『日本外交年表並主要文書』上巻、日本国際連合協会、一九五五年、三四〇頁）、「対独宣戦布告」一九一四年八月二三日（『日外』大正三年第三冊、二一七～二一八頁）。
＊84　加藤高明外相発グリーン駐日英国大使宛 **"Memorandum"** 一九一四年一一月一四、二五日（『日外』大正三年第三冊、六四五～六四七、六五九～六六一頁）。
＊85　例えば、田中義一陸相は中ソの不安定状態を理由に、日本が「東亜ノ核心トナリテ」治安を維持し、その経済圏を確保するための軍備を整備することは「我国当然ノ責務」と述べている（「第七回外交調査会会議筆記」一九一九年一月二六日（小林龍夫編『翠雨荘日記』原書房、一九六六年、三八〇頁））。
＊86　重光外相議会演説・答弁（「第八十六回帝国議会貴族院速記録」第三号、一九四五年一月二一日、「第八十六回帝国議会衆議院予算委員会議録（速記）第十一回」同年三月二三日）、大東亜大使会議共同声明、同年四月二三日（『日外』太平洋戦争第二冊、一五五二～一五五三頁）。
第二次世界大戦末期の東アジアにおける「平和安全保障協定」の試みは、ソ連による和平斡旋を引き出すための一手段としても位置づけられていた。研究としては、波多野「広田・マリク会談と戦時日ソ関係」（『軍事史学』第二九巻第四号、一九九四年）、同『太平洋戦争とアジア外交』東京大学出版会、一九九六年、第一〇章がある。
＊87　著者は、第二次幣原外交のもとで亜細亜局長を務めた谷正之や、幣原の片腕であった佐分利貞男のもとで英中両国に在勤した堀内干城が幣原を小村外交の継承者と位置づけていることに着目している（幣原平和財団編『幣原喜重郎』幣原平和財団、一九五五年、八六～八七頁、堀内干城『中国の嵐の中で――日華外交三十年夜話――』乾元社、一九五〇年、三八～三九頁）。
日英同盟を外交政策の軸に据え、日露戦後の日本外交の基礎を作り上げた小村や、多角的同盟、協商網の形成に尽力した林董

のもとで電信課長代理、同課長、取調局長を歴任した幣原の外交を他の時代の外交と比較分析し、アジアモンロー主義外交に代表される自主外交の端緒を明治末期に求める近年の研究成果（櫻井良樹『辛亥革命と日本政治の変動』岩波書店、二〇〇九年、第四、五章）とあわせて論じることで、幣原外交の東アジアにおける「責任意識」（宮田昌明）「中心的役割」（西田敏宏）という問題を日本外交全体の流れのなかで位置づけたいと考えている。この過程において日露戦争の講和方式や戦後構想を見据えた第一次世界大戦への対応といったことも検討対象となるが、日本の"vital interest"を中心とした本書のテーマから外れることにもなるので、別稿に譲る。

あとがき

拙著を脱稿した二〇一三（平成二五）年、中国は「核心的利益（core interest）」という言葉を用いて尖閣諸島の領有権を強く主張した。中国が「核心的利益」という言葉を対外的に用いるようになったのは二〇〇〇（平成一二）年の台湾海峡危機以降であるという。筆者は現代国際政治を専攻しているわけではないので論評は差し控えるが、国際社会一般でいう「死活的利益（vital interest）」とどのような関係にあるのか、興味ある事象でもある。

さて、本書は二〇〇九（平成二一）年に國學院大學文学部に提出し、翌年博士号（歴史学）を授与された学位請求論文「第二次幣原外交とワシントン体制の相克――協調外交からアジア主義外交への道――」を基にしたものである。ただし出版にあたって一部の章を削除し、各章の一部を加除修正、序章、終章に関しては全面的に書き改めた。各章と初出論文の関係は左の通りである。

序　章　書き下ろし
第一章　書き下ろし
第二章「第二次幣原外交初期の日中交渉――一九二九年中ソ紛争の影響を中心として――」（『国際政治』第一五二号、二〇〇八年）
第三章「対満行政機関統一問題と一九二九年中ソ紛争――満鉄による中国軍輸送問題を中心に――」（『日本歴史』第七二一号、二〇〇八年）

第四章　「一九二九年中ソ紛争の『衝撃』――満州事変直前期における日本陸軍のソ連軍認識――」（『軍事史学』第四二巻第一号、二〇〇六年）
第五章　「満洲事変における幣原外交の再検討――五大綱目を中心とした日・中・国際連盟の相関関係――」（『政治経済史学』第五二六、五二七号、二〇一〇年）
第六章　書き下ろし
第七章　「満洲事変におけるハルビン進攻過程――北満政権工作との関係を中心に――」（『軍事史学』第四五巻第一号、二〇〇九年）
終　章　書き下ろし

なお、「蒋介石日記」について、本書では『事略稿本』や『総統蒋公大事長編初稿』を丹念に読み込めば、蒋介石の政治動向の大筋は拾えるとの川島真氏の見解もあり、用いなかった。

著者が日本外交史に関心を抱いたのは、「戦後五〇年」という言葉がささやかれつつあった一九九二（平成四）年のことで、なかでも強く惹かれたのがいわゆる十五年戦争の起点であり、ワシントン体制を始めとするそれまでの国際秩序の終点でもある満洲事変であった。最初に取り組んだ研究が満洲事変前史としての一九二九年中ソ紛争であり、その後、満洲事変にのめり込んでいった。博士論文を執筆するにあたって幣原外交、ワシントン体制、満洲事変という日本外交史において最も研究史の分厚い分野に挑むことになったが、その壁は当時の私にとって余りにも高すぎた。しかし試行錯誤を繰り返すなか、沸々としてきたのが幣原喜重郎が主導性を求めた東アジアとは日本にとって何であったのか、満洲事変への対応を通じて表面化した東アジアと欧米の国際環境と秩序概念の相異は何を意味するのかということであった。

博士論文ではこの問題に十分に答えることができたとは思わなかった。博士論文脱稿後、著書出版に向けての作業のなかでこのテーマに取り込むべく様々な研究論文を読み返したが、自分自身が納得できる答えを得るに至らなかった。加えて大学での講義を担当するにあたって高いレヴェルの通史をやってみたいという筆者自身の願望も手伝って、無謀を承知で一九三六（昭和一一）年の刊行開始から今日まで二一二巻を数える『日本外交文書』を明治初年分から読み返してみることにした。この際だからと、東アジア問題に限らず明治期の条約改正や対欧米外交などの関連事項も含めて読み込んでいった。併行して改めて幕末以来の外交問題に関する論文や研究書を、日本史、東洋史、西洋史、思想史、あるいは政治学、分野を問わず精読した。論文執筆や講義の準備の合間を縫って、暇さえあればこれら作業を続けて今日に至るまで三年以上経つが、この間、コピーした論文の数だけでも数百本にのぼり、『日本外交文書』からの情報を含む文字データばかりのエクセルで作成した年表も大学院在学時代からの蓄積を含めて一〇メガを軽く越えてしまった。そのおかげで大学院在学中は昭和初期に限られていた知識が幕末〜第二次世界大戦後を含めて広い時代軸から見ることができるようになった。

博士号取得後、出版まで時間がかかったが、本書の序章や第一章、終章、今後の展望はこれらの作業の賜物である。こうした努力もあって大量の情報を基礎とする著者の講義は学生に好評のようである。ある学生から、講義は「多面的に物事を考えるきっかけになった」「筋道がしっかりしていて、分かりやすかった」「でも一瞬たりとも聞き逃せないので大変だった」と言われてしまい、苦笑させられたことがある。まだまだ改善の余地がありそうである。

ともあれ、本書が日の目を見るに至ったのは、様々な方のご支援があったからにほかならない。

最初に御礼を申し上げたいのは上山和雄先生である。上山先生には大学院入学時から様々な形で指導いただき、博士論文の主査も引き受けて下さった。史料に埋没してしまい勝ちで、研究史上に自らの研究を位置づけることが下手だった著者に、研究としての意義づけと大きな視点から物事をみることの大切さを教えて下さった。副査を引き受けていただいたのは濱口学先生と季武嘉也先生である。大学院入学時からお世話になった濱口先生からはフランス外交史や国際連盟の安全保障問題についてご教示いただき、日本史専攻の私にヨーロッパ国際政治との関係といったグローバルな視点から物事を考えるきっかけを与えて下さった。季武先生のご専門は日本国内政治であるが、小村寿太郎が元老工作に力を入れたように、外交の専門性、特殊性を訴えたところで内政を無視することはできない。本著では十分に反映はできなかったが、幣原のように外交にしか興味のなかった著者に内政史の楽しさを教えて下さった。

また、日中外交史研究の身近な先輩でもある樋口秀実先生は著者の院生時代から色々気にかけて下さり、本書の執筆にあたっては細かいところまで指導をいただくことができた。樋口先生なくして本書は完成しなかった。柴田紳一先生には日本文化研究所でのアルバイト時代から史料の読解を始め、公私に至るまでアドバイスを下さった。東アジア国際政治研究会で報告の機会を設けて下さるなどした服部龍二先生、満洲事変に関する研究報告でコメントを下さった鹿俊錫先生、また、國學院大學大学院のゼミに出講して下さった有馬学先生、鈴木淳先生、櫻井良樹先生の研究姿勢や指導態度は強く印象に残っている。講義を受講してくれた学生に諸君も感謝の意を表したい。序章、第一章、終論は著者自身の問題意識を基礎に講義の準備を通じて発見した知見でもあるからである。また、お名前は存じ上げないが個々の論文を査読、コメントを下さった諸先生方、各学会、研究会、あるいは大学院時代の一番の先輩である管野直樹氏を始め、ゼミ等で意見交換に応じくれた諸賢にもこの場を借りて御礼を申し上げたい。

特記しなければならないのは馬場明先生との関係である。そもそも筆者が大学院進学先として國學院大學を選んだ動機は馬場先生の指導を受けてみたいということにあった。筆者の入学と入れ替わるように先生は体調を崩して退官されたが、しばらくの間は旧馬場ゼミ生を相手にした非公式のゼミを開いて下さり、その末席に列することを許された。今にして思えばその一言、一言に重みがあった。最も印象に残っているのは「満洲事変の不拡大政策とはどういう意味か」との問いかけで、本書の満洲事変に関する論稿はこの言葉を発展させたものに外ならない。日本外交史研究の重鎮というべき先生の謦咳に触れることができたのは学問上、最も光栄とするところである。

最も強く感謝しているのは、この世に生み出し、育て、見守ってくれた両親である。日本外交史に興味を引かれた当時の私は、学校の成績からして大学進学など無謀というべき状態であった。末っ子で心配ばかりかけ、人生で道草ばかりしてきた上、研究者という特殊で至難な職業に挑戦する著者を暖かく見守ってくれた。自分が親の立場だったらこのような支援ができたであろうか。大した親孝行もできずに今日迄来てしまったことは慚愧に堪えない。結婚の報告の方が喜ぶかも知れないが、現時点できるささやかな親孝行として亡父・脩、母・香代子に本書を捧げたい。

最後に、本書の刊行にあたっては、一般社団法人尚友倶楽部より出版助成金を頂いた。厚く御礼申し上げたい。また、株式会社芙蓉書房出版の平澤公裕様のご高配を賜った。謹んで感謝を申し上げたい。

平成二五年一二月二九日

種稲秀司

満洲事変前後における日ソ主要軍用機諸元表

国名	名称	座席	幅（m）	長さ（m）	最大時速（k）	航続	上昇限度（m）	機銃	爆弾（k）	重量 全量（k）	備考
	戦闘機										
日本	甲式戦闘機3型	1	8，22	5，67	160			7，7粍×1		630	
日本	甲式戦闘機4型	1	9，70	6，50	236	2h	8500	機関銃×2		1150	
日本	丙種戦闘機1型	2	8，00	6，30	215	2h	7000	機関銃×2		820	
日本	91式戦闘機1型	1	11，00	7，27	300	2h	9000	7，7粍×2		1530	
日本	92式戦闘機	1	9，55	7，10	320	850k	8500	7，7粍×2		1700	
ソ連	Й―3	1	10，92	7，95	298		7080	前固×2（軽機）		1594	
ソ連	Й―4	1	11，22	7，17	293	3h	8070	前固×2（軽機）		1297	
ソ連	Й―5	1	9，80	7，00	305	2，5h	9000	前固×4			
ソ連	Й―6	1	9，80	7，00	333		9000				
	偵察（軽爆撃）										
日本	乙式偵察機1型	1	11，77	8，62	182	3，5h	5800	機関銃×2		1500	
日本	88式偵察機1型	2	15，20	11，28	200	5h	6500	7，7粍固×1、旋×1	200	2846	
日本	88式偵察機2型	1	15，00	12，80	210	1200k	5200	7，7粍固×1、旋×1		2850	
日本	92式偵察機	2	12，77	8515	220	4h	5700	7，7粍固×2、旋×1		1770	
ソ連	サルムソン2A2型偵察機	2	11，77	8，62	182	3，5h	5800	機関銃×2		1500	乙式偵察機1型と同一制式
ソ連	Ｐ－3	2	13，00	9，50	224	4，5h、694k	5900	前固×2、旋回×2	200	2079	
ソ連	Ｐ－5	2	15，50	10，50	230	6h	6450	前固×2、旋回×2	300	2772	
	爆撃機										
日本	87式軽爆撃機	2	14，80	10，00	185	3h	4275	7，7粍×4	500	3300	
日本	87式重爆撃機	6	26，80	11，28	180	6h	5000	7，7粍旋×3～5	1000	7700	
日本	88式軽爆撃機	2	15，20	11，28	200			7，7粍×2		2846	
日本	92式重爆撃機	10	44，00	23，20	196	850k	2050	7，7粍×5、20粍×1	2000	25448	
ソ連	ＡＨＴ－9（旧）	11	23，73	17，00	203	6，5h、900k	3800	機関銃×4～5	1000		準軍用（民間機）
ソ連	ＡＨＴ－9（新）	12	23，73	17，00	225		4000		1000		準軍用（民間機）
ソ連	ТБ―1	6	27，00	17，70	210	7～8h	6000	旋×6	1000	6820	
ソ連	ТБ―2	6	26，57	17，34	216	1200k	6800	前×4、旋×4	1000	6770	
ソ連	ТБ―3	8	36，00	21，00	290	14h	6000	旋×6	2000	14600	

・固は固定銃、旋は旋回銃。
・航続のｈは時間、ｋはキロを示す。

参考文献：参謀本部「蘇聯邦航空機要覧」1934年、防衛研究所図書館蔵。
防衛研修所編「日本陸軍機の性能一覧表」（『戦史叢書　陸軍航空の軍備と運用〈1〉』付表3、1971年、朝雲新聞社）。

日ソ主要陸戦兵器諸元表（1931年前後）　※口径：ミリ、最大射程：メートル

国名	名称	口径	最大射程	初速	備考
	小銃				
日本	38式歩兵銃	6，5	3000	762m/秒	装弾5発
日本	38式騎兵銃	6，5	3500	708m/秒	装弾5発
日本	44式騎銃	6，5	3700	765m/秒	装弾5発
ソ連	M1891	7，62	5500	887m/秒	装弾5発、第二次大戦までのソ連軍主力小銃。分：10～12発
ソ連	M1891ドラグーン	7，62	2400	887m/秒	騎兵銃。装弾5発。分：10～12発
ソ連	M1910カービン	7，62	—	838m/秒	1910年制式、1930年まで使用。装弾5発
	機関銃				
日本	38式機関銃	6，5	2000	450m/秒	分：450発。装弾30発
日本	3年式重機関銃	6，5	2500	750m/秒	分：450～500発
日本	11年式軽機関銃	6，5	2000	755m/秒	分：500発
ソ連	マキシム重機関銃	7，62	5500	940m/秒	分：500～600発
ソ連	デグチャレフ式軽機関銃	7，62	4500	919m/秒	分：500～600発。初のソ連国産機関銃。1929年から逐次導入
ソ連	ルイス式軽機関銃	7，7	4500	—	分：500発
ソ連	エリコン20ミリ対戦車高射両用機関砲	20，1	4500	835～870m/秒	分：280発
	歩兵砲				
日本	11年式平射歩兵砲	37	5000	450m/秒	
日本	11年式曲射歩兵砲	70	1550	147m/秒	満洲事変でしばしば故障→97式開発へ
日本	92式歩兵砲	70	2800	197m/秒	
日本	90式迫撃砲	150	2000	163m/秒	
ソ連	グリューゼンベルグ37ミリ歩兵砲	37	3357	442m/秒	分：20発。中ソ使用。最近制式化、普及しつつある
ソ連	ローゼンベルガ37ミリ歩兵砲	37	3200	318m/秒	分：8発。中ソ使用。平射砲
ソ連	FL式58ミリ迫撃砲	58	1980	—	分3～4発。曲射砲の主体
ソ連	GL90ミリ擲弾砲	90	1650	101m/秒	分：4～5発。歩兵大隊曲射砲
	野砲				
日本	38式野砲	75	8300	520m/秒	射角増大時には最大射程10700m
日本	改造38式野砲	75	10700	520m/秒	1930年以降に配備
日本	41式山砲	75	6300	360m/秒	
日本	41式騎砲	75	8350	520m/秒	
日本	90式野砲	75	14000	680m/秒	1931年国産化。翌年から逐次配備
日本	94式山砲	75	8300	392m/秒	
ソ連	1902年式76ミリ野（騎）砲	76	8500	588m/秒	分：6発。中ソ使用
ソ連	1902年式騎砲	76，2	8750	593m/秒	
ソ連	1909年式76ミリ山騎砲	76	7000	367m/秒	分：6発。中ソ使用
ソ連	1927年式76ミリ聯隊砲	76	7060	380m/秒	
	重砲				
日本	38式10糎加農砲	105	10800	540m/秒	
日本	38式12糎榴弾砲	120	5650	276m/秒	
日本	38式15糎榴弾砲	149，1	5900	275m/秒	
日本	4年式15糎榴弾砲	149，1	8800	398，9m/秒	
日本	14年式10糎加農砲	105	15300	640m/秒	
日本	89式15糎加農砲	149，1	18100	734，5m/秒	
日本	92式10糎加農砲	105	18200	765m/秒	14年式では射程不足で改良
ソ連	1909・1910年式122ミリ野戦榴弾砲	122	7600	335m/秒	分：2発。中ソ使用。曲射砲として整備されつつある。旧式なので更新必要
ソ連	1910年式107ミリ速射加農砲	106，7	12700	579m/秒	分：5発。中ソ使用
ソ連	1910年式152ミリ榴弾砲	152，4	7600	335m/秒	分：2発。中ソ使用。軍団重砲兵聯隊配備
ソ連	1930式10糎加農砲	107	16000	580m/秒	軍団重砲兵聯隊配備

国名	高射砲	口径	最大射程	初速	最大射高（m）	備考
日本	11年式7・5糎野戦高射砲	75	10900	525m/秒	6650	
日本	14年式10・5糎高射砲	105	16300	700m/秒	10500	
日本	88式7・5糎野戦高射砲	75	13800	720m/秒	9100	
ソ連	1914－15年式76ミリ高射砲	76	10000	538m/秒	10000	

・ソ連の兵器で日本武官によって使用が確認された火砲には備考に「中ソ使用」と注記

出典：加登川幸太郎『三八式歩兵銃―日本陸軍の七十五年―』（白金書房、1970年）、野崎竜介『世界兵器図鑑　共産諸国編』（国際出版、1974年）、竹内昭、佐山二郎『日本の大砲』（出版協同社、1986年）。

陸軍技術本部「蘇軍兵器写真要覧」1932年12月、「陸軍各種火砲諸元表」（防衛省防衛研究所図書館蔵）。

ま行

や行

ら・わ行

な行

は行

さ行

た行

人名索引

※外国人の場合は、一般的な日本語の読みに従った。
※「幣原外交」や「若槻礼次郎内閣」、「天羽声明」のように、直接その人物を指していない場合は採録しなかった。また、研究者の名前も採録しなかった。
※註で掲げた電報・書翰類の発受信者は採録しなかったが、補論的に述べている部分の人名は採録した。

著者
種稲 秀司（たねいね しゅうじ）
1974年兵庫県生まれ。2002年佛教大學通信教育部文学部卒業、2010年國學院大學大学院文学研究科博士課程後期修了。
現在は國學院大學文学部兼任講師、広島大学文書館客員研究員。博士（歴史学）。専攻は日本外交史、東アジア国際関係史。
主な論文に「第二次幣原外交初期の日中交渉」（『国際政治』第152号、2008年）、「対満行政機関統一問題と1929年中ソ紛争」（『日本歴史』第721号、同年）、「満洲事変におけるハルビン進攻過程」（『軍事史学』第45巻第1号、2009年）、「満洲事変における幣原外交の再検討」（『政治経済史学』第526、527号、2010年）などがある。

近代日本外交《きんだいにほんがいこう》と「死活的利益《しかつてきりえき》」
――第二次幣原外交と太平洋戦争への序曲――

2014年 3月31日　第１刷発行

著　者
種稲《たねいね》 秀司《しゅうじ》

発行所
㈱芙蓉書房出版
（代表 平澤公裕）
〒113-0033東京都文京区本郷3-3-13
TEL 03-3813-4466　FAX 03-3813-4615
http://www.fuyoshobo.co.jp

印刷・製本／モリモト印刷

ISBN978-4-8295-0612-7